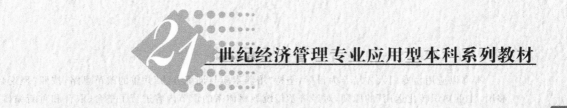

21 世纪经济管理专业应用型本科系列教材

JingJi Xue GaiLun

刘建铭　主编

经济学概论

清华大学出版社

北　京

内 容 简 介

本书以应用型专门人才培养为目标,坚持"培养素质与训练方法"并重的改革思路,按照"理论必需、够用,注重知识转化运用"的原则,对经济学传统教材体系的章节内容进行了整合、取舍和重新编排。全书共12章,包括微观经济学、宏观经济学及国际经济学的基本理论和知识。每章安排了学习目标、引例、思考训练、案例分析和综合实训等环节,力求理论精练、内容实用的效果。

本书理论联系实际,深入浅出,通俗易懂,实用性强,不仅适用于本科教育教材,也可用于高职高专院校专业教学。

图书在版编目(CIP)数据

经济学概论 / 刘建铭主编. —北京:清华大学出版社,2011(2024.1重印)
(21世纪经济管理专业应用型本科系列教材)
ISBN 978-7-302-27361-5

Ⅰ. ①经… Ⅱ. ①刘… Ⅲ. ①经济学—高等学校—教材 Ⅳ. ①F0

中国版本图书馆 CIP 数据核字(2011)第 237873 号

责任编辑:徐学军
责任校对:宋玉莲
责任印制:丛怀宇

出版发行:清华大学出版社   地   址:北京清华大学学研大厦 A 座
　　　　　https://www.tup.com.cn   邮   编:100084
社　　总　　机:010-83470000   邮   购:010-62786544
投稿与读者服务:010-62776969,c-service@tup.tsinghua.edu.cn
质　量　反　馈:010-62772015,zhiliang@tup.tsinghua.edu.cn
印　装　者:三河市龙大印装有限公司
经　　销:全国新华书店
开　　本:185mm×230mm   印　张:20   字　数:428 千字
版　　次:2012 年 1 月第 1 版   印　次:2024 年 1 月第 12 次印刷
定　　价:35.00 元

产品编号:045092-01

前　　言

　　经济学是管理类及服务类专业培养高素质应用型人才的重要基础课程,也是其他专业培养复合型人才所普遍开设的一门选修课程。如何突破原有学科体系中的课程内容、教学模式和教学方法,适应应用型人才培养的规律要求,在教材建设中是一项颇具关键作用的基础工程。

　　本书坚持"培养素质与训练方法"并重的改革和建设思路,按照"理论必需、够用,注重知识转化运用"的原则,结合编者多年教学及数种教材编写经验的积淀,确定编写内容、结构和要求。全书共 12 章,包括微观经济学、宏观经济学以及国际经济学的基本理论和知识。为了使教材更准确地体现培养应用型人才为主旨的定位特征,明晰以培养学生专业操作技能为核心的主线,同时切实发挥本教材的基础课程作用,为后续专业课教学提供必需的理论和知识铺垫,本书在编写过程中,通过对职业岗位所需知识、能力和素质结构的设计安排和课程之间内在联系的分析,放弃了学科自身内容的系统性与完整性,而注重知识的组合、扩张和链接,对传统教材体系的部分章节内容进行了整合、取舍和重新编排,如增添了市场、企业和货币金融方面的基本知识,舍弃了长期成本和国民收入决定相关模型冗长而深奥的推导,浓缩了经济增长理论分析等,并在各章增加了案例分析和综合实训内容,从而达到理论精练、内容实用的效果,既突出了应用性,又满足了学习专业课的需要。

　　本书理论联系实际,深入浅出,通俗易懂,实用性强,不仅适用于本科教育教材,也同样适用于高职高专院校的专业教学(教师可视具体情况取舍内容)。教材编者均为应用型本科院校和大专院校的专业骨干教师,既具有博士或硕士学位的专业教育背景,又具有多年丰富的应用型人才教育教学经验。

　　本书由刘建铭任主编,李海舰和刘佳任副主编。具体编写分工如下(依章节顺序):第一、二章由刘建铭编写,第三、四章由谢文锋编写,第五、六章由刘佳编写,第七、十一章由李海舰编写,第八、九章由李壮编写,第十、十二章由马海燕编写。在编写过程中,我们借鉴了国内外有关的论著和教材,在此一并表示谢意!

　　经济学的发展日新月异,其改革与创新遥无穷期,而我们占有的资料及自身的水平有限,因此书中难免存在许多不足和需要改进之处,恳请广大读者批评指正。

编　者

目 录

第一章 绪 论

【学习目标】

1. 熟悉经济学的研究对象及其要解决的基本问题。
2. 了解经济学的分类及其相互联系。
3. 掌握经济学的分析方法。
4. 掌握经济学的学习方法。

【引例】 漏桶的传说

1

假如有这样一个社会：富人和穷人分灶吃饭，富人那里人少粥多，许多粥吃不完，白白地浪费掉；而穷人那里人多粥少，根本吃不饱，已经有不少的人得了水肿。于是管理者决定，从富人的锅里打一桶粥，送给穷人吃，以减少不平等现象。管理者的愿望非常好，但不幸的是，它使用的那个桶，下面有个洞，是个漏桶，用它把粥送到穷人那里，路上就漏掉了不少。在现实生活中，政府往往采用税收的办法，从富人那里转移一部分收入补贴给穷人，可因为转移的过程会发生"泄漏"，结果是穷人实际得到的，比富人失去的要少一些，比如富人的收入减少了 1 000 元，穷人可能只得到了 700 元，其余的 300 元就不翼而飞了。

一个社会，究竟应该怎样配置和利用资源，才能使效率最高又不失公平？

第一节 经济学概述

一、"经济"的含义

在我国的古籍中，早有"经济"一词，其含义是"经邦济世"、"经国济民"。"经邦"见《尚书·周官》，"济世"见《三国志·魏志》；"经国"见《昭明文选·魏文帝典论论文》，"济民"见《尚书·武成》。"经济"二字连用，始见隋代王通《文中子·礼乐》："皆有经济之道。"古汉语中的"经济",是治理国家、拯救庶民的意思。

在现代生活中,也使用"经济"这个名词,通常指节约,做事精打细算。其含义较窄。现代西方语言中的"经济"(economy)一词,是由希腊文 o'ikos(家产)和 n'emein(管理)合成的 oikonomia 演变来的。自日本用汉字译成日文"经济"以后,也被我国普遍采用,它的原意是指家产管理,现在泛指人类一般谋生活动。从社会的角度考察,它包含人们生产、交换、分配、消费活动的总和。

二、经济学的产生

每一门学科都不是无中生有的,其产生都有其客观必然性。例如,天文学产生于游牧民族早年确定季节的需要,几何学产生于古代农民丈量土地的需要。那么,经济学产生于什么需要呢?

中国有句俗话:巧妇难为无米之炊。

其实,巧妇遇到无米之时并不常见,生活中更多的情况是:有米,可是不够多。怎样用有限的大米作出一顿足够全家人食用的米饭,需要巧妇动一番脑筋。

人们居家过日子碰到的难题何止一二,"天上不会掉馅饼",年底的奖金就只有 8 000 元,买了电视机就买不了电冰箱;收入有限,想攒钱买房子,就不能去旅游等。推而论之,一个企业、一个区域,乃至一个国家又何尝不是如此。例如,银行就给了 200 万元贷款,企业想多采购原料就不能扩建车间;本地要建高速公路,大批良田就有可能保不住等。

实际上,自有人类以来,人们就一直面临着这样一个矛盾:资源的有限性与人自身欲望的无限性的矛盾。时至今日,虽然各种资源看似充足,但人类的欲望总是超过我们所能提供产品的能力。这个矛盾,就是稀缺性问题。

(一) 资源的稀缺性

1. 资源

资源(resources)原意为"资财的来源,一般指天然的财源",即自然资源,也就是天然存在的自然物,不包括人类加工制造的原料,如土地资源、水利资源、生物资源和海洋资源,是生产的原料来源和布局场所。

经济学所要考察的资源,指的是经济资源(economic resources),是广义的资源概念,是指一定时间条件下,能够产生经济价值以提高人类当前和未来福利的自然资源、人力资源、资本资源及其他资源的总称。

从使用是否需要代价的角度分析,经济资源,亦指具有价格的资源,即如果使用必须支付代价的资源。与其相对应的是不需要支付代价的自由物品。

经济资源分为四大类:自然资源、劳动、资本、企业家才能。

(1) 自然资源,又称为天然资源,即土地、矿藏、原始森林、空气、阳光、河流等一切自然形成的不含有任何人类劳动的资源。其中,除阳光、空气之外,其他形式的自然资源,均为经济资源。

(2)劳动,又称为人力资源(human resources),即人们的体力和脑力的运用,包括人们的技能等。

(3)资本,又称资本品,即经过人类劳动加工过的生产手段或原材料,如厂房、机器设备、存货等。

(4)企业家才能,又称"企业家精神",指在寻找资源,创办企业或生产过程中,组织、指导、协调和管理各种生产要素的特殊能力。

2. 稀缺性

稀,少也;缺,不足。稀缺性(scarcity)是指各种自然资源、各种经过人类劳动加工的物化资源、蕴涵于人类本身的劳动资源,相对于人类需要而言,都是有限的。

正如前面所提及的,稀缺性可以说处处存在:收入有限、时间不足、住房短缺、交通拥挤、水土流失、能源危机、财政紧张等。

(二) 为什么会存在稀缺性问题

根据定义,稀缺性问题存在的原因主要有两方面:一是经济资源的有限性;二是人类欲望的无限性。

1. 经济资源的有限性

不难看出,上述构成经济资源的自然资源、劳动、资本和企业家才能四个要素,其中无论哪一种资源,都是有限的。如劳动资源,其数量要受到人口规模的制约和生理条件的限制,从事生产的劳动力只是全部人口的一部分,何况,时间有限且不可逆转,人的生命也是有限的。在其他条件不变的情况下,劳动时间与产品数量成正比,因此,产出也是有限的。"地球只有一个","人生只有一回",这是对资源有限性的生动表述。

通常情况下,技术条件与产出成正比。在经济资源一定的条件下,技术水平越高,资源利用程度越高,产出也必然随之增加;反之则减少。此外,随着时间的推移,人们认识能力的不断提高和科学技术的发展,使直接或间接用于满足人们需要的资源将会越来越多,资源的种类会更丰富,资源的品质、性能会更好,产出也将相应增加。然而,在一定时期,在一定技术条件下,可利用的资源总是有限的,只能相对满足人的某一阶段某个方面的需要。

2. 人类欲望的无限性

欲望(wants)是指人们的需要,也是人们的一种心理感觉,经济学家把它定义为人对生活资料和服务的不间断的需求。它表现为既有缺乏的感觉,又有满足的愿望。

人类欲望的无限性表现在以下几方面。

(1)人的欲望是多层次的

根据马斯洛关于欲望或需要层次的解释,人的欲望或需要分为五个层次。

第一，基本的生理的需要，即生存的需要。

第二，安全的需要，即希望未来生活有保障。如免于失业等。

第三，社会的需要，即感情的需要、归属感的需要。

第四，尊重感的需要，即需要有自尊心以及受到别人的尊重。

第五，自我实现的需要，即出于对人生的看法，需要实现自己的理想。

后来马斯洛的学生发展了这一理论，把人的欲望或需要又分为八个层次，包括生理、安全、友爱、受尊敬、求真、求美、自我实现，最后达到天人合一的境界。

一般情况下，人们各个层次的需求是依次产生和依次追求得到满足的，当然在各个层次之间也有交叉。

（2）人的欲望是无止境的

作为个体的人，生，简单，活，亦简单，但生活的内涵却不简单；相比较生存的状态，生活的内涵要求是无穷无尽的。上述一种欲望或需要得到满足，另一种欲望就会派生出现。同时，作为理性人，多多益善的偏好是支配人们日常消费行为的一个重要因素。

3. 对稀缺性问题的理解

由以上对资源和欲望两方面原因分析，可以作出判断，资源的有限性和既定的技术水平决定了生产能力不能无限地增长，所以，产出水平与难以满足的人们的欲望相比，永远是不足或稀缺的。换言之，人类的欲望总是比满足欲望的手段增长得更快。

需要强调的是，稀缺性显然不是说资源的绝对数量的多少，而是指相对于人们日益增长的需要，再多的资源也是不足的。

"鱼和熊掌不可兼得。"那么，怎样用有限的资源满足人们无限的欲望？办法只有一个：少花钱多办事，好钢用在刀刃上。"尽我们所有的，做我们最好的。"

（三）资源的配置

用有限的资源满足无限的欲望，是古往今来一道难解的"算术题"，这道难题逼迫人们不得不学会节省，学会搭配，学会选择，学会取舍，学会有效地配置和利用资源。

资源配置是指通过选择，使有限的资源形成合理的组合并加以利用，从而生产出量多质优的经济物品，满足人类的需要。

由于同一种资源可以有多种用途，如粮食可以作人的口粮，也可作饲料用粮；煤炭既可以发电，又可以烧饭取暖。而人类对物质生活和文化生活的需要又有着轻重缓急之分，有时要着重解决吃饭穿衣问题，有时则需要解决精神、娱乐消费问题，因而使得资源配置成为可能。

经济学的产生就是源于这种稀缺性的存在以及由此所引起的选择的需要。

三、经济学的定义

"如何选择和配置",贯穿于人类经济活动的全过程,存在于任何社会,不以社会经济制度或社会经济关系的性质不同而改变。简言之,选择(choice)是一切经济活动的本质。

经济学(economics)就是研究如何进行选择的一门社会科学。它研究怎样最佳选择并利用稀缺的资源以满足人们的无限欲望。

以下是经典经济学家关于经济学定义的一份清单。

(1) 18 世纪的英国经济学家亚当·斯密给的定义是:经济学研究财富的性质和增长。

(2) 19 世纪末英国经济学家 A. 马歇尔说过,经济学研究人类日常的生活事务,如何谋生和如何过得快活。

(3) 现代英国经济学家 L. 罗宾斯认为,经济学研究稀缺资源在各种可供选择的使用中间进行分配。

(4) 诺贝尔经济学奖获得者、美国著名经济学家 P. A. 萨缪尔森给经济学下的定义是:经济学是研究人和社会如何作出最终选择,在使用或不使用货币的情况下,使用可以有其他用途的稀缺的生产性资源来在现在或将来生产各种商品,并把商品分配给社会的各个成员或集团以供消费之用。它分析改善资源配置所需的代价和可能得到的利益。

第二节　经济学要解决的基本问题

稀缺性是经济分析的出发点,资源配置是目的,满足需要是归宿。这里,"必须解决的基本问题"亦即必须回答的基本问题。

一、资源配置的基本问题

（一）生产什么和生产多少

由于资源有限,用于生产某种产品的资源多一点,用于生产其他产品的资源就会少一点。对资源的任何配置,都会存在机会成本问题,所以人们首先要对其各种欲望加以审定,什么欲望最迫切,其次的欲望是什么,再次的欲望又是什么,在可供选择的物品和劳务中,选择哪些来生产,每种生产多少。在决定使用资源之前,必须明确这一问题。

（二）怎样生产

生产或提供某一种物品或劳务可以有不同的资源配置方式。不同的生产方法和资源组合可以相互替代,同样的产品可以有不同的资源组合(如劳动密集型或资本、技术密集型)。因此需要决定的是,由哪些人使用哪种资源,应用什么技术来生产;各种资源如何进行有效组合,才能提高生产效率,是多用原材料,还是多用劳动力少用机械,或者是多用机械少用劳动力,但"稀缺性"决定了资源配置必须遵守最优原则。

资源配置最优,不但是技术上的要求,也是经济上的要求。

从技术效率方面看,资源配置最优是指以既定资源获得的各种产品数量达到最大值。换言之,在各种产品数量既定条件下,尽可能少地消耗所用资源。为此,人们必须将一切可获得的资源全部投入使用,并且使各种资源得到充分的利用。

但是,技术上达到资源配置最优并不等于从经济上看也是最优。如果生产所用成本大于收益的话,那么,技术效率再高也不会有人使用。

从经济效益上看,资源配置最优是指在各种备选方案中,将等量资源所得到的收益与支出相比较,选择净收益最大的方案。简言之,资源配置最优的经济含义是,按最优原则进行选择,使资源配置的经济效益最大。

理想的资源配置最优应同时满足技术上和经济上的要求。但现实中,二者同时被满足的情况甚少,当它们发生冲突时,应首先选择经济效益高的资源配置方案。

（三） 为谁生产

为谁生产,即财富如何进行分配,亦即生产出来的物品和劳务供谁来享用。由于资源是有限的,因此不可能使全社会中每一个人的欲望同时获得满足。社会产品的总量,将如何分配给不同的人和家庭?什么人能够或不能够参与分配?以什么方式来参与分配?各类参与者分配的数量有多少?是强调公平还是以效率的提高为准则?很显然,分配的方式和数量,直接关系到人们的生产积极性,成为主体的动力。经济分析就是要回答上述问题,从而揭示出最能刺激经济发展的东西。

二、资源利用的基本问题

资源利用是指人类社会如何采取有效手段和方法,更好地利用现有的稀缺资源,使之生产出更多的物品。

1. 如何达到充分就业

各种资源中最重要的是劳动,所以,资源利用的核心是实现充分就业。

2. 如何达到物价稳定

资源利用不足,会出现通货紧缩现象;资源利用过度,则可能造成通货膨胀。

3. 如何实现经济增长

经济增长意味着在相同的资源限制条件下生产更多的物品和劳务来满足人们的需要,具有特别重要的意义。

三、资源配置和利用基本问题的图解

资源配置与利用所要解决的基本问题,可以用生产可能性边界来进行图示说明。生产可能性边界是指一个社会用其全部资源和所处时代最先进的技术所能生产的各种产品的最大可能产量的组合。

假设社会把全部资源用来生产两种产品:X 和 Y。其生产可能性边界如图 1-1 所示。

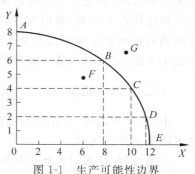

图 1-1 中,横轴表示 X 的产量,纵轴表示 Y 的产量。A、B、C、D、E 点组成的曲线为生产可能性边界。该曲线经常被经济学用来说明资源稀缺性、选择、效率、生产什么、如何生产、为谁生产等诸如此类的经济问题。

由于资源是稀缺的,即使资源能得到充分和有效利用,也不能满足所有的需要,所以任何社会都面临着决定生产什么和如何把生产出来的产品分配给社会成员的问题。如图 1-1 所示,经济学基本问题具体化为在产品 X 和产品 Y 之间的选择:要么多生产 X,要么多生产 Y;或者相反。一个社会可能选择靠近 A 点生产,即多生产产品 Y,少生产产品 X;另一个社会可能恰恰相反,选择靠近 E 点进行生产。在资源一定的情况下,多生产一个单位的产品 X,就要以少生产若干单位的产品 Y 作为代价。资源的有限性决定了必须作出选择。

如果资源没有得到充分和有效利用,生产就会落到生产可能性边界曲线之内,如图中的 F 点。这是由于以下两种情况导致的:一是失业或资源闲置;二是资源使用不当或资源配置失误。只有消除了这两种情况,生产才会由 F 点上升到生产可能性边界上。

生产可能性边界之外的 G 点所表示的产量是目前资源总量和生产技术水平条件下无法实现的。但是,经济增长可能使生产可能性边界向外扩展,原来无法达到的产量组合,随着经济增长变为可能达到的。而为谁生产的问题,也可以通过曲线间接看出,如果一个社会生产的 X 较多而生产的 Y 较少,那么通过比较生产数量即可获知该社会的生产更多是服务于消费 X 产品的社会成员的。

四、资源配置的两种基本机制——计划与市场

(一)计划机制

计划是指工作或行为之前预先拟定的具体内容和步骤。计划机制的基本特征是:资源基本归政府所有,政府负责。生产什么,生产多少,怎样生产和为谁生产,均实行政府高度集中化决策,企业和居民则根据政府的决策进行生产、就业和消费。信息的收集、整理

和传递通过政府计划部门纵向进行。经济发展的动力主要依靠政治思想和道义的力量。

计划机制配置资源适宜经济发展的长期、宏观性的规划，满足基本一致的需求。尤其是它在集中力量办大事，应对突发事件等方面的优越性比较明显。

集中决策可能带来很大成功，但也可能因决策失误造成重大损失。计划机制信息渠道单一和封闭，缺乏公开性和透明度；传递环节繁多，先自下而上报，后自上而下发；因而，信息传输缓慢不及时、费用大，而且容易失真，造成资源配置不当。计划机制否定物质利益激励对调动企业和劳动者个人积极性和创造性的意义，排斥竞争，以错误的激励使得企业和个人报喜不报忧，造成资源的极大浪费。

（二）市场机制

市场，简单地说，就是指商品或劳务交换的场所或接触点。市场可以是有形的场所，也可以是无形的场所。

市场机制，是通过市场价格和供求关系变化及经济主体之间的竞争，协调生产与需求之间的关系和生产要素的流动与分配，从而实现资源配置的一套有机系统。市场机制中最基本的机制是竞争机制和价格机制。

1. 竞争机制

竞争机制指竞争同供求关系，价格变动、生产要素流动与组合以及市场成果分配诸因素之间的有机联系和运动趋向。

竞争包括买者的竞争和卖者的竞争以及买者与卖者之间的竞争。竞争的主要手段，在同一生产部门内是价格竞争，即以较低的价格战胜对手；在不同部门之间是资金的流动，即资金由利润率低的部门流向利润率高的部门。竞争的内容包括争夺销售市场、争夺资金来源、争夺先进技术、争夺人才等。竞争机制充分发挥作用和展开的标志是优胜劣汰。

2. 价格机制

价格机制指商品或资源的供给与需求同价格变化诸因素之间的有机联系。具体表现在，当某种商品供不应求时，买者的竞争使该商品的卖者竞相提价销售，市场价格上升，并使其他部门的企业把资金、人力、物力投入到该种商品的生产，于是，该商品供给增加，当增加到超过需求量时，卖者之间的竞争会导致竞相削价出售商品，市场价格下降，生产者抽出资金等，最终供给减少。价格机制是没有指令的工作系统，它通过一系列供求、竞争的联系，发生无意识的协调作用，就像一只神奇的"看不见的手"在指点和调节着供求。

3. 市场机制的基本特征

资源基本归具有明晰产权的自然人或法人所有，各经济主体都是独立的、平等的，可以自由进出市场，自由地开展竞争与合作。

产权明确界定，受法律保护，可以交易，各主体都承担相应的权利和责任。生产什么与生产多少,怎样生产和为谁生产完全由多元主体独立决策,高度分散,充分发挥决策的主动性。

市场机制的信息是由价格提供,信息量巨大而充分,价格提供的信号简单、明了,商品供求大小,成本高低,收益多少通过价格一目了然,且透明度高,公开性强;信息传递纵横、畅通和无限,收集整理及时便捷。在价格体系下,传递信息的人有内在的动力去寻找需要信息的人,需要信息的人有内在动力去获得信息。

市场机制具有强大的激励约束效应,在以价值和货币为经济追求的目标下,交换中贡献越大,价格越高,收入越大,收入的差距是调动积极性的极有效的激励手段。同时,竞争作为一种外部压力,是一种最好的激励约束机制。竞争,力求获得别人也在追求的东西,因此是创造效率的行为、创新的激励。竞争要以最好、最便宜、最符合要求的产品供应市场,做到物美价廉,节约资源;竞争又是择优的过程。

(三) 计划机制与市场机制的选择

计划机制与市场机制属于两种不同的决策方式,前者为集中化决策,后者为分散化决策。决策有效与否与决策者掌握的信息以及相应的激励措施密不可分。如果决策者能够掌握全部有关信息,集中化决策一般不会出现问题,只存在一个简单的优化问题。但事实是信息不可能完全被掌握,因而历史上存在过的计划机制都不是纯粹的,并且失误较多。

正是由于信息的不完全性,人们才重视采取分散化决策方式。在市场机制中,资源配置的决策是由追求各自利益的生产者和消费者在价格的引导下独立作出的,没有人发号施令,巧妙地实现了信息决策与激励的相互融洽,在不知不觉之中解决了资源配置的基本问题。

市场机制是迄今为止人类解决自己的经济问题的最成功的手段之一,市场机制的建立并没有经过人类自觉的、有目的设计,而是一个自然的发展演化过程。

第三节　经济学的分类

经济学根据其研究的具体领域、对象及角度不同,可以归纳为两大类:微观经济学和宏观经济学。

一、微观经济学

(一)微观经济学的含义

"微观"一词来自拉丁语,是"小"的意思。微观经济学(microeconomics)研究个体经济单位(如一个企业或一个家庭)的经济行为和经济变量,以及经济变量之间的关系和相互影响,从而寻找实现稀缺资源合理配置的最佳途径。例如:用它分析单个企业如何把有限的资源分配在各种产品上以实现利润最大化,其产量、价格、收益、成本、利润等如何决定和运动;单个家庭如何把有限的收入分配在各种商品的消费上以实现满足程度最大化,其收入、消费、储蓄等如何决定和运动;等等。

这些问题都是分析个别企业、个别家庭的经济行为,所以微观经济学又称为"个量经济学"或"个体经济学"。同时,上述问题又都是关于市场结构和价格机制如何运行,因此又称为"市场均衡理论"或"价格理论"。

(二) 微观经济学的基本假设条件

1. 经济人假设

"经济人"的假设,是由古典经济学家亚当·斯密在其不朽名著《国富论》中提出的。所谓经济人(economic human),即精打细算的人,以最高效率实现最大利益的人,始终关注个人利益的人,把个人利益始终放在第一位的人。

"经济人"在一切经济活动中的行为都是合乎所谓的理性的,即都是以利己为动机,力图以最小的经济代价去追逐和获得自身的最大的经济利益。

"经济人"的内涵可概括为三点。

(1) 人是利己的。即人们在从事经济活动时,他所考虑的不是社会利益,而是他自身的利益。

(2) 人是理性的。任何智力正常的人,都能从利己的角度进行判断,趋利避害,在各项利益的比较中选择自我的最大利益。

(3) 人是互利的。即人在追求个人利益最大化的过程中,又不得不考虑他人的利益,对自身利益的追求是建立在对别人的同样追求的尊重的基础上,否则就不能合作和交易,自己的利益也不能实现。

如上所述,消费者追求的是用自己有限的收入,在给定的约束条件下,实现消费满足程度最大化,企业则要求在给定的生产技术条件下,以有限的投入实现利润最大化。

2. 完全信息假设

完全信息是指市场上每一个从事经济活动的个体都对有关的经济情况具有完全的信息,并具有对信息进行处理的能力。这是最优化行为产生的充分必要条件。例如,每一个消费者都能充分了解每一种商品的性能和特点,准确地判断不同的消费量给自己带来的不同满足程度,掌握商品价格在不同时期的变化等,从而作出最优消费决策;每一个生产者对生产所需资源和产品的价格变化也有充分了解,掌握投入和产出之间的技术数量关系,准确了解市场对其产品的需求等,从而作出最优化的生产决策。

3. 市场出清假设

市场出清假设即价格可以自由而灵敏地升降,发挥调节机制,经过价格调节的市场一定会实现供求均衡。具体讲,商品价格的调节使商品市场均衡;利率的调节使资本金融市场均衡;工资的调节使劳动市场均衡。资源得到充分利用,不存在闲置或浪费问题。

(三) 微观经济学的主要特点

1. 以单个经济单位(如居民户、企业)为对象

着重分析消费者如何购买、生产者如何生产、市场价格如何确定、要素所有者如何提供要素等。有时也涉及社会总量,但只是让个量简单加总,而不研究各个总量(如产品、货币、财政、外贸)之间的相互关系。

2. 以实现资源最优配置为目的

从单个经济单位入手,解决生产什么,生产多少,如何生产,为谁生产,什么时候生产等问题。

3. 以边际分析为工具

在微观经济分析中,同时使用平均分析和边际分析,但经常以边际分析来决定均衡状态,衡量经济决策的结果。当一个或几个自变量发生微小变动时,因变量如何随之变动,这就是边际分析。平均分析用于分析一般水平,边际分析用于分析变动趋势。正是根据边际分析,产生了一系列极为重要的边际概念和边际法则。

4. 以市场价格为中心

首先分析个别需求量的变动;其次分析个别供给量的变动;然后分析在各种不同的市场条件下,需求与供给如何共同决定价格(包括产品价格和要素价格)。所以,微观经济分析始终以市场价格为中心,价格理论是微观经济学的中心理论。

5. 以均衡状态为基础

均衡状态是指每个经济个体都得到最大利益,如果其他条件不变,就会继续从事相同的经济行为,而不愿意改变。在完全竞争的条件下,产品的供求相等,是达到均衡状态的必要条件。微观经济学的消费理论、生产理论、市场理论、分配理论,都采用局部均衡分析。

6. 以个体利益为目标

微观经济学从"经济人"的概念出发,认为人都是利己的,凡人莫不为自己的经济利益而奋斗,此外没有任何其他感情。当每个人都追求自己最大的经济利益时,全社会的利益就会达到最大。

二、宏观经济学

(一) 宏观经济学的含义

"宏观"一词也是来自拉丁语,是"大"的意思。宏观经济学(macroeconomics)研究经

济活动总图景,全社会的加总数、平均数或比率数等,以及各种经济总量之间的关系和相互作用,从而探讨如何实现全社会总体资源的充分利用。

例如,它分析一国经济增长为什么有时快有时慢,物价水平多高为适度,当发生失业或通货膨胀时,政府应采取什么政策等。

由于宏观经济学研究的都是整个经济的总量及其变化,所以它又被称为"总量经济学"或"总体经济学"。同时,宏观经济学的中心是分析总收入和就业水平的变动,因此又称为"收入和就业理论"。

(二) 宏观经济学的基本假设条件

1. 市场机制是不完善的

资源稀缺性不仅要求使资源得到合理配置,而且还要使资源得到充分利用,而要做到这一点,只依靠市场机制是不够的。1929—1933 年的经济大危机也证实了这一点,经济如果只依靠市场机制的自发调节,就无法克服危机与失业,就会在资源稀缺的同时,产生资源浪费。

2. 政府有能力调节经济,弥补市场机制的缺陷,纠正市场机制的偏差

即人们可以在遵循基本经济规律的前提下,对经济进行适当调节。而发挥这种调节职能的是政府,政府可以通过观察、研究、认识和利用经济运行规律,并采取合理的手段进行适当调节。

(三) 宏观经济学的主要特点

1. 以整个国民经济为研究对象

研究的不是各个经济单位,而是由这些单位组成的整体,以及整个经济运行的方式与规律。

2. 以解决资源利用为目的

把资源配置作为既定的,研究现有的资源没有被充分利用的原因,达到充分利用的途径,以及经济增长等问题。

3. 以总量分析为研究方法

该总量有两类:一是个量的总和,把各个经济单位的单项数值加总求和,如国民收入、总投资、总消费等;另一个是平均量,如各种商品的价格水平。总量分析就是分析国民经济这些总量是如何决定的、如何变动的、相互关系如何,从而说明整体经济状况。

4. 以国民收入决定为中心理论

国民收入是宏观经济学中最基本的总量,宏观经济学就是以国民收入决定为中心来分析资源的利用和整个国民经济的运行的,其他理论都是围绕着这一理论展开的。

三、微观经济学与宏观经济学的比较

一般地说,宏观与微观、总量与个量,两者之间既互相区别又互相依存。总量由个量综合而成,因此微观理论必然是宏观理论的基础。而个量或个体不能脱离开总量或总体而存在,所以微观理论又必须以宏观理论为其条件和前提。

(一) 微观经济分析与宏观经济分析互为前提

在经济研究中,微观理论以总量既知为前提来研究个量,宏观理论以个量不变为前提来研究总量(如对价格的分析),微观经济分析以价格总水平既知来研究具体某个商品的价格,而宏观经济分析则是在所有单个商品的价格为一定的假定下来研究价格总水平的。

(二) 微观经济学与宏观经济学的区分是相对的

尽管它们之间的划分有助于说明两个学科的性质不同,但严格地说,只有一个经济学。在实际经济生活中,经济分析往往同时涉及宏观与微观两个方面。比如,在分析决定一种物质利益变动时,必须同时考虑如何才能使资源(在宏观上)全部利用并(在微观上)达到最优配置。

(三) 两者都研究基本经济问题,但分工不同

任何一个经济都不可避免要回答这样几个问题:生产什么?如何生产?为谁生产?资源是否全部利用?货币和储蓄的购买力是否由于通货膨胀而改变?生产能力能否持续增长?前三个是微观经济学的研究对象,后三个是宏观经济学的研究对象。

(四) 微观经济活动之和不等于宏观经济活动

从表面看,宏观经济活动是由微观经济活动的总和形成的,但对经济规律不能作出这样简单的综合。许多结论在微观经济中看来是正确的,但放到宏观经济中却可能得出相反的结论。美国经济学家萨缪尔森把这种现象称为"复合谬误"。比如,个别企业如果降低工人的工资,那么其生产成本因此而下降,从而导致企业利润的增加。可是如果从宏观分析角度看,假如一个经济社会中所有的企业都加以效仿,那么整个社会购买力会因工人收入的减少而下降,造成社会产品过剩,从而导致企业利润下降。同样,宏观经济中的正确结论,也并不都能直接应用于微观经济分析,否则会出现"分解谬误"。

第四节　经济学的分析方法

一、规范分析与实证分析

（一）规范分析

规范分析（normative analyses）即根据一定的价值判断，提出人们的经济行为规范，来研究如何使其行为符合这些规范的分析方法。它所要回答或所关心的是人们的经济行为"应该是什么"，研究社会经济问题"应该怎样解决"。也就是说，以一定的价值判断原则评价人们经济行为的是非善恶。这里所说的价值判断不是指商品的价值，而是指社会伦理范畴的好与坏，看其对社会有积极意义还是有消极意义。

（二）实证分析

实证分析（positive analyses）即根据一定的假设，揭示有关经济变量之间的函数关系或因果联系，即揭示经济本身内在规律，并据此来分析和预测人们的经济行为效果。它所要回答或所关心的"是什么"问题，研究社会经济问题"实际上如何解决"。

规范分析和实证分析二者有着密不可分的联系。比如，通货膨胀的研究，人们认为与通货膨胀有密切关系的主要经济变量有：政府支出量、投资量、税收率、利息率、货币发行量、就业率等。各个变量对通货膨胀或通货紧缩在一定具体条件下都形成因果关系，研究它们之间关系是属于实证分析的范畴。而通货膨胀率应该控制在 15％、10％，还是 4％、1％左右，哪一个为社会所能接受，则属规范分析的范畴。

二、均衡分析与边际分析

（一）均衡分析

均衡原属物理学概念，"均"是指方向相反而力量相等的作用力；"衡"则表示在作用力和反作用力相等的情况下，事物处于一种相对稳定和静止的状态。如果其中某一方面或某几个方面的力发生变化，物体就会相应地移动，从原来的位置移到新位置，形成新的均衡。在多数经济学家看来，经济现象和力学现象相似，比如，市场上某一物品价格保持不变，是需求和供给等诸力互相作用而达到均衡的结果。如果其中的供给发生变化，或需求发生变化，或二者都不同程度地发生变化，价格就会相应地变动，由旧的均衡转变到新的均衡。所谓均衡分析（equilibrium analyses）方法，就是假定外界诸因素是已知的和固定不变的，然后再研究因变量达到均衡时应具备的条件。

（二） 边际分析

边际即额外、附加、边缘或总体以外部分的同义语,也就是指新增加或减少的那一部分。行为每改变一单位所导致的结果的改变称为边际量,就像刷墙,每新刷一刷子,新刷的部分就是刷墙的边际。边际如果是新增加的,就是正值;如果是新减少的,就是负值。以这种方式理解人们的行为,就称为边际分析(margin analyses)方法。边际分析的思想其实就是走一步瞧一瞧。例如,生产成本依赖于产量,产量改变一单位所导致的成本的改变就是边际成本。企业的销售收入依赖于产量,产量改变一单位所导致的销售收入的变化称为边际收益。总之,当一个量依赖于另一个量时,后者每改变一单位所导致的前者的变化就是边际量。边际分析是找出均衡状态的有效分析方法。可以说,均衡分析和边际分析方法贯穿于经济分析始终。

三、静态分析与动态分析

（一） 静态分析

静态分析(static analyses)是指分析经济现象均衡状态及其达到均衡状态所必备的条件。如某种商品在某一时期供给需求已定的情况下,就可以确定出该商品的供给与需求的均衡点,即二者相等点,从而形成均衡价格和均衡产量。只要供给与需求不变,其均衡价格和均衡产量就会静止不变。比较静态的分析是考察或比较在原有均衡状态的条件发生变化后,形成新的均衡状态发生了怎样的变化,即比较起点和落点,形成新的均衡价格和均衡产量与原来的均衡价格和均衡产量比较。

（二） 动态分析

动态分析(dynamic analyses)即考察经济活动的实际发展变化过程。它是研究与某经济相关的因素在时间过程中发生变化的情况下,如何影响该经济体系运动发展的。通过动态分析可以了解在外界条件发生变化后,经济活动达到新的均衡状态所需的时间,经过的路径等。如上例,在一定期间内需求发生变化引起均衡点向新的均衡点过渡,这一调整有时需要一段漫长的过程,动态分析就是对需求变化过程以及引起均衡点的变化调整过程加以分析。

静态分析犹如观察一张不动的照片,仅就这个均衡状态加以分析。比较静态分析犹如观察几张不同时点的幻灯片,即分析新均衡状态与旧均衡状态之间的关系。动态分析犹如观察一系列连续移动的照片——电影,即分析达到均衡状态的过程。不管静态分析还是比较静态分析,都把注意力集中在均衡位置上,而动态分析实际上是探讨非均衡状态及其变动,即研究一些在时间推移过程中依然有效的关系。

四、理论分析与模型分析

（一） 理论分析

经济现象错综复杂，变化不定，为了便于研究，就必须从实际出发，从纷繁复杂的现实事物中进行科学的抽象，舍去那些次要的、偶然的、个别的因素，专门研究具有普遍性、必然性、决定性的因素之间的因果关系，形成系统的经济理论，就是理论分析（theoretic analyses）。经济理论是实践经验的高度概括。

（二） 模型分析

经济学家在研究经济问题时，其基本程序是建立经济模型，经济模型（economic model）是指用来描述与所研究的经济现象有关的经济变量之间相互关系的理论结构。如需求定理，描述了在其他条件不变的前提下，市场上的需求量与价格是相反方向变化的规律。在经济分析中经济模型的表示有用文字说明的，也有用数学公式、几何图形来加以说明的。经济模型使用数学比较简练，表述概念比较精确，可以运用数学原理处理若干变量的一般情况，因此，经济模型是经济理论的简明表达。

（三） 模型分析的步骤

（1）定义（definition）。即对所要研究的经济现象的含义作出规定，如什么是需求、什么是失业等。

（2）假设（assumption）。假设是提出经济模型的前提条件。现实经济十分复杂，一个经济现象直接或间接地受到许多因素的影响。一个经济模型不可能对它们逐一进行分析，从而也就无法建立与实际丝毫不差的复制品，所以有必要提出假设，以对讨论的范围进行限定和简化。例如，一种商品的需求量是由多种因素影响，但在建立需求分析的经济模型时，一般就要假定其他条件不变，以分析价格是如何影响需求量的。

（3）假说（hypotheses）。即在一定的假设条件下，利用定义去说明经济现象之间的关系。假说是一种未经证明的理论。例如，在其他条件不变的条件下，一种商品的价格由该商品的需求和供给决定。这就是现代经济学价格原理的重要假说。

（4）预测（prediction）。预测是根据假说而对未来的发展趋势进行预期，它与猜测的区别是：猜测是盲目的，而预测是从假说得出的必然结论。例如，如果需求量增加，那么在其他条件不变的条件下，商品的价格就会抬高。

第五节 经济学的用途

一、经济学在社会科学中的地位和作用

人类要生存、要发展,就必须进行物质生活资料的生产,经济生活在人们社会生活中的基础地位,决定了作为研究人类生存发展前提的经济分析理论,无疑要比研究人类政治生活的政治理论、法律规范的法学、道德问题的伦理学说、思维规律的逻辑学等,要重要得多。

经济分析所讨论的许多问题,都是重大的、与人们切身利益相关的问题。例如,收入分配和经济增长问题,直接与国家发展、社会安定、民族兴衰息息有关。在以和平与发展为主题的当今时代,对于各国政府和人民来说,还有什么比经济发展更重要的问题?经济分析是其他社会科学分析的前提,马克思说过:政治是经济的集中体现,经济地位决定政治态度。国际社会,风云变幻,地区冲突,民族矛盾,大都有背后的经济原因和经济动机,只要对其进行经济上的分析,云山雾罩的复杂现象即可昭然若揭。

二、学习经济学对个人的实际用处

1. 可以帮助个人更好地认清环境和外部事物,正确作出判断和恰当决策

经济学是指导人们经济行为的科学,是致用之学。社会经济生活是丰富多彩的,各种各样的经济信息,层出不穷的经济问题时刻充斥其中,影响着人们的工作和生活。如股票、利率、赤字、失业、汇率、经济增长等。固然,人们可以通过实际生活经验的积累来了解把握这些东西,但不言而喻,这决不是每个普通人都能有这个能力,况且这种了解方式也只能在事后获得,而通过学习经济分析的基本理论,"事先"掌握这方面的知识和道理,显然是一条有效的捷径。在复杂的社会经济生活中,每个人还时常是面临各种各样的选择,例如刚毕业的大学生,寻找工作岗位时,就存在是追求高工资还是追求有发展空间的选择;当领到工资后,是多消费,还是多储蓄?如何决策才能达到效用最大化等。这种选择对个人而言,是机遇又是挑战,既带来希望,又充满风险。存在主义大师萨特说:选择是痛苦的。事到临头"左右为难","犹豫不决"的经历,恐怕许多人都曾有过。而事后的"恍然大悟"、"后悔自责",恰恰说明我们缺少经济分析知识和理论的储备。在现实经济生活中,想必任何人都是不甘于缺乏经济头脑眼光和手段的。

2. 可以帮助个人更好地观察宏观世界,把握社会经济的变化和时代发展的脉搏

没有系统学习过经济学的人,对宏观经济政策和经济发展动向往往把握不准或没兴趣。学习了经济分析理论以后,就可以从国家每月、每季、每年的统计资料或信息中比较客观、深入全面地了解国家在拉动内需,扩大出口,增加投资,促进消费,保持经济持续稳

定发展等方面的具体动向和政策措施,从而可以有一个大体预测,同时对于政府的各项重大政策,也会有一个理性的判断标准。随着我国市场经济的深入发展、经济全球化进程的加快,经济运行过程中的企业体制、市场体制、分配体制等都要相应作出调整和发生大的变化,如何保持经济改革、开放和发展协调进行,同样面临着机遇和挑战。如此之快的社会变化,没有经济分析理论的支撑,任何人都会感到茫然。

西方谚语说:昨天我是瞎的,今天我全看见了。经济学的学习将帮助你实现这一境界。对于企业经营管理人员和投资者来说,经济学的作用更是"一切都在不言中",学习它,将是一笔收益丰厚的投资。

三、经济学研究的困难与学习的态度和方法

经济学不能像物理或化学等自然科学那样,在可控制的状况下进行实验。例如,物理学家可以在专业实验室里进行冷水加温实验,逐一观察到随着温度的升高水的变化反应情况,并能清楚地观察到冷水加热至 100℃时,便开始沸腾。而在经济分析中进行这类实验却是不可能的。例如,一般认为,存款利率下降会引起储蓄额的下降,但是经济学家不能逐一改变利率水准来观察储蓄的具体变化,更不可能确切地观察到每户居民的储蓄变动情况。因为经济分析的实验环境很难找到,经济活动中的各种要素都是紧密结合在一起的,很难分开,因此就很难保证其中的某些要素不变,而且还有一些要素根本就是很难作出定量或是定性的分析。

所以,经济学研究面临着一定困难,如果把经济学当作金科玉律,照搬照用,其结果不一定都会是愉快的。美国的诺贝尔经济学奖得主托宾说过,我们不能保证,学习了经济学理论的人,就不会站到领失业救济金的队伍中去。但不同的是,他至少知道为什么自己会站到这个队伍中来。因此,经济学提供给我们的,主要还是思想、启发和主见,是分析经济问题的方法和工具。另一位诺贝尔经济学奖获得者、著名经济学家约翰·梅纳德·凯恩斯认为,经济学"不是一种教条,只是一种方法、一种心灵的器官、一种思维的技巧,帮助拥有它的人得出正确结论"。

本 章 小 结

1. 人们对物质产品和劳务的欲望是无限的,相对于无限的欲望而言,有限的资源总是不足的、稀缺的。资源的稀缺性决定了社会必须在资源的多种用途上进行选择。

2. 经济学是研究如何进行选择的一门社会科学。它研究怎样最佳选择并利用稀缺的资源以满足人们的无限欲望。

3. 任何一个经济社会面临的选择都是要决定如何用既定的资源解决三个基本问题:

生产什么、生产多少,如何生产,为谁生产。

4. 不同经济制度下解决社会基本经济问题的方式或资源配置方式不同。计划经济主要通过中央计划机构层层下达指令性计划指标配置资源,市场经济主要通过市场价格机制配置资源。

5. 经济学分微观经济学和宏观经济学。前者以单个经济实体作为考察对象,研究单个生产者、单个消费者、单个资源拥有者的经济行为,单个市场的变化规律。后者以整个国民经济运行作为考察对象,研究社会就业量、物价水平、经济增长速度、经济周期波动等全局性的问题,研究经济中各个有关总量的变化以及它们之间的相互制约关系。

6. 经济学的分析方法主要有规范分析和实证分析、均衡分析和边际分析、理论分析和模型分析等。

7. 经济学是一门致用的科学,但它提供给我们的,主要还是经济分析的思想、启发和主见。

基 本 概 念

经济 经济学 稀缺性 资源配置 经济人 规范分析 实证分析 均衡分析 边际分析

19

思考与训练

1. 从资源稀缺及配置的角度,说明好钢要用在刀刃上的经济学道理。

2. 你是否同意这种说法:为了提高经济效益,我们必须不断提高生产设备的技术水平。

3. 对"经济人"的假设如何理解?

4. 以下问题哪些属于微观经济学考察的对象?哪些属于宏观经济学考察的对象?

    A. 鸡蛋价格比上月涨了 6%

    B. 去年我国 GDP 总量超过 20 万亿元,增长幅度为 10.8%

    C. 某饲料公司的生产规模

    D. 出租车司机的工资

    E. 美国去年下半年以来已连续 3 次加息

5. 资料分析。要求:

(1)分组讨论,小组代表发言,最好制作成 PPT 文件,边展示边讲;

(2)运用所学知识深入分析,展开讨论,要求言之有理;

（3）资料说明了什么问题，我们能从中得到什么启示。

理性成就快乐——像经济学家那样思考

在日常生活中，每个人其实都在自觉不自觉地运用着经济学知识。比如在自由市场里买东西，我们喜欢与小商小贩讨价还价；到银行存钱，我们要想好是存定期还是活期。经济学对日常生活到底有多大作用，有一则关于经济学家和数学家的故事可以参考。

故事说的是三个经济学家和三个数学家一起乘火车去旅行。数学家讥笑经济学家没有真才实学，弄出的学问还摆了一堆诸如"人都是理性的"之类的假设条件；而经济学家则笑话数学家们过于迂腐，脑子不会拐弯，缺乏理性选择。最后经济学家和数学家打赌看谁完成旅行花的钱最少。三个数学家于是每个人买了一张票上车，而三个经济学家却只买了一张火车票。列车员来查票时，三个经济学家就躲到了厕所里，列车员敲厕所门查票时，经济学家们从门缝里递出一张票说，买了票了，就这样蒙混过关。三个数学家一看经济学们这样就省了两张票钱，很不服气，于是在回程时也如法炮制，只买了一张票，可三个经济学家一张票也没有买就跟着上了车。数学家们心想，一张票也没买，看你们怎么混过去。等到列车员开始查票的时候，三个数学家也像经济学家们上次一样，躲到厕所里去了，而经济学家们却坐在座位上没动。过了一会儿，厕所门外响起了敲门声，并传来了查票的声音。数学家们乖乖地递出车票，却不见查票员把票递回来。原来是经济学家们冒充查票员，把数学家们的票骗走，躲到另外一个厕所去了。数学家们最后还是被列车员查到了，乖乖地补了三张票，而经济学家们却只掏了一张票的钱，就完成了这次往返旅行。

这个故事经常被经济学教授们当作笑话讲给刚入门的大学生听，以此来激发学生们学习经济学的兴趣。但在包括经济学初学者在内的大多数人看来，经济学既枯燥又乏味，充满了统计数字和专业术语，远没有这则故事生动有趣；而且经济学总是与货币有割舍不断的联系，因此，人们普遍以为，经济学的主题内容是货币。其实，这是一种误解。经济学真正的主题内容是理性，其隐而不彰的深刻内涵就是人们理性地采取行动的事实。经济学关于理性的假设是针对个人而不是团体。经济学是理解人们行为的方法，它源自这样的假设：每个人不仅有自己的目标，而且还会主动地选择正确的方式来实现这些目标。这样的假设虽然未必总是正确，但很实用。在这样的假设下发展出来的经济学，不仅有实用价值，能够指导我们的日常生活，而且这样的学问本身也由于充满了理性而足以娱人心智，令人乐而忘返。尽管我们在日常生活中时常有意无意地运用了一些经济学知识，但如果对经济学知识缺乏基本的了解，就容易在处理日常事务时理性不足，给自己的生活平添许多不必要的烦扰。比如，刚刚买回车子，没过两天，这款车子却降价了，大部分人遇到这种情况的时候都垂头丧气，心里都闷得很；倘若前不久刚刚买了房子，该小区的房价最近却上涨了，兴高采烈是一般购房者的正常反应。这些反应虽然符合人之常情，但跌价带来的郁闷感觉却是错误的。

经济学认为,正确的反应应该是:无论是跌价,还是涨价,都应该感觉更好。经济学认为,对消费者而言,最重要的是你消费的是什么——房价、车价是多少以及其他商品的价格是多少。在价格变动以前,你所选择的商品组合(房子、车子加上用收入入余款购买的其他商品)就是对你来说最好的东西。如果价格没有改变,你会继续这样的消费组合。在价格变化以后,你仍然可以选择消费同样的商品,因为房子、车子已经属于你了,所以,你不可能因为价格变化而感觉更糟糕。但是,由于房子、车子与其他商品的最佳组合取决于房价、车价,所以,过去的商品组合仍然为最佳是不可能的。这就意味着现在还有一些更加吸引人的选择,因此,你的感觉应该更好。新的选择虽然存在,但你却更钟情于原来的最佳选择(原来的商品组合)。

在日常生活中,我们还常常烦扰于别人为什么挣得比我多,总是觉得自己得到的比应得的少,而经济学却告诉我们这样的感觉是庸人自扰,也是错误的。经济学认为别人比自己挣得多是正常的,自己得到的就是应得的,如果自己不能理性地坦然面对,只会给自己的生活带来不必要的烦扰和忧愁(摘自梁小民:《微观经济学纵横谈》)。

综 合 实 训

甲同学说:"经济学其实就是教我们如何进行管理。"乙同学说:"不对,经济学不是管理学。"你同意谁的说法?试说出理由。

第二章 需求与供给

【学习目标】

1. 熟悉需求与供给的含义及影响需求和供给的各种因素。
2. 掌握需求规律、供给规律,熟练运用均衡价格理论,解释和预测价格变动的方向。
3. 掌握价格弹性的含义、计算方法,熟悉需求价格弹性与收益的关系。

【引例】 瓷器的拍卖

　　一个阿拉伯商人获得了三件非常珍贵的瓷器,于是他把它们带到拍卖会上进行拍卖。一开始,三件珍宝开价5 000万美元,然而,根本没有人出价。这个商人当机立断,举起一件摔了下去,人们看着变成碎片的瓷器,在惊讶之余都感到很痛惜;接着,商人开始拍卖剩下来的两件瓷器,底价仍然是5 000万美元,可惜还是没人出价,于是商人又打碎了一件,众人大惊,看了看剩下的那唯一的一件,又看了看碎片,简直心疼得不得了;这时,商人开始拍卖那件独一无二的瓷器,底价仍然是5 000万美元,在场的人都竞相出价,一副势在必得的架势。

　　阿拉伯商人的做法说明了什么道理?

第一节 需　　求

一、需求和需求量

(一) 需求

　　需求(demand)是指消费者在一定时期内,在一定价格水平上,愿意而且能够购买的某种商品和劳务的数量。

　　需求必须具备两个基本条件:一是消费者愿意购买(购买欲望);二是消费者有支付

能力。二者既相互依存又相互约束,如果消费者对某种商品或劳务只有购买的欲望而没有支付的能力,或者是具备支付的能力而对该商品或劳务缺乏兴趣,没有购买的欲望,都构不成现实有效需求。需求是指既有购买欲望又有支付能力的有效需求,是主观愿望与客观购买力的统一。进行需求预测时,必须考虑到需求的这两个条件,否则会作出错误的判断。

需求有个人需求和市场需求之分。个人需求是指单个消费者在一定时期内,一定价格条件下对某种商品,愿意并能购买的数量。市场需求是指在某一市场中所有消费者的个人需求之合。经济学主要探讨市场需求。

(二) 需求量

需求量是指消费者在一定时期某种价格水平时,愿望并且能够购买的商品或劳务的数量。需求则是指商品或劳务的需求量与其价格之间的关系,即不同的价格产生不同的需求量,多个价格和与之相对应的多个需求量的组合,就是需求。需求量反映的是某一特定价格水准下的计划购买量。需求则反映的是一系列价格水平下的一组计划购买量。例如,当西瓜的价格为 3 元时,某消费者的需求量为 1 千克;价格为 2.5 元时,需求量为 2 千克;当价格为 2 元时,需求量为 3 千克;当价格为 1.5 元时,需求量为 4 千克……这样一组价格和对应的一组需求量反映了该消费者的需求水平,这就是所谓的需求。而其中 2.5 元对应的 2 千克则指的是需求量。

需求量和需求是两个既有联系又有区别的概念。在现实中很难区分需求与需求量,因为需求的变动也表现为各种因素变动引起的需求数量的变动。在理论分析中之所以要作出这种区分,是为了说明影响需求的各种不同因素对需求量变动的不同影响。这对理解以后的内容很重要。

二、需求的表示

影响消费者需求的因素很多,其中最主要的是商品的价格,为了准确表达商品的价格和需求的关系,可以采用需求函数、需求表和需求曲线三种方法来表示。

(一) 需求函数

需求函数(demand function),是用来表示一种商品的需求数量和影响该需求数量的各种因素之间的相互关系。这里影响需求数量的各个因素是自变量,需求数量是因变量。一种商品的需求数量是所有影响这种商品需求数量的因素的函数。

如果不考虑其他自变量的影响,只考虑商品价格本身对需求数量的影响,需求函数可以表示为

$$Q_d = f(P)$$

式中：P 为商品的价格；Q_d 为商品的需求量；f 为函数关系。如果需求函数是线性的，则可把需求函数写成：

$$Q_d = a - bP \quad (a, b > 0)$$

式中，a 为一常数，是与价格 P 无关的自发性需求；b 为一个正数，$-b$ 则表示需求量与价格成反比例的关系。

（二）需求表

需求表（demand schedule），是指在其他因素不变的条件下，某种商品价格与需求量之间关系的序列表格。消费者对购买一定量的商品所愿意支付的价格，称为需求价格。不同的商品数量有相应的需求价格，不同的价格会有不同的购买数量。把这些价格与数量的关系组合排列出来，就构成了需求表。以上述某消费者在一定时期内对西瓜的需求量与价格之间的关系为例，可列出该消费者对西瓜的需求表，如表 2-1 所示。

表 2-1　某消费者对西瓜的需求表

价格/元	需求量/千克	价格/元	需求量/千克
3.00	1	2.00	3
2.50	2	1.50	4

市场需求量是个人需求量之和。因此，在一定时期内，市场上对某种物品的需求量与价格之间的关系，也可以用需求表来表示。这时，需求表表述的是所有消费者的交易条件。例如表 2-2 就是市场对西瓜的需求表。

表 2-2　市场对西瓜的需求表

价格/元	需求量/千克	价格/元	需求量/千克
3.00	1 000	2.25	4 000
2.75	2 000	2.00	5 000
2.50	3 000	1.75	6 000

从表 2-2 可以看出，随着价格的下降，消费者对西瓜的需求量是增加的。当价格为 2.75 元时，消费者只愿意购买 2 000 千克；当价格下降到 1.75 元时，需求量增加到 6 000 千克。这说明价格高时，需求量小，价格低时，需求量大。

（三）需求曲线

需求曲线（demand curve），是表示价格商品与需求量之间关系的一条曲线。根据

表 2-2 的数据,可以画出图 2-1。

在图 2-1 中,横轴 *OQ* 代表需求量,纵轴 *OP* 代表价格,需求量与价格之间的对应数值就是坐标系中的点,把所有这些点连起来就构成一条曲线,该曲线称为需求曲线。通过需求曲线,不仅可以找出与价格对应的需求量,而且可以明显地看出价格变化时需求量变化的趋势。

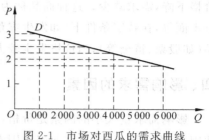

图 2-1　市场对西瓜的需求曲线

需求曲线 *D* 是根据需求表画出的,是表示某种商品价格与需求量关系的曲线,它是一条自左上方向右下方倾斜的曲线,斜率为负。价格和需求量之间的关系可以是线性关系,此时,需求曲线是一条向右下方倾斜的直线,直线上任意一点的斜率都相等;价格和需求量之间的关系也可以是非线性关系,此时需求曲线是一条向右下方倾斜的曲线,曲线上,不同的点处曲线的斜率不同。

经济学中用需求曲线直观地表示价格与需求量的关系,实际上已假定了两者的数量具有无限可分性,这种假定虽然不完全符合实际,但有利于对经济问题进行定量分析,因此,这一假定贯穿于经济学分析的始终。

三、需求定律

从需求表和需求曲线中可以看出,在其他条件不变时,某种商品的价格越高,消费者对该商品的需求量越小;商品的价格越低,消费者对商品的需求量就越大;商品的需求量与其价格呈反方向变动。这种现象普遍存在,被称为需求定律(law of demand),也称为需求规律或需求法则。

商品的需求量与其价格呈反比关系,主要原因有两点:第一,商品价格下降后,会吸引新的购买者,从而使需求量增加;第二,是收入效应和替代效应共同作用的结果。收入效应是指在货币收入不变的条件下,商品价格下降消费者可增加该商品的购买数量,即表现出实际收入增加。替代效应是指在实际收入不变的条件下,因某类商品之间存在替代关系,当某种商品价格下降使其他替代品显得相对贵时,消费者会增加该商品的购买以替代其他商品。该问题在本书第三章中将作进一步分析。

需求定律是通过科学的假设而得出的,只有在某种条件下才成立,才能揭示商品本身价格与需求量之间的本质关系,得出需求定律。这一规律在理解价格的决定时是非常重要的。

需求定律说明了大多数商品的价格与需求量的关系。但对某些特殊商品而言,需求规律则不一定适用。例如珠宝、项链、香水等表示人们有社会地位与身份的商品,往往是价格下降，需求减少。这种商品称为炫耀性商品。某些生活必需的低档商品，如马铃薯、玉米面等，在特定条件下（如发生灾荒）价格上升需求反而增加。此外，还有一些投机性商品（如股票、黄金等），当价格发生较大幅度变动时需求呈现不规则的变化。

四、影响需求的因素

影响需求量大小的因素是价格，而影响需求的因素则是除商品自身价格之外，还有其他因素，有经济因素，也有非经济因素。

（一）消费者偏好

随着社会生活水平的提高，消费不仅要满足人们的基本生理需求，还要满足种种心理与社会需求，因此，消费者偏好，即社会消费风尚的变化对需求的影响很大。如果消费者对于某种商品的偏好增强，则在每一个相同的价格下，其购买该商品的数量将会比以前增加；反之，偏好减弱，则购买量减少。例如，一个消费者看到一则报道后相信，多吃青菜有益健康，则对青菜的需求就会增加。有人认为，多吃猪肉对身体不利，则对猪肉的需求就会减少，尽管猪肉的价格没有发生任何变动。消费者偏好受种种因素的限制，广告可以在一定程度上影响这种偏好。

（二）消费者的收入以及社会收入分配平等程度

"天下没有免费的午餐"，消费者购买商品，必须支付货币。支付能力的大小取决于消费者的收入。当消费者收入增加时，各种商品的需求会出现不同的变动，有些商品的需求会快速增加，且增加幅度较大，有些商品的需求则增加幅度较小；而另一些商品的需求会减少。例如，当某消费者收入大幅度增加后，对大众烟酒和公共交通的需求减少了，对高档烟酒和私人汽车的需求增加了，而对面条的需求可能没有太大的变化。消费者收入变化对需求的影响还表现在同一种商品上，当收入增幅较小时，一般会增加对该商品的需求，例如由原来2千克猪肉上升到4千克；但当收入继续增加或增幅较大时，对猪肉的需求量反而回落，转而需求更高级的食品。

由于消费者收入增加时，对某些商品的需求不会带来变化，甚至需求减少，而其他低收入者又构不成现实需求，因此社会成员收入悬殊时，不利于总需求的扩大，适当兼顾收入分配的平均化，可增加社会总需求。

（三）其他商品的价格

各种商品之间存在着各种各样的关系，因此，其他商品价格的变动也会影响对应商品的需求。商品之间的关系有两种：一种是互补关系,称互补商品(complement goods);另一种是替代关系,称替代商品(substitute goods)。互补关系是指两种商品共同满足一种需求,它们之间是相互补充的。例如,录音机和磁带就是这种互补关系。这种有互补关系的商品,当一种商品(例如录音机)价格上升时,对另一种商品(例如磁带)的需求就减少,因为录音机价格上升,需求减少,对磁带的需求也会减少。反之,当一种商品价格下降时,对另一种商品的需求就增加。两种互补商品之间价格与需求成反方向变动。替代关系是指两种商品可以互相代替来满足同一种需求,它们之间是可以互相代替的。例如,羊肉与牛肉就是这种替代关系。这种有替代关系的商品,当一种商品(例如羊肉)价格上升时,对另一种商品(例如牛肉)的需求就增加。因为羊肉价格上升,人们少吃羊肉,必然多吃牛肉。反之,当一种商品价格下降时,另一种商品的需求就减少。两种替代商品之间价格与需求成同方向变动。

（四）　人口数量与结构的变动

人口数量的增加意味着消费份数增加,会使需求数量增加,例如人口密集区的饮食业较发达;人口数量减少会使需求数量减少。人口结构的变动主要影响需求的构成,从而影响某些商品的需求。例如,人口的老龄化会减少对时髦服装、儿童用品等商品的需求,但会增加对保健用品的需求。

（五）　消费者对未来的预期

包括对自己的收入水平、商品价格水平的预期。如果预期未来收入水平和商品价格上升,则会增加现在的需求;反之,如果预期未来收入水平和商品价格水平下降,则会减少现在的需求。

影响商品需求的因素还有很多,如政治的、法律的、宗教的、风俗习惯等因素对商品的需求都有着一定程度的影响。

五、需求量的变动和需求的变动

需求量的变动是指在其他因素不变的条件下,由于商品自身的价格发生变化引起的该商品需求量的变动。需求量的变动表现为在同一条需求曲线上移动。

需求的变动是指在商品自身价格不变的条件下,其他诸因素中的一个或多个发生变化,所引起的该商品需求量的变动。需求的变动表现为需求曲线的平行移动。

需求量的变动和需求的变动的区别如图 2-2 和图 2-3 所示。

图 2-2 说明的是需求量的变动,在同一条需求曲线上,因价格不同引发的需求量的变化,既价格由 P_1 变为 P_2 时,需求量由 Q_1 变为 Q_2,这就是需求量的变动。图 2-3 说明的

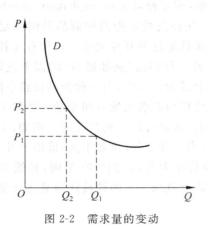

图 2-2　需求量的变动

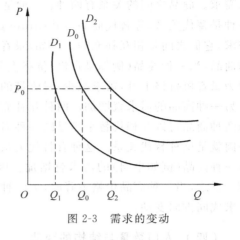

图 2-3　需求的变动

是需求的变动,在同一价格 P_0 下,由于需求曲线的左移为 D_1 使需求量由 Q_0 变为 Q_1;由于需求曲线的右移为 D_2 使需求量由 Q_0 变为 Q_2,这就是需求的变动,需求曲线的右移表示需求的增加,需求曲线的左移表示需求的减少。

上述需求价格和需求因素,两者对需求量的影响可以从图形变动中看出,前者决定需求曲线的形状,即从左上方向右下方倾斜;后者决定它在坐标中的位置,需求增加使曲线向右移动,需求减少使曲线向左移动。现实中需求变动与需求量变动是很难区分的,因为需求的变动实际上也表现为消费者需求数量的变动。之所以区分,是为了更方便地分析各种影响需求数量的因素,从而作出综合判断。

第二节　供　　给

一、供给和供给量

（一）　供给

供给(supply),是指生产者在一定时期内,在每一价格条件下愿意而且能够供应的商品或劳务的数量。供给也有单个供给和市场供给之分。

供给也是供给欲望与供给能力的统一,既愿意供给,又有供给能力。如果生产者有供给愿望,但受成本和价格的限制,无法供给,或能够供给但不愿供给,都构不成现实的有效供给。供给能力中,包括新生产的产品与过去的存货。

（二）　供给量

供给量和供给也是两个既有联系又有区别的概念。在特定时期和一定条件下,生产者愿意并能够供应的数量称为供给量。供给量与供给的区别在于,供给是指供给量和价格之间的关系,而供给量是指一个数值。

仍以西瓜为例来说明问题。假定在某一特定时期内,当西瓜的价格为 1.75 元时,供给量为 1 000 千克;当价格为 2.00 元,供给量为 2 000 千克;当价格为 2.25 元时,供给量为 3 000 千克;当价格为 2.50 元时,供给量为 4 000 千克;当价格为 2.75 元时,供给量为 5 000 千克;当价格为 3.00 元时,供给量为 6 000 千克;等等。这种价格—供给量一一对应形成的组合,就是供给。而某一价格水平下的某一具体数量就是供给量。

二、供给的表示

影响生产者供给的因素很多,其中最主要的是商品的价格,为了准确表达商品的价格和供给的关系,可以采用供给函数、供给表和供给曲线三种方法来表示。

（一）　供给函数

供给函数(supply function),是用来表示一种商品的供给数量和影响该供给数量的各种因素之间的相互关系。这里影响供给数量的各个因素是自变量,供给数量是因变量。一种商品的供给数量是所有影响这种商品供给数量的因素的函数。

如果不考虑其他自变量的影响,只考虑商品价格本身对供给数量的影响,供给函数可以表示为

$$Q_s = f(P)$$

式中：P 为商品的价格;Q_s 为商品的供给量;f 为函数关系。如果供给函数是线性的,则可以把供给函数写成：

$$Q_s = -c + dP \quad (c,d > 0)$$

式中,c 为一个负常数;d 为一个正常数,这表示供给量与价格成正比例的关系。

（二）　供给表

供给表(supply schedule),是指在其他因素不变条件下,某种商品价格与供给量之间关系的序列表格。生产者对供给一定量的商品或劳务所愿意接受的价格叫供给价格。不同的商品数量有相应不同的供给价格,每一个生产者在不同的价格条件下,也就会有不同的,愿意出售的数量。把这些价格与数量的关系排列起来,就构成了供给表,如表 2-3 所示。

从表 2-3 中的商品价格和供给数量看到,两者之间成正比关系,这反映了市场供给者的利润导向。

表 2-3　西瓜的供给表

价格/元	供给量/千克	价格/元	供给量/千克
1.75	1 000	2.50	4 000
2.00	2 000	2.75	5 000
2.25	3 000	3.00	6 000

（三）供给曲线

供给曲线（supply curve），是指用图示方法表示商品价格与供给量之间关系的曲线。根据表 2-3，可以画出图 2-4。

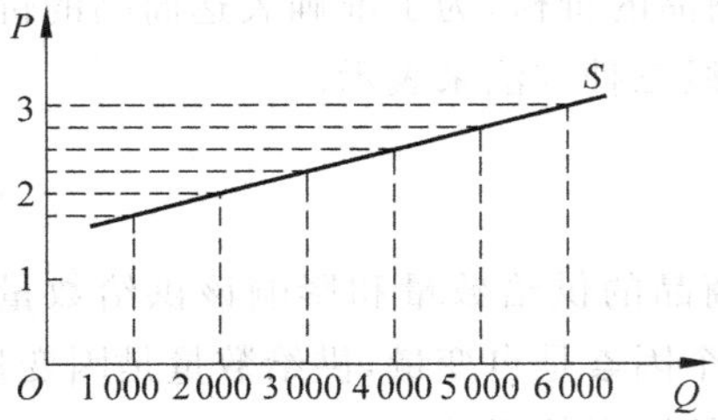

图 2-4　西瓜对市场的供给曲线

在图 2-4 中，横轴 OQ 代表供给量，纵轴 OP 代表价格，供给表中每一价格和供给量对应的数值就是坐标系中的点，把所有这些点连起来就形成一条曲线，称为供给曲线。通过供给曲线，不仅可以找出与价格对应的供给量，而且可以明显地看出价格变化时供给量变化的趋势。

供给曲线 S 是根据供给表画出的，表示某种商品价格与供给量关系的曲线，它是一条由左下方向右上方倾斜的曲线，斜率为正。价格与供给量的关系可以是线性关系，也可以是非线性关系，因此供给曲线可以是直线也可以是一条曲线。

三、供给定理

从供给表和供给曲线中可以看出，在其他条件不变的情况下，商品的供给量与价格之间成同方向变动，即供给量随着商品本身价格的上升而增加，随商品本身价格的下降而减少。这种现象普遍存在，被称为供给定理（law of supply）。这一定理亦称为供给规律或供给法则。

商品的供给量与价格之间成正比：一是价格上升后，企业的利润增大，从而愿意提供更多的产品；二是价格上升后，生产该商品的行业利润空间增大，会吸引新的企业进入该行业进行生产，使该商品的供给增加。

供给规律反映的是一般商品和供给量的关系，但有些特殊商品，供给规律则不适用。例如劳动力的供给，当劳动力的价格（工资）增加时，劳动力的供给会随之增长；但当工资增加到一定程度时，如果继续增加工资，劳动力的供给不仅不会增加，反而会减少。

其原因在于，随着工资的增加，维持劳动力基本生活开支的工资收入只需较少的时间即可获得,增加劳动时间对劳动者而言已失去意义,因此劳动者更倾向于享有更多的闲暇时间。此外,如古董、土地、证券等物品的供给曲线则可能呈不规则变化。

四、影响供给的因素

影响供给量大小的因素是价格,而影响供给的因素很多,有经济因素,也有非经济因素。

（一）企业的目标

在微观经济分析中,一般假设企业的目标是利润最大化,即企业供给多少取决于这些供给能否给他带来最大的利润。如果企业的目标是产量最大或销售收入最大,如果企业还有其他政治或社会目标,那么供给就会不同。

（二）其他商品的价格

在两种互补商品之间,一种商品的价格上升,对另一种商品的需求减少,从而这种商品的价格下降,供给减少;反之,一种商品的价格下降,对另一种商品的需求增加,从而这种商品的价格上升,供给增加。在两种替代商品之间,一种商品的价格上升,对另一种商品的需求增加,从而这种商品的价格上升,供给增加;反之,一种商品的价格下降,对另一种商品的需求减少,从而这种商品的价格下降,供给减少。

此外,两种没有关系的商品,一种商品价格的变动也会影响另一种商品的供给。例如,同一个企业既生产军用品,又生产民用品。如果军用品价格上升,企业则会把资源用于生产更多的军用品,从而就减少了民用品的供给。

（三）生产技术的变动

在资源既定的条件下,生产技术的提高会使资源得到更充分的利用,从而供给增加。

（四）生产要素的价格

生产要素的价格下降,会使产品的成本减少,从而在产品价格不变的情况下,增加利润,供给增加;反之,生产要素的价格上升,会使产品的成本增加,从而在产品价格不变的情况下,减少利润,供给减少。

（五）政府的政策

政府采用鼓励投资与生产的政策(例如减税)可以刺激生产增加供给;反之,政府采用限制投资与生产的政策(例如增税),则会抑制生产,减少供给。政府的政策还包括价格政策、产业政策、分配政策和货币政策等。

（六） 企业对未来的预期

如果企业对未来的经济持乐观态度,则会增加供给。如果企业对未来的经济持悲观态度,则会减少供给。

五、供给量的变动和供给的变动

供给量的变动是指在其他因素不变的条件下,由于商品自身的价格发生变化所引起的该商品供给量的变动。供给量的变动表现为在同一条供给曲线上移动。

供给的变动是指在商品自身价格不变的条件下,其他诸因素中的一个或多个发生变化,所引起的该商品供给量的变动。供给的变动表现为供给曲线的平行移动。

供给量的变动和供给的变动的区别如图 2-5 和图 2-6 所示。

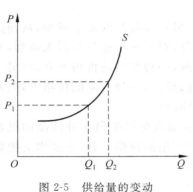

图 2-5　供给量的变动

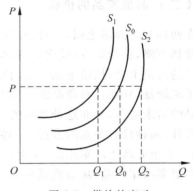

图 2-6　供给的变动

上述价格对供给的影响和影响供给的因素也可以从图形变化中看出,前者决定供给曲线的形状,即从左下方向右上方倾斜;后者决定曲线在坐标中的位置,供给增加使曲线向右移动,供给减少使曲线向左移动。现实中影响供给的因素要比影响需求的因素复杂得多,在不同的时期,不同的市场上,供给要受多种因素的综合影响。

第三节　价 格 决 定

一、均衡价格的决定

需求说明了某一商品在每一价格下的需求量,供给则说明了某一商品在每一价格下的供给量,但二者都分别反映的是消费者和生产者的主观意志,也就是说,需求曲线和供给曲线只是两条想象的线,线上各点所表示的价格和数量并不是实际的交易价格和数量。前面分别分析了需求和供给,只是告诉我们,需求或供给与价格之间是一种函数关系,其中,价格是自变量,需求和供给是因变量。

市场上真实的价格最终是由需求和供给两种相反的力量共同作用才产生的,只有将需求和供给二者结合起来,才能说明一种商品的价格是如何决定的。

由于市场上的需求方和供给方对市场价格变化作出的反应是相反的,所以,在某一价格水平下,需求量和供给量往往是不相等的,要么供不应求,要么供过于求,但在各种可能的价格中,必定有一价格能使需求量和供给量相等,从而使该商品市场达到一种均衡状态。

均衡价格(equilibrium),是指一种商品的需求价格与供给价格相一致时的价格。这时该商品的需求量与供给量相等,称为均衡数量。微观经济分析中的商品价格指的就是均衡价格,可以用图 2-7 来说明。

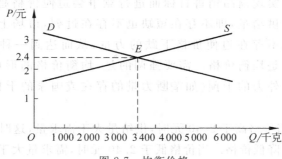

图 2-7　均衡价格

在图 2-7 中,横轴代表数量(需求量与供给量),纵轴代表价格(需求价格与供给价格)。D 为需求曲线,S 为供给曲线。D 与 S 相交于点 E,这就决定了均衡价格为 2.40 元,均衡数量为 3 400 千克。

对均衡价格的理解应注意三点。

首先,这里的均衡是指经济中各种对立的、变动着的力量处于一种力量相当、相对静止、不再变动的状态。均衡一旦形成之后,如果有另外的力量使它离开原来均衡的位置,则会有其他力量使之恢复到均衡。由此可见,均衡价格就是由于需求与供给这两种力量的作用使价格处于一种相对静止、不再变动的状态。

其次,在市场上,是需求和供给共同决定价格。在一个完全竞争、不存在垄断的市场上,只有需求与供给决定价格。它们就像一把剪刀的两边一样起着同等的作用,不分主次。因此,需求与供给的变动都会影响均衡价格的变动,商品的均衡价格是最后的结果,其形成过程是在市场的背后进行的。

最后,均衡价格不等于实际价格,在现实的商品交换过程中,由于供求双方信息不对称,绝对的均衡价格是不存在的,但了解均衡价格有助于认清商品实际价格的变动原因以及它的变动趋势。在很多情况下,消费者和生产者只需预测价格是上涨还是下降,均衡价格对于更好地调整市场需要,根据价格变动掌握市场供求状况,以销定产,促进供求平衡具有重要意义。

二、均衡价格的形成和变动

(一) 均衡价格的形成

均衡价格是在市场上供求双方的竞争过程中自发形成的,是由市场供求双方的竞争所决定的。在任一价格上,若需求量大于供给量,即存在短缺,则买方为实现购买愿望而进行竞争,这迫使价格趋于上升。在任一价格上,若需求量小于供给量,即存在过剩,则卖方为实现商品销售目标而进行竞争会迫使价格趋于下跌。在任一价格上,若需求量等于供给量,即不存在短缺也不存在过剩,市场上这时既不存在促使价格上涨的力量,也不存在迫使价格下跌的力量,从而达到一种相对稳定的商品价格。此时的价格,就是均衡价格。需要强调的是,均衡价格的形成,即价格的决定完全是自发的,如果有外力的干预(如垄断力量的存在或国家的干预等),那么,这种价格就不是均衡价格。

如表 2-4 所示,当价格高于 2.40 元时,供给量大于需求量,这时供给将出现过剩,产品的过剩迫使生产者降低价格。当价格低于 2.40 元时,需求量大于供给量,需求将出现短缺,这时有些消费者愿意接受较高的价格。因此,生产者将会提高价格。当价格为 2.40 元时,需求量和供给量都等于 3 400 千克。这是供求双方都可以接受的价格,也就是均衡价格。

表 2-4　西瓜的均衡价格形成表

价格/元	需求量/千克	供给量/千克	价格变动趋势
1.75	6 000	1 000	短缺
2.00	5 000	2 000	↓
2.25	4 000	3 000	
2.40	3 400	3 400	均衡
2.50	3 000	4 000	↑
2.75	2 000	5 000	
3.00	1 000	6 000	过剩

根据表 2-4,还可以用图 2-8 来说明同样的道理。

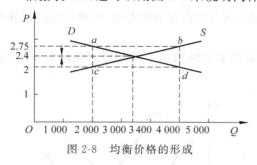

图 2-8 均衡价格的形成

在图 2-8 中,当价格为 2.75 元时,需求量为 2 000 千克,而供给量为 5 000 千克,供大于求(图上的 a—b),价格必然按箭头所示方向向下移动。如果价格为 2.00 元时,则需求量为 5 000 千克,供给量为 2 000 千克,供小于求(图上 c—d),价格必然按箭头所示方向向上移动。这种一涨与一跌的现象会一直继续下去,直至最终达到价格为 2.40 元时。因为这时供求相等,均衡就实现了。这时 2.40 元的市场价格就是均衡价格,产量就是均衡产量。在这个水平上,既没有供过于求,也没有供不应求,市场正好"出清"。

(二) 均衡价格的变动

市场上价格与数量的均衡是由需求与供给这两种力量所决定的,因此,任何一方的变动都会引起均衡的变动。这种变动的趋势为:一是需求的增加会引起均衡价格上升,需求的减少则会引起均衡价格下降,即需求的变动会引起均衡价格同方向变动;二是供给的增加会引起均衡价格下降,供给的减少则会引起均衡价格上升,即供给的变动会引起均衡价格的反方向变动。市场中的商品供给与需求变动引起均衡价格的这种变动趋势,就是市场经济中的供求规律。下面分三种情况说明。

1. 供给不变,需求发生变动

假定某商品的供给没发生变化,需求因偏好、收入提高等原因而增加。如图 2-9 所示,S 线不动,D_0 线移至 D_1 线,因此,均衡点随之由 E_0 移至 E_1,于是决定了新的均衡价格为 OP_1,均衡产量为 OQ_1。

显然,$OP_1 > OP_0$,$OQ_1 > OQ_0$,均衡价格比原来提高了,均衡产量也增加了。反之,如果供给不变,而需求减少,则新的均衡价格将下降,均衡产量将减少。

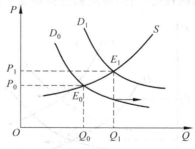

图 2-9 需求变动对均衡的影响

2. 需求不变,供给发生变动

假定某商品的需求没发生变化,供给因技术的改进、要素价格的下降等原因而增加。如图 2-10 所示,D 线不动,S_0 线移至 S_1 线,因此,均衡点随之由 E_0 移至 E_1 点,于是决定了新的均衡价格为 OP_1,均衡产量为 OQ_1。显然,$OP_1 < OP_0$,$OQ_1 > OQ_0$,均衡价格比原来降低了,均衡产量增加了。反之,如果需求不变,而供给减少,则新的均衡价格将上升,均衡产量将减少。

3. 需求和供给同时发生变动

需求和供给同时发生变动的情况比较复杂,因为两者变动的方向、变动程度的差异都可能对均衡产生不同的影响。

（1）供求同方向变动对均衡的影响。假定需求和供给由于各种原因而同时增加,如图 2-11 所示。

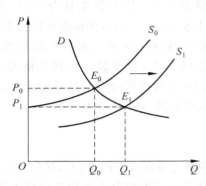 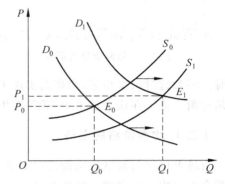

图 2-10　供给变动对均衡的影响　　　　图 2-11　供求同方向变动对均衡的影响

在图 2-11 中,D_0 线移至 D_1 线,S_0 线移至 S_1 线,均衡点随之由 E_0 点移至 E_1 点。此时,均衡产量随之增加,即 $OQ_1 > OQ_0$。但均衡价格的变动却不能肯定,因为需求增加使均衡价格上升,供给增加使均衡价格下降,因此均衡价格的实际变动还要取决于两者增加的程度。如果需求增加的程度大于供给增加的程度,如图 2-11 所示,均衡价格由 OP_0 上升到 OP_1;如果需求增加的程度小于供给增加程度,则均衡价格下降;如果两者增加的程度一样,则均衡价格不变。所以,在需求和供给同时增加时,均衡产量必然增加,但

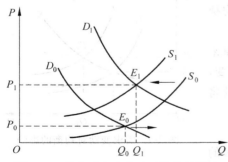

图 2-12　供求反方向变动对均衡的影响

均衡价格的变动不能确定,可能上升、下降或者保持不变。同样,如果需求和供给同时减少,均衡产量必然减少,均衡价格亦不能确定。

（2）供求反方向变动对均衡的影响。假设需求与供给由于各种因素而发生反向变动,如图 2-12 所示。

在图 2-12 中,需求增加,D_0 线移至 D_1 线,供给减少,S_0 线移至 S_1 线,均衡点随之由 E_0 点移至 E_1 点。根据前述分析,需求增加,供给减少,均衡价格均随之上升,因此新的均衡价格

OP_1 比原来的均衡价格 OP_0 上升。但是均衡产量的变动却不能肯定,要取决于两者变动的程度。如果需求增加的程度比较大,如图 2-12 所示,则均衡产量由 OQ_0 增加到 OQ_1;

如果供给减少的程度比较大,则均衡产量减少;如果两者变动的程度一样,则均衡产量保持不变。所以,需求增加,供给减少,均衡价格必然上升,但均衡产量的变动不能确定,可能增加、减少或者保持不变。同样地,需求减少,供给增加,均衡价格必然下降,均衡产量亦不能确定。

综合以上三种情况,需求、供给的变动对均衡的影响可归纳为表 2-5 所示的变化情况。

表 2-5　供求变动对均衡的影响

需求	供给	均衡价格	均衡产量	需求	供给	均衡价格	均衡产量
增加	不变	上升	增加	增加	增加	不定	增加
减少	不变	下降	减少	减少	减少	不定	减少
不变	增加	下降	增加	增加	减少	上升	不定
不变	减少	上升	减少	减少	增加	下降	不定

三、管制价格

在纯粹的竞争性市场经济中,需求和供给的力量对比决定了市场的均衡价格,而均衡价格又影响着供求的变化。价格机制就像一只"看不见的手",指挥着人们的经济活动。然而,纯粹的竞争性市场经济只是一种理论上的假设,在现实的经济生活中,由于某些经济的、社会的、政治的因素介入,会影响均衡价格的形成以及供求关系的调整。

管制价格,就是政府根据形势需要和既定政策,运用行政权力直接规定某些产品的价格,并强制执行。管制价格不受市场影响,反而影响市场及供求关系。管制价格的主要形式有支持价格和限制价格。

(一)支持价格

支持价格(support price),是指政府为了扶持某一行业的生产,对该行业产品规定的高于市场均衡价格的最低价格。如政府为了扶持农业,常实行农产品支持价格。支持价格及其对供求的影响如图 2-13 所示。

在图 2-13 中,该商品市场的均衡价格为 OP_E,均衡产量为 OQ_E,实行支持价格 OP_1 后,市场价格上升,此时,与这一价格相对应的需求量为 OQ_1,供给量为 OQ_2。由于供给量大于需求

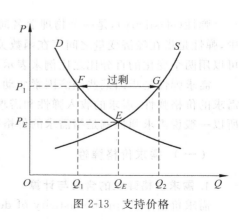

图 2-13　支持价格

量,该商品市场将出现过剩,过剩量为 Q_1Q_2。为维持支持价格,这些过剩商品不能在市场上卖掉。此时政府可采取以下措施。

一是政府收购过剩商品,或用于储备,或用于出口。在出口受阻的情况下,收购过剩商品必然会增加政府财政开支。

二是政府对该商品的生产实行产量限制,规定将生产的数量控制在 OQ_1,使供、求平衡。但在实施时需有较强的指令性且有一定的代价。

(二) 限制价格

限制价格(ceiling price),是指政府为了限制某些物品的价格而对它们规定低于市场均衡价格的最高价格。其目的是为了稳定经济生活,例如稳定生活必需品的价格,保护消费者的利益,有利于安定民心。限制价格政策及其对供求关系的影响,如图 2-14 示。

在图 2-14 中,该商品市场的均衡价格为 OP_E,均衡产量为 OQ_E,实行限制价格 OP_1 后,市场价格下降,此时,与这一价格相对应的需求量为 OQ_2,供给量为 OQ_1。由于需求量大于

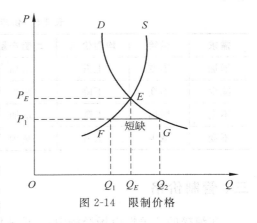

图 2-14　限制价格

供给量,该商品市场将出现短缺,短缺量 Q_1Q_2,其结果可能导致市场出现抢购现象或黑市交易盛行。为解决商品短缺,政府可采取的措施是控制需求量,实行配给制。

第四节　需求弹性和供给弹性

一、需求弹性

弹性(elasticity),是一个物理学名词,指一物体对外部力量的反应程度。在经济分析中,弹性是指在经济变量之间存在函数关系时,因变量对自变量变化的反应程度,其大小可以用两个变化的百分比之比例来表示。

需求弹性是指因某些经济因素变动而引起的需求的相应变动率。需求弹性可以分为需求的价格弹性、需求的收入弹性和需求的交叉弹性。其中最重要的是需求的价格弹性。所以一般说需求弹性就是指需求的价格弹性。

(一) 需求价格弹性

1. 需求价格弹性的含义与计算

需求价格弹性(price elasticity of demand),是指需求量对价格变动的反应程度。衡

量商品需求价格弹性大小程度的,称为需求价格弹性系数,它是需求量变动比率与价格变动比率的比值。可用公式表示为

需求价格弹性系数＝需求量变动比率/价格变动比率

＝(需求变动量/原需求量)/(价格变动量/原价格)

设 E_d 代表需求价格弹性的弹性系数,P 代表价格,ΔP 代表价格变动量,Q 代表需求量,ΔQ 代表需求的变动量,则需求价格弹性的公式为

$$E_d = (\Delta Q/Q)/(\Delta P/P) = (\Delta Q/\Delta P)/(Q/P) = (\Delta Q/\Delta P) \cdot (P/Q)$$

例如,某商品的价格由每单位 3 元下降为 2 元($P=3,\Delta P=-1$),需求量由 10 单位增加到 20 单位($Q=10,\Delta Q=10$),则该商品的需求弹性为

$$E_d = (10/10)/(-1/3) = -3$$

在理解需求弹性的含义时要注意以下几点。

(1) 在需求量与价格这两个经济变量中,价格是自变量,需求量是因变量。所以,需求弹性就是指价格变动所引起的需求量变动的程度,或者说需求量变动对价格变动的反应程度。

(2) 需求弹性系数是价格变动的比率与需求量变动的比率的比率,而不是价格变动的绝对量与需求量变动的绝对量的比率。因为绝对值有计量单位,而不同的计量单位是不能相比的,而变动的比率采用百分比的形式,没有计量单位,才可以相比。例如,价格变动的绝对量是元或角,需求量变动的绝对量是千克或吨,这当然是无法比的。不同商品的价格的变动绝对数也是不可比的,但价格变动的百分比与需求量变动的百分比就可以相比。

(3) 弹性系数的数值可以为正值,也可以为负值。如果两个变量为同方向变化,则为正值;反之,如果两个变量为反方向变化,则为负值。价格与需求量成反方向变动,所以当价格增加,即价格的变动为正值时,需求量减少,即需求量的变动为负值;同理,当价格的变动为负值时,需求量的变动为正值。所以,需求弹性的弹性系数应该为负值。但在实际运用时,为了方便起见,一般都取其绝对值。

(4) 同一条需求曲线上不同点的弹性系数大小并不相同。

2. 需求价格弹性的类型

各种商品的需求弹性不同,根据需求弹性系数的大小,可以把需求的价格弹性分为五类。

(1) 需求富有弹性(elastic),即 $E_d>1$。在这种情况下,需求量变动的比率大于价格变动的比率。这时的需求曲线是一条比较平坦的线,如图 2-15 中的(a)。

(2) 需求缺乏弹性(inelastic),即 $1>E_d>0$。在这种情况下,需求量变动的比率小于价格变动的比率。这时的需求曲线是一条比较陡峭的线,如图 2-15 中的(b)。

(3) 需求单位弹性(unit elastic),即 $E_d=1$。在这种情况下,需求量变动的比率与价

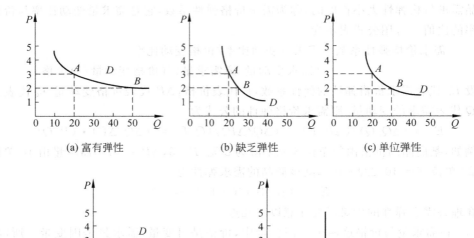

(a) 富有弹性　　　　　(b) 缺乏弹性　　　　　(c) 单位弹性

(d) 完全有弹性　　　　　(e) 完全无弹性

图 2-15　需求价格弹性的五种类型

格变动的比率相等。这时的需求曲线是一条与横轴成 45°的线,如图 2-15 中的(c)。

（4）需求完全有弹性（perfectly elastic），即 $E_d = \infty$。在这种情况下，当价格既定时，需求量是无限的。这时的需求曲线是一条与横轴平行的线。如图 2-15 中的(d)。

（5）需求完全无弹性（perfectly inelastic），即 $E_d = 0$。在这种情况下，无论价格如何变动，需求量都不会变动。这时的需求曲线是一条与横轴垂直的线。如图 2-15 中的(e)。

从上述五种图形中可看出，需求弹性的大小，影响着需求曲线的形态，即需求弹性越小，需求曲线越陡峭；需求弹性越大，需求曲线越平坦。

3. 需求的价格弹性与总收益

某种商品的价格变动时，它的需求弹性的大小与出售该商品所能得到的总收益是密切相关的。因为总收益等于价格乘销售量，价格的变动引起需求量的变动，从而也就引起了销售量的变动。商品的需求弹性不同，价格变动引起的销售量的变动不同，从而使总收益的变动也就不同。

（1）需求富有弹性的商品与总收益之间的关系。某种商品的需求是富有弹性的，那么，当该商品的价格下降时，需求量增加的幅度大于价格下降的幅度，所以，总收益会增加。

以鲜牛奶为例。假定鲜牛奶的需求是富有弹性的，$E_d = 2$。当价格为 10 元，即 $P_1 =$

10 元/千克,销售量为 100 千克,即 $Q_1 = 100$ 千克时,总收益 TR_1 为

$$TR_1 = P_1 Q_1 = 10 \times 100 = 1\,000(元)$$

现在假定鲜牛奶的价格下降 10%,即 $P_2 = 9$ 元/千克,因为 $E_d = 2$,所以销售量增加 20%,即 $Q_2 = 120$ 千克,这时总收益 TR_2 为

$$TR_2 = P_2 Q_2 = 9 \times 120 = 1\,080(元)$$

$$TR_2 - TR_1 = 1\,080 - 1\,000 = 80(元)$$

这表明,由于鲜牛奶价格下降,总收益增加了。

需求富有弹性的商品价格下降而总收益增加,就是我们一般所说的"薄利多销"的原因所在。"薄利"就是降价,降价能"多销","多销"则会增加总收益,所以,能够做到薄利多销的商品是需求富有弹性的商品。

相反,当该商品的价格上升时,需求量减少的幅度大于价格上升的幅度,所以总收益会减少。

仍以鲜牛奶为例。假定现在鲜牛奶的价格上升了 10%,即 $P_2 = 11$ 元/千克,因为 $E_d = 2$,所以销售量减少 20%,即 $Q_2 = 80$ 千克,这时总收益 TR_2 为

$$TR_2 = P_2 Q_2 = 11 \times 80 = 880(元)$$

$$TR_2 - TR_1 = 880 - 1\,000 = -120(元)$$

这表明,由于鲜牛奶价格上升,总收益减少了。

需求富有弹性的商品价格上升而总收益减少,说明了这类商品如果调价不当,则会带来损失。

根据富有弹性的商品涨价与降价所引起的总收益的变化可以得出:如果某种商品是富有弹性的,则价格与总收益成反方向变动,即价格上升,总收益减少;价格下降,总收益增加。

(2)需求缺乏弹性的商品与总收益的关系。某种商品的需求是缺乏弹性的,那么,当该商品的价格下降时,需求量增加的幅度小于价格下降的幅度,所以总收益会减少。

以面粉为例。假定面粉是需求缺乏弹性的,$E_d = 0.5$。当价格为 6 元/千克,即 $P_1 = 6$ 元,销售量为 100 千克,即 $Q_1 = 100$ 千克时,总收益 TR_1 为

$$TR_1 = P_1 Q_1 = 6 \times 100 = 600(元)$$

假定面粉的价格下降 10%,即 $P_2 = 5.4$ 元/千克,因为 $E_d = 0.5$,所以销售量增加 5%,即 $Q_2 = 105$ 千克,这时总收益 TR_2 为

$$TR_2 = P_2 Q_2 = 5.4 \times 105 = 567(元)$$

$$TR_2 - TR_1 = 567 - 600 \text{元} = -33(元)$$

这表明,由于面粉价格下降,总收益减少了。

相反,当该商品的价格上升时,需求量(从而销售量)减少的幅度小于价格上升的幅度,所以总收益增加。

仍以面粉为例。假定现在面粉的价格上升了 10%，即 $P_2＝6.6$ 元/千克，因为 $E_d＝$ 0.5，所以销售量减少 5%，即 $Q_2＝95$ 千克，这时总收益 TR_2 为

$$TR_2 = P_2Q_2 = 6.6×95 = 627(元)$$
$$TR_2 - TR_1 = 627 - 600 = 27(元)$$

这表明，由于面粉价格上升，总收益增加了。

根据缺乏弹性的商品涨价与降价所引起的总收益的变化可以得出：如果某种商品是缺乏弹性的，则价格与总收益成同方向变动，即价格上升，总收益增加；价格下降，总收益减少。

需要注意的是，总收益中包括成本与利润，因此，收益增加并不等于总利润增加。在根据价格弹性来调整价格时能否使利润增加还要考虑到成本的情况。

4. 影响需求价格弹性的因素

（1）商品对消费者生活的重要程度。一般说来，消费者对生活必需品的需求强度大，所以生活必需品的需求弹性小。例如，粮食、蔬菜这类生活必需品的弹性一般都小，属于需求缺乏弹性的商品。相反，消费者对奢侈品的需求程度小而不稳定，所以奢侈品的需求弹性大。

（2）商品的可替代程度。如果一种商品有许多替代品，那么，该商品的需求就富有弹性。因为价格上升，消费者会购买其他替代品，价格下降时，消费者会购买这种商品来取代其他替代品。相反，如果一种商品的替代品很少，则该商品的需求缺乏弹性。

（3）商品本身用途的广泛性。一种商品的用途越广泛，其需求弹性就越大；相反，一种商品的用途越少，需求弹性就越小。如果一种商品具有多种用途，当它价格较高时，消费者只购买较少的数量用于最重要的用途上，当它们价格逐步下降时，消费者的购买量就会逐渐增加，将商品越来越多地用于其他的各种用途上。例如羊毛有广泛的用途，当其价格提高时，以羊毛为原料的各种纺织品的价格也随之提高，因此，对纺织品的需求减少，必然从多渠道减少对羊毛的需求。

（4）商品使用时间的长短。一般来说，使用时间长的耐用消费品需求弹性大，而使用时间短的非耐用消费品需求弹性小。因为前者可以使消费者有较长时间从容寻找替代品。

（5）商品在家庭支出中所占的比例。在家庭支出中所占比例较小的商品，价格变动对需求的影响较小，所以需求弹性也较小；在家庭支出中所占比例较大的商品，价格变动对需求的影响较大，所以弹性也较大。

某种商品的需求弹性到底有多大，是由上述这些因素综合决定的，不能只考虑其中的一种因素，而且，某种商品的需求弹性也因时期、消费者收入水平和地区而不同。

（二） 需求收入弹性

需求收入弹性（income elasticity of demand），是指需求量对收入变动的反应程度。其计算公式为

需求收入弹性系数＝需求量变动比率/收入变动比率

＝（需求变动量/原需求量）/（收入变动量/原收入量）

设 E_m 表示需求收入弹性系数，用 M 代表原收入量，ΔM 代表收入变动量，Q 代表原需求量，ΔQ 代表需求变动量，则

$$E_m = (\Delta Q/Q)/(\Delta M/M) = (\Delta Q/\Delta M) \cdot (M/Q)$$

不同商品的需求收入弹性是不同的。有的商品需求收入弹性较大，这意味着消费者货币收入的增加导致这种商品的消费量有更大幅度的增加。一般说来，高档食品、耐用消费品、娱乐支出情况就是如此。有的商品需求收入弹性较小，这意味着消费者货币收入的增加导致这种商品的消费量的增加幅度较小。一般说来，生活必需品如食盐等情况就是如此。也有的商品需求收入弹性是负值，这意味着消费者货币收入的增加将导致这种商品的消费量下降。例如，某些低档食品、低档衣料就有负的需求收入弹性，因为消费者的收入增加后，对这类商品的需求量将减少，甚至不再购买这类商品，而转向较高档的食品和衣料。

经济学借助需求收入弹性系数对商品进行了分类：当 $1 > E_m > 0$ 时，该商品为必需品；当 $E_m > 1$ 时，该商品为奢侈品；当 $E_m = 0$ 时，该商品为中性品；当 $E_m < 0$ 时，该商品为劣等品。

（三） 需求交叉弹性

需求交叉弹性（cross elasticity of demand），是指某种商品的需求量对另一种商品价格变动的反应程度。其弹性系数公式为

需求交叉弹性系数＝X 商品需求量变动比率 /Y 商品价格变动比率

＝（X 商品需求变动量 /X 商品原需求量）/

（Y 商品价格变动量 /Y 商品原价格）

设 E_{XY} 代表需求的交叉弹性系数，P_y 代表 Y 商品的价格，ΔP_y 代表 Y 商品价格的变动量；Q_x 代表 X 商品的需求量，ΔQ_x 代表 X 商品的变动量，则

$$E_{XY} = (\Delta Q_x/Q_x)/(\Delta P_y/P_y) = (\Delta Q_x/\Delta P_y) \cdot (P_y/Q_x)$$

对于不同的商品关系而言，需求的交叉弹性系数是不同的。互补商品之间价格与需求量的变动成反方向，所以弹性系数为负值，即 $E_{XY} < 0$；替代商品之间价格与需求量的变动成同方向，所以弹性系数为正值，即 $E_{XY} > 0$；当 $E_{XY} = 0$ 时，表明 X 商品与 Y 商品既不是替代品也不是互补品，两种商品是不存在交叉关系的独立品。

以上分析了三种需求弹性,它从数量关系上具体说明了商品需求量受商品自身价格、消费者收入、相关商品价格等变量变动的影响程度。因此,需求弹性是预测商品需求市场变化的重要工具。生产者可根据需求弹性分析了解价格变动和需求量变动后的销售总收益的变动情况,从而采取既灵活多变,又不盲动的价格调整策略,获得较高的经济效益。

二、供给弹性

供给弹性可以分为供给价格弹性、供给收入弹性和供给交叉弹性。这里只介绍供给价格弹性。

(一) 供给价格弹性的含义与计算

供给价格弹性又称供给弹性(supply elasticity),是指价格变动的比率与供给量变动比率之比,即供给量变动对价格变动的反应程度。供给弹性的大小可以用供给弹性的弹性系数来表示,供给弹性系数的计算公式为

供给价格弹性系数 = 供给量变动比率 / 价格变动比率
　　　　　　　　 = (供给变动量 / 原供给量)/(价格变动量 / 原价格)

设 E_s 代表供给弹性的弹性系数,P 代表价格,ΔP 代表价格的变动量,Q 代表供给量,ΔQ 代表供给的变动量,则

$$E_s = (\Delta Q/Q)/(\Delta P/P) = (\Delta Q/\Delta P) \cdot (P/Q)$$

例如,某种商品价格变动为 10%,供给量变动为 20%,则这种商品供给弹性系数为2。因为供给量与价格一般成同方向变动,所以,供给弹性系数一般为正值。

(二) 供给价格弹性的分类

各种商品的供给弹性大小并不相同,一般可以把供给弹性分为以下几类。

1. 供给富有弹性,即 $E_s > 1$

在这种情况下,供给量变动的百分比大于价格变动的百分比。这时的供给曲线是一条向右上方倾斜,且较为平坦的线,如图 2-16 中的(a)。

2. 供给缺乏弹性,即 $E_s < 1$

在这种情况下,供给量变动的百分比小于价格变动的百分比。这时的供给曲线是一条自左下方向右上方倾斜,且较为陡峭的线,如图 2-16 中的(b)。

3. 供给单位弹性,即 $E_s = 1$

在这种情况下,价格变动的百分比与供给量变动的百分比相同。这时供给曲线是一条与横轴呈 45°,并向右上方倾斜的线,如图 2-16 中的(c)。

4. 供给完全有弹性,即 $E_s \to \infty$

在这种情况下,价格即定,而供给量无限。这时的供给曲线是一条与横轴平行的线,

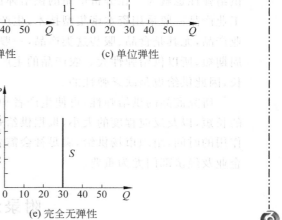

(a) 富有弹性　　　　　　(b) 缺乏弹性　　　　　　(c) 单位弹性

(d) 完全有弹性　　　　　　(e) 完全无弹性

图 2-16　需求供给弹性的五种类型

如图 2-16 中的(d)。

5. 供给完全无弹性,即 $E_s = 0$

在这种情况下,无论价格如何变动,供给量都不变,例如,土地、历史文物等。这时的供给曲线是一条与横轴垂直的线,如图 2-16 中的(e)。

(三)　影响供给价格弹性的因素

供给取决于生产。影响供给价格弹性的因素比影响需求价格弹性的因素要复杂得多,主要有以下几个因素。

1. 生产时期的长短

在短期内,生产设备、劳动力等生产要素无法大幅度增加,从而供给无法大量增加,供给弹性也就小。尤其在非常短的时期内,供给只能由存货来调节,供给弹性几乎是零。在长期中,生产能力可以提高,因此供给弹性也就大。

2. 生产的难易程度

一般而言,容易生产而且生产周期短的产品对价格变动的反应快,其供给弹性大;反之,生产不易且生产周期长的产品对价格变动的反应慢,其供给弹性也就小。

3. 生产要素的供给弹性

供给取决于生产要素的供给。因此,生产要素的供给弹性大,产品供给弹性也大;反之,生产要素的供给弹性小,产品供给弹性也小。

4. 生产所采用的技术类型

有些产品采用资本密集型技术。这些产品的生产规模一旦固定,变动就较难,从而其供给弹性也小;有些产品采用劳动密集型技术。这些产品的生产规模变动较容易,从而其供给弹性也就大。在分析产品的供给弹性时,要把各种因素综合起来分析。一般来说,重工业产品一般采用资本密集型技术,生产较为困难,生产周期长,所以供给弹性较小;轻工业产品,尤其是食品、服装这类产品,一般采用劳动密集型技术,生产较为容易,并且生产周期短,所以供给弹性大。农产品的生产尽管也多采用劳动密集型技术,但由于生产周期长,因此供给也是缺乏弹性的。

研究商品的供给弹性,可使生产者和组织者掌握各种产品对市场作出反应所需时间的长短,以及反应程度的大小,根据供给弹性的特点,作出经营决策,以缩短供给弹性发生作用的时间,组织市场供给,满足社会需要。在市场经济条件下,研究供给弹性,对于大型企业及经济部门尤为重要。

附录: 蛛网理论

蛛网理论(cobweb theorem),是运用弹性原理解释某些生产周期较长的商品(如谷物、家畜、水果等)在失去均衡时所发生的不同波动情况的一种动态分析理论。它的主要研究对象是农业。

由前面分析均衡价格变动时可知,供求的变动可以使价格离开原来的均衡点,但这种偏离是否持久,价格的波动对下一个周期的产量又会产生什么影响,这正是蛛网理论研究的内容。

农业作为生产周期较长的行业,存在着一种周期性循环。例如粮食生产,今年的产量决定了市场上的供求,从而决定了今年的粮食价格,但价格对今年的产量已无任何改变能力,农民只能根据今年的价格安排明年的播种量,也就是决定明年的产量。农业生产是期期循环的,所以对农产品来说,就形成了本期产量决定本期价格,而本期价格又决定下期产量的循环情况。再如,生猪价格下降引起本期生猪减少,生猪减少使下期价格上升刺激生猪增加,生猪增加又使再下一期价格下降,开始一轮新的循环。在完全由市场调节时,许多农牧产品都存在这种周期性波动。

蛛网理论根据农产品需求弹性与供给弹性的不同关系,分为三种情况来研究波动。

一、供给弹性小于需求弹性: 收敛型蛛网

供给弹性小于需求弹性,即价格变动对供给的影响小于需求时,价格波动对产量的影

响越来越小,价格与产量的波动越来越弱,最后自发地趋于均衡水平。这种蛛网波动称为收敛型蛛网。

如图 2-17 所示,S 为供给曲线,D 为需求曲线,供给曲线比需求曲线陡峭,表明供给弹性小于需求弹性。供给曲线与需求曲线相交于 E,决定了均衡价格为 P_0,数量为 Q_0。这是正常情况下的均衡状态。

假设开始时由于农业丰收,产量增加,为 Q_1,$Q_1 > Q_0$,所以,价格下跌。价格为 P_1,$P_1 < P_0$。第一期的产量高,决定了价格低,这种价格决定了第二期生产减少。第二期产量为 Q_2,$Q_2 < Q_0$,所以,价格上升为 P_2,$P_2 > P_0$。第二期的产量低决定了价格高,这种价格决定了第三期生产增加为 Q_3,价格下降为 P_3。这就形成了价格与产量的周期性波动。由于价格变动所引起的供给变动小于需求的变动,所以,在波动中,每一次价格和产量的变动都小于前一次,这样,波动越来越小,最后趋向于均衡点 E。

二、供给弹性大于需求弹性:发散型蛛网

供给弹性大于需求弹性,即价格波动对产量的影响越来越大,价格与产量的波动越来越强,最后离均衡点越来越远。这种蛛网波动称为发散型蛛网,如图 2-18 所示。

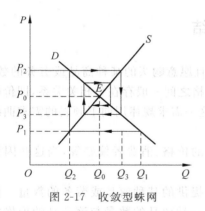

图 2-17　收敛型蛛网

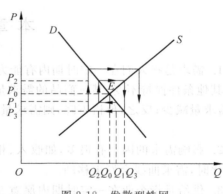

图 2-18　发散型蛛网

在图 2-18 中,需求曲线比供给曲线陡峭,表示供给弹性大于需求弹性。第一期产量高,为 Q_1,$Q_1 > Q_0$,所以,价格下跌为 P_1,$P_1 < P_0$。这种价格决定了第二期产量减少为 Q_2,$Q_2 < Q_0$,所以,价格又上升为 P_2。这种价格决定了第三期产量增至 Q_3,价格下降为 P_2。注意这里与第一种情况不同的是 $Q_3 > Q_1$,$P_3 < P_1$,表明产量与价格的波动程度加大了。这就是说,每一次波动,价格和数量离均衡点越远,波动更大。

三、供给弹性等于需求弹性:封闭型蛛网

当供给变动对价格变动的反应程度与需求变动对价格变动的反应程度相等,即价格

与产量的波动始终保持相同的程度时，价格与产量的波动始终保持相同的程度，既不是趋向均衡点，也不是远离均衡点。这种蛛网波动称为封闭型蛛网。

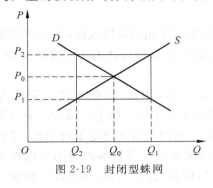

图 2-19　封闭型蛛网

如图 2-19 所示，供给曲线与需求曲线的斜率相同，表明供给弹性与需求弹性相等。第一期产量高，为 Q_1，$Q_1 > Q_0$，所以，价格下跌为 P_1，$P_1 < P_0$。这种价格决定了第二期产量减少为 Q_2，$Q_2 < Q_0$，所以，价格又上升为 P_2。第二期的价格 P_2 决定了第三期的产量。由于价格变动对供给与需求影响相同，第三期产量又为 Q_1。这样，又开始了一次与上一次完全相同的波动。如此循环下去，价格和产量始终是相同的波动程度。

通过上述三种情况的分析可知，由于农产品的长期供给弹性大，而需求弹性小，因此，农产品的情况属于发散型蛛网。也就是说，如果让农产品市场自发地调节价格，农产品价格的波动会越来越大，最后不可收拾。正是由于这一缘故，世界各国政府都采取政策措施，实行支持价格，保护本国农业。

本 章 小 结

48

1. 需求是指人们在一定时期内有能力购买并且愿意购买的某种商品或劳务的数量。假定其他条件保持不变，某一商品的需求量与其价格之间一般存在负相关关系，即价格上升，需求量减少；反之，价格下降，则需求量增加。这一需求规律用向下倾斜的需求曲线来表示。

2. 影响需求的因素有很多，如收入、相关商品的价格、消费者偏好等，当这些因素发生变化时，需求曲线会发生移动。

3. 供给是指企业在一定时期内愿意并且能够提供的某种商品或劳务的数量。供给曲线给出了在其他条件不变时，生产者愿意出售的一种商品的数量与该商品的价格之间的关系。一般来说，供给量与价格之间存在着正相关关系，因此，供给曲线向右上方倾斜。

4. 影响供给的因素也有很多。其中最重要的因素是商品的生产成本，它取决于技术状况和投入品的价格。影响供给的其他因素还包括相关商品的价格及政府政策等。

5. 在竞争市场上，供给与需求的均衡发生于供给与需求的力量处于平衡的价格水平上。均衡价格就是需求量正好等于供给量时的价格，在高于均衡价格的价格水平上，生产者愿意供给的数量高于消费者愿意购买的数量，从而出现了商品的过剩，对价格施加向下的压力。同样，太低的价格会产生商品的短缺，购买者因此会出高价购买，促使价格上升到均衡价格。

6. 需求的价格弹性衡量需求量变动对于价格变动的反应程度。需求的价格弹性被定义为：需求量变动的百分比除以价格变动的百分比。

7. 需求弹性反映出价格变动对总收入的影响。如果价格下降增加了总收入，则需求富有弹性；如果价格下降减少了总收入，则需求缺乏弹性；在单位弹性的情况下，价格变动对总收入不产生影响。

8. 供给价格弹性衡量当市场价格变动一定的百分比时，生产者的供给量变动的百分比。

基 本 概 念

需求　需求量　需求曲线　需求规律　供给　供给量　供给曲线　供给规律　均衡价格　支持价格　限制价格　需求弹性　需求价格弹性　供给价格弹性

思 考 与 训 练

1. 需求量变动和需求变动的区别是什么？

2. 其他条件相同时，下面情况中的（　　）是茶叶价格下降产生的效应。

　A. 茶叶的需求曲线向右移动　　　　B. 沿着茶叶需求曲线向下移动

　C. 茶叶的需求曲线向左移动　　　　D. 沿着茶叶需求曲线向上移动

3. 下列商品中需求价格弹性最小的是（　　）。

　A. 食盐　　　B. 葡萄酒　　　C. 钢琴　　　D. 药品

4. 薄利多销的商品其需求价格弹性（　　）。

　A. 小于1　　　B. 等于1　　　C. 大于1　　　D. 趋于无穷大

5. 某种商品在价格由8元下降为6元时，需求量由20单位增加为30单位。计算这种商品的需求弹性，并说明属于哪一种需求弹性。

6. 某商品的需求价格弹性系数为0.15，现价格为1.2元，试问该商品的价格上涨多少元才能使其消费量减少10%？

7. 某种化妆品的需求弹性系数为3，当其价格由2元降为1.5元时，需求量会增加多少？假设当价格为2元时，需求量为2 000瓶，降价后需求量应该为多少？

8. 案例分析。要求：

（1）分组讨论，小组代表发言，最好制作成PPT文件，边展示边讲；

（2）运用所学知识深入分析，展开讨论，要求言之有理；

（3）分析案例说明了什么问题，我们能从中得到什么启示。

牛奶倒入下水道

2002年3月5日上午,西南乳业老大——成都市华西乳业有限公司的工人把成吨鲜牛奶倒入下水道,并宣布:对奶牛场和奶牛大户实行限量收购,对散户实行降价收购。很快与其有合同关系的奶牛养殖户也不得不把部分牛奶倒入下水道。其实早在2002年春节前后,南京多家遭奶站拒收的奶农就已经开始倒多余的牛奶了。市场经济发展到今天,中国人也开始逐步对这样的事情不太吃惊了,不会像过去一样提出"弱势群体还买不起牛奶,你们却把它倒掉,怎么可以?"这种对市场经济完全陌生的问题了。

牛奶为什么被倒掉?其实原因很简单:因为养奶牛毕竟不是做服装,对市场感应不会太灵敏。3年前,成都地区乳业发展看好,所以很多企业在政府的鼓励下纷纷投资乳业,奶源偏紧,曾经出现鲜奶短缺。市场调节加上政府鼓励带来的结果是奶牛养殖量的增大,仁青、新都等地不少农民开始养奶牛。现在,大大小小的奶牛饲养户加起来,1天的奶产量便达100吨。其中,80吨鲜奶潮水般涌进四川乳业三强之一的华西乳业有限公司。3年后的今天,在大大小小各家乳业公司的参与下,市场这块蛋糕在目前的技术水平下已经被挖到极致,换句话说,市场根本就没有消化这么多牛奶的能力。反映在华西乳业有限公司,只能按照每天处理60吨鲜奶的规模运作,中间整整差了20吨。

这20吨鲜奶为什么要采取倒掉的策略呢?

一方面,和奶农订的合同是长期合同,不能随便毁约,否则就会丧失奶源,无论是降价收购还是拒绝收购都会断掉未来的业务联系。在如今乳业企业诸强以规模优势争夺市场和资源的时候,如此做法,就是拱手送出自己的货源。另一方面,增加生产能力、卖出更多牛奶又会增加市场供应量,导致价格整体下滑,最后的损失不是倒掉这些牛奶所能比拟的。即便目前倒掉了部分牛奶,市场也有了反应,300毫升的华西奶售价已从春节前的2.20元骤降至1.50元,比可乐、中档纯净水还要便宜(资料摘自:经济学阶梯案例学习,http://www.gjmy.com)。

综合实训

在我国居民生活消费中,猪肉的价格会经常发生较大的起伏变化。请运用所学知识,对近期市场上猪肉的需求、供给及价格走势作一调查,并通过供求曲线图、弹性计算,对这一现象进行分析。

第三章　消费者行为

【学习目标】

1. 掌握基数效用理论和序数效用理论；
2. 掌握消费者均衡的实现条件；
3. 掌握用效用理论分析消费者行为的方法。

【引例】　**生活费的安排**

2010 年 10 月，网名为"我不拜金"的 90 后大二学生在新浪四川网上发帖，称"每月生活费只有 600 元，我要怎样活?"她向网友抱怨家里生活费给得太少，实在受不了，期盼快点毕业。

"现在物价这么贵，秋冬装至少要 200 元，更别说女生的护肤品、偶尔和朋友聚餐、朋友生日买礼物这些了，我真的觉得日子过得不容易。"在《每月生活费只有 600 元，我要怎样活?》一帖中，发帖人"我不拜金"给大家解释了为何"活不下去"。她说，每个月 600 元花得紧巴巴的，因为钱，最近又和家里吵了一架。

这一言论激起网友热议，回帖中有人拍砖有人力挺。大学生究竟每月需要多少生活费才够用? 当我们在食品、交际、服装、通信等方面都需要花钱时，每月的生活费又该如何安排?

第一节　消费者与效用

一、消费者

消费者(consumer)又称居民户，是指具有独立经济收入来源，能作出统一的消费决策的单位。消费者可以是个人，也可以是家庭。消费者希望拥有量多质优的物品和服务，然而，因为收入的限制，消费者往往只能选择较少的物品或服务。而消费者的最终目的不仅是在购买和消费商品和服务中获得满足,而且是在既定收入的条件下获得最大的满足。

一方面,收入是消费的基础和前提。消费者消费水平不仅取决于当前的收入,而且受未来收入预期的影响,口袋里没钱,就算送电器给老百姓也不敢用,皆因电费也交不起。

另一方面,消费者是用自己的收入换取消费品的,而他进行购买和消费的选择时,是要受到自己收入和商品价格约束的。这种约束就是消费者的客观条件。

二、效用

(一) 效用的含义

效用(utility)是指消费者在某种物品或劳务的消费中所获得的满足程度。满足程度高就是效用大;反之,满足程度低就是效用小。如果消费者在商品消费中感到快乐,则效用为正;反之,如果消费者感到痛苦,则效用为负。

商品所以能带来效用,主要是因为商品具有使用价值。使用价值是商品本身具有的能够满足人们某种需要的有用性。人们消费某种商品,实际上是在利用商品的使用价值,并在对商品有用性的使用中获得一定的效用。因此,使用价值是效用的物质基础。效用与使用价值密切相关,但又截然不同:使用价值作为商品的有用性是客观存在的,不以人们是否消费商品而转移;而效用是对消费欲望的满足,它是一种心理感受,人们只有消费商品才能获得效用。

(二) 效用的特征

效用是商品对欲望的满足,是消费者的心理感受。效用具有主观性、非伦理性和差异性三大特征。

1. 主观性

某种物品效用的大小、有无,没有客观标准,完全取决于消费者在消费商品时的主观感受。例如,一支香烟对吸烟者来说可能有很大的效用,而对不吸烟者来说,则可能毫无效用,甚至为负效用。

2. 非伦理性

一种商品是否具有效用要看它是否能满足人的欲望或需要,而不涉及这一欲望或需要的好坏。例如,吸毒从伦理上讲是坏欲望,但毒品能满足这种欲望,因此它具有这种效用。

3. 差异性

效用作为一种主观感受,因人、因时、因地而异。对不同的人而言,同种商品提供的效用可能是不同的。对于同一个人,同种商品在不同的时间和地点带来的效用也可能是不一样的。例如,冬天和夏天吃相同的一支冰激凌带给我们的效用就差异很大。

（三）效用的度量

1. 基数效用

基数效用论者认为,效用如同长度、重量等概念一样,可以具体衡量并加总求和,具体的效用量之间的比较是有意义的。效用的大小可以用基数(1、2、3、…)来表示,计量效用大小的单位被称做效用单位。例如,对某一个人来说,喝一杯茶和喝一杯咖啡的效用分别为 5 效用单位和 10 效用单位,则可以说这两种消费的效用之和为 15 效用单位,且后者的效用是前者的效用的 2 倍。根据这种理论,可以用具体的数字来研究消费者效用最大化问题。基数效用论采用的是边际效用分析方法。

2. 序数效用

序数效用论者认为,效用的大小是无法具体衡量的,效用之间的比较只能通过顺序或等级即序数(第一、第二、第三、……)来表示。仍依上面的例子来说,消费者要回答的是偏好哪一种消费,即哪一种消费的效用是第一,哪一种是第二。或者是说,要回答的是宁愿喝一杯咖啡,还是一杯茶。如果他想喝的是咖啡,那么他认为一杯咖啡的效用大于一杯茶。序数效用论者是运用无差异曲线的分析方法来研究消费者行为。

两种分析思路、方法均不同,但二者的结论是完全相同的,在 19 世纪和 20 世纪初,西方经济学家普遍使用基数效用的概念,在现代微观经济学里,通常使用的是序数效用的概念。

第二节　基数效用理论

一、总效用与边际效用

基数效用理论衡量效用的主要指标是总效用与边际效用。

总效用(total utility)是指消费者在一定时间内消费一定数量的商品或劳务所得到的效用量的总和,用 TU 表示。

边际效用(marginal utility)是指消费者在一定时间内增加一单位商品或劳务所增加的效用,也就是效用的新增量,用 MU 表示。

边际效用(MU)＝总效用量的增量(ΔTU)/消费商品的增量(ΔQ)

在边际效用中,自变量是某商品的消费量,而因变量则是满足程度或效用。消费量变动所引起的效用的变动即为边际效用。

总效用与边际效用的关系可用表 3-1 来说明。

表 3-1 总效用与边际效用关系表

馒头消费量（Q）	总效用（TU）	边际效用（MU）	馒头消费量（Q）	总效用（TU）	边际效用（MU）
0	0	0	3	60	10
1	30	30	4	60	0
2	50	20	5	50	－10

根据表 3-1,可以作出表示总效用和边际效用的曲线如图 3-1 与图 3-2。

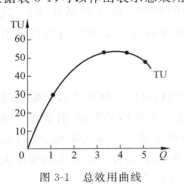

图 3-1 总效用曲线

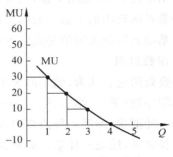

图 3-2 边际效用曲线

图 3-1 中,横轴代表馒头的消费量,纵轴代表总效用,TU 为总效用曲线。图 3-2 中,横轴仍然代表馒头的消费量,纵轴代表边际效用,MU 为边际效用曲线。从表 3-1 和图 3-1 与图 3-2 中可以看出,当消费一单位馒头时,总效用为 30 效用单位。从没有消费馒头到消费一单位馒头,消费量增加了一单位,效用增加了 30 效用单位,所以,边际效用为 30 效用单位。当消费两单位馒头时,总效用为 50 效用单位,从消费一单位馒头到消费两单位馒头,消费量增加了一单位,效用从 30 效用单位增加到 50 效用单位,所以,边际效用为 20 效用单位。以此类推,当消费五单位馒头时,总效用为 50 效用单位,而边际效用为－10 效用单位,即增加第五个单位馒头的消费所带来的是负效用。

由此可以看出,当边际效用为正数时,总效用是增加的;当边际效用为零时,总效用达到最大;当边际效用为负数时,总效用减少。

二、边际效用递减规律

上述关于总效用与边际效用关系表以及相关的总效用曲线与边际效用曲线的分析说明,随着某商品单位消费数量的增加,总效用在一定的限度内一直是不断增加的,但其边际效用却是一直在不断地减少。边际效用递减这种现象普遍存在,被称为边际效用递减规律。

边际效用递减规律(law of diminishing utility)是指:在一定时间内,在其他商品的消费数量保持不变的条件下，随着消费者对某种商品消费量的增加，消费者从该商品连续增加的每一消费单位中所得到的效用增量即边际效用是递减的。边际效用递减规律广泛地存在于我们平常的消费行为中。就如上面的例子，当一个人十分饥饿时，吃第一个馒头带给他的满足程度即效用是很大的，但随着这个人所吃馒头数量的连续增加，虽然总效用是不断增加的，但每一个馒头带给他的效用增量却是递减的。当他完全吃饱时，他获得的总效用达到最大值，而此时的边际效用却降为零。如果他还继续吃馒头，就会感到不舒服，此时馒头的边际效用会进一步降为负值。

为什么消费过程中会出现边际效用递减规律呢？其主要原因如下。

（一） 生理或心理的原因

消费一种商品的数量越多，即某种刺激的反复，使人生理上的满足或心理上的反应减少，从而满足程度减少。也就是说，商品的边际效用与所消费的该商品的数量的多少成反比，与消费者对该商品的欲望强度成正比，拥有的越多，想要的越少。"审美疲劳"就是这个原因。

（二） 商品本身用途的多样性

每一种商品都有多种用途，这些用途的重要性不同。消费者总是先把商品用于最重要的用途，而后用于次要的用途。当他有若干这种商品时，把第一单位用于最重要的用途，其边际效用就大，把第二单位用于次重要的用途，其边际效用就小了，以此顺序用下去，消费品的边际效用随着消费品的用途重要性的递减而递减。以水为例，在数量很少时，首先满足饮用，饮用之后有剩余，再用来洗衣服，如果还有节余可用来浇花等。

三、基数效用条件下的消费者均衡

（一） 消费者均衡的含义

消费者均衡（consumer's equilibrium），就是指在一定收入和价格条件下，消费者购买一定数量的各种商品所能获得的总效用最大时的状态。

分析消费者均衡，就是分析消费者如何把有限的货币收入分配在各种商品的购买中以获得最大的效用。所谓效用最大化，是指消费者的欲望与需要在消费某种商品或同时消费两种以上商品组合的过程中所获得的最大满足，即被消费的该商品或商品组合总效用值为最大。

由于存在边际效用递减规律，因此，作为消费者，即使它只消费一种商品，也不能是无止境地消费，何况消费者消费的商品有多种多样。如果商品的价格既定，消费者要从其所消费的商品中获得最大的效用，就必须把有限的收入分配到所需消费的各种商品上去。

那么,消费者如何把有限的收入分配到各种消费品的购买支出上去才能获得最大的效用?也就是说,各种商品各购买多少才是最好呢? 这就是消费者均衡问题。

(二) 消费者均衡的条件

现实经济生活中,消费必须通过消费者用货币收入到市场上购买一定数量和种类的商品或劳务之后才能实现,因此,由于收入的有限性和价格的均衡性,决定了效用最大化是与价格和收入分不开的,是在收入和价格既定的条件下实现的。

如果消费者的货币收入是固定的,市场上各种商品的价格是固定的,那么,一个理性的消费者一定要使其所购买的各种商品的边际效用与他所付的价格成比例,即所购买的各种商品的边际效用之比,等于它们的价格之比。也就是说,要使每一单位货币所获得的边际效用都相等。

假定:消费者的既定收入量为 M,全部用来购买 X、Y 商品,P_x 和 P_y 分别为两种商品的价格,Q_x 和 Q_y 分别为两种商品的购买量,MU_x 和 MU_y 分别为两种商品的边际效用,λ 为单位货币的边际效用。则消费者均衡的条件可以用公式表示为

$$P_x \cdot Q_x + P_y \cdot Q_y = M \qquad (3.1)$$
$$MU_x / P_x = MU_y / P_y = \lambda \qquad (3.2)$$

公式 3.1 是限制条件,说明收入是有限的,其购买各种商品的支出不能超过收入,也不能小于收入。因为超过收入的购买是无法实现的,而小于收入的购买也达不到既定收入下的效用最大化。公式 3.2 是消费者均衡条件,各种商品的边际效用与价格之比相等,且等于该单位货币的边际效用,即每一单位货币不论用于购买 X 商品,还是购买 Y 商品,所得到的边际效用都相等。

消费者在购买商品时之所以按照这个公式来进行购买,是因为在他的货币收入既定的条件下,若多购买 X 商品,就要减少购买 Y 商品。随着 X 商品数量的增加,它的边际效用递减,而随着 Y 商品数量的减少,它的边际效用则递增。消费者为使所购买的 X 商品和 Y 商品的总效用达到最大,就要调整他所购买的 X 商品与 Y 商品的数量。

花在每种商品上的最后一单位货币所带来的边际效用相等,并不是指消费者在各种商品上花费相同数额的货币,而是指购买 X 商品与 Y 商品的边际效用要和价格成比例,或者说最值得。此时,X 商品与 Y 商品的总效用就会达到最大,从而实现了消费者均衡。

假定市场上只有蛋糕和牛奶这两种商品,那么消费者均衡条件就是:每一单位货币不论是用于购买蛋糕,还是用于购买牛奶,从蛋糕得到的边际效用与从牛奶得到的边际效用必须相等。表 3-2 是假定的消费者支付每一元钱所能得到的蛋糕和牛奶的边际效用。

表 3-2 蛋糕和牛奶的边际效用

支付的每一元钱	边际效用		支付的每一元钱	边际效用	
	蛋糕	牛奶		蛋糕	牛奶
1	20	19	4	14	10
2	19	17	5	10	5
3	17	14			

根据表 3-2,假定消费者共有 3 元钱,那么,他会用 2 元钱购买蛋糕,用 1 元钱购买牛奶,这样他能获得的总效用达到最大为 20＋19＋19＝58,此时恰好符合边际效用均等原则,即蛋糕和牛奶的边际效用都是 19。如果消费者不按这种组合购买商品,那么,他所能获得的总效用必然低于 58。例如,他若 3 元钱都用于购买蛋糕,或者用 1 元钱购买蛋糕,用 2 元钱购买牛奶,他能获得的总效用均为 20＋19＋17＝56;若把 3 元钱都用于购买牛奶,能获得的总效用为 19＋17＋14＝50;它们都比 58 低。同样道理,假定消费者共有 5 元钱,他要用 3 元钱购买蛋糕,用 2 元钱购买牛奶,这样他才能得到最大的效用。

第三节 序数效用理论

一、消费者偏好

与基数效用论不同,序数效用论者认为,商品或劳务的效用大小,不是取决于其边际效用,而是取决于消费者对不同商品组合的偏好程度。也就是说,消费者对某种商品组合的偏好程度越高,所获得的满足程度就越高,其效用也就越大;反之,消费者对某种商品组合的偏好程度越低,所获得的满足程度就越低,其效用也就越小。

消费者偏好(consumer's preference),是指消费者在购买或消费不同商品组合时,对各种不同商品组合所具有的不同程度喜好的心理状态和心理取向。

不同的消费者具有不同的偏好,从而也就决定了不同的消费行为。要注意的是:偏好不取决于商品的价格,也不取决于收入,只取决于消费者对商品的喜爱与不喜爱的程度。例如:消费者购买了一辆桑塔纳,但在他心目中仍然觉得奔驰车比桑塔纳车强,这并不矛盾,因为最后的购买决策不仅决定于偏好,还决定于消费的预算。

二、无差异曲线

(一) 无差异曲线的含义

消费者依据不同的消费偏好,对于各种不同的商品组合的偏爱程度是有差别的,这种差别决定了不同商品组合的效用的大小是有先后顺序之分的,但其中也有许多尽管商品之间组合数量不等但效用相同的商品组合方式。

无差异曲线(indifference curve),是用来表示两种商品的不同数量的组合给消费者所带来的效用完全相同的一条曲线,也称等效用线。其含义是指,消费者在一定的偏好、一定的技术条件和一定的资源条件下,选择不同的商品组合所带来的满足程度是无差别的。

假定消费者消费面包和布两种商品,它们在数量上的组合有 A、B、C、D 四种不同方式,但这四种组合方式都能给消费者带来相同的总效用,即效用是无差异的,据此可以列出表 3-3。

表 3-3 某消费者的无差异表

组合方式	面包(X)	布(Y)	组合方式	面包(X)	布(Y)
A	4 单位	1.5 单位	C	2 单位	3 单位
B	3 单位	2 单位	D	1 单位	6 单位

根据表 3-3 可以作出图 3-3。

图中,横轴表示 X 商品(面包)的数量,纵轴表示 Y 商品(布)的数量,连接 A、B、C、D 各点的曲线即为一条无差异曲线。该曲线表明:线上的任何一点给消费者所带来的总效用或满足程度都是相同无差异的,因此,消费者愿意选择其中任何一种组合。

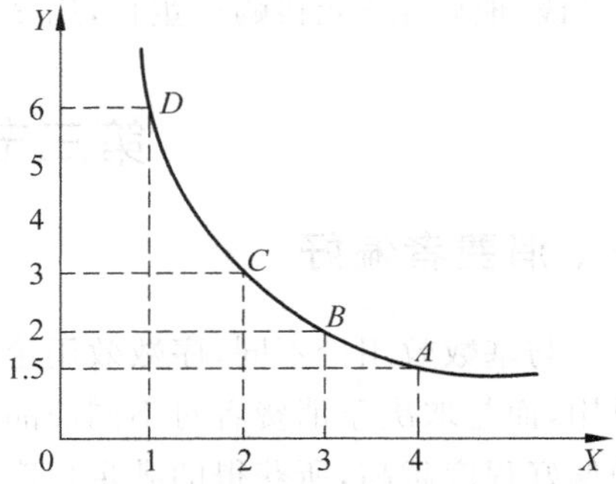

图 3-3 某消费者的无差异曲线

(二) 无差异曲线的特征

(1) 它是一条向右下方倾斜的曲线,其斜率为负。这表明,在总收入和价格水平既定的条件下,消费者要想得到相同的总效用,在增加一种商品的消费时,就必须减少一定量的另一种商品的消费。两种商品的消费不能同时增加或减少。

(2) 在同一平面图上可以有无数条无差异曲线。同一条无差异曲线是在一定的收入和价格水平下而得到的相同的总效用,不同的无差异曲线则代表着不同收入和价格水平下所获得的不同的总效用,并且,离原点越近的无差异曲线所代表的总效用越小。

(3) 在同一平面图上,任意两条无差异曲线不能相交。因为在交点上两条无差异曲线代表了相同的效用,这与第二个特征相矛盾。

(4) 无差异曲线是一种凸向原点的曲线。这是由于两种商品之间存在着边际替代率递减而造成的。

三、边际替代率

（一）边际替代率及其公式

边际替代率（marginal rate of substitution），是指消费者为了保持相同的总效用，若想增加某一种商品的消费量，就必须减少另一种商品的消费量，减少的商品消费量与所增加的另一种商品消费量之比率。边际替代率表明，"鱼和熊掌不可兼得"，多得鱼，就必须以少得熊掌为代价；几条鱼愿意换一只熊掌，就是它们之间的比率。

设：ΔX 为 X 商品的增加量，ΔY 为 Y 商品的减少量，MRS_{XY} 为 X 商品替代 Y 商品的边际替代率，MU_x 为 X 的边际效用，MU_y 为 Y 的边际效用，则

$$MRS_{XY} = -\Delta Y/\Delta X = -MU_x/MU_y$$

边际替代率的值应为负数，但人们一般取其绝对值。

（二）边际替代率递减规律

边际替代率呈递减的趋势。这是因为：随着 Y 的减少，它的边际效用在递增，而每增加一定量的 X，X 的边际效用在递减，它所能代替的 Y 的数量便越来越少，即 X 以同样的数量增加，所减少的 Y 越来越少，从而 MRS_{XY} 也就必然是递减的了。

边际替代率递减规律（law of diminishing marginal rate of substitution）的内容可以表述为：在保持效用水平不变的条件下，随着一种商品消费数量的连续增加，消费者为得到每一单位的该商品而需要放弃的另一种商品的消费数量是递减的。

因为边际替代率即为无差异曲线的斜率，无差异曲线的斜率递减因而使得该曲线凸向原点。

四、预算线

（一）预算线的含义

无差异曲线表明了消费者的偏好或设想得到的效用程度，它只是表示消费者对于各种不同的商品组合的主观态度。但消费者能否实现其主观偏好，还要视其收入和商品价格而定。

预算线（budget line）又称为预算约束线（budget restraint line）和消费可能线（consumption-possibility line）。它是一条表明消费者收入和商品价格既定的条件下，消费者的全部收入所能购买到的两种商品的最大组合线。

假定有 X、Y 两种商品，X 商品每单位 5 元，Y 商品每单位 20 元，某消费者的收入为100 元。若他将全部收入用来买 X 商品，则可买 20 单位；若全部用来买 Y 商品，则可买

5个单位。据此可作出消费可能线，见图3-4。

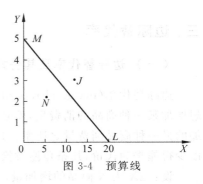

图3-4　预算线

图3-4中，纵轴表示对Y商品的购买量，横轴表示对X商品的购买量。ML线表明了消费的最大可能性。在该线之内的任意点（如N点），表明消费者所购买的X与Y的组合是可以实现的，但却并非最大数量的组合，还有一部分收入没有花掉；在该线之外的任意点（如J点），表明消费者的购买无法实现，因为购买这种组合的X与Y商品所需花的钱已超过了既定的收入（100元）；只有在ML线上的任意点，才是消费者所能实现的最大限度的购买。

从以上分析可以看出，$P_x = 5$，$P_y = 20$，$P_x \cdot X = P_y \cdot Y = 100$ 元，即单独购买X商品或单独购买Y商品都花掉了消费者的全部收入。$P_x \cdot X = P_y \cdot Y$ 可以进一步改写为 $Y/X = P_x/P_y$，这意味着预算线的斜率 Y/X 的绝对值等于X商品与Y商品的价格比率 P_x/P_y，因为预算线向右下方倾斜，因此，可以得出预算线的斜率为 $-P_x/P_y$。

（二）　预算线的变动

预算线是在收入和价格为一定的条件下的消费可能性曲线，如果收入或价格变了，预算线将发生变动。预算线的变动可以归纳为以下两种情况。

（1）当两种商品的价格不变，消费者的收入发生变化时，预算线的位置会发生平行移动。如图3-5所示：当消费者收入增加时，预算线AB向右平行移动至A'B'；当消费者收入减少时，预算线AB向左平行移动至A″B″。

（2）当消费者的收入不变，一种商品的价格不变而另一种商品的价格发生变化时，预算线会发生偏移，但不是平行移动。如果消费者收入和Y商品的价格不变，X商品的价格上升或下降，则预算线将绕着它与纵轴的交点向内或向外移动。如图3-6所示：AB'线为X价格上升时的预算线，AB″线为X价格下降时的预算线。

如果消费者收入和X商品的价格不变，Y商品的价格上升或下降，则预算线将绕着它与横轴的交点向内或向外移动，如图3-7所示：A'B线为Y价格上升时的预算线，

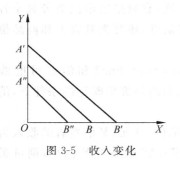

图3-5　收入变化

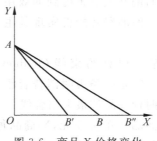

图3-6　商品X价格变化

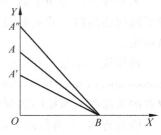

图3-7　商品Y价格变化

$A''B$ 线为 Y 价格下降时的预算线。

五、序数效用条件下的消费者均衡

无差异曲线解决了既定收入和价格水平下两种商品的不同数量的组合能给消费者带来的相同总效用。预算线解决了在既定的收入和价格水平下消费者所能够买的两种商品数量的最大组合。现在的问题是：消费者究竟应当在无差异曲线及预算线上取哪一点，才能使自己的购买既能获得最大的总效用，又能获得两种商品数量的最佳组合？

我们将无差异曲线和预算线结合在一起进行分析。当把无差异曲线和预算线结合在一个坐标图上时，可以发现，预算线必定与无数条无差异曲线中的某一条相切于一点。这一点，便是消费者均衡点。如图 3-8 中的 E 点。

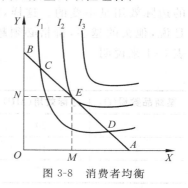

图 3-8 消费者均衡

图 3-8 中，I_1、I_2、I_3 为三条无差异曲线，它们的总效用大小的顺序是 $I_1 < I_2 < I_3$，AB 线是预算线。AB 线与 I_2 线相切于 E 点，在这一点上便实现了消费者均衡，亦即在收入与价格既定的条件下，消费者购买 OM 的 X 商品，ON 的 Y 商品，就能实现总效用的最大化。

为何只有在 E 点时才能实现最佳消费组合呢？从图上看，I_3 所代表的总效用虽然大于 I_2，但 I_3 与 AB 线既不相交，也不相切，说明达到 I_3 总效用水平的 X 与 Y 商品的数量组合在既定的收入与价格水平下是无法实现的。I_1 与 AB 线有两个交点，即 C 和 D，在这两点上所购买的 X 与 Y 商品的数量虽然是既定收入与价格水平下能够实现的最大组合，但由于 $I_1 < I_2$，在 C 点和 D 点上的 X 与 Y 商品的组合均未能使该消费者达到总效用的最大化。最后再看 I_2 线上除 E 点之外的其他各点均在 AB 线之外，说明这些点上所要求的 X 与 Y 商品的数量组合，也都是在既定收入与价格水平下所无法实现的。所以，只有在 E 点上才能实现消费者均衡，此点上无差异曲线 I_2 的斜率 MU_x/MU_y 等于预算线 AB 的斜率 P_x/P_y。

从 $MU_x/MU_y = P_x/P_y$ 可知，序数效用分析与基数效用分析，其消费者均衡的实现条件是一致的，即二者分析结论相同。

第四节 消费者行为分析

一、需求规律的边际效用分析

需求规律表明，需求量与价格成反方向变动。造成这种反方向变动的原因就在于边际效用递减规律。

需求规律是消费者根据边际效用递减规律选择购买量时形成的规律。这里,有一个很重要的假设,就是货币的边际效用是不变的。只有货币的边际效用不变,才能用货币的边际效用去衡量其他商品的效用。同时,由于消费者的货币收入总是有限的,同样的货币可以购买不同的商品,所以,这个假设在一般情况下也是合理的。

消费者为购买一定数量的某商品所愿意付出的货币价格取决于他从这一定数量商品中所获得的效用。效用大,愿支付的价格高;效用小,愿支付的价格低。随着消费者购买某商品数量的增加,该商品给消费者所带来的边际效用是递减的,而货币的边际效用是不变的。这样,随着商品的增加,消费者所愿支付的价格也在下降,就是说,他买的越多,价格必须越低。因此,需求量与价格必然成反方向变动。可以用表 3-4 来说明。

表 3-4　价格与边际效用

某商品数量(Q)	边际效用(MU)	价格/元	某商品数量(Q)	边际效用(MU)	价格/元
1	20	10	4	2	1
2	10	5	5	1	0.5
3	5	2.5			

在表 3-4 中,当某商品量为 1 时,边际效用为 20 效用单位,消费者愿为这 20 效用单位付 10 元。当某商品数量增加至 2 时,消费者从第二单位中所得到的边际效用为 10 效用单位,消费者只愿为 10 效用单位付 5 元。当某商品量增加至 3 时,消费者从第三单位中所得到的边际效用为 5 效用单位,消费者只愿为 5 效用单位付 2.5 元。随着商品量的增加,消费者愿付的价格越来越低。这是因为,随着商品数量的增加,每增加一单位商品所带来的边际效用在减少,这时消费者所愿为购买商品而支付的价格也就会下降。由此形成了该商品的需求量与其价格成反方向变动。

二、消费者剩余

对于消费者来说,他愿意支付的价格取决于他对该商品效用的评价。边际效用递减决定了他所愿意支付的价格是随该商品数量的增加而递减的,但市场价格是由整个市场的供求关系所决定的,不以某一消费者的愿望为转移。某一消费者对该商品的购买仅占市场上一个微不足道的比例,也无法影响价格。因此,市场价格对于某一特定消费者是固定的。

消费者剩余(consumer's surplus),就是指消费者在购买商品时愿支付的价格和实际支付的价格(亦即市场价格)之间的差额,即

消费者剩余=消费者愿意支付的价格-消费者实际支付的价格

消费者剩余可以用图 3-9 说明。假如某商品由供求关系所决定的市场价格是 1 元，当消费者买一单位该商品时，他愿意付出的价格为 5 元，但实际付出的市场价格仅为 1 元。这时，消费者剩余就是 4 元。随着该消费者购买商品数量的增加，他愿支付的价格在下降，而市场价格始终不变，这样，他从每单位商品购买中所获得的消费者剩余在减少。

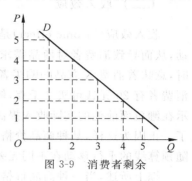

图 3-9 消费者剩余

在图 3-9 中，横轴 OQ 代表某商品的数量，纵轴 OP 代表价格，D 为某消费者的需求曲线。市场价格为 1 元（图中实线所示）。购买 1 单位商品时，消费者剩余为 4（图中虚线的格，每格为 1 单位消费者剩余），购买 2 单位商品时，消费者剩余为 3。以此类推，购买 5 单位商品时，没有消费者剩余。

应当指出，消费者剩余并不是实际收入的增加，只是一种心理感受，即消费者感觉赚了的那一部分。一个人吃东西可以吃到完全饱为止，即吃到边际效用等于零为止，而购买行为却不是一个单纯的获取行为，而是一个交换行为，即消费者用金钱换商品。消费者在购买时，不仅是看总效用是否达到最大，而且要看总效用与他付出的金钱之间的差额是否达到最大，即消费者剩余最大。一般而言生活必需品的消费者剩余大，因为消费者对这类商品的效用评价高，愿支付的价格也高，但这类商品的市场价格一般并不高。

消费者剩余的概念实际上仍然是边际效用递减规律的运用。正因为如此，边际效用递减规律在解释消费者行为时是至关重要的。

三、替代效应和收入效应

对需求规律的解释，即为什么需求量会随着价格的变动而反方向变动，经济学家还进一步认为其原因是存在替代效应和收入效应。

（一）替代效应

替代效应（substitution effect）是指当一种商品价格发生变动而其他商品价格不变，意味着这种商品相对其他商品而言变得便宜或昂贵了，从而消费者会增加或减少购买相对便宜或昂贵的商品以替代较昂贵或便宜的商品。例如，X 商品跌价而 Y 商品及其他商品价格未变，表明相对其他商品而言，X 变得便宜了，而 Y 及其他商品显得贵了；反之，X 价格提高，Y 及其他商品价格未变，表明 X 贵了，而其他商品便宜了。羊肉降价，牛肉及其他肉类价格不变，消费者会用多消费羊肉代替其他肉类的消费；反之，羊肉涨价，其他肉类价格不变，消费者就会多消费些其他肉类而少消费些羊肉。替代效应表现为均衡点在同一条无差异曲线上的移动。

（二） 收入效应

收入效应（income effect）是指由于商品价格变动而引起的消费者的实际收入发生变动，从而导致消费者对商品需求量的改变。例如，X 商品价格下降而其他条件没有变化时，意味着消费 X 商品的购买者在该商品面前的实际收入是提高了。鲤鱼 10 元 1 千克，消费者有 20 元钱可买 2 千克，鲤鱼如降为 5 元 1 千克，他的 20 元就可买 4 千克了，这表示在鲤鱼面前他的实际收入提高了一倍。反之，若鲤鱼价格上升，表示他的实际收入下降了。正因为这样，某种商品价格的变动，会使消费者需求量变化。收入效应表现为均衡点随预算线的平行移动在不同无差异曲线上的移动。

综上所述，当一种商品价格下降时，消费者一方面会增购该商品，以替代别的商品；另一方面则会因为实际购买力增加而增购该商品。前一种效应叫替代效应，后一种效应叫收入效应。在价格下降过程中，这两种效应是同时发生作用的，两者之和是价格下降的总效应，称为价格效应。

（三） 价格效应对需求量的影响

在现实经济生活中，对不同的商品来说，价格变化所包含的收入效应和替代效应不仅有正负之分，而且还有大小之别。正是由于收入效应和替代效应的多样化，构成了千差万别的商品需求。以下是收入效应和替代效应的三种不同组合，如表 3-5 所示。

表 3-5　价格效应对需求量的影响

效应 ＼ 类型 需求量	正常商品	劣等商品	吉芬商品
替代效应	增加	增加	增加
收入效应	增加	减少，但小于替代效应	减少，但大于替代效应
总效应	增加	增加	减少
需求曲线	需求曲线向右下方倾斜	需求曲线向右下方倾斜	需求曲线向右上方倾斜

（1）正的收入效应和正的替代效应相结合。当某种商品的价格下跌时，会使得消费者用这种商品来代替其他价格未变或上升的商品，因而对该商品的需求增加，即替代效应是正效应。同时，价格下跌会引起消费者的实际收入提高，从而增加对该商品的需求，即收入效应也为正数；反之，价格上涨时，两种效应都会使购买量减少。它表明商品需求量与价格成反方向变化，这类商品是符合需求规律的正常商品。

（2）负的收入效应小于正的替代效应。当某种商品的价格下跌时，导致消费者的实际收入提高后，对该商品的需求反而减少，即收入效应为负效应。由于负的收入效应会带来购买量的减少,正的替代效应却使购买量增加,当收入效应的作用小于替代效应,总的购买量还是增加,需求量仍然与价格成反方向变化。这类商品是符合需求规律的劣等商品。劣等商品的收入效应之所以为负数,是因为消费者的实际收入提高后,消费者会购买和消费更为高级的商品。

（3）负的收入效应大于正的替代效应。价格下降而实际收入增加,对该商品的购买量减少。虽然正的替代效应会使购买量增加,但替代效应的作用小于收入效应,结果总的购买量还是减少了,需求量与价格成正方向变化。这类商品是吉芬商品,吉芬商品一定是劣等商品,但劣等商品不一定是吉芬商品。

四、吉芬商品

一般情况下,消费者的支出或购买活动仅仅受价格变动的影响。这就是说,如果消费者收入不变,消费者的消费支出依价格升降呈反方向变化,商品价格的递减同时表现为消费品购买者的递增。只要价格水平能被消费者所接受,消费者就愿意按既定价格水平来购买所需要的商品。吉芬商品则是上述简单的消费者行为理论的一个例外。

吉芬是 19 世纪英国经济学家。他对爱尔兰的土豆销售情况进行了研究,发现某些商品(如土豆)价格上升时,对这些商品的需求量也上升;价格下跌时,对它们的需求量也减少。这种反常的情况称为吉芬之谜(giffen's puzzle),或称为吉芬效应。凡是呈现这种反常变化的商品被称为吉芬商品(giffen's good)。

吉芬商品是低档商品中的一种,但并不是所有的低档商品都是吉芬商品。吉芬商品的需求量之所以同价格变动成正比关系,是因为:这种商品(如土豆)价格上升,意味着穷人实际收入少,穷人不得不多消费这种商品(人越穷,吃土豆越多),少消费其他商品(人越穷,吃肉越少),所以尽管该种商品价格上升,对它的需求反而上升;反之,这种商品价格下降,意味着穷人实际收入多,穷人少消费这种商品(穷人收入多了,就少吃土豆),多消费其他商品(穷人收入多了,就多吃一些肉),所以尽管该种商品价格下降,对它的需求量反而下降。

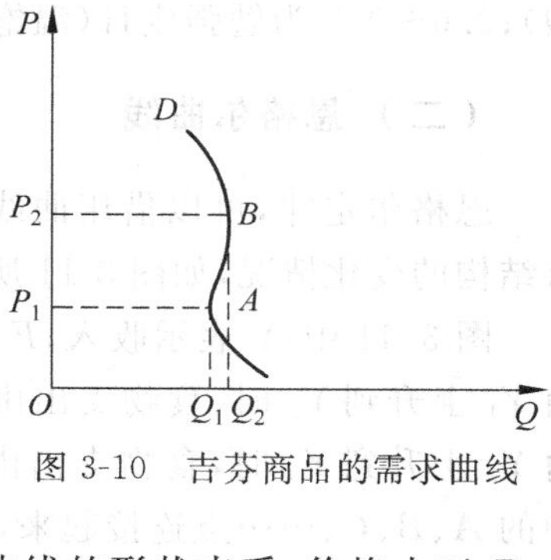

这是价格效应的一个特例。吉芬商品的需求曲线如图 3-10 所示。

图 3-10　吉芬商品的需求曲线

图 3-10 中,当价格为 P_1 时,需求量为 Q_1;如果价格由 P_1 上升到 P_2,需求量反而上升到 Q_2。从整个需求曲线的形状来看,价格小于 P_1 和价格大于 P_2 时,需求曲线的斜率为负,这属于正常的需求曲线状态,但价格在 P_1 和 P_2 之间时,需求曲线的斜率为正,这属于反常状态。很显然,吉芬商品是一种特殊的低档商

品。作为低档商品，吉芬商品的替代效应与价格成反方向的变动，收入效应则与价格成同方向的变动。吉芬商品的特殊性就在于：收入效应的作用很大，以至超过了替代效应的作用，从而使得总效应与价格成同方向的变动。这也就是吉芬商品的需求曲线呈现出向右上方倾斜的特殊形状的原因。

五、恩格尔定律

（一）恩格尔定律的含义

19世纪中期，德国统计学家恩斯特·恩格尔，根据对英国、法国、德国、比利时的社会状况所作的调查，提出了关于收入与各类消费支出在总支出中所占的比例关系的规律，即恩格尔定律（Engel's law）。这一定律的主要内容是：一个家庭收入越少，家庭收入中或家庭总支出中用来购买食物的支出所占的比重就越大；一个国家越穷，每个国民的平均收入中或平均支出中用来购买食物的费用所占比例就越大；随着收入的增加，家庭收入中或支出中用于购买食物的支出将会下降。

恩格尔定律可以用下列公式来表示：

食物支出对总支出的比率＝食物支出变动百分比/总支出变动百分比

这一比率称为恩格尔系数，其公式为

$$恩格尔系数＝\frac{食物支出金额}{总支出金额}$$

根据恩格尔定律，可以得出一个结论：在其他条件相同的情况下，收入中用于食物部分的数量的高低可以作为衡量各类居民福利水平的标志。联合国粮农组织（FAO）根据恩格尔系数对贫困与富裕的档次作了划分：凡恩格尔系数在0.6以上为绝对贫困（贫困型）；0.6～0.5为勉强度日（温饱型）；0.5～0.3为小康水平（小康型）；0.3以下为富裕型。

（二）恩格尔曲线

恩格尔定律，可以借用曲线形式直观描述消费需求结构的变化情况，如图3-11所示。

图3-11中，Y表示收入，F表示食物支出，当收入由Y_1上升到Y_2时，食物支出由F_1上升到F_2；当收入由Y_2上升到Y_3时，食物支出由F_2上升到F_3。把图中的A、B、C、……点连接起来，便得出恩格尔食物支出曲线。曲线表明，当收入处于较低水平时，由于增加的收入主要用于改善生活，因此，食物支出所占的比重增加的幅度也较大；随着收入的继续增加，食物支出的增加幅度就越来越小。所以，恩格

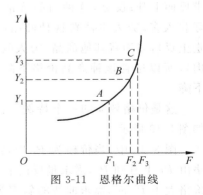

图 3-11　恩格尔曲线

尔食物支出曲线的斜率大于1。

（三）对恩格尔定律的补充

恩格尔系数是一种长期趋势,时间越长趋势越明显,某一年份恩格尔系数波动是正常的。因为食物支出在收入中所占的比例的变动,还会受到其他因素的影响。

1. 城市化的影响

在现代经济中,城市化的程度越来越高。当家庭从农村迁入城市时,家庭收入一般增加了,但食物支出的增长往往更快,甚至可能在收入不增加的情况下,食物支出也有显著的增加,这是因为在农村时,自给性食物占的比例很大,而城市居民所消费的食物几乎全部是从市场买进的。

2. 食品加工工业的影响

食品加工工业使食品价格上升,因为通过加工,要加上很多附加的费用。在现代经济生活中,人们所吃的食物绝大部分是食品加工工业的产物。一个家庭的收入越多,所吃的食物加工业的产品也越多,这样,即使在消费者所消费的食物数量不变的条件下,家庭的食物支出仍然增大。

3. 饮食业的影响

随着现代生活的发展,人们家庭以外活动的时间越来越多,而随着家庭收入的增加,在外面吃饭的次数也逐渐增加。在外面吃饭的食物支出中包括了食物加工和服务费用。因此,随着"在外面吃"的次数增加,使得在消费者所消费的食物数量不变的条件下,家庭的食物支出仍然增大。

4. 食物本身构成的变化

在现代社会中,谷物等植物性食物在食物消费总量中所占比重逐渐减少,肉乳品所占比重不断增加,这样也就增大了消费者食物支出。

总之,恩格尔定律虽然总的说来仍适用现代社会,但如果考虑到城市化程度,食品加工、饮食业和食物本身构成的变化等因素,那么在家庭收入不变的情况下,食物支出有可能增加,而如果家庭收入增加,用于购买食物的支出所增加的幅度可能更大。只有达到一定的平均食物消费水平时,收入的进一步增加才不对食物支出产生重要的影响。这一点,从恩格尔食物支出的曲线上可以清楚地显示出来。

本 章 小 结

1. 消费者行为理论研究的是在收入和价格既定的条件下,消费者如何实现效用的最大化问题。效用是指消费者从某种物品的消费中得到的满足程度,满足程度高,效用就越大;满足程度低,效用就越小。它是消费者对商品满足自己欲望能力的一种主观心理评价。

2.基数效用论认为效用是可以计量并加总求和的,它采用边际效用分析法来分析消费者的行为。序数效用论认为效用只能用序数度量,而不能确切地说出各种商品的效用到底是多少。序数效用论采用无差异曲线分析法来分析消费者行为。

3.边际效用递减规律是当一个消费者连续增加同一商品消费时,他从增加的商品中所获得的边际效用越来越小。

4.消费者均衡是指在收入和商品价格既定的条件下,消费者通过消费而获得最大效用的状态。基数效用论认为,消费者实现效用最大化的均衡条件是,在消费者的货币收入和商品价格既定的条件下,消费者应使自己花费在各种商品购买上的最后一元钱所带来的边际效用相等。

5.无差异曲线,也叫等效用线,它是在图表上表示两种商品的不同数量的组合给消费者所带来的效用完全相同的一条曲线。预算线表示在消费者收入和商品价格既定的条件下,消费者的全部收入所能购买到的两种商品的不同数量的各种组合。它是消费者在消费中所受到的预算约束的体现。在序数效用论中无差异曲线与消费可能线的切点就是消费者均衡。

68

6.在消费者偏好不变的前提下,如果价格和收入发生变动,消费者均衡点也会随之发生变动。消费者行为理论为此类问题提供了帮助。如分析吉芬商品、替代效应和收入效应,分析恩格尔定律等。

基 本 概 念

效用　边际效用　总效用　边际效用递减规律　消费者均衡　无差异曲线　边际替代率　预算线　消费者剩余　替代效应　收入效应　恩格尔定律　吉芬商品

思考与训练

1.简述基数效用论与序数效用论的区别与联系。

2.结合实际简述边际效用递减规律。

3.解释无差异曲线的经济意义、特征及凸向原点的原因。

4.解释消费品的边际替代率递减的原因。

5.用边际分析法与无差异曲线分析法说明消费者最佳消费行为的确定。

6.用替代效应和收入效应解释需求定理。

7. 生命离不开水,但水很便宜;钻石用途很小却很昂贵。试解释其中的原因。

8. 小王对某一场电影的愿意支付的价格是 20 元。当电影票的价格分别是 10 元、15 元和 20 元时,消费者剩余分别是多少?当价格高于多少元时,小王不会去看这场电影?为什么?

9. 案例分析。要求:

(1) 分组讨论,小组代表发言,最好制作成 PPT 文件,边展示边讲;

(2) 运用所学知识深入分析,展开讨论,要求言之有理;

(3) 总结分析案例说明了什么问题,我们能从中得到什么启示。

奢侈性水消费,耗尽人类眼泪

据《2010 中国环境绿皮书》显示,北京存在严重奢侈性水消费,仅洗浴中心洗澡一项每年消耗水资源就高达 8 160 万立方米,相当于 41 个昆明湖的水量。

如果说奢侈性水消费出现在水资源充沛地区还情有可原,那么,北京出现严重奢侈性水消费就不能容忍。北京是严重缺水城市,每一吨水都来之不易,值得珍惜。节省用水既是现实选择,也是可持续发展的需要。严重缺水城市都不珍惜水资源,反而严重奢侈性水消费,这不论怎么说都说不过去。

毫无疑问,北京奢侈性水消费不差钱,差的只是水资源。到 2009 年 12 月,北京居民水价为 3.7 元/立方米,这其中,供水费为 1.7 元/立方米,水资源费为 1.1 元/立方米,污水处理费为 0.9 元/立方米。其中居民每消费一吨水,只需支付 1.1 元的水资源费。尽管商业性水消费价格要高些,但占其成本还是微乎其微。如果水危机意识淡薄,用水量上不受控制,水价上不予调控,消费者又不自我约束,不可再生的水资源遭到挥霍奢侈性消费,这等于是在自毁长城。

奢侈性水消费也在奢侈消费人的眼泪。有关资料显示:我国是一个干旱缺水严重的国家,淡水资源总量为 28 000 亿立方米,占全球水资源的 6%,人均只有 2 300 立方米,仅为世界平均水平的 1/4,在世界上名列 121 位,是全球 13 个人均水资源最贫乏的国家之一。国际公认的人均缺水警戒线是 1 000 立方米。北京以 2005 年人口为基数,人均水资源占有量为 248 立方米,仅相当于全国平均水平的不到 1/8 和全球平均水平的约 1/20。严重缺水城市存在严重的奢侈性水消费,这是目光短浅,任其下去,将会率先验证"地球上的最后一滴水将是人类的眼泪"的警言。

就在暴露出北京存在严重的奢侈性水消费之时,我国西南五省正在经受百年一遇严重干旱的煎熬,超过 5 000 万人受灾,绝收面积将近千公顷。严重干旱已经危及人的生存,一些村庄重拾计划经济时代的"水票制度",按户头发放水票分水。云南人民的菜篮子无保,村民不得不上山摘野菜自救。西南五省因干旱引发的水危机,已向包括北京在内的地区敲响警钟。北京如果不尽快告别严重奢侈性水消费,则后果更是令人担忧。

2010 年 3 月 22 日，是第 18 届"世界水日"。3 月 22—28 日是第 23 届"中国水周"。当年中国纪念"世界水日"和开展"中国水周"活动的宣传主题为"严格水资源管理，保障可持续发展"。作为严重缺水的城市，北京更要有水忧患与水危机意识，应像珍惜自己的眼泪那样珍惜每一滴水，每个公民都要自觉节约用水，政府要出台措施，推行计划用水，实行价格调控，拧紧每个跑冒滴漏的"水龙头"，用今日的"痛苦"节水，换取明日不流"痛苦的眼泪"（改编自中国网）。

综 合 实 训

对本人上个月的消费支出进行分类统计，并对这种消费组合带来的效用进行评估，看看是否达到了消费者均衡。

第四章　生产者行为

【学习目标】

1. 了解企业的内涵、产生及存在的原因、类型和目标；
2. 熟悉边际报酬递减规律，掌握一种生产要素的合理投入区域及两种生产要素的最优投入组合；
3. 熟悉各种成本的内涵，了解各成本曲线之间的关系，掌握机会成本在选择中的应用；
4. 了解企业的收益与利润之间的关系，掌握企业实现利润最大化原则。

【引例】　三个和尚没水喝

> 　　山上有座小庙，庙里有个小和尚。小庙的主持安排他每天挑水、念经、敲木鱼，给观音菩萨案桌上的净水瓶添水，夜里不让老鼠来偷东西。不久，又来了个和尚，水的需求量也增加了，小和尚心想一个人去挑水太吃亏了，便要新来的和尚和他一起去抬水，这样总算还有水喝。后来，又来了个胖和尚，大家都在打着自己的小算盘，虽然很渴，但谁也不愿意主动去挑水。大家各念各的经，各敲各的木鱼，观音菩萨面前的净水瓶也没人添水，花草枯萎了。夜里老鼠出来偷东西，谁也不管。结果老鼠猖獗，打翻烛台，燃起大火，将他们赖以生存的寺庙焚毁了。
>
> 　　"一个和尚挑水喝，两个和尚抬水喝，三个和尚没水喝。"从开始的一个和尚到后来的三个和尚，随着人力投入的增加，而产出却并没有增加，为什么？

第一节　企　　业

　　企业是产品或劳务的主要提供者，生产活动的主体是企业。生产者行为理论主要是研究企业经济行为的经济理论。我们要研究生产者行为理论，首先就要了解有关企业的问题。

一、企业的内涵与特征

人类社会的经济活动,总是通过各种经济主体的活动来完成的。在人类社会发展的历史上,随着生产力的发展和社会生产关系的演进,出现过各种不同的经济主体,企业作为现代市场经济的基本组成部分,它是经济活动的细胞。市场经济的运行离不开千千万万个企业的生产经营活动。

什么是企业?这似乎是一个不言自明的问题。在日常生活中一提到企业,我们马上想到的是钢铁厂、纺织厂等生产单位。这种常识性的认识抓住了企业的一个基本特征,即它首先是一个生产单位,但这种认识并不完整,例如工厂里的一个车间就不能叫企业。

企业(enterprise)是依法成立的以营利为目的从事生产经营活动的独立核算的经济组织。在西方经济学中,企业又称厂商(firm)。一个生产经营组织要成为企业,必须满足以下几个基本特征。

(一) 企业具有经济性

企业必须是以营利为目标,并在分工的基础上,通过众多劳动者的分工协作形成的生产经营组织。企业作为从事商品生产经营的基本经济组织,将各种生产要素有机结合起来,生产商品和劳务,用于社会的生产和消费,其直接目的就是盈利。企业在市场中以自己生产的产品或提供的劳务,通过交换来满足社会需要,并从中获得利润。企业如果没有盈利,就不能发展,就会在市场竞争中失败。而且,如果没有盈利,就没有企业财产所有者和经营者的利益,也就没有搞好企业生产经营的积极性,企业就会消亡。企业的经济性是它区别于从事非经济活动的政府机关、政治组织、事业单位、群众组织和学术团体等非经济组织的最本质的特征。

(二) 企业具有独立自主性

首先,企业是独立自主从事生产经营活动的经济组织,在国家法律、法规及政策允许的范围内,企业的生产经营活动不受其他主体的干预,即具有经营自主权。具体包括:在产出方面的决策权,即企业能够作出生产什么、生产多少的决定、并依据市场信号自主决定价格;在投入方面的决策权,指企业能够根据劳动、资本、技术、土地等各种不同的生产要素、生产力大小和相对价格,作出使用哪种生产要素和如何进行配置的决定;在对企业的资产处置方面的决策权,即自主决定积累和投资,自主决定企业的兼并联合等资产的运用事项。其次,企业是实行独立核算的社会经济组织。实行独立核算就是要单独计算成本费用,以自己的收入抵偿自己的支出,盈利归企业支配,亏损也由自己承担,即自负盈亏,对经济业务作出全面反映和控制。不实行独立核算的社会经济组织不能称其为企业。

（三）　企业具有法律性

企业是依法设立的社会经济组织，企业通过依法设立，可以取得相应的法律地位，获得合法身份，得到国家法律的认可和保护。

二、企业产生及存在的原因

作为独立的个体商品生产者和经营者，每个人都可以自由进入市场讨价还价，反复地进行交易谈判，以实现经济人所追求的利润最大化的目标。那么，为什么还要组建企业？

美国经济学家 R. 科斯为回答这一问题作出了历史性贡献。他在《企业的性质》一书中指出，每个人对市场的了解都是极不充分的，即信息是不完全的，为了完成交易，不得不反复地进行交易谈判、搜寻信息、讨价还价，为此需要支付大量的费用，即交易费用。为了降低交易费用，就必须减少交易次数，由具有相对固定交易关系的双方甚至多方组建一个组织，变个人的分散交易为有组织的集中交易，于是，企业得以产生并存在。

企业的存在之所以能够降低交易费用，是因为企业外部的交易行为转换为企业内部的非交易行为，即管理行为。管理行为所体现的不再是市场交易关系，而是企业生产与经营计划的制定、履行与修改的过程。企业因此成为替代市场的经济组织。

企业具有替代市场的作用，并非说明市场的交易可有可无，因为企业不能代替市场竞争，交易者之间的相互竞争是商品生产和经营、提高生产经营效率的必要机制。肯定企业对市场的替代作用，或管理行为对交易行为的替代作用，只是针对过于分散的交易会导致较高的交易费用而言的。企业的规模边界乃企业的内部管理费用等于其进入市场所发生的交易费用，亦即企业内部再进行一次交易的费用等于同样的交易在市场上完成的费用。

三、企业的类型

企业的类型是多种多样的，按照其组织形式来划分，主要有以下三类。

（一）　个人业主制企业

个人业主制企业（sole proprietorship），是指由业主个人出资兴办并直接经营的企业。它在法律上属于自然人企业，是最古老、最简单、最普通的企业形式。个人业主制企业在各个国家的企业总数中都占有较大的比例，比如在美国，这个比例为 3/4 左右。

个人业主制企业的业主拥有企业的全部财产，在经营上拥有绝对的自主权，享有全部的经营所得，同时独自承担经营风险，对企业债务承担无限责任。这类企业规模小，便于管理，企业经营机动灵活。不足的是：企业的信用和资金来源有限，承担无限的清偿责任，企业的寿命有限。

（二） 合伙制企业

合伙制企业（partnership），是指由两个或两个以上的自然人共同投资、共同所有、共同经营、共担风险所创办的企业。合伙人分享经营所得，并对企业债务共同承担责任。大多数律师事务所和会计事务所都是合伙制。合伙制企业在现代市场经济中所占比重较小，比如在美国，合伙制企业仅占企业总数的 7% 左右。

合伙制企业与个人业主制企业相比，优势表现为：由众多的合伙人共筹资金，因而资本规模一般比个体企业大，同时由于合伙人共负偿还责任，减少了向它贷款者的风险，这使企业的筹资能力有所提高；合伙人对企业盈亏负有完全责任，意味着他们以自己的身家性命来为企业担保，这有助于增强经营者的责任心，由此可提高企业的信誉；合伙人可以各显其才，提高了企业的素质和竞争能力，增强了企业扩大和发展的可能性。

其劣势表现为：合伙制企业的无限责任依然没解除。那些富有的合伙人承担着更大的个人资产风险；由于多人所有和参与管理，不利于协调和统一；资金和规模仍有限，在一定程度上不利于生产的进一步发展；一个（或多个）合伙人的退出或者死亡通常会使合伙企业解散或重组，这使合伙人之间的契约关系不稳定，从而影响企业的长期发展。

（三） 公司制企业

公司制企业（cooperation），是指由发起人依照公司法组织登记的法人团体。一般包括有限责任公司和股份有限公司等形式。

1. 有限责任公司

有限责任公司又称有限公司，是指由两个以上股东共同出资，每个股东以其认缴的出资额对公司债务承担有限责任，公司以其全部资产对公司债务承担责任的企业法人。公司股东所负责任仅以其出资额为限，不负连带清偿责任，这就是"有限责任"的含义。

2. 股份有限公司

股份有限公司又称股份公司，是指注册资本由等额股份构成，并通过发行股票筹集资本，公司以其全部资产对公司债务承担有限责任的企业法人。股份有限公司的资本总额均分为每股金额相等的股份，以便于根据股票数量计算每个股东所拥有的权益。在市场经济国家，股份有限公司在企业总数占的比例并不大，但其营业额、利润及使用的劳动力均占很大比例，因而对国民经济具有重要作用。股份有限公司和有限责任公司的异同参见表4-1。

表 4-1　股份有限公司和有限责任公司的异同

比　较	股份有限公司	有限责任公司
不同点	① 资本划分为等额股份； ② 发行股票筹资，资本须是货币； ③ 股东人数为两人以上 ④ 注册资本底线为 1 000 万元； ⑤ 设立程序复杂； ⑥ 适合于大中型企业； ⑦ 上市公司股票可以自由流通	① 资本不划分为等额股份； ② 出资不要求一定是货币，可以是技术、厂房等； ③ 股东人数限制为 2～50 人； ④ 注册资本底限 10 万～50 万元； ⑤ 设立程序简单； ⑥ 适合于中小型企业； ⑦ 股份凭证不能自由流通
相同点	① 都是依法成立的企业法人； ② 股东均负有限责任； ③ 公司均以其全部资产对债务承担责任； ④ 公司组织机构均为股东大会、董事会、总经理； ⑤ 公司均有名称、章程等	

四、企业的目标

　　企业的行为是由目标决定的，企业在现实的经营活动中可能有各种目标，但在进行经济分析时，一般总是假定企业从事生产经营唯一的目标是利润最大化，这一目标假定对个人业主制企业和合伙制企业来讲是非常贴切的，但对公司制企业，这一行为目标不是非常明显。在现代公司制企业组织中，企业的所有者往往并不是企业的真正经营者，企业的日常决策是由企业所有者的代理人作出的。由于所有者和决策者的行为动机不完全一致，股东的动机是红利最大化，即利润最大化，但经理的动机是强化自身的利益最大化，再加上信息的不完全性和不对称性，所有者不能完全监督和控制公司经理的行为，经理会在一定的程度上偏离企业的利润最大化的目标，而追求其他一些有利于自身利益的目标。例如，经理会追求自身效用最大化，修建豪华舒适的办公环境，讲究排场；他们也可能追求销售收入最大化和销售收入持续增长，一味扩大企业规模，以此来增长自己的特权和增加自己的收入，并提高自己的社会知名度；他们也可能只顾及企业的短期利益，而牺牲企业的长期利润目标等。

　　现代公司制企业中的股东与总经理之间的委托代理问题解决的如何，直接影响着企业目标的实现。一般来讲，代理人对利润最大化目标的偏离在很大程度上受到制约。因为，如果经理经营不善，企业效率下降，或员工工作效率低下，不能较好地完成工作任务，就可能被企业解雇，从而影响到自身的收益，所以代理人不管偏离利润最大化目标的动机有多么强烈，但是，他们清楚自身利益与企业利润的多少是紧密相连的，如果企业在长期发展中不以利润最大化为目标，终将被市场竞争所淘汰。

在现实中企业也会有其他目标,如销售量最大化、职员人数最大化、市场份额最大化和销售收入增长最大化等。但利润最大化是一个合理假设,它是一个企业竞争生存的基本准则,所以我们在对生产者行为进行分析时,仍然使用企业追求最大化利润这一基本假设。

第二节　生　产　函　数

一、生产与生产函数

（一）生产与生产要素

1. 生产

生产(production),是指企业对各种生产要素进行组合以制成产品的行为,是人们通过劳动改变物质的性质,创造直接和间接满足人类欲望的效用。生产包括两个方面:一是物质产品的生产,即"制造"。可分为消费品和资本品:消费品是指用来直接满足人们消费需求的物品;资本品又称投资品,是用于生产消费品的物品,也就是生产资料。二是劳务的生产,即服务,如理发、客运、洗浴、金融服务等。其特点是:劳务产品是无形的。

2. 生产要素

生产离不开各种生产要素,生产要素是指因从事生产经营活动而投入的各种资源。主要包括劳动、土地、资本和企业家才能四种。从生产过程来看,生产就是把生产要素组织起来以创造产品或提供劳务的过程,也即投入变成产出的过程。

劳动指人类在生产过程中提供的体力和智力的总和,是最重要的经济资源和生产要素。土地不仅指土地本身,也包括森林、矿藏、水面等,是各种自然资源的统称。资本可表现为实物形态和货币形态。实物形态又称为资本品或投资品,如厂房、机器设备、原材料等。资本的货币形态称为货币资本,即以货币形式存在,并以投资增值为目的的货币。企业家才能是企业家组织建立和经营管理企业的能力。

（二）生产函数

1. 生产函数的含义

生产函数(production function),是指在一定时期内,在生产技术水平不变的条件下,生产中所使用的各种要素的数量与所能生产的最大产量之间的关系。

生产中使用的生产要素有四种:劳动(L)、资本(K)、土地(N)、企业家才能(E)。生产函数表示如下:

$$Q = f(L, K, N, E)$$

式中,Q 表示产出量,为各个自变量的函数。

如果只考察劳动和资本对产出的影响,则生产函数变为

$$Q = f(L, K)$$

生产函数的经济含义是:在既定的技术水平条件下,在某一时间内为生产出 Q 数量的产品,需要相应投入 L、K、N、E 等生产要素的数量及其组合的比例。它反映了投入一定时,产量的最大值;产量一定时,投入的最小值。

如果 L、K、N、E 的投入量已知,那么就可以知道 Q 的最大数量。反过来,如果 Q 已知,那么也就可以知道所需要的 L、K、N、E 等各个生产要素最低限度的投入量。

生产函数以一定的技术水平为前提,每一既定的技术条件下,都存在着一个生产函数,技术发生变化,函数关系就会随之变化。例如,由于技术进步,生产同样多的产品,原材料可以减少,则某个或某几个生产要素的投入数量就会减少,以致各个生产要素的投入组合比例发生变化。

2. 生产函数的分类

生产函数分为短期生产函数和长期生产函数。

短期生产函数,是指某一阶段生产者来不及调整全部生产要素的数量,至少有一种生产要素的数量是固定不变的生产函数。在短期生产中,生产要素投入可以分为不变投入和可变投入,生产者在短期内无法进行数量调整的那部分要素投入是不变要素投入。例如,机器设备、厂房等。生产者在短期内可以进行数量调整的那部分要素投入是可变要素投入。例如,劳动、原材料、燃料等。

长期生产函数,是指生产者可以调整全部生产要素的数量,使所有要素投入可以同时变动的生产函数。在长期生产中,生产者可以调整全部的要素投入,例如,生产者根据企业的经营状况,可以缩小或扩大生产规模,甚至还可以进入或退出一个行业的生产。由于在长期所有的要素投入量都是可变的,因而也就不存在可变要素投入和不变要素投入的区分。

短期(short run)和长期(long run)的划分是以生产者能否变动全部要素投入的数量作为标准的。对于不同的产品生产,短期和长期的界限规定是不相同的。例如,变动一个大型炼钢厂的规模可能需要 3 年的时间,而变动一个豆腐作坊的规模可能仅需要 1 个月的时间,即前者的短期和长期的划分界限为 3 年,而后者仅为 1 个月。

3. 生产函数的技术系数

在短期生产和长期生产中每一种生产函数都必然存在一定的技术系数,所谓生产函数的技术系数(technological coefficient),是指在一定技术水平下,生产某一单位产品所需要的各种生产要素之间的一定比例关系。这在马克思经济学中称为资本的技术构成,反映这种技术构成的不变资本和可变资本的比例,称为资本的有机构成。

在生产函数的技术构成中,有的劳动所占比重较大,如轻工业,我们称之为劳动密集型产业;有的资本所占比重较大,我们称之为资本密集型产业。随着社会经济的发展和科

学技术的进步,"劳动密集型产业"逐渐向"资本密集型产业"转化和发展。在这一转化过程中,技术系数并不是一成不变的,即使在技术不变情况下,技术系数也可以发生变化,因此,技术系数有固定技术系数和可变技术系数之分。固定技术系数是指生产某种产品过程中所投入的各种生产要素的配合比例不变;可变技术系数是指各生产要素的配合比例是可以变动的,它们将随着产出的变化而变化。因此,生产者不仅要关心最佳的生产水平,而且要关心最佳的投入配合。

二、短期生产函数

即通过生产函数考察一种可变生产要素的合理投入。假定投入的生产要素只有两种,其中,资本投入量是固定的(K 为既定值),劳动投入量 L 是可变的,则生产函数可以写成

$$Q = f(L,K)$$

这就是通常采用的一种可变生产要素的生产函数的形式,也称短期生产函数。

(一) 总产量、平均产量和边际产量

根据短期生产函数可以得到总产量、平均产量和边际产量的概念。

总产量(total product),即与一定的可变生产要素投入量相对应的最大产量。

平均产量(average product),即总产量与可变生产要素投入量的比值。

边际产量(marginal product),即每增加一个单位可变生产要素投入量而增加的产量。

总产量、平均产量和边际产量都是相对于某种可变生产要素而言的,在短期生产函数 $Q=f(L,K)$ 中,资本投入量固定不变,在劳动投入量可变的条件下,我们可以得到劳动的总产量、劳动的平均产量和劳动的边际产量。

劳动的总产量(TP_L),是指既定的劳动生产要素投入量与一定数量的其他生产要素相结合所生产出来的全部产量。其公式为

$$TP_L = f(L,K)$$

劳动的平均产量(AP_L),是指平均每单位劳动生产要素投入量所生产出来的产量。其公式为

$$AP_L = TP_L/L$$

劳动的边际产量(MP_L),是指每增加一单位劳动生产要素投入量所增加的产量。其公式为

$$MP_L = \Delta TP_L/\Delta L$$

同样,在劳动投入量固定时,资本投入量变化也可带来产量的变化,由此生产函数可以得到相应的资本的总产量、资本的平均产量和资本的边际产量。

（二） 总产量、平均产量和边际产量的关系

根据上述定义公式，可以编制出一种可变生产要素的生产函数的总产量、平均产量和边际产量的关系表，以劳动生产函数为例，如表 4-2 所示。

表 4-2 总产量、平均产量和边际产量关系表

资本量(K)	劳动量(L)	劳动增量(ΔL)	总产量(TP)	边际产量(MP)	平均产量(AP)
100	0	0	0	0	0
100	1	1	8	8	8
100	2	1	20	12	10
100	3	1	36	16	12
100	4	1	48	12	12
100	5	1	55	7	11
100	6	1	60	5	10
100	7	1	60	0	8.6
100	8	1	56	—4	7

根据表 4-2，可以作出劳动的总产量、平均产量和边际产量曲线图，如图 4-1 所示。

在图 4-1 中，横轴 L 代表劳动量，纵轴 Q 代表产量，TP_L 为劳动的总产量曲线，AP_L 为劳动的平均产量曲线，MP_L 为劳动的边际产量曲线。

由上述图表，可以看出总产量、平均产量、边际产量之间的相互关系。

（1）随着劳动量的增加，最初总产量、平均产量和边际产量都是递增的，但各自增加到一定程度后就分别递减。边际产量 MP_L 最先达到最大，然后开始递减；其次，平均产量 AP_L 达到最大，然后开始递减；最后总产量 TP_L 达到最大，然后开始递减。

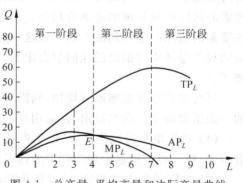

图 4-1 总产量、平均产量和边际产量曲线

（2）边际产量曲线(MP_L)与平均产量曲线(AP_L)相交于 AP_L 的最高点。在此之前 $\text{MP}_L > \text{AP}_L$，$\text{AP}_L$ 是递增的；在此之后，$\text{MP}_L < \text{AP}_L$，$\text{AP}_L$ 递减；在相交点，$\text{MP}_L = \text{AP}_L$，$\text{AP}_L$ 最大。

（3）当 MP_L 到达最高点之前，由于边际产量递增，所以总产量 TP_L 以递增的速度在

增加；当 MP_L 从最高点到小于零之前，TP_L 以递减的速度在增加；当 $MP_L=0$ 时，总产量 TP_L 最大，当 $MP_L<0$ 之后，总产量 TP_L 递减。

（三） 边际报酬递减规律

由表 4-1 和图 4-1 可以清楚地看到，对一种可变生产要素的生产函数来说，边际产量表现出先上升而最终下降的特征，这一特征被称为边际报酬递减规律。

边际报酬递减规律(law of diminishing marginal returns)，是指在技术水平和其他生产要素投入固定不变的情况下，随着一种可变生产要素投入的增加，总产品的增量即边际产量在超过某一点之后将出现递减趋势。

边际报酬递减规律是短期生产的一条基本规律。例如，对于给定的 10 公顷麦田来说，在技术水平和其他投入不变的前提下，只考虑使用化肥的效果，如果只使用 1 千克化肥，这 1 千克化肥所带来的总产量的增加量即边际产量是很小的。但随着化肥使用量的增加，其边际产量会逐步提高，直至达到最佳的效果即最大的边际产量。但必须看到，若超过化肥的最佳使用量后，还继续增加化肥使用量，就会对小麦生长带来不利影响，化肥的边际产量就会下降。过多的化肥甚至于会烧坏庄稼，导致负的边际产量。

边际报酬递减规律成立的原因在于，对于任何产品的短期生产来说，可变要素投入和固定要素投入之间都存在着一个最佳的数量组合比例，在开始时，由于不变要素投入量给定，而可变要素投入量为零，因此，生产要素的投入量远远没有达到最佳的组合比例。随着可变要素投入量的逐渐增加，生产要素的投入量逐步接近最佳的组合比例，相应的可变要素的边际产量呈现出递增的趋势。一旦生产要素的投入量达到最佳的组合比例时，可变要素的边际产量达到最大值。在这一点之后，随着可变要素投入量的继续增加，生产要素的投入量越来越偏离最佳的组合比例，相应的可变要素的边际产量便呈现出递减的趋势了。

可变要素边际报酬递减规律，同需求规律和边际效用递减规律等一样，是经济分析中的一条重要规律。应当指出，在运用这一规律时应注意以下几点。

（1）边际报酬递减规律，是以生产技术条件给定不变为前提的。如果生产技术条件进步了，则一般会推迟出现边际报酬递减现象，但不会使边际报酬递减规律失效。

（2）边际报酬递减规律，是以其他要素固定不变为前提，考察一种可变要素发生变化时其边际产量的变化情况。若使用的要素同时发生同比例变化，由此引起的产量变动情况，属于规模经济问题，这将在后面予以讨论。由于这一理论涉及的生产要素边际报酬递减实际上源于固定要素与可变要素组合比例发生变化，所以西方经济学也把生产要素报酬递减规律称为生产要素可变比例规律，以便更明确地与规模报酬递减规律相区别。

（3）边际报酬递减规律，是在可变的生产要素使用量超过一定数量以后才出现的。在此之前，当固定要素相对过多，即可变要素相对不足时，增加可变要素将出现报酬递增的现象。也可能出现这样一种情况，即继续增加可变要素时，在一定范围内要素的边际产量处于恒定不变状态，超过这个范围再继续追加可变要素时才进入报酬递减阶段。

（四）一种可变生产要素的合理投入

既然存在着生产要素的边际报酬递减规律，企业在使用生产要素组织生产时该如何选择其最佳的投入区域呢？为了解决这个问题，可以根据总产量曲线、平均产量曲线以及边际产量曲线的变动，把生产过程的变化划化成三个区域，以决定一种可变生产要素的最适投入。

1. 一种可变生产要素投入区域的划分

根据短期生产的总产量曲线、平均产量曲线和边际产量曲线之间的关系，可以看出，随着一种可变生产要素劳动的投入量不断增加，生产过程可以划分为三个阶段，如图 4-1 所示。

第一阶段，劳动平均产量递增阶段。产量曲线的特征为：劳动的平均产量始终是上升的，且达到最大值；劳动的边际产量上升达到最大值，且劳动的边际产量始终大于劳动的平均产量；劳动的总产量始终是增加的。这说明：在这一阶段，不变要素资本的投入量相对过多，生产者增加可变要素劳动的投入量是有利的。或者说，生产者只要增加可变要素劳动的投入量，就可以增加总产量。因此，任何理性的生产者都不会在这一阶段停止生产，而是连续增加可变要素劳动的投入量。

第二阶段，劳动平均产量递减阶段。产量曲线的特征为：劳动的平均产量开始不断减少；劳动的边际产量继续减少，而且总是小于劳动的平均产量但仍然大于零；劳动的总产量继续增加，并达到最高点。

第三阶段，劳动总产量递减阶段。产量曲线的特征为：劳动的边际产量继续减少降为负值，劳动的平均产量继续下降，劳动的总产量也因此呈现下降趋势。这说明：在这一阶段，可变要素劳动的投入量相对过多，生产者减少可变要素劳动的投入量是有利的。因此，这时即使劳动要素是免费供给的，理性的生产者也会通过减少劳动投入量来增加总产量，以摆脱劳动边际产量为负值和总产量下降的局面，因此，第三阶段被称为生产投入的禁区。

2. 一种可变生产要素的合理投入区域

通过以上的分析可以看到，任何理性的生产者既不会将生产停留在第一阶段，也不会将生产扩张到第三阶段，所以，生产只能在第二阶段进行。在第二阶段，生产者可以得到由于第一阶段增加可变要素投入所带来的全部好处，又可以避免将可变要素投入增加到第三阶段而带来的不利影响。

因此，第二阶段是生产者在短期生产中对生产要素合理投入的区域。在该区域具体在哪一点上投入最合理呢？这需视企业不同的要求和目的而定。如果企业不考虑单位产品的成本,只追求最大产量,则边际产量曲线(MP$_L$)与横轴交叉点是生产要素的合理投入点,因为此时总产量达到最大;如果企业不求获得最大产量,只追求单位产品的劳动成本最低,则过边际产量曲线(MP$_L$)和平均产量曲线(AP$_L$)的交叉点,与横轴垂直相交点便是生产要素的合理投入点。因为此时平均产量最大,而且单位产品的劳动成本最低。如果企业要获得最大利润,应选择的最佳投入数量究竟在哪一点,这一问题还有待于以后结合成本、收益和利润进行深入的分析。

三、长期生产函数

在长期内,所有的生产要素的投入量都是可变的,为了简化分析,通常以两种可变生产要素的生产函数来考察长期生产问题。假定在技术不变的条件下,生产者使用劳动和资本两种可变生产要素来生产一种产品,则两种可变生产要素的长期生产函数可以写为

$$Q = f(L,K)$$

为了研究两个或两个以上可变投入的产出变化情况,经济学运用了等产量曲线和等成本线等工具来进行分析。

(一) 等产量曲线

等产量曲线(isoquant),是指在技术水平不变的条件下,生产同一产量的两种生产要素投入量的各种不同组合点的轨迹。

假设有劳动 L 和资本 K 两种生产要素,它们有 A、B、C、D 四种组合方式,这四种组合方式都能生产出相同的产量,于是可以作出表 4-3。

表 4-3 劳动和资本的四种组合方式表

组合方式	劳动(L)	资本(K)	组合方式	劳动(L)	资本(K)
A	1	5	C	3	2
B	2	3	D	5	1

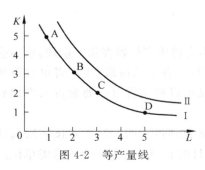

图 4-2 等产量线

根据表 4-3,可以作出图 4-2。

在图 4-2 中,横坐标 L 代表劳动量,纵坐标 K 代表资本量,Ⅰ 和 Ⅱ 代表等产量线。于是,由等产量线的含义可知,等产量线 Ⅰ 上任意一点所代表的 L 与 K 的不同数量的组合都能生产出相等的产量。

应当明确,在使用等产量线这一分析工具时,相互配合的两个可变投入和产出假定都为无限可分,因此,等产量线可以是无限的,图 4-2 中画出的 Ⅰ、Ⅱ 两

条线，不过是无数等产量线中的两条而已。

等产量曲线与无差异曲线具有类似的几何性质，它具有如下特点。

（1）等产量曲线是一条向右下方倾斜的曲线，其斜率为负数。

（2）在同一坐标平面上有无数条等产量曲线。不同的等产量线代表不同的产量，而且，距离坐标原点越远的等产量线所代表的产量越多。

（3）在同一坐标平面上任意两条不同的等产量曲线不能相交。因为在交点上两条等产量线代表了相同的产量水平，这与第二个特征相矛盾。

（4）等产量曲线是一条凸向坐标原点的曲线。等产量线之所以凸向坐标原点，是因为边际技术替代率的存在。

（二）边际技术替代率

1. 边际技术替代率的含义

边际技术替代率，是指在保持产量不变的情况下，一种生产要素投入的增加量与相应的另一种生产要素投入所减少量的比率。

例如，增加劳动 L 可以减少资本 K 而能保持产量不变，那么，增加的劳动 L 的数量 ΔL 与减少的资本 K 的数量 ΔK 的比例，就是劳动 L 替代资本 K 的边际技术替代率，记为 MRTS_{LK}，于是有

$$\mathrm{MRTS}_{LK} = -\Delta K / \Delta L$$

在上式中，如果使 $\Delta L \to 0$，那么又有

$$\mathrm{MRTS}_{LK} = -\mathrm{d}K / \mathrm{d}L$$

所以，等产量线上任一点的边际技术替代率实际上就是该点对等产量线所作切线斜率的负数值。负号表示两种生产要素的投入是此消彼长的。

2. 边际技术替代率递减规律

由于存在边际产量递减规律，所以当劳动投入量 L 增加时，其边际产量 MP_L 就减少，同时，资本投入量 K 必须减少，因而其边际产量 MP_K 就增加，这样，从上述边际技术替代率与边际产量的关系式中可以看出，劳动 L 替代的资本 K 的边际技术替代率是递减的，这就是边际技术替代率递减规律。边际技术替代率递减规律指在维持产量不变的前提下，当一种生产要素的投入量不断增加时，每一单位的这种生产要素所能替代的另一种生产要素的数量是递减的。

边际技术替代率递减的主要原因在于：任何一种产品的生产技术都要求各要素投入之间有适当的比例，这意味着要素之间的替代是有限的，简单地说，以劳动和资本两种要素投入为例，在劳动投入量很少和资本投入量很多的情况下，减少一些资本投入量可以很容易地通过增加劳动投入量来弥补，以维持原有的产量水平，即劳动对资本的替代是很容易的。但是，在劳动投入增加到相当多的数量和资本投入量减少到相当少的数量的情况

下,再用劳动去替代资本就将是很困难了。

前面提到,等产量曲线一般具有凸向原点的特征,这一特征是由边际技术替代率递减规律所决定的。因为,由边际技术替代率的定义公式可知,等产量曲线上某一点的边际技术替代率就是等产量曲线在该点的斜率的绝对值,又由于边际技术替代率是递减的,所以,等产量曲线的斜率的绝对值是递减的,即等产量曲线是凸向原点的。

（三）　等成本线

等成本线(isocost curve),是指既定的成本可以购买到的各种生产要素数量的最大组合。

例如,总成本 C 为 100 单位,劳动要素价格 P_L 为 20 单位/个,资本要素价格 P_K 为 10 单位/个,则如果全购买劳动要素 Q_L,可购买 5 个单位,如果全购买资本要素 Q_K,可购买 10 个单位。根据这组数据我们可以作出总成本 C 为 100 单位的等成本线,如图 4-3 所示。

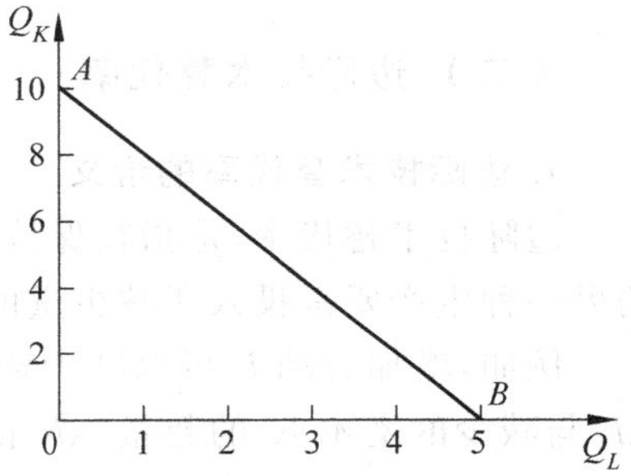

图中 AB 线就是总成本为 100 单位的等成本线。根据上述假设可写出成本方程:

图 4-3　等成本线

$$C = P_L Q_L + P_K Q_K$$

由成本方程得

$$Q_K = -(P_L/P_K)Q_L + C/P_K$$

等成本线具有如下特点:等成本线斜率的绝对值等于两种生产要素价格的比率,即 P_L/P_K。因此,在总成本变化时,只要生产要素价格给定不变,那么,任意一条成本线的斜率都相同,即总成本的增加表现为等成本线向右上方平行移动,总成本的减少表现为等成本线向左下方平行移动,而且,离坐标原点越远的等成本线表示总成本越大。

等成本曲线上的任何一点都代表了成本一定时生产要素的不同组合。在生产要素价格不变的条件下,同一成本所能购买到的生产要素的各种最大组合,必然在等成本线上。线内的任何一点虽然可以实现,但它表示既定的全部成本都用来购买该点的劳动和资本的组合以后还有剩余,并不是生产要素的最大组合;线外的任何一点,表示用既定的全部成本购买该点的劳动和资本的组合是不够的,唯有等成本线上的任何一点,才表示用既定的全部成本能刚好购买到的劳动和资本的组合。

（四）　两种可变生产要素的最优组合

在长期生产中,所有的生产要素投入数量都是可以变动的,任何一个理性的生产者都会选择最优的生产要素组合进行生产。所谓生产要素的最优组合就是指能够以最少的成本投入带来最大产量的生产要素组合,它又叫生产者均衡,因为实现了要素的最优组合,也就是达到了利润的最大化。

要实现两种可变生产要素的最优组合,就要将等产量曲线和等成本曲线结合起来分析。生产要素的最优组合就是要解决在既定成本条件下,如何求得最大产出,或者在既定产量条件下,如何实现最小的成本,从而达到资源的最佳配置。现就这两种情况分别进行分析。

1. 在成本既定条件下如何实现产量最大化

这可用图 4-4 来分析。

如图 4-4 所示,横坐标轴 OL 表示劳动投入量,纵坐标轴 OK 表示资本投入量。等成本线 AB 与三条等产量曲线中的 Q_2 相切于 E 点,该点就是生产的均衡点。它表示:在成本既定条件下,企业应该按照 E 点的生产要素组合进行生产,即劳动投入量和资本投入量分别为 OL_1 和 OK_1,这样,企业就能获得最大的产量。

图 4-4 中的 E 点为什么是最优的生产要素组合点呢? 这是因为等产量曲线 Q_3 代表的产量虽然高于等产量曲线 Q_2,但等成本线 AB 与等产量曲线 Q_3 既无交点又无切点,这表明等产量曲线 Q_3 所代表的产量是企业在既定成本下无法实现的产量;等产量曲线 Q_1 虽然与等成本线 AB 相交于 a、b 两点,但等产量曲线 Q_1 所代表的产量小于等产量曲线 Q_2 所代表的产量,所以图中 E 点才是实现既定成本条件下的最大产量的要素组合。任何更高的产量在既定成本条件下都是无法实现的,任何更低的产量都是低效率的。

2. 在产量既定的条件下如何实现成本最小化

这可用图 4-5 来分析。

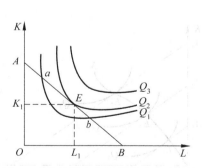

图 4-4　成本既定产量最大的要素组合

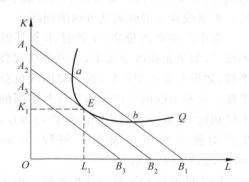

图 4-5　产量既定成本最小的要素组合

如图 4-5 所示,横坐标轴 OL 表示劳动投入量,纵坐标轴 OK 表示资本投入量。等产量曲线 Q 与三条线等成本线中的 A_2B_2 相切于 E 点,E 点就是生产的均衡点或最优要素组合点。它表示:在既定的产量条件下,生产者应该选择 E 点的要素组合$(OK_1、OL_1)$才能实现最小的成本。这是因为,等成本线 A_3B_3 虽然代表的成本较低,但它与既定的等产

85

量曲线 Q 既无交点又无切点，它无法实现等产量曲线 Q 所代表的产量。等成本曲线 A_1B_1 虽然与既定的等产量曲线 Q 相交于 a、b 两点，但它代表的成本过高，通过沿着等产量曲线 Q 由 a 点向 E 点或者由 b 点向 E 点的移动，都可以获得相同的产量而使成本下降。所以，只有在切点 E，才是在既定产量条件下实现最小成本的要素组合。

从图 4-4、图 4-5 分析中可看出，要素投入的最优组合发生在等产量曲线和等成本线相切的 E 点，这点是企业的生产均衡点。在生产均衡点上有

$$\text{MPTS}_{LK} = P_L/P_K$$

同时又有

$$\text{MPTS}_{LK} = \text{MP}_L/\text{MP}_K$$

所以有

$$P_L/P_K = \text{MP}_L/\text{MP}_K \quad \text{或者} \quad \text{MP}_L/P_L = \text{MP}_K P_K$$

上述公式表明，由于边际技术替代率反映了两要素在生产上的替代比率，要素的价格比例反映了两要素在购买中的替代比率，所以，只要两者不相等，企业总可以在总成本不变的条件下通过对要素组合的重新选择，使总产量得到增加，只有在两要素的边际技术替代率和两要素的价格比例相等时，生产者才能实现生产的均衡，这就是两种生产要素的最优组合的原则。

86

（五） 扩展线

在其他条件不变时，当生产规模或成本发生变化时，企业会重新选择最优的生产要素的组合，在变化了的产量条件下实现最小的成本，或在变化了的成本条件下实现最大的产量。扩展线涉及的就是这方面的问题。

在生产要素的价格、生产技术和其他条件不变时，如果企业改变成本，等成本线就会发生平移；如果企业改变产量，等产量曲线也会发生平移。这些不同的等产量曲线将与不同的等成本线相切，形成一系列不同的生产均衡点，这些生产均衡点的轨迹就是扩展线（expansion path），如图 4-6 所示。

图中的曲线 ON 是一条扩展线。由于生产要素的价格保持不变，两要素的价格比例是固定的，又由于生产均衡的条件为两要素的边际技术替代率等于两要素的价格比例，所以，在扩展线上的所有的生产均衡点上边际技术替代率都是相等的。这意味着，扩展线一定是一条等斜线。

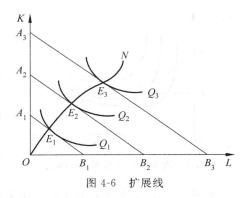

图 4-6 扩展线

扩展线表示：在生产要素价格、生产技术和其他条件不变的情况下，当生产的成本或

产量发生变化时,企业必然会沿着扩展线来选择最优的生产要素组合,从而实现既定成本条件下的最大产量,或实现既定产量条件下的最小成本。扩展线是企业在长期的扩张或收缩生产时所必须遵循的路线。

四、规模报酬与适度规模

（一）规模报酬

前面通过生产函数分析了企业在一定条件下生产要素的最佳组合,其中长期生产函数分析了企业在长期内全部生产要素变动的情形,而且分析的是生产要素按不同比例变动时的情形,但企业在长期内变动生产要素还有另外一种情形,就是同比例变动,也就是在已经实现了最佳组合的前提下,如何选择适度生产规模,这就涉及规模报酬的问题。

规模报酬(returns of scale),是指在技术水平和生产要素价格不变的条件下,所有生产要素的投入量同时按同一比例增加或减少所引起的产量变动。比如,某酒店日接待顾客 500 人,需要投入资本 20 个单位,劳动 30 个单位。现在酒店规模扩大,投入资本 40 个单位,劳动 60 个单位,即都增加了一倍,这时接待顾客的情况有三种:一是每天接待的顾客不到 1 000 人;二是每天接待的顾客比扩大规模前增加一倍,即 1 000 人;三是每天接待的顾客超过 1 000 人。这三种情况就是规模报酬变动的三个阶段。

（二）规模报酬变动的三个阶段

随着各种生产要素按同比例增加,企业的生产规模也将扩大,这时产量的变动大致要经过以下三个阶段。

1. 规模报酬递增阶段

当产量增加的比例大于各种生产要素投入量增加的比例时,称之为规模报酬递增。例如,当全部的生产要素劳动和资本都增加 100％时,产量的增加大于 100％。产生规模报酬递增的主要原因是由于企业生产规模扩大所带来的生产效率的提高和成本的节约。

2. 规模报酬不变阶段

当产量增加的比例等于各种生产要素投入量增加的比例时,称之为规模报酬递不变。例如,当全部生产要素劳动和资本都增加 100％时,产量也增加 100％。产生规模报酬不变的主要原因是生产规模仅仅是单纯量的增加,而生产效率并未因此发生变化。一般可以预计两个工人使用两台相同的机器所生产的产量,是一个工人使用一台这样的机器所生产的产量的两倍,这就是规模报酬不变的情况。

3. 规模报酬递减阶段

当产量增加的比例小于各种生产要素投入量增加的比例时,称之为规模报酬递减。例如,当全部生产要素劳动和资本都增加 100％时,产量的增加小于 100％。产生规模报酬递减的主要原因是由于企业生产规模过大,使得生产的各个方面难以协调,从而降低了生产效率。它表现为企业内部合理分工的破坏,生产有效运行的障碍,信息传递的不易等。经济学家把这种现象称做"大企业病"或"恐龙病"。

(三) 适度规模

一般而言,随着企业的生产规模的扩大,最初往往规模报酬递增,然后可能有一个规模报酬不变的阶段;如果企业继续扩大生产规模,就会出现规模报酬递减。因此,企业发展必须选择一个适度的生产规模,这样才能保证取得最大利润。企业选择适度规模的原则,是尽可能使生产规模处在规模报酬不变阶段。这是因为,一个企业的规模收益是递增的,则说明该企业的生产规模过小,此时应扩大规模以取得规模收益递增的利益直到规模收益不变为止;如果一个企业的规模收益是递减的,则说明该企业的生产规模过大,此时应缩小生产规模以减少规模过大的损失,直到规模收益不变为止。

第三节 成 本

一、成本的含义

成本(cost),是指生产中使用的各种生产要素的支出。经济分析中的成本含义与一般会计学上的成本含义有所不同,这是因为它们用于不同的目的。会计师计算成本是为了编制损益表,并作为纳税的基础。而经济学家计算成本重点则不一样。他们认识到资源有不同的用途,选择其中一种用途便意味着失去了选择其他用途的机会,因而会导致机会成本。因此,经济分析中的成本总是和失去生产其他产品和劳务的机会成本密切相关。

(一) 机会成本与会计成本

机会成本(opportunity cost),是指由于将资源使用于某种特定的用途而放弃的其他用途的最高收益。机会成本通常并不是实际发生的成本,而是在选择资源用途时所产生的观念上的成本。

为什么称为机会成本,这是因为,经济学是要研究一个经济社会如何对稀缺性经济资源进行合理配置的问题,而经济资源是有多种用途的,这样,经济分析的目的是要考察稀缺性经济资源如何有效率地分配使用于各种用途上。所以,经济资源的稀缺性决定了该资源如果用于甲用途,就不能再用于乙用途。也就是说,如果某个企业使用一定的经济资源去生产一定数量的某种产品,那么这些经济资源就不能再使用到其他用途上去生产另外的产品,这就会损失该资源用于其他用途可能取得收入的机会,所以,它是一种机会损失,这种损失是企业在选择经济资源的用途时,也就是在生产决策时所必须考虑的。对经济学家来说,机会成本才是真正的成本。

例如,当一个企业决定生产一台机床时,这就意味着该企业不可能再用生产机床的经济资源来生产 20 辆自行车。这里,生产一台机床的机会成本是 20 辆自行车。如果用货币数量表述,假定 20 辆自行车的价值为 2 万元,则可以说,一台机床的机会成本是价值为 2 万元的其他商品。

会计成本(accounting cost),是指通过市场购买生产要素所支付的各种费用之和,是企业按市场价格所支付的生产要素的价值。会计成本是历史成本,不能用于决策,并且它只反映使用资源的实际货币支出,没有反映企业为使用这些资源而付出的总代价。

(二) 显性成本和隐性成本

企业的生产成本可以分为显性成本和隐性成本两个部分。

显性成本又称支出成本,是指企业在生产要素市场上购买或租用所需要的生产要素的实际支出。例如,企业开始生产时,需要雇用一定数量的工人,从银行取得一定数量的贷款,并租用了一定数量的土地,为此,这个企业就需要向工人支付工资,向银行支付利息,向土地出租者支付地租,这些支出便构成了该企业在生产中的显性成本,这些成本企业要计入会计账本上。

隐性成本又称非支出成本或内在成本,是指企业本身所拥有的并被用于本企业生产过程的那些生产要素的总价格。例如,为了进行生产,一个企业除了雇用一定数量的工人、从银行取得一定数量的贷款和租用一定数量的土地之外,还动用了自己的资本和土地,并亲自管理企业,既然借用他人的资本需付利息,租用他人的土地需付地租,聘用他人来管理企业需付薪金,那么,同样道理,当企业使用自有的生产要素时,也应该得到报酬。所不同的是,现在企业是自己向自己支付利息、地租和薪金。所以,这笔价值就应该计入成本之中。由于这笔成本支出不如显性成本那么明显,故被称为隐性成本。

(三) 经济成本与会计成本

经济成本是指企业生产产品或提供劳务时对使用的生产要素所应该支付的代价。它包括显性成本和隐性成本。会计成本指的就是显性成本。经济学中的成本概念与会计学成本概念之间的关系,可以用下列公式表示:

$$经济成本 = 显性成本 + 隐性成本$$
$$会计成本 = 显性成本 = 经济成本 - 隐性成本$$

二、短期成本

短期,是指企业不能使工厂规模有所增大或缩小的时期。在这时期内,企业可以增加或减少某些生产要素,如原材料、雇工人数等,但其他生产要素如厂房、设备等是不变的。

短期成本是指在短期生产中企业购买所有生产要素的费用之和。在短期内,由于一部分投入可变,一部分投入固定,因而短期成本有可变成本与固定成本的区分。

(一) 短期成本的种类及相互关系

1. 短期成本的种类

企业在短期生产中,表现出的主要成本可划分为以下几种。

(1) 固定成本(fixed cost,FC),是指企业在短期内必须支付的固定生产要素的费用,它不随产量的变动而变动。比如,厂房设备的投资利息、折旧费和维修费,各种保险费以及企业暂时停产期间也要继续雇用的管理人员的工资和薪金,都是固定成本。

(2) 可变成本(variable cost,VC),是指企业在短期内必须支付的可变生产要素的费用,它随产量的变动而变动。比如,企业支付给工人的工资,购进原材料、燃料等发生的费用支出,以及电力费、营业税和短期借款的利息等,都是可变成本。

(3) 短期总成本(short-run total cost,STC),是指企业在短期生产中的固定成本与可变成本之和,即 STC=FC+VC。由于固定成本必定大于零,所以短期总成本也必定大于零。

(4) 平均固定成本(AFC),是指企业在短期生产中平均单位产品所消耗的固定成本,即 AFC=FC/Q,其中 Q 表示产品产量。

(5) 平均可变成本(AVC),是指企业在短期生产中平均每单位产品所消耗的可变成本,即 AVC=VC/Q,其中 Q 表示产品产量。

(6) 短期平均成本(short-run average cost,SAC),是指企业在短期生产中平均每单位产品所消耗的总成本,它等于平均固定成本与平均可变成本之和,即 SAC=STC/Q=AFC+AVC,其中 Q 表示产品产量。

(7) 短期边际成本(short-run marginal cost,SMC),是指企业在短期生产中每增加一单位产量所增加的总成本量,即 SMC=ΔSTC/ΔQ。

2. 短期成本之间的关系

短期成本之间的相互关系如表 4-4 所示。

表 4-4 短期成本相互关系表

产量 (Q)①	固定成本 (FC)②	可变成本(VC) ③	总成本 (STC) ④=②+③	边际成本 (SMC) ⑤=ΔSTC	平均成本(AC) ⑥=④÷①	平均可变成本(AVC) ⑦=③÷①	平均固定成本(AFC) ⑧=②+①
0	20	0	20		∞	0	∞
1	20	30	50	30	50.00	30	20.00
2	20	56	76	26	38.00	28	10.00

90

续表

产量 (Q)①	固定成本 (FC)②	可变成本(VC)③	总成本 (STC)④=②+③	边际成本 (SMC)⑤=ΔSTC	平均成本(AC)⑥=④÷①	平均可变成本(AVC)⑦=③÷①	平均固定成本(AFC)⑧=②÷①
3	20	75	95	19	31.67	25	6.67
4	20	80	100	5	25.00	20	5.00
5	20	105	125	25	25.00	21	4.00
6	20	132	152	27	25.33	22	3.33
7	20	182	202	50	28.86	26	2.86
8	20	320	340	138	42.50	40	2.50
9	20	720	740	400	82.22	80	2.22
10	20	3 000	3 020	2 280	302.00	300	2.00
增加	不变	递增	递增	先减后增	先减后增	先减后增	减少

　　表 4-4 主要说明了短期成本之间的关系,这些数量关系在表上可一目了然。这些数字虽然是假设的,但却是依据边际报酬递减规律假设出来的,是符合经济分析中的成本随产量的增加先递减然后又递增的规律。

（二）短期成本变动规律

1. 短期总成本与固定成本和可变成本的关系

　　根据表 4-4 中的短期总成本、固定成本和可变成本的数据,可以绘出短期总成本曲线、固定成本曲线和可变成本曲线,如图 4-7 所示。

　　在图 4-7 中,横轴 OQ 表示产量,纵轴 OC 表示成本。

　　固定成本曲线 FC 是一条与横轴平行的线。这说明固定成本不随产量的变动而变动,且总是大于零。

　　可变成本曲线 VC 是一条通过坐标原点,开始很陡峭,然后较为平坦,最后又开始陡峭的曲线。可变成本曲线 VC 通过坐标原点,是因为当产量为零

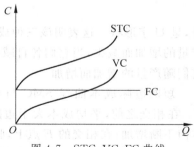

图 4-7　STC、VC、FC 曲线

时,没有可变成本;它开始很陡峭,说明开始生产时可变成本与固定成本的比例关系配合得不好,效率得不到充分发挥,所以可变成本增加率大于产量增加率;然后较为平坦,则是由于可变成本的增加已与固定成本的比例关系到了较好的配合,效率得到了充分发挥,所

以可变成本增加率小于产量增加率；最后又开始陡峭，是由于边际产量递减规律，可变成本增加率又远大于产量增加率。

短期总成本曲线 STC 是一条与固定成本曲线 FC 相交于纵轴，位于可变成本曲线 VC 的上方，其形状与可变成本曲线 VC 相同的曲线。这说明没有产量时，可变成本为零，这时总成本等于固定成本，因而总成本曲线 STC 与固定成本曲线 FC 在纵轴上相交；当有产量时，总成本等于固定成本与可变成本之和，必然是大于可变成本，所以总成本曲线位于可变成本曲线的上方；由于固定成本不随产量增加而增加，所以总成本曲线必然与可变成本曲线有相同的形状。

由此可见，短期总成本、固定成本、可变成本的变动规律是：在短期内，固定成本不随产量的增加而增加，而短期总成本与可变成本则都随产量的增加在开始时增加很快，以后增加较慢，最后又增加很快。

2. 短期边际成本与短期平均成本的关系

根据表 4-4 中的短期边际成本、平均固定成本、平均可变成本和短期平均成本的数据，可以绘出短期边际成本曲线、平均固定成本曲线、平均可变成本曲线和短期平均成本曲线，如图 4-8 所示。

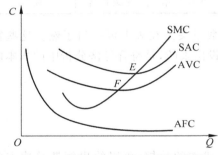

图 4-8　SMC、SAC、AVC、AFC 曲线

从图 4-8 中可看到，平均固定成本曲线 AFC 一直向右下方倾斜，开始下降得比较陡峭，以后趋于平缓，这是因为 AFC＝FC/Q，所以 AFC 与 Q 成反比关系，与 FC 成正比关系，而 FC 是个常数，因此当 Q 增加时，AFC 反而下降了。

平均可变成本曲线 AVC、短期平均成本曲线 SAC 和短期边际成本曲 SMC 都是先下降而后上升，呈 U 字形状。这表明该三种成本起初由于生产要素的效率逐渐得到发挥，使成本随产量的增加而减少，当它们各自减少到一定程度后，由于边际收益递减规律的作用，又使它们随产量的增加而增加。

短期边际成本曲线 SMC 与短期平均成本曲线 SAC 相交于 SAC 曲线的最低点 E。在相交之前，平均成本大于边际成本但不断减少；在相交之后，平均成本小于边际成本但不断增加；在相交的 E 点上，收益与短期平均成本相等。

短期边际成本曲线 SMC 与平均可变成本曲线 AVC 相交于 AVC 曲线的最低点 F。在相交之前，平均可变成本大于边际成本但不断减少；在相交之后，平均可变成本小于边际成本但不断增加；在相交的 F 点以下，收益不足以补偿平均可变成本。

图 4-8 中，AVC 随产量增加不断接近 SAC，是由于 SAC＝AFC＋AVC，即 SAC－AVC＝AFC，而 AFC 是不断减少的。

3. 边际成本与总成本和可变成本的关系

边际成本与总成本和可变成本的关系如图 4-9 所示。

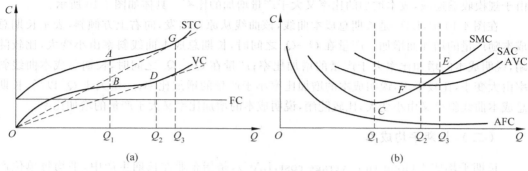

图 4-9　短期各成本之间的关系

将图 4-9(a)和图 4-9(b)结合在一起分析，可以发现，图 4-9(b)中 SMC 曲线的最低点 C 恰好对应图 4-9(a)中 STC 曲线的拐点 A 和 VC 曲线的拐点 B，在 A、B、C 三点对应前 STC 曲线和 VC 曲线向下凹入，三点对应后向上凹入。在图 4-9(b)中的 AVC 曲线达到最低点 F 时，图 4-9(a)中的 VC 曲线恰好有一条从原点出发的切线，与 VC 曲线相切于 D 点。相类似地，在图 4-9(b)中的 SAC 曲线达到最低点 E 时，图 4-9(a)中的 STC 曲线恰好有一条从原点出发的切线与 STC 曲线相切于 G 点。

从上述分析中可看出，因为 STC＝FC＋VC，所以，ΔSTC＝ΔFC＋ΔVC＝ΔVC，于是有：SMC＝ΔSTC$/\Delta Q$＝ΔVC$/\Delta Q$。

因此，短期边际成本 SMC 既是单位产品所引起的总成本增加量，又是单位产品所引起的可变成本增加量。

三、长期成本

长期是指企业有足够时间来新建或扩建工厂的时期。在这一时期内，企业可以根据自己要达到的产量来调整全部生产要素，一切生产要素都是可以调整的，一切成本都是可变的，因而在长期中没有可变成本与固定成本的区分。长期成本就是用于这些可变生产要素支出的所有费用。长期成本包括总成本、平均成本与边际成本。

（一）长期总成本

长期总成本(long-run total cost，LTC)，是指企业在长期生产一定量产品所需要的成本之和。长期总成本随产量的变动而变动。没有产量就没有总成本。随着产量的增加，总成本增加。在开始生产时，要投入大量的生产要素，而产量较低，这时生产要素无法得到充分利用,因此,成本增加的比率大于产量增加的比率。当产量增加到一定程度后,生产要素开始得到充分利用,这时成本增加的比率小于产量增加的比率,实现了规模经济效益。最后,由于规模收益递减,成本增加的比率又大于产量增加的比率。具体如图 4-10 所示。

在图 4-10 中,LTC 是长期总成本曲线,该曲线从原点出发,向右上方倾斜,表示长期总成本随产量的增加而增加。产量在 $O—Q_1$ 之间时,长期总成本曲线斜率由小变大,比较陡峭,说明成本的增加比率大于产量的增加比率;产量在 $Q_1—Q_2$ 之间时,长期总成本曲线斜率由大变小,比较平坦,说明成本的增加比率小于产量的增加比率;产量大于 Q_2 以后,长期总成本曲线斜率又由小变大,比较陡峭,说明成本的增加比率又大于产量的增加比率。

（二）长期平均成本

长期平均成本(long-run average cost,LAC),是指企业在长期生产中,平均每单位产品所花费的成本。它是由某一产量的长期总成本除以产量而得来,即

$$LAC = LTC/Q$$

长期成本由该时期内各个短期成本之和构成,因此,长期平均成本曲线是一条与无数短期平均成本曲线相切的曲线,它把各条短期平均成本包在其中,因此,长期平均成本曲线 又称包络曲线(envelope curve),如图 4-11 所示。

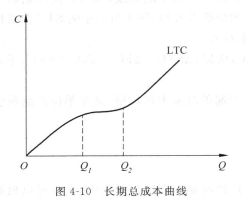

图 4-10　长期总成本曲线

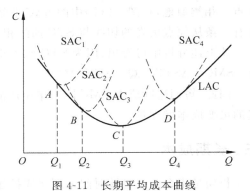

图 4-11　长期平均成本曲线

图 4-11 中,SAC_1、SAC_2、SAC_3、SAC_4 是四条表示不同生产规模的短期平均成本曲线。在一个企业的生产发展过程中,如果产量要达到 Q_1,根据 SAC_1,选择成本的最低点 A;如果产量要增加到 Q_2,将选择 SAC_2 的最低点 B,以此类推有 SAC_3 上的 C 点,SAC_4 上的 D 点。将 SAC_1、SAC_2、SAC_3、SAC_4 四条短期平均成本曲线的最低点 A、B、C、D 用一条平滑线连接起来就是长期平均成本曲线 LAC。这条线也称为"包络曲线",说明企业在进行长期生产决策时,要不断考察各个短期成本的情况,然后根据这些短期成本的最低点去决定自己的长期生产成本,所以 LAC 曲线经常被称为企业的"计划曲线"(the planning curve)。在长期中,企业可以根据它所要达到的产量来调整生产规模,从而始终处于最低平均成本状态,所以长期平均成本曲线,实际上是由无数条短期平均成本曲线的最低点集合而成的。

从长期平均曲线的趋势来看,长期平均成本先随着产量增加而减少,然后随着产量的增加而增加,变动趋势与短期平均成本基本一致,是一条与每一条短期平均成本曲线的最低点相切的 U 形曲线。不同之外在于 SAC 的变动幅度较大,曲线较陡峭;LAC 变动较缓慢,曲线相对平缓。这说明在长期内,企业更容易达到生产的最适度。

（三）长期边际成本

长期边际成本(long-run marginal cost,LMC),是指产量增加一个单位所引起的长期总成本的增加量,即

$$LMC = \Delta LTC / \Delta Q$$

长期边际成本曲线也呈 U 形,但它比短期边际成本曲线要平坦。长期边际成本与长期平均成本的关系和短期边际成本与短期平均成本的关系一样,即在长期平均成本下降时,长期边际成本小于长期平均成本,在长期平均成本上升时,长期边际成本大于长期平均成本,在长期平均成本的最低点,长期边际成本等于长期平均成本。如图 4-12所示。

图 4-12 中,LMC 为长期边际成本曲线,LAC 为长期平均成本曲线,两者交于 E 点。E 点是长期平均成本的最低点。相交之前,

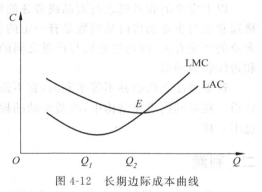

图 4-12　长期边际成本曲线

LAC 在 LMC 之上,说明长期边际成本小于长期平均成本;在相交之后,LAC 在 LMC 之下,说明长期边际成本大于长期平均成本。

从上述分析可看到,长期边际成本曲线与长期平均成本曲线的关系是:随着产量的增加,长期边际成本比长期平均成本变化要快,长期边际成本曲线先达到最低点,然后在其上升的过程中通过长期平均成本曲线的最低点。

第四节　收益与利润最大化

一、收益的含义

收益(revenue),是指企业销售产品所得到的全部收入。也就是说,收益是产品价格

与产品销售量的乘积,它包含有产品成本与企业的利润。

收益可以分为总收益、平均收益和边际收益三种。

(1)总收益(total revenue,TR),是指企业在一定时期内(一般指短期内)出售全部产品或劳务所得到的全部收入,它等于产品的销售价格与销售数量之间的乘积。用 P 表示商品价格,Q 表示商品数量,则用公式可表示为

$$TR = PQ$$

(2)平均收益(average revenue,AR),是指企业在一定时期内出售一定量的商品时,从每单位商品中得到的平均收入,即平均每单位商品的价格。借助于总收益,平均收益可以用公式表示为

$$AR = TR/Q$$

(3)边际收益(marginal revenue,MR),是指企业每增加一单位商品的销售所引起的总收益的增量。用公式表示为

$$MR = \Delta TR/\Delta Q$$

以上定义的收益概念与商品或劳务的销售价格和销售数量有关系,而销售商品的价格通常也与企业销售商品的数量有一定的关系,因此,总收益、平均收益和边际收益都与企业的产量有关,因而把它们与产量之间的对应关系分别称为总收益函数、平均收益函数和边际收益函数。

这里要注意收益并不等于利润,它不是出售商品所赚的货币,而是出售商品所得到的货币。在不同的市场结构中,收益变动的规律并不完全相同,MR 曲线与 AR 曲线的形状也不一样。

二、利润

经济学中的利润概念是指经济利润,等于总收入减去总成本的差额。而总成本既包括显性成本也包括隐性成本。因此,经济学中的利润概念与会计利润也不一样。

从前面的介绍已经知道,隐性成本是指稀缺资源投入任一种用途中所能得到的正常的收入,如果在某种用途上使用经济资源所得的收入还抵不上这种资源正常的收入,该企业就会将这部分资源转向其他用途以获得更高的报酬。因此,西方经济学中隐性成本又被称为正常利润。将会计利润再减去隐性成本,就是经济学中的利润概念,即经济利润。企业所追求的利润就是最大的经济利润。可见正常利润相当于中等的或平均的利润,它是生产某种产品所必须付出的代价。因为如果生产某种产品连正常或平均的利润都得不到,资源就会转移到其他用途中去,该产品就不可能被生产出来。而经济利润相当于超额利润,即总收益超过机会成本的部分。

经济利润可以为正、负或零。在经济学中经济利润对资源配置和重新配置具有重要

意义。如果某一行业存在着正的经济利润,这意味着该行业内企业的总收益超过了机会成本,生产资源的所有者将要把资源从其他行业转入这个行业中。因为他们在该行业中可能获得的收益超过该资源的其他用途。反之,如果一个行业的经济利润为负,生产资源将要从该行业退出。经济利润是资源配置和重新配置的信号。正的经济利润是资源进入某一行业的信号;负的经济利润是资源从某一行业撤出的信号;只有经济利润为零时,企业才没有进入某一行业或从中退出的动机。

上述利润与成本之间的关系可用下列公式表示:

$$会计利润＝总收益－显性成本$$

$$正常利润＝隐性成本$$

$$经济利润＝总收益－经济成本$$

$$＝总收益－(显性成本＋隐性成本)$$

会计成本中无视隐性成本,而经济成本中要考虑隐性成本,因此,会计利润要大于经济利润。例如,一个个体业主利用自己拥有的街面房屋开了一家饭店,他投入的货币资本为 20 万元,并自己管理这个饭店,表 4-5 列出了该饭店的一份财务报表。

表 4-5 的上半部分为通常的会计账目,在表的下半部分中,是从总收入中进一步减去机会成本。其中包括如下几项:个体业主自己拥有的街面房屋的机会成本,即如果向别的企业出租而可能获得的租金收入;个体业主自己的时间机会成本,即假如他受雇于别人去经营同类企业或从事其他工作而可能赚得的工资;所投入资金的机会成本,至少等于把 20 万元存入银行可能获得的利息收入,所有这些机会成本即构成了这些资源的机会成本。因此,按会计成本计算,该业主获得了 3.0 万元的利润,但按经济成本计算,他仅获得 0.2 万元的利润。

表 4-5　某个体饭店的财务报表

收支项目	金额/万元
总收入(销售额)	24.0
一销货成本	16.8
毛利	7.2
一营业费用	4.2
会计利润	3.0
一店面的机会成本(租金)	1.0
一时间的机会成本(工资)	1.2
一资金的机会成本(利息)	0.6
经济利润	0.2

三、收益分析

把企业的收益与数量之间的对应关系描绘成曲线就可以得到相应的收益曲线。由于收益是价格的函数,收益的大小和变动趋势取决于价格的高低和变化趋势,因此,收益又可分为价格不变条件的收益和价格递减条件下的收益。

（一）价格不变条件下的收益分析

在价格不变条件下,不论销售量(产量)如何增加,单位产品的卖价都是一样的,在这种情况下,价格等于平均收益,而且等于边际收益。价格不变条件下的总收益、平均收益和边际收益的变动趋势与相互关系可用表4-6来说明。

表4-6　价格不变条件下 TR、AR 和 MR 之间的关系

销售量(Q)①	价格(P)②	总收益(TR) ③=②×①	平均收益(AR) ④=③÷①	边际收益(MC) ⑤=ΔTR
1	10	10	10	10
2	10	20	10	10
3	10	30	10	10
4	10	40	10	10
5	10	50	10	10
6	10	60	10	10
7	10	70	10	10

从表4-6中可看到,企业增加产量和销售量,不影响单位产品的卖价。因此,平均收益和边际收益也不随销售量的变动而变动,只有总收益随销售量的增加按等差级数增加。

根据表4-6可以画出价格不变条件下的总收益曲线图,如图4-13所示。图中 OQ 轴代表销售量,OR 轴代表收益量,TR 是总收益曲线,它是一条从原点出发向右上方倾斜的直线。

根据表4-6的数字还可以画出价格不变条件下的平均收益和边际收益曲线,如图4-14所示。图中显示在价格不变条件下,边际收益线和平均收益线是一条重叠的水平线。这条水平线实际上也是企业的需求曲线(d),其水平状态表示市场对该企业的产品的需求是无限大的,即无论销售多少,总能按同一价格售出。

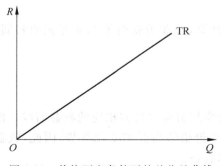

图 4-13　价格不变条件下的总收益曲线

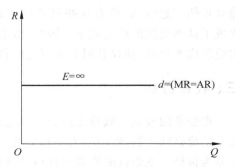

图 4-14　价格不变条件下的 MR 和 AR 曲线

总之,在价格不变条件下,企业的平均收益曲线与边际收益曲线重合,并且都等于价格,而总收益曲线则是一条从原点出发向右上方倾斜的直线。

（二）价格递减条件下的收益分析

在市场上当某种商品的数量增多,从而引起价格递减(下降),在这种情况下,总收益、平均收益和边际收益之间的关系就会发生新的变化,如表4-7所示。

表 4-7　价格递减条件下的 TR、AR 和 MR 之间的关系

销售量(Q)①	价格(P)②	总收益(TR) ③=②×①	平均收益(AR) ④=③÷①	边际收益(MC) ⑤=ΔTR
1	10	10	10	10
2	9	18	9	8
3	8	24	8	6
4	7	28	7	4
5	6	30	6	2
6	5	30	5	0
7	4	28	4	—2

从表 4-7 中可看出,总收益不是按等差数量增加,而是按递减数量增加;同时,单位产品的卖价只等于平均收益,而不等于边际收益,这时平均收益同价格一起递减,而边际收益则以更快的速度递减。

根据表 4-7,可以画出价格递减条件下的总收益曲线,如图 4-15 所示。从图 4-15 可以看出,价格递减条件下的总收益曲线 TR 是一条从原点出发向上凸出的曲线,并且有极大值(H 点)。在达极大值以前,它是按递减速率增加的;在达极大值以后,则以递增速率减少的。

根据表 4-7,还可以画出平均收益和边际收益线,如图 4-16 所示。从图中看出,平均

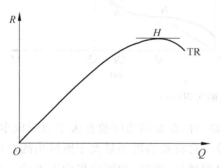

图 4-15　价格递减条件下的总收益曲线

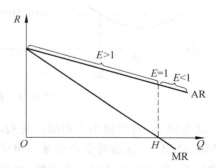

图 4-16　价格递减条件下的 AR 和 MR 曲线

收益线 AR 和边际收益线 MR 都是从纵轴上部的一个点出发向右下方倾斜的,但 MR 下降的速率较大,且在 AR 的下方。MR 与横轴相交于 H,表示边际收益在此点递减为 0,过此点变为负值。AR 实际上就是企业的需求曲线 d,它向右下方倾斜表示价格愈低,市场需求量愈大,d 线上垂直于 H 的一点的弹性 $E=1$,其以上部分的弹性 $E>1$,其以下部分的弹性 $E<1$;在 $E>1$ 的部分,价格递减可以增加销售总收益,表现在边际收益线 MR 上是边际收益 $MR>0$;当 $E=1$ 时,价格发生微小量降低,既不增加也不减少总收益,表现在 MR 线上是边际收益 $MR=0$;当 $E<1$ 时,价格递减将减少总收益,表现在 MR 线上是边际收益 $MR<0$。

总之,在价格递减条件下,企业的平均收益曲线与企业面临的需求曲线重合,因而它也向右下方倾斜;边际收益线曲线是一条位于平均收益曲线下方的曲线;总收益曲线则是一条从原点出发先增加后递减的曲线。

四、利润最大化原则

利润等于总收益减去总成本。当我们把成本和收益结合起来进行综合分析就可以找到企业决定最佳产量的原则,这就是产量的边际成本等于边际收益的原则,即 $MC=MR$。这一原则称为利润最大化原则。

为什么说 $MC=MR$ 是企业实现利润最大化的原则呢? 下面将从不同的方面进行分析。

第一,在价格不变的条件下,利润最大化的实现。如图 4-17 所示,图中纵轴 P 表示价格,横轴 Q 表示数量。在图 4-17(a)中 E 点就是企业实现最大利润的生产均衡点,相应的产量 Q_0 就是企业实现最大利润时的均衡产量。

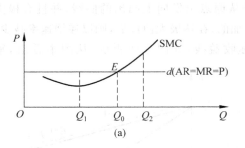
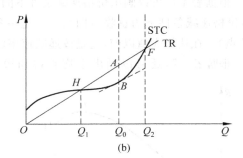

图 4-17　利润最大化的实现(一)

这是因为,当产量小于均衡产量 Q_0,例如为 Q_1 时,企业的边际收益大于边际成本,即有 $MR>SMC$。这表明企业增加一单位产量所带来总收益的增加量大于所付出的总成本的增加量,企业增加产量是有利的,可以使利润得到增加,所以,如图中指向右方的箭头所示,只要 MR>SMC,企业就会增加产量。相反,当产量大于均衡产量 Q_0,例如为 Q_2 时,企业的边际收益小于边际成本,即有 MR<SMC。这表明企业增加一单位产量所带来的总收益的增加量小于所付出的总成本的增加量,也就是说,企业增加产量是不利的,会使利润减少。所以,如图中指向左方的箭头所示,只要 MR<SMC,企业就会减少产量。由此看出企业在生产过程中,当 MR>SMC 时就增加 SMC;当 MR<SMC 时就减少 SMC,在对 SMC 增减过程中最后当 MR=SMC 时企业既不增加 SMC 也不减少 SMC。在这一过程中,企业所获得的利润逐步达到最高的水平。

图 4-17(b)是在价格不变条件下总收益曲线与总成本曲线之间的关系。TR 为总收益线,它是一条从原点出发向右上方倾斜的直线,线上任何一点的斜率即边际收益都是相等的。STC 是短期总成本曲线,它是一条从纵轴原点以上的一点出发的向右上方倾斜的曲线,斜线上各点的斜率是不同的。在开始阶段,总成本曲线在总收益线上方,表明在这个区间内生产企业没有利润只有亏损。随着产量增加,总成本曲线与 TR 相交于 H 并转到 TR 的下方,最后再与 TR 相交于 F 并转到 TR 的上方,H 与 F 决定的产量 Q_1 和 Q_2 之间的产量称为盈利区间。在盈利区间内 STC 的斜率(代表边际成本)是由小变大的,其中总有一点 B 的斜率与 TR 曲线的斜率相等。这表示,当产量为 Q_0 时,边际收益等于边际成本,MR=SMC 总利润为最大,从图上可以看出,TR 与 STC 的垂直距离最大部位是 AB,它体现出了最大利润。

在图 4-17(a)中,MR 曲线和 SMC 曲线的相交点 E 就是利润最大化的均衡点,相应的利润最大化产量是 Q_0。与图(a)相对应,在图(b)中,在均衡产量水平 Q_0,总收益 TR 曲线和总成本 STC 曲线的斜率相等,这两条曲线之间的垂直距离表示企业所实现的最大利润。

第二,在价格递减条件下,利润最大化的实现。图 4-18 是在价格递减条件下总收益曲线与总成本曲线之间的关系,图中总收益曲线 TR 是一条从原点向上凸出的曲线,它与短期总成本曲线 STC 相交于 E、F 点,并决定 Q_1Q_2 为盈利区

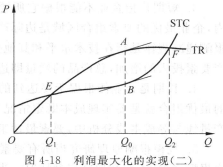

图 4-18 利润最大化的实现(二)

间,其中,当产量为 Q_0 时,两条曲线的斜率相等,表示边际成本=边际收益,即 MC=MR,此时两条曲线的距离 AB 为最大,表示 Q_0 为最大利润产量。

通过上述分析看到,边际收益 MR 等于边际成本 MC 是企业实现利润最大化的均衡条件和必要条件。

如果 MR>MC,那么,这时再增加生产一个单位的产品所增加的收益将大于生产这个产品所带来的成本,因而企业继续增加生产这个产品有利于利润的增加。也就是说,在这种情况下企业还没有实现利润最大化,要继续增加产量。但在产量增加的过程中,由于

边际收益递减规律的作用,边际收益会减少,而同时边际成本却会增加,直到两者相等为止,企业才不再继续增加产量。

如果 MR＜MC,那么,这时再增加生产一个单位的产品所增加的收益将小于生产这个产品所带来的成本,因而企业将发生亏损,这表明企业继续增加生产这个产品是不利于利润增加的。也就是说,在这种情况下企业应减少产量。但在产量减少的过程中,由于边际收益递减规律的作用,边际收益将会增加,而同时边际成本却会减少,直到两者相等为止,企业才不再继续减少产量。

因此,只有在 MR＝MC 时,企业才既不增加产量,也不减少产量,把能够获得的利润全部得到了,从而实现了利润最大化。

本 章 小 结

1. 企业,也叫厂商,是指依法设立的以营利为目的从事生产经营活动的独立核算的经济组织,其功能就是把各种投入转化为产出以取得最大利润。现代企业主要有个人业主制企业、合伙制企业和公司制企业。

2. 生产函数是指在一定时期内,在生产技术水平不变的条件下,生产中所使用的各种要素的数量与所能生产的最大产量之间的关系。生产函数分为短期生产函数和长期生产函数。

3. 短期是指企业不能根据它所要达到的产量调整其全部生产要素的时期。在短期内,企业最优的要素组合区域是边际产量小于平均产量且边际产量大于 0 的区域。边际报酬递减规律是指在技术水平和其他生产要素投入固定不变的情况下,随着一种可变生产要素投入的增加,总产品的增量即边际产量在超过某一点之后将出现递减趋势。

4. 长期是企业能根据所要达到的产量来调整其生产要素的时期。长期内生产要素的最优组合就是要实现成本既定情况下产量最大化或产量既定条件下成本最小化。在等产量线与等成本线分析中,要素最适组合是等产量线与等成本线的相切点。

5. 规模报酬原理研究当所有要素都按照同一比例同时增加时产量增加的情况,有规模报酬递增、不变和递减三种情况。当企业的规模扩大时,会依次经历规模报酬递增、不变和递减三个阶段。

6. 经济学研究的成本是指机会成本,机会成本由显性成本和隐性成本构成。显性成本是指企业在生产要素市场上购买或租用所需要的生产要素的实际支出。隐性成本是指企业本身所拥有的并被用于本企业生产过程的那些生产要素的总价格。而会计成本仅指显性成本。

7. 短期成本有不变成本和可变成本之分。AVC、SAC、SMC 曲线都呈现出 U 形的特征。它们表示:随着产量的增加,平均可变成本、短期平均成本和短期边际成本都是先递减,各自达到本身的最低点之后再递增。短期中平均成本与边际成本的关系是:当边际成本大于平均成本时,平均成本递增;当边际成本小于平均成本时,平均成本递减;当边际成本等于平均成本时,平均成本出现极小值。

8. 长期中一切成本都是可变的。长期成本分为长期总成本、长期平均成本和长期边际成本。长期总成本是长期中生产一定量产品所需要的成本之和。长期总成本随产量的变动而变动。长期平均成本是长期生产中平均每一单位产品的成本。长期平均成本曲线是一条与无数短期平均成本曲线相切的曲线,它把各条短期平均成本曲线包在其中,又称"包络曲线"。长期边际成本是长期中增加一个单位产品所增加的成本。

9. 总收益是指企业销售一定量产品所得到的全部收入。平均收益是企业销售每第一单位产品平均所得到的收入。边际收益是企业每增加销售一单位产品所增加的收入。企业实现最大利润的原则是边际收益等于边际成本,即 $MR = MC$。

基 本 概 念

企业　生产　生产要素　短期生产函数　边际报酬递减规律　长期生产函数　边际技术替代率递减规律　等产量线　等成本线　规模报酬　机会成本　会计成本　固定成本　可变成本　边际成本　总收益　平均收益　边际收益

103

思考与训练

1. 什么是边际报酬递减规律?用该规律简要说明我国企业剩余劳动力转移的必要性。

2. 短期内可变要素的合理投入区间是如何确定的?

3. 论述规模报酬变动规律及其成因。

4. 实现利润最大化的原则是什么?为什么?

5. 试画图说明,企业如何在既定成本约束下实现最大产量的最佳要素组合。

6. 某人原为某机关职员,每年工资4万元,各种福利折算成货币为4万元。其后下海,以自有资金100万元办起一个服装加工厂,经营一年后共收入120万元,购布料及其他原料支出80万元,工人工资为10万元,其他支出(如税收、运输等)10万元,厂房租金10万元。这时银行的利率为10%。试计算会计成本及机会成本。试讨论他下海的决定是否正确?

7. 假如你要招聘生产流水线操作工,在平均劳动产出与边际劳动产出中,你更关心什么?如果你发现平均产出开始下降,你会雇用更多的工人吗?这种情况的出现意味着你刚雇用的工人的边际产出如何？

8. 假定有甲、乙两个饲料厂，生产 1 吨饲料甲饲料厂需要 3 个人，乙饲料厂则只需要 1 个人，由此可知乙饲料厂要比甲饲料厂经济效率高。请对这一结论作出评价。

9. 案例分析。要求：

(1) 分组讨论，小组代表发言，最好制作成 PPT 文件，边展示边讲；

(2) 运用所学知识深入分析，展开讨论，要求言之有理；

(3) 资料说明了什么问题，我们能从中得到什么启示。

格兰仕的成功之道

在中国也许找不出第二个像微波炉这样"品牌高度集中"，甚至可以说是进入了"寡头垄断"的行业：第一军团格兰仕一下占去市场份额的 60% 左右，第二军团 LG 占去 25% 左右，而排第三、第四的松下和三星都只有 5% 左右。因为这种特殊性，微波炉行业的"成本壁垒"站到了"技术壁垒"的前面。年生产能力达 1 500 万台的格兰仕以其总成本的领先优势，高筑了行业的"门槛"。目前格兰仕垄断了国内 60%、全球 35% 的市场份额，成为中国乃至全世界的"微波炉大王"。

格兰仕的核心竞争力归纳起来就四个字：规模制造。格兰仕进入微波炉行业始终坚持了总成本领先战略，而它之所以如此频繁地大幅度降价，就在于其成本比竞争对手低许多，有足够大的利润空间。一方面，迅速扩大生产能力，实现规模经济；另一方面，通过降价和立体促销来扩大市场容量，提高市场占有率，从而在短期内使自己的实力获得迅猛提高。而实施规模化战略的根本目的就在于市场的迅速扩大，通过规模效应，降低经营成本；通过规模效应，增加技术投入；通过规模效应，提高国际竞争力；等等。格兰仕通过几年的努力，在微波炉领域真正实现了规模化经营，专业化、集约化生产，使企业走上了良性发展的轨道。

格兰仕的规模经济首先表现在生产规模上。其次，格兰仕的规模经济还表现在销售、科研和管理等方面。格兰仕集团利用微波炉经营的资源和能力积累，来开拓电饭煲和电风扇产品和市场。

在成本领先策略的指引下，格兰仕的价格战打得比一般企业都出色，规模每上一个台阶，就大幅下调价格。格兰仕降价的特点之一是目的十分明确，如当自己的规模达到 125 万台时，就把出厂价定在规模为 80 万台的企业的成本价以下。此时，格兰仕还有利润，而规模低于 80 万台的企业，多生产一台就多亏一台。如此循环，让竞争对手逐渐淘汰出局。格兰仕降价的特点之二是狠，价格不降则已，要降就要比别人低 30% 以上。

从严格意义上讲，格兰仕是一个制造型企业，制造规模越大，平均成本就越低。格兰仕在 1996 年 8 月和 1997 年 10 月分别进行的两次降价的降幅均在 40% 左右，都是基于规模制造的结果。但是格兰仕在 1998 年之后的降价风暴有减弱的趋势，究其原因，是制造的规模越大,成本下降的空间就越有限,使得降价的潜在优势逐渐衰弱。

此外,格兰仕在降低采购成本、行政管理成本、营销成本和流通成本方面做了巨大努力,使得各种成本不断降低;加上低廉的劳动力,使格兰仕在综合成本竞争中占据了很大优势。(摘自:陈志华《透视格兰仕的成功之道》)

综 合 实 训

调查附近街道的一家店铺,通过统计其某一阶段的支出与收入情况,核算会计利润和经济利润。

第五章　市场与市场结构

【学习目标】

1. 了解完全竞争、完全垄断、垄断竞争和寡头垄断四种市场结构的含义及其特征;
2. 掌握在完全竞争、完全垄断、垄断竞争、寡头垄断、市场条件下的企业均衡及实现均衡的条件;
3. 了解古诺模型和卡特尔模型;
4. 能够对不同类型市场结构的效率进行对比。

【引例】　市场结构与企业决策

现实生活中,广告的狂轰滥炸对我们每个人来说已经是习以为常的事情。在黄金时间打开电视,你就会观察到什么类型的产品广告做得较多:饮料、化妆品、零食……这些消费品行业一般把收入的10%～20%投放于广告。但同时我们很难想象生产玉米或者火箭发动机的企业会花大把的钱请明星作为产品代言人,因为这些产品要么是标准化的,要么被一两家企业完全垄断,它们没必要做广告。还有我们熟悉的若干具有垄断地位的经济主体结成行业内的"卡特尔",例如石油输出国组织,它们共同制定并控制产品的产量和价格。是什么因素决定了不同行业的企业决策行为具有如此的不同呢?

第一节　市　　场

一、市场的含义

在生产理论中,影响企业决策的主要是技术因素,但是企业生产的产品价值要通过市场来实现,只有把产品卖出去,才能实现自己利润最大化的目的,才能把在企业内部实现的生产技术效率转化为实际的经济收益。因此，市场就成为影响企业决策的另一个重要因素。在不同的市场类型条件下，企业面对不同的产量与市场价格环境，企业的决策行为即如何选择最优以获得利润最大化。

微观经济学中的市场（market），是指从事某一种商品或劳务买卖的交易的场所或接触点，是交易关系的总和。市场可以是一个有形的买卖商品或劳务的场所，也可以是一个利用现代化通信工具进行商品或劳务交易的接触点。任何一种商品都有一个市场，有多少种商品，就有多少个市场，如萝卜市场、汽车市场等。

二、市场的构成要素

市场由以下三个要素构成。

（一） 市场主体

市场主体是指市场上从事交换活动的组织和个人。它既包括自然人，也包括以一定组织形式出现的法人；既包括为了盈利而进行交易的商品生产者，也包括提供非营利性产品和劳务的机构，还包括为了生活需要而从事交易的消费者。

（二） 市场客体

市场客体是指市场上交易的对象。产品之所以进入市场成为交易对象，一是因为被交换的商品的使用价值不同；二是因为市场主体有特殊的需要。由于交易对象不同，市场存在的形态区分为消费品市场、生产资料市场、金融市场、劳动力市场、技术市场和信息市场等。

（三） 市场媒介

市场媒介是指市场交易中起媒介作用的工具和机构，也称市场中介组织（机构）。交换媒介是作为解决交换中的矛盾的手段而出现的，它可以使交换专业化和简单化，并最终提高交换效率，节省交易费用。

三、市场的功能

市场主要具有以下五项功能。

（一） 价值实现功能

任何商品都必须进入市场，接受市场的检验，在市场上卖出去，转化为货币，才能使商品的内在价值得到实现。市场是商品价值得以实现的场所，市场状况决定着价值实现的程度。

（二） 信息传导功能

不管是商品生产经营者,还是消费者,都是市场活动的参与者,他们不断输出有关生产、消费等方面的信息。这些信息经过市场转换显示为商品供应能力和需求能力,预示了商品供求变动趋势,反映了社会资源在各部门的配置比例。市场通过信息传导对经济活动进行着强烈而明确的调节,影响着不同市场参与者的决策。

（三） 优劣评判功能

市场运用供求、价格等调节机制引导企业生产方向,企业也根据市场供求信息决定生产什么,生产多少。一切商品生产者、经营者凭借各自的经济技术实力参加市场竞争,谁优谁劣,皆由市场来判定,并由市场来执行优胜劣汰的原则。

（四） 经济联动功能

经济越发达,社会分工就越细,生产专业化程度就越高,商品生产者、经营者和消费者要实现各自的经济利益,企业、行业和部门要实现彼此间的有机联系,只能依赖于市场。市场是经济利益主体经济利益的集结点和实现地,任何一个市场主体经济利益的变化,都会引起其他主体经济利益的连锁反应。

（五） 资源配置功能

各种资源通过参与市场交换在全社会范围内自由流动,按照市场价格信号反映的供求比例流向最有利的部门和地区,企业作为资源配置的利益主体通过市场竞争实现各项资源要素的最佳组合。在市场机制自动配置组合资源的基础上,推动实现产业结构和产品结构的合理化。

第二节　市　场　结　构

一、市场结构的含义

市场结构,也称市场类型,是指市场存在的状态。按照不同划分标准,将市场分成不同的市场类型。

如按照交换对象划分,它包括商品市场和生产要素市场;按照交易时间划分,它包括现货市场、期货市场;按照商品流通区域划分,它包括地方市场、全国市场和国际市场;按照市场经济运动的"物流、货币流、劳动力流、科学成果流和经济技术流"五大流体,可以划分为商品市场、金融市场、劳动力市场、技术市场和信息市场。下面将重点学习按照市场竞争程度划分的市场结构。

二、市场结构的类型及特点

微观经济学认为影响市场竞争程度一般有四个因素。一是市场上企业的数量；二是各企业提供的产品的差异程度；三是企业进入或退出行业的限制程度；四是单个企业对价格的影响。这样可以把市场区分为四种类型：完全竞争市场、完全垄断市场、垄断竞争市场和寡头垄断市场。把处于完全竞争市场、完全垄断市场、垄断竞争市场和寡头垄断市场上的企业分别简称为完全竞争企业、垄断企业、垄断竞争企业和寡头企业。

（一）完全竞争市场

完全竞争（perfect competition），是指市场上进行的竞争没有任何阻遏、不受任何干扰，是纯粹的竞争。完全竞争市场是所有市场类型中的一个特殊市场，它需要同时具备以下四个特点。

1. 市场上有无数的买者和卖者

由于市场上有为数众多的商品或劳务的需求者和供给者，他们中每一个的购买份额或销售份额，相对于整个市场的总购买量或总销售量来说是微不足道的，任何人买与不买，卖与不卖，都不会对整个市场的价格水平产生任何影响。在这种情况下，每个消费者或生产企业都是市场价格的被动接受者（price taker），而不是价格的决定者（price maker）。

2. 同一行业中的每一个企业生产的产品或劳务是完全无差别的

不仅商品之间的质量完全一样，而且在销售条件、商标、包装等方面也是完全相同的。对消费者来说，购买任何一家企业的商品都是一样。每个企业无须提价或降价，他们都按照既定市场价格实现自己很小的销售份额。市场上的任何一个经济主体都难以通过自己产品的特殊性来影响价格。

3. 企业进入或退出一个行业是完全自由的

也就是说企业进出某一行业不存在任何障碍和摩擦，所有的资源都可以在各行业之间自由流动。企业总能及时进入获利行业，及时退出亏损行业。

4. 市场中的每一个买者或卖者都能获得市场的完全信息

由于信息完全和充分，买者或卖者都能根据完全的市场信息，确定自己的最优购买量或最优生产量，从而获得最大的经济利益。

缺少上述四个条件中的任何一个，都不能称之为完全竞争市场。显然，这只是一个抽象的理论模型，在现实生活中通常人们只是将某些农产品市场大致看成这种市场类型。尽管如此，完全竞争市场具有重要的理论意义。我们可以借助完全竞争市场模型考察资源配置的效率,预测和比较现实的经济行为,制定相关经济政策来管理市场。

（二） 完全垄断市场

完全垄断(complete monopoly)市场,是指整个行业中只有唯一的一个企业的市场类型。完全垄断市场具备以下三个特点。

1. 市场上只有唯一的一个企业生产和销售商品

即一个行业就有一个企业,企业就是行业。一种产品的价格、产销量等因素完全由一个企业来决定,企业完全可以按照利润最大化原则来进行生产决策,选择最有利于自我发展的产销量和价格。

2. 企业生产和销售的商品没有任何相近的替代品

即需求的交叉弹性等于零。没有任何的其他企业与之竞争。

3. 其他任何企业进入该行业都极为困难或不可能

垄断的基本原因是进入障碍。垄断者之所以能在其市场上保持垄断地位,是因为其他企业不能进入市场并与之竞争。形成进入障碍的原因主要有以下几个。

（1）规模经济的存在。在现代化的大生产过程中,一般来说,规模大的企业可以有效地实现精细的分工和专业化,降低平均成本。在市场竞争中,小的企业不能和这样的大规模企业所抗衡,逐渐在市场中被淘汰,使整个行业的产量集中到少数几家企业,最终有可能形成一个行业只有一个企业存在。

（2）自然垄断(natural monopoly)。有一些行业由于自然原因,不适合小规模经营,需要大规模投资或大型机器设备,因此要有很大的产量才能不断降低平均成本,而这样的产量已基本满足整个市场的需求。如果这个行业在同一地点有两家或两家以上企业必然造成资源的浪费。我们把这样的行业称为自然垄断行业,如水力、电力、煤气、铁路等。

（3）法定垄断。政府用法律保护专利所有者的独家占有权。一家企业可能因拥有某种商品的专利权或获得该产品的专利使用权而成为垄断者,从而其他企业不可进入该行业。此外,对与国家安全、公共福利或财政收入有密切关系的行业,政府会授予某个企业独家经营权,如食盐、军用品、某些药品等,这也会形成垄断。

（4）生产要素的独占。企业所处的地理位置,拥有的稀缺资源数量等自然因素也是形成垄断的原因。由于历史的和地理的原因,某些企业具有先天性的垄断力量。例如,矿泉水生产企业,处于交通要道附近的商店等,就是这方面相近的例子。

应该说在现实中,产生垄断的原因是多种多样的,但严格符合上述垄断特征的行业较为少见。与完全竞争一样,在西方经济学中,垄断也被看作是一个纯粹的理论模型。

（三） 垄断竞争市场

完全竞争市场和完全垄断市场是理论分析中的两种极端的市场组织。在现实经济中,存在的市场更多的是某种竞争与垄断的混合。有些市场竞争的成分多一些,有些市场垄断的成分多一些。垄断竞争(monopoly competition)市场,即以竞争为主要特征但同时又有垄断因素的市场。垄断竞争市场具有以下三个特点。

1. 市场中存在大量的企业

每一个企业在市场中的份额很小,意味着单个企业的行为对市场的影响和对其他企业的影响都极为有限。他们各自依据自己的情况和市场需求行事,在市场上他们是各自独立的。

2. 产品之间存在差异

即企业生产的产品或提供的服务同其他竞争者有区别,这种产品差异可能是产品的设计、工艺或原料的不同产生的,也可能是产品外观、包装、商标等不同产生的,甚至可能是企业的服务态度、地理位置等方面构成的差异。正是这些差异是一些消费者购买其产品的原因,使每个企业对自己的产品的价格具有一定的垄断力量,从而使得市场中带有垄断的因素。一般来说,产品的差别越大,企业的垄断程度越高。但是有差别的产品相互之间又是很相似的替代品,或者说,每一种产品都会遇到大量的其他的相似产品的竞争,因此,市场又具有竞争的因素。这样市场上的有差别的产品既有垄断因素又有竞争因素,体现了垄断竞争市场的基本特征。

3. 企业进入或退出一个行业是自由的

与完全竞争的情况相似,新的企业进入市场比较容易,原有的企业由于无利可图也比较容易退出,进入和退出基本不存在法律上的、资金上的和技术上的障碍。

在现实生活中,垄断竞争的市场组织在零售业和服务业中是很普遍的。

(四) 寡头垄断市场

寡头垄断(oligopoly)市场又称寡头市场,是指某种商品的绝大部分由少数几家大企业生产和销售。寡头可分为纯粹寡头和差别寡头两种。在纯粹寡头行业中,企业生产的产品是没有差别的,如钢铁、水泥等。在差别寡头行业中,企业生产的产品是有差别的,如汽车、冰箱等。从构成一个寡头垄断行业的企业数目看,寡头市场又可分为双寡头(一个行业只有两个企业所组成)和多寡头(一个行业的企业数目超过两个)。

寡头市场上,每家企业在该行业的总产量中都占有相当大的份额,以至于其中任何一家企业的产量或价格的变动,都会对市场的价格和供给量产生重大影响。寡头垄断市场是介于完全垄断市场与垄断竞争市场之间的一种市场结构。

寡头垄断市场具有如下四个特点。

1. 寡头垄断企业之间的相互依存性

行业中只有少数几家大企业,它们的供给量均占有市场的较大份额。这些垄断企业各自在生产决策中的变化都会影响整个市场以及其他企业的行为,因而企业之间形成了一种密切联系,任何一家企业在作出决策时都必须考虑竞争对手对其行为所作出的反应。

2. 寡头垄断市场的产量和价格相对稳定性

由于市场中各企业之间相互依存,因而如果一方想以降价来夺取更高的市场占有率,就必然引致同行业中其他企业的强烈抵制,其结果是所有企业竞相降价,一损俱损。因此在寡头垄断市场上,各企业一般不以价格竞争为手段,而是多采用非价格竞争来谋取更高利润,主要方法有提高产品质量和广告竞争。

3. 寡头垄断企业的决策具有不确定性

由于寡头企业各种决策和行为所产生的结果具有很大的不确定性,各企业在作出产量和价格决策时要考虑竞争对手的反应,而竞争对手的反应是难以预测的。表现在同一行业中,各个寡头之间可能采取价格战,也可能是非价格战,可能是彼此勾结以控制市场,也可能是独立行动等。

4. 进入行业的限制极大

寡头行业通常存在规模经济,使得大企业具有很强的成本优势和产量优势,在竞争过程中,大企业逐渐发展壮大,而小企业无力与之竞争,最终形成行业中只有几家大企业存在的局面;有时寡头企业为了减少竞争,也会采用收购或兼并小企业的方式减少企业数目,或通过相互勾结,形成进入壁垒,阻止其他企业进入,因而造成了其他企业进入该行业的障碍。

以上四种类型的市场及其特点可以用表 5-1 概括说明。

表 5-1　不同市场类型及特点

市场类型	市场上企业数量	产品差异程度	企业进出行业难易	单个企业对价格的控制	类似市场类型实例
完全竞争	无数	完全无差别	完全自由	没有	一般农产品
垄断竞争	很多	有些差别	比较自由	有一些	香烟、家电
寡头垄断	几个	有或无差别	有些困难	相当可能	钢铁、汽车
完全垄断	一个	唯一产品,无替代品	几乎不可能	很大程度,但易受到政府管制	水、电、气等

第三节　不同市场的企业决策

一、完全竞争市场的企业决策

(一) 完全竞争企业的需求曲线

在商品市场上,消费者追求最大化的效用满足而对商品形成需求,消费者对某个行业中单个企业所生产的商品的需求量，称为企业所面临的需求量，与此相对应的曲线称为企业所面临的需求曲线。通常假定，市场需求曲线向右下方倾斜。但是，在完全竞争市场上，由于企业的数目众多，每个企业的供给只占市场份额的很小部分，因而每个企业把市场价格视为既定。对于任一消费者来说，无论其需求如何变化，也都不会引起价格的变化。由此决定了对单个企业而言，其需求价格弹性是无限大的，某个企业如果使其产品价格略低于市场的价格，则市场对其产品的需求将无限增加；相反，需求将减少直至为零。因此，在完全竞争市场条件下企业所面临的需求曲线为一水平线，如图 5-1 所示。

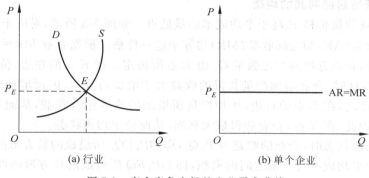

(a) 行业　　　　　　　　　　　(b) 单个企业

图 5-1　完全竞争市场的企业需求曲线

在完全竞争市场上，众多买者的需求和众多卖者（行业）的供给相互作用，决定市场均衡价格 P，对于单个企业而言，它所看到的是市场上已有这一价格。单个企业只能按照这一既定的均衡价格决定产出水平。

（二）完全竞争企业的收益曲线

在完全竞争条件下，由于单个企业的供给只占市场份额的很小部分，价格 P 不会随着企业销量的变化而变化，因而企业的平均收益（AR）不会随产销量的变化而变化，在既定的均衡价格下，AR 表现为一条与需求曲线 d 以及价格曲线 P 重合的直线。同时，由于新增销售商品的价格仍为均衡价格 P，因而，每个企业增售一个单位产品的边际收益（MR）不会改变，仍与价格 P 及平均收益（AR）相等，即 AR ＝ MR ＝ P ＝ d，三条曲线重合。对于总收益曲线，由于在公式 TR ＝ PQ 中 P 为常数，因此总收益曲线 TR 表现为以价格 P 为斜率，由原点向上的一条直线，如图 5-2 所示。

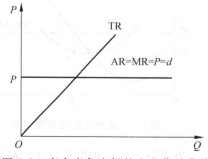

图 5-2　完全竞争市场的企业收益曲线

（三） 完全竞争企业的短期均衡

短期的含义在生产理论中已介绍过。在完全竞争条件下,短期内企业决策所依据的价格是现有的市场价格,企业根据 MC＝MR＝P 的条件选择利润最大化的产量。当企业获得最大利润时,企业将不改变它对产量的选择,此时企业处于短期均衡。

假定所有的企业具有相同的成本曲线,取其一作为代表。根据企业面临价格的高低,作为代表的完全竞争企业的短期均衡可以分为以下三种情况。

1. 企业获得超额利润的均衡

此时,市场均衡价格 P 高于平均成本的最低点。如图 5-3 所示,对应于市场价格 P_1,企业的平均收益(AR)和边际收益(MR)均等于这一价格。根据企业 MR＝MC 的利润最大化均衡条件,企业选择的产出数量 Q_1 由 E 点所决定。在 E 点的左边,价格 P_1 总高于边际成本 MC,这时,企业增加产量获得的收益大于增加的成本,因而增加产量会增加企业利润总额;反之,在 E 点的右边,增加产量所增加的成本超过收益,从而减少产量会使得利润增加,因此,在 E 点,企业获得最大利润,从而处于均衡状态。

在处于均衡状态时,企业的收益为 P_1Q_1,即 OP_1EQ_1 所组成的长方形的面积,企业的成本为此时的平均成本与产量之间的乘积,即 OP_2FQ 所组成的长方形的面积。于是,企业获得的超额利润为总收益与总成本之间的差额,即 P_1EFP_2 所组成的长方形的面积。

2. 企业获得正常利润的均衡

此时,市场均衡价格 P 等于平均成本的最低水平,如图 5-4 所示。此时企业的平均收益(AR)和边际收益(MR)仍为 P。为了利润最大化,企业仍会把产量确定在 MR＝MC之点。由于边际成本(MC)与平均成本(AC)在平均成本的最低点相交,所以当价格 P 恰好处于 AC 最低点时,如图中 E 点所示。在 E 点,企业处于均衡,此时企业的产量为 Q。

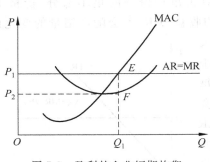

图 5-3　盈利的企业短期均衡

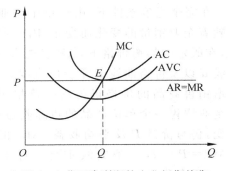

图 5-4　获正常利润的企业短期均衡

当完全竞争企业在平均成本最低点处于均衡时,企业选择的产量对应的平均收益(即价格)与平均成本相等,企业的总收益和总成本等于 PQ,即 OPEQ 的面积,因而企业的

（超额）利润为 0，它们只获得正常利润。因此，我们把平均成本最低点称为盈亏平衡点或收支相抵点。

3. 企业亏损最小的均衡

此时，市场的均衡价格 P 低于平均成本的最低点但高于平均可变成本最低点，如图 5-5 所示。利润最大化的原则决定了企业仍会按照边际收益等于边际成本选择产出数量与前两种情况一样，企业的平均收益等于边际收益，都等于价格 P_1。价格与边际成本曲线的交点 E 决定企业利润最大化的产量为 Q_1。

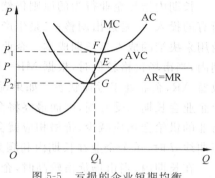

图 5-5 亏损的企业短期均衡

在处于均衡状态时，企业的总收益 PQ_1 由长方形 $OPEQ_1$ 的面积表示；而企业的总成本由 OP_1FQ_1 的面积表示。由于价格低于平均成本，因而企业处于亏损状态，亏损额为 $PEFP_1$ 所组成的长方形的面积。

在这种状态下企业还会继续生产吗？答案是肯定的。若企业停止生产，由于处于短期，而企业用于不变投入的支出已经付出，因而企业的亏损额等于固定成本（FC）。固定成本 FC 等于总成本 TC 减去总变动成本 VC，即 FC＝（AC－AVC）Q_1，在图中表示为长方形 P_1FGP_2 所构成的面积。如果企业生产，企业的亏损额由 P_1FEP 所组成的长方形的面积表示，很显然，它小于不生产时的亏损。也就是说，在价格水平位于平均成本最低点和平均可变成本最低点之间时，企业停止生产比继续生产亏损还要大。这时，企业会选择亏损最小的方式，即继续生产，因此，价格 P 与边际成本 MC 的交点 E 仍是企业的均衡点。

但是，当市场均衡价格 P 低于平均可变成本的最低点。与图 5-5 所示的情况类似，企业不仅处于亏损状态，而且其亏损额会大于不变成本。企业不仅损失掉不变成本，而且其收益连可变成本也无法弥补，因此，企业会停止生产。基于这一原因，平均变动成本的最低点被称为企业的停止营业点或关闭点。在停止营业点上，企业可以选择生产和停止生产。

综上所述，当价格高于平均可变成本最低点时，企业按边际收益等于边际成本的原则选择产出数量；如果市场价格高于平均成本，企业处于获超额利润的均衡状态；如果市场价格处于平均成本曲线的最低点，企业处于零利润的均衡状态；如果市场价格低于平均成本但高于平均变动成本最低点，企业处于亏损的均衡状态。当市场价格低于平均变动成本时，企业会停止生产。因此，完全竞争企业短期均衡条件为，在平均变动成本最低点的上方，边际收益等于边际成本，且都等于市场价格，即

$$AR＝MR＝P＝MC$$

（四） 完全竞争企业的长期均衡

长期内指导企业行为的原则仍然是利润最大化。在长期内,完全竞争企业可以变动所有的投入,一是进出调整;二是生产规模调整。这时,企业的所有成本都是变动成本,企业用来决策的成本是长期成本。企业长期均衡状态下,企业所面临的需求曲线为 d,在长期内,当市场价格较低时,根据 MR＝MC 原则,此时企业的长期平均成本 LAC 大于平均收益 AR,企业处于亏损状态。如果说短期内企业可以在亏损状态下经营,那么不会有哪个企业会长期忍受亏损,因而最终将会有一些企业退出该行业的经营。随着企业的退出,行业的供给会相应减少,价格相应就会提高,单个企业所面临的需求曲线逐渐向上平移,至曲线 d 时,单个企业在长期内利润为零,此时企业的数目不再变化。

在长期内,当市场价格较高时,企业的长期平均收益 AR 大于长期平均成本 LAC,企业获得超额利润。具有代表性的企业获得超额利润意味着整个行业得到超过其他行业的超额利润,这必将引起其他行业中企业进入。随着行业中新企业的数量逐渐增加,行业的供给相应增加,从而导致市场价格下降。下降的价格将使得行业中每个企业的超额利润逐渐减少。但是,只要代表性企业仍获得超额利润,行业就有吸引力,其他行业中的企业就会不断涌入,直到市场价格达到企业的长期平均成本曲线的最低点,单个企业所面临的需求曲线逐渐向下平移至曲线 d,此时,单个企业既无利润也无亏损,企业的数目也将不再变化。

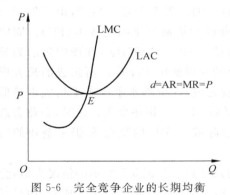

图 5-6 完全竞争企业的长期均衡

图 5-6 是企业处于长期均衡状态的图示,图中 LAC 与 LMC 分别代表企业的长期平均成本和长期边际成本。根据企业利润最大化的原则 MR＝MC＝P,E 点为该企业的长期均衡点,在 E 点,企业所面临的需求曲线 d 与企业的长期平均成本 LAC 线相切,同时 LMC 经过该点,由此,在完全竞争状态下,企业的长期均衡条件可以表示为

$$MR＝AR＝P＝LMC＝LAC$$

二、完全垄断市场的企业决策

（一） 完全垄断企业的需求曲线和收益曲线

既然垄断市场上只有一家企业,因而垄断企业所面临的需求曲线即为整个市场的需求曲线。垄断企业不仅要决定生产多少、如何生产和使用多少生产要素,还必须决定索要多高的价格。此时,垄断企业面临的需求曲线是一条向右下方倾斜的曲线,说明企业是市

场价格的制造者,消费者在不同的价格水平上购买不同数量的商品,或者出售不同数量的商品使消费者用不同的价格购买。

在完全垄断市场上,企业以什么样的价格售出商品就使平均每个商品获得相应的收益。因而,平均收益曲线与企业所面临的需求曲线为同一条曲线,即 AR 曲线与 d 曲线重合。但边际收益曲线与需求曲线并不重合,尽管边际收益曲线与需求曲线、平均收益曲线一样,也是一条向右下方倾斜的曲线,但 MR 曲线始终位于 AR 曲线和 d 曲线的下方。这是因为,企业在增加销量后,最后增加的那个单位的产品价格必然低于其前个单位的产品价格,同时,企业全部销售量的其他各单位产品价格也必然低于其前面销售量的单位产品价格。因而,每增加销售一单位产品所带来的总收益的边际增量,总是会小于单位产品的售价,即 $MR < P(P = AR)$。

完全垄断企业的需求曲线、边际收益(MR)曲线和平均收益(AR)曲线如图 5-7 所示。

(二) 完全垄断企业的短期均衡

短期内,垄断企业无法改变不变要素投入量,为了实现利润最大化,根据 MC = MR 原则,垄断企业只能在既定的生产规模下调整产量和价格,以求得均衡。

依照市场需求的大小,垄断企业的短期均衡存在三种情况。

1. 垄断企业获得超额利润的均衡

由于在完全垄断市场条件下,垄断企业的规模较大,可以获得规模效益,因而平均成本较低。假定市场需求曲线与企业的平均成本曲线有两个交点,如图 5-8 所示,A 点为 MR 曲线与 MC 曲线的交点,即为企业利润最大的均衡点。垄断企业由此决定产量为 Q_1。若产量小于 Q_1,边际收益大于边际成本,这时企业增加产量仍可以增加利润;反之,若产量大于 Q_1,边际收益小于边际成本,这时企业减少产量会增加利润。因此,Q_1 即为企业的均衡产量。

117

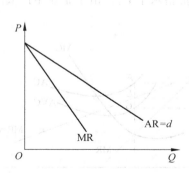

图 5-7　垄断企业的需求曲线、边际
　　　　收益曲线和平均曲线

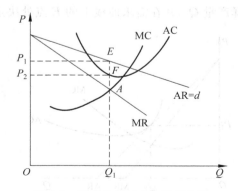

图 5-8　盈利的垄断企业短期均衡

在决定产量 Q_1 之后,垄断企业还必须决定价格。由于企业在决定最优产量时,把消费者在某一数量下愿意支付的价格视为可以索要的最高价格,因而企业选择的价格由 Q_1 对应的需求曲线上的 E 点所决定,如图中的 P_1。这一价格就是市场均衡价格。

对应于产量 Q_1 和相应的价格 P_1,垄断企业的收益为 P_1Q_1,即图中 OP_1EQ_1 所围成的面积。企业生产这一产量花费的成本为 ACQ_1,即 OP_2FQ_1 的面积。由于价格高于平均成本,因而在这种情况下,垄断企业获得超额利润,利润额为 $(P_1-AC)Q_1$,即长方形 P_1EFP_2 的面积。

2. 垄断企业获得正常利润的均衡

假定市场需求曲线与企业的平均成本曲线只有一个交点,即需求曲线与平均成本曲线相切,如图 5-9 所示。根据这一需求曲线,企业相应地确定平均收益曲线 AR 和边际收益曲线 MR。同时,企业把产量选择在边际收益等于边际成本之点,即由 MR=MC 决定产量,如图中的 Q_1。此时企业处于均衡。

与获得超额利润的情形一样,对应于 Q_1,企业在需求曲线相应的 E 点上决定索要价格 P_1,这即为市场均衡价格。在处于均衡时,垄断企业的超额利润是多少呢?也就是说,E 点是否位于平均成本曲线上?答案是肯定的。由于企业的平均成本不低于平均收益,因而企业不可能获得大于零的超额利润。另一方面,企业在需求曲线与平均成本曲线的切点选择产量和价格可以获得的超额利润为零。这是企业在平均成本不低于平均收益的条件下所能得到的最大利润,它必然与按边际收益与边际成本决定的产量和价格相一致。因此,在需求曲线与平均成本曲线相切时,垄断企业在均衡时超额利润为零,它只获得正常利润。

3. 垄断企业处于亏损状态的均衡

假定市场需求曲线与企业的平均成本曲线没有交点,但与平均可变成本曲线有两个交点,如图 5-10 所示。如果企业继续生产,那么,它会按照边际收益等于边际成本的原则选择产量 Q_1,并在需求曲线上的 E 点处决定索要的价格水平 P_1。由于企业生产 Q_1 时的

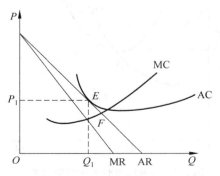

图 5-9　获正常利润的垄断企业短期均衡

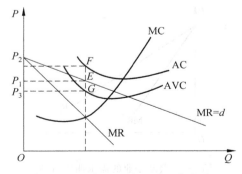

图 5-10　亏损的垄断企业短期均衡

价格低于此时的平均成本,企业处于亏损状态,亏损额为$(AC-P_1)Q_1$,即长方形P_1EFP_2的面积。

在这种情况下,企业处于亏损状态,企业会选择停止生产吗? 与完全竞争市场的情况类似,如果企业选择停产,企业支付的不变成本因短期内无法调整而成为企业的亏损,即企业选择停止生产的亏损额为全部不变成本。企业的不变成本等于总成本与变动成本的差,在图中表现为长方形P_2FGP_3的面积。很显然,由于生产Q_1对应的价格P_1高于平均可变成本AVC,即AR>AVC,因而企业生产时的亏损额小于不生产时的亏损,因此企业选择继续生产。

基于同样的理由,如果企业面临的市场需求曲线低于平均可变成本,即AR<AVC,那么企业的收益还不能补偿可变成本的支出,企业生产比不生产亏损更大,因此企业会选择停止生产。这样,在需求曲线与企业的平均可变成本曲线有两个交点时,企业才会提供生产;否则,在需求曲线低于平均可变成本曲线时,企业停止生产。

综上所述,只要企业面临的市场需求曲线高于平均可变成本,企业按边际收益等于边际成本的条件选择产量,并在相应的需求曲线上索要价格,此时企业处于短期均衡,但市场需求低于平均可变成本时,企业停止生产。

(三) 完全垄断企业的长期均衡

在长期内垄断企业为了获取更大的利润,会调整短期内固定不变的要素投入,以便使得每一产量下的成本是所有规模中的最低成本。因此,企业长期中将依照其长期成本进行决策。另一方面,由于垄断市场上只有一家企业,垄断企业没有竞争对手,因而不同于完全竞争市场的长期调整,垄断市场上没有企业数目的变动,只有企业的成本调整。

长期中垄断企业可以根据市场需求的水平,调整生产规模,使得短期成本降低到长期成本的水平。根据市场需求,垄断企业确定平均收益AR曲线和边际收益MR曲线。根据边际收益等于边际成本的原则,垄断企业选择产量Q_1。对应于这一产量,企业在平均收益曲线上确定索要的价格P_1,此时,企业获得最大利润为P_1EFP_2的面积。

对应于既定的市场需求和长期成本,如果垄断企业处于亏损,那么它就会退出该行业。因此,一般地,垄断企业在长期中处于获得超额利润的均衡状态,如图5-11所示。长期垄断企

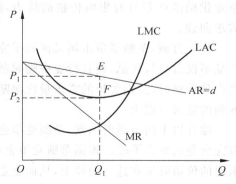

图 5-11　垄断企业的长期均衡

119

业的均衡条件是：MR＝LMC。

（四）完全垄断企业的价格歧视

在完全垄断市场条件下，垄断企业有时会对同一种产品，收取不同的价格，此行为称为价格歧视(price discrimination)，它可以直接增加垄断企业的利润。

1. 垄断企业实行价格歧视的条件

（1）市场的不完善性。可以有效地把不同市场或市场的各部分分开。分割后的不同市场间产品不能流动。

（2）消费者的消费偏好不同。即不同市场上消费者具有不同的需求弹性，垄断企业可以对不同消费者或消费群体实行价格歧视。

2. 垄断企业价格歧视的类型

（1）一级价格歧视，又称为完全价格，即企业对每一个单位产品都按消费者愿意支付的最高价格向消费者销售。在这种情况下，消费者剩余全部变为垄断企业的垄断利润。

（2）二级价格歧视，即企业对消费者不同消费数量规定不同的价格。在这种情况下，垄断企业可以把消费者部分剩余变为垄断利润。

（3）三级价格歧视，即企业对同种产品在不同市场上实行不同的价格。这样，垄断厂商可以在价格高的市场上获得垄断利润，把该市场上的消费者剩余变为垄断利润。

120

三、垄断竞争市场的企业决策

（一）垄断竞争企业的需求曲线

根据垄断竞争市场的特点，一方面，由于每个企业提供的产品在消费者看来具有一定的差异，因而对某一生产的具有差别的产品来说，存在一批"忠实"的消费者，他们特别偏爱这一企业的产品。对这些消费者而言，这家企业就具有垄断性质。也就是说，企业供给的产量具有影响价格的能力，因而垄断竞争企业面临着一条向右下方倾斜的需求曲线。

另一方面，垄断竞争市场又区别于完全垄断市场。垄断竞争市场上单个企业生产的产品不仅具有替代品，而且行业中随时都有企业进入和退出。正因为如此，当企业试图提高产品价格时，其损失掉的需求量比垄断时更大；相反，当垄断竞争企业降低价格时，其争取到的需求量更大。

综合以上两方面的因素，垄断竞争企业面临着一条向右下方倾斜的需求曲线，但曲线较完全垄断更为平缓。根据垄断竞争企业面临的需求曲线，企业会把销售一定产品数量索要的价格确定在这一曲线上，从而企业的平均收益曲线就是这条需求曲线。根据平均收益，企业确定相应的边际收益曲线。由于平均收益曲线向右下方倾斜，那么边际收益曲线也位于平均收益曲线的下方,如图 5-12 所示。

(二) 垄断竞争企业的短期均衡

短期内,由于竞争企业彼此之间存在产品差异,垄断竞争企业可以视同一个垄断者。

与其他市场上的企业一样,为了利润最大化,垄断竞争企业必然把产量选择在边际收益等于边际成本之点。在考虑到收益和成本两个方面的因素之后,垄断竞争企业按照上述原则,选择产量并在需求曲线上索要价格。这样,垄断竞争企业在短期的行为可以由类似于垄断企业的短期分析得到说明。

1. 垄断竞争企业获得超额利润的均衡

如图 5-13 所示,当垄断企业面临的需求曲线与其短期平均成本曲线有两个交点时,垄断竞争企业获得超额利润。根据利润最大化原则,垄断竞争企业在边际收益 MR 与边际成本 MC 相等的点上决定产量 Q_1,并由 Q_1 决定需求曲线上的价格 P_1。由于价格 P_1 高于 Q_1 对应的成本,因而企业获得超额利润,即 P_1EFP_2 的面积。

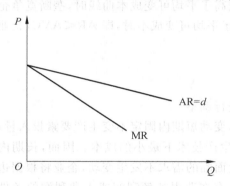

图 5-12　垄断竞争企业的需求曲线、边际
　　　　　收益曲线和平均收益曲线

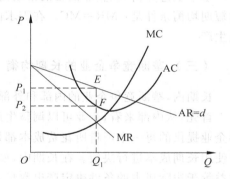

图 5-13　盈利的垄断竞争企业短期均衡

2. 垄断竞争企业获得正常利润的均衡

如果企业的需求曲线与企业的平均成本曲线相切,如图 5-14 所示。企业根据边际成本等于边际收益原则决定的量优产量 Q_1 恰好位于平均收益曲线与平均成本曲线的切点处,因而 Q_1 对应的价格 P_1 恰好等于企业的平均成本。即在需求曲线与平均成本曲线相切时,垄断竞争企业在均衡时超额利润为零,它只获得正常利润。

3. 垄断竞争企业处于亏损状态的均衡

假定市场需求曲线与企业的平均成本曲线没有交点,但与平均可变成本曲线有两个交点,如图 5-15 所示。这时,企业将继续按照边际收益等于边际成本的原则选择产量 Q_1,并在需求曲线上决定索要的价格 P_1。在这种情况下,企业处于亏损状态,但亏损额比不生产时的损失要小。如果企业面临的市场需求曲线低于平均可变成本，企业的收益就不能补偿可变成本的支出，此时企业生产比不生产亏损更大，因此企业会选择停止生产。

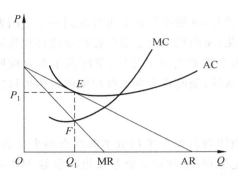

图 5-14　获正常利润的垄断竞争企业短期均衡

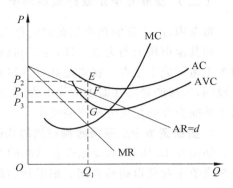

图 5-15　亏损的垄断竞争企业短期均衡

　　基于上述分析，在企业面临的市场需求曲线高于平均可变成本曲线时，垄断竞争企业的短期均衡条件是：MR＝MC。在需求曲线低于平均可变成本时，即 AR＜AVC，企业停止生产。

（三）　垄断竞争企业的长期均衡

　　长期内，垄断竞争企业的内部和外部都会进行调整。

　　首先，从内部来看，企业可以调整生产规模，变动短期内固定不变生产要素投入量，使得企业提供的每一个产量所花费成本都是现有生产技术下最小的成本。因而，长期内企业使用长期成本进行决策。在长期中，如果企业面临的需求不发生变动，企业将根据边际收益等于边际成本的条件决定产出数量，并且只有在获得超额利润或正常利润的条件下才提供产出。

　　其次，从外部来看，其他行业中的企业可以自由地进入，而行业中的企业也可以退出。正是这种进入或退出将使得单个垄断竞争企业面临的需求曲线发生变动。这是垄断竞争市场上长期与短期最重要的区别。

　　以垄断竞争市场上的某一家企业为分析对象。假定该企业面对的需求曲线为 d_1，对应于这一需求曲线，在经过对要素的调整之后该企业获得超额利润，如图 5-16 所示。超额利润的存在势必对其他企业产生吸引力。一方面，行业中的企业通过改进生产工艺、变换包装等

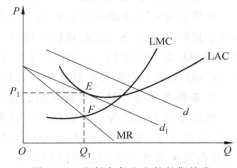

图 5-16　垄断竞争企业的长期均衡

手段生产与超额利润企业更加接近的产品;另一方面,其他行业中的某些企业也进入这一行业进行生产。这两方面调整的结果使得我们分析的企业的需求减少。

随着行业中生产该产品密切替代品的企业越来越多,原有企业面临的需求曲线 d 将向左下方移动,从而使得企业的超额利润减少。但是,只要企业获得超额利润,那么调整就会继续进行,因此,当需求 d 下降到 d_1 时,需求曲线与企业的长期平均成本曲线相切,企业只获得正常利润时,其他的企业才会停止进入生产近似相同的产品。这时,垄断竞争行业中没有进入和退出,行业中的所有的企业处于长期均衡。反之,当企业在长期内处于亏损时,企业会退出经营。

由此可见,当垄断竞争企业处于长期均衡时,企业获得正常利润,需求曲线 d 恰好与长期成本曲线相切。对应于需求 d,企业按长期边际收益等于长期边际成本的条件决定产量,并在需求曲线上索要价格,该价格恰好等于企业的平均成本。因此,垄断竞争企业长期均衡的条件是

$$MR=LMC$$
$$AR=LAC$$

即企业的产量由边际收益等于长期边际成本所决定,而对应于平均收益上的价格恰好等于长期平均成本。

四、寡头垄断市场的企业决策

由于寡头企业之间的决策行为存在着相互影响的复杂关系。它们有可能相互勾结或者说串谋。如果它们能够勾结起来形成一个像垄断企业那样的整体,并像垄断企业那样行动,那么,它们就可以联合获得最大的行业利润。剩下的问题便是如何瓜分这个最大的行业利润。另一方面,寡头企业又有同它们的同行相互竞争的倾向,或者称相互之间存在博弈,目的是争取更大的行业利润份额。因此,在寡头垄断市场条件下,企业的均衡产量和产品的均衡价格没有一个完整的理论模型。那么,寡头市场中的企业如何对待其他企业呢?是相互勾结还是相互竞争呢?这里以寡头企业是否存在勾结性为标准,分别分析非勾结性寡头垄断市场和勾结性寡头垄断市场企业行为模型。

(一) 非勾结性寡头垄断市场模型——古诺模型

所谓非勾结性,指在寡头垄断市场上,各个寡头企业在充分考虑同一行业其他企业的决策及反应后,对自己在市场上的生产活动进行决策。

法国经济学家古诺在 1838 年出版的《财富理论的数学原理研究》一书中,分析了两个寡头企业的产量和价格决定问题,因而也被称为古诺双寡头模型。

古诺模型假定行业中只有 A 和 B 两家寡头企业,它们生产和销售相同的产品,生产成本为零;它们面临的市场需求曲线是线性的,A、B 两个企业都准确地了解市场的需求

曲线;A、B 两个企业都是在已知对方产量的情况下,各自确定能够给自己带来最大利润的产量,即每个企业都是消极地以自己的产量去适应对方已确定的产量。

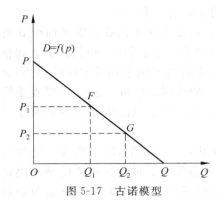

图 5-17　古诺模型

古诺模型的价格和产量的决定可以用图 5-17 来说明。

图中,D 曲线为两个企业共同面临的线性的市场需求曲线。由于生产成本为零,故图中无成本曲线。

在第一轮,A 企业首先进入市场。由于生产成本为零,所以企业的收益就等于利润。A 企业面临 D 市场需求曲线,将产量定为市场总容量 Q 的 1/2,即产量为 $OQ_1 = 1/2Q$,价格定为 OP_1,从而实现了最大利润。其利润量为图中矩形 OP_1FQ_1 的面积(因为从几何意义上讲,该矩形是直角三角形 OPQ 中面积最大的内接矩形)。然后,B 企业进入市场。企业 B 发现,企业 A 的产量已经达到市场容量的 1/2,它所面临的市场需求量只剩下 1/2Q。基于与企业 A 同样的理由,企业 B 选择剩余市场容量的 1/2,其生产数量为市场总容量的 1/4。

之后,企业 A 发现,由于企业 B 生产了 1/4,它再生产 1/2,不再是利润最大化的产量。于是,企业 A 扣除了企业 B 生产的 1/4,在剩下的最大需求量(1−1/4)中再按利润最大化原则选择其中的 1/2,即 3/8,比原来减少 1/8。同样地,在企业 B 获知企业 A 已经把产量调整到 3/8 时,它也在剩余的市场容量中按 1/2 选择,即 5/16,比原来增加 1/16。在企业 B 作出调整之后,企业 A 在(1−5/16)中再选择 1/2 作为它当前的利润最大化产量,即 11/32,比原来又减少了 11/32。同样地,企业 B 选择(1−11/32)的 1/2 作为最优产量,即 21/64,比原来增加了 1/64。如此继续下去。

通过不断地进行调整,企业 A 的产量由 1/2 减少 1/8、1/32 等,企业 B 的产量从 1/4 增加 1/16、1/64 等,最终达到:

$$A 的市场容量为 Q_A = 1/2 - 1/8 - 1/32 - \cdots = 1/3$$
$$B 的市场容量为 Q_B = 1/4 + 1/16 + 1/64 + \cdots = 1/3$$

最终达到对应于两个企业的产量,市场总容量为 1/3+1/3=2/3,由这一数量在市场需求曲线上对应的点确定价格。上述结果表明,双寡头竞争的最终结果是每个企业生产市场容量的 1/3,市场总供给量为 2/3。此时称为古诺均衡。

上述结论是在双寡头条件下得到的,但它并不局限于双寡头。在行业中寡头企业的数量为 m 的情况,古诺模型的均衡产量为

$$每个寡头企业的均衡产量 = 市场总容量 \cdot 1/(m+1)$$
$$寡头企业的市场总供给量 = 市场总容量 \cdot m/(m+1)$$

古诺模型通过对寡头行为的基本假定,得到了一个均衡的价格和均衡的数量。但这一模型也存在着某些缺陷。最重要的问题是,在古诺模型中,企业的最优行为是以竞争对手的产量不变为条件的,这显然不完全符合现实中寡头的行为。正是由于这原因,古诺模型并不是寡头行为的一般分析。

(二) 勾结性寡头垄断市场模型

1. 公开勾结——卡特尔模型

寡头市场上有正式协议的串谋被称为卡特尔(Cartel)。也就是说,卡特尔组织中的生产者绝对同意共同在定价和确定产出水平上进行合作。如果参加卡特尔的寡头企业共同行动像一个企业一样,且市场需求是充分无弹性,卡特尔可以促使价格超过竞争水平,使行业利润最大化,如图 5-18 所示。

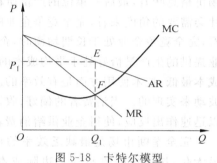

图 5-18 卡特尔模型

图中,Q_1 为使得行业利润最大化的产量;P_1 为市场的价格。这个产量使得行业的边际收益等于行业的边际成本(MR=MC)。这个产量也是卡特尔的全部市场份额。卡特尔的所有成员瓜分这个份额。每个成员得到自己的份额。所有成员的份额加起来等于 Q_1。如果卡特尔成员的产量突破了自己的份额,要么市场价格下降(低于 P_1),要么有一部分产品不能售出。

卡特尔这种串谋形式要求所有成员把产量限制在自己分得的份额内,做到这一点常常是困难的。通常,卡特尔成员在制定价格和产量政策方面存在分歧,它们常常会为市场份额争执不下。另外,在一些寡头行业中,寡头之间即使存在着串谋,行业中的一些寡头企业也总是有"欺骗"其他企业的企图,私下违背卡特尔的市场份额或产量和价格协议。这种行为会导致卡特尔的破产。更为重要的是公开的串谋常常是被法律禁止的。

2. 非公开勾结——价格领导

价格领导是指行业中一个或极少数几个大企业变动价格,其他企业随之跟进。主要表现为:①支配型价格领导。在某个行业中实力雄厚、生产规模或市场占有率较大的企业根据 MR=MC 这个原则确定自己的产品价格和产量,以实现自身利润最大化,其他小规模企业则像完全竞争市场一样,按照既定的价格来确定自己的产量。②晴雨表型价格领导。某种企业在这个行业能够及时准确地掌握市场信息,并对整个产品成本及需求能够作出准确判断,这种企业不一定是最大或最强的企业,但因为具备上述优势,因此其他企业会参照这家企业进行定价。

125

五、不同市场类型的比较

（一） 经济效率

市场运行的经济效率是指参与市场活动的企业利用社会资源的程度。资源利用得越充分,经济效率就越高。

完全竞争市场是最有效率的市场。这是因为:第一,从边际成本等于市场价格来分析。边际成本是社会生产一单位产品耗费资源的成本,而市场价格是消费者愿意支付给该单位产品的货币量,它反映了增加一单位商品给消费者带来的福利。边际成本等于市场价格意味着,最后一单位的产量所耗费资源的价值等于该单位产量的社会价值,因而从社会需要的角度来看,完全竞争企业的产量是最优的。第二,从平均成本等于市场价格来看,完全竞争企业处于长期均衡时,企业的边际收益和平均收益都等于市场价格,所以,企业提供的生产量恰好处于平均成本的最低点,这说明企业使用现有的生产技术使得生产成本最低,技术使用方面是有效率的。第三,完全竞争市场的长期均衡是通过价格的自由波动来实现的。当消费者的偏好、收入等因素变动引起市场需求发生变动时,市场价格可以迅速作出反应,使得企业供给消费者需要的产品。

完全垄断市场是最缺乏效率的市场。这是因为:第一,垄断企业为了自身的利润最大化,按照边际收益等于边际成本的原则提供产量,但由于垄断企业面临的市场需求向右下方倾斜,因为边际收益低于平均收益,从而低于价格。而企业按边际收益等于边际成本生产,这就决定了在垄断市场上,价格高于边际成本。这就意味着增加生产,社会由此获得的福利大于生产的成本,社会净福利可以得到进一步增加,但垄断企业不会这样做,也说明垄断企业提供的产量不足。第二,垄断市场上价格高于企业最低的平均成本。这就意味着企业没有利用现有的生产技术进一步降低生产成本,在使用技术方面是缺乏效率的。第三,垄断企业不存在竞争的压力,技术创新的动力不足,无形中增加了社会的成本。

垄断竞争市场的经济效率是介于完全竞争和垄断市场之间。在垄断竞争企业处于长期均衡时,市场价格高于企业的边际成本,市场价格等于企业的平均成本,但高于平均成本的最低点,这就决定了垄断竞争市场的经济效率低于完全竞争市场。但从程度上看,垄断竞争市场又比垄断市场更有效率。

寡头垄断市场的经济效率是介于垄断竞争市场和垄断市场之间。在寡头市场上,市场价格高于边际成本,同时价格也高于最低平均成本。因此,寡头企业在生产数量和技术使用方面是缺乏效率的。但从程度上来看,由于寡头市场存在着竞争,有时竞争还可能是激烈的,因而其效率要比完全垄断市场高。

（二）技术进步

垄断竞争市场是最有利于技术创新的。因为，在垄断竞争市场条件下，企业由于激烈的竞争，因而具有进行技术改进的动力，同时，市场上存在的垄断因素又使得垄断竞争企业收益得到了保障。在完全垄断市场条件下，企业依靠自己的垄断力量就可以长期获得超额利润，因此企业缺乏技术进步的动力，个别企业甚至为了维护其在市场中的垄断地位而阻碍技术进步。在完全竞争市场条件下，某个企业发明了新技术、新产品，由于在市场中缺乏保障技术创新收益的垄断，很快就被竞争者所模仿，因此不利于产生重大的技术进步。

本 章 小 结

1. 微观经济学中的市场（market），是指从事某一种商品或劳务买卖的交易的场所或接触点，是交易关系的总和。市场可以是一个有形的买卖商品或劳务的场所，也可以是一个利用现代化通信工具进行商品或劳务交易的接触点。

2. 市场具有价值实现功能、信息传导功能、优劣评判功能、经济联动功能和资源配置功能。

3. 市场按基本要素划分的结构有市场主体结构、市场客体结构、市场时间结构和市场空间结构。

4. 依据市场竞争与垄断的强弱程度，将市场分为完全竞争、垄断竞争、寡头垄断和完全垄断四种类型。

5. 完全竞争指的是一种竞争不受任何阻碍和干扰的市场结构。完全竞争市场的产品性质是无差别的，产品之间具有完全替代性，是资源利用最充分的市场结构。在完全竞争市场上每个人都是价格的接受者，其典型部门是农产品市场。其短期均衡条件是 $SMC = MR = AR = P$。其长期均衡条件是 $MR = AR = P = LMC = LAC$。

6. 完全垄断是指整个行业的市场完全处于一家企业的垄断状态，即在这个行业里仅有一家企业，由于垄断企业是其市场上唯一的生产者，所以它面临向右下方倾斜的产品需求曲线。垄断市场上的短期均衡条件是 $MR = MC$，按 $MR = MC$ 确定产量，并根据需求曲线确定该产量对应的价格。垄断市场的长期均衡条件是 $MR = LMC = SMC$，垄断企业在实现长期均衡时，获得了超额垄断利润，这是垄断市场效率低下的重要表现。

7. 在完全垄断的条件下，垄断者可以通过根据买者的支付意愿对同一种物品收取不同的价格来增加利润，价格歧视分为一级、二级和三级3种。

8. 垄断竞争是一种既有垄断又有竞争，既不是完全垄断又不是完全竞争的市场结构。垄断竞争的关键是产品差别，这种差别不是不同种类的差别，而是同一种产品在质量、包装、服务等方面的差别,在垄断竞争的短期内,企业有超额利润存在,长期中获得正常利润。

9. 寡头垄断是指某一个行业中少数几家企业控制了该行业的大部分生产,它们对该行业的价格和产量有着举足轻重的影响。寡头垄断的典型部门是重工业。其价格的决定分为存在或不存在勾结,在存在勾结的情况下,则是卡特尔。

10. 根据企业在不同市场类型中的均衡结果,可以对不同类型市场的经济效率进行对比。通常认为,完全经济市场的经济效率最高,完全垄断市场的经济效率最低,而垄断竞争和寡头垄断的经济效率介于两者之间。

基 本 概 念

完全竞争　完全垄断　垄断竞争　寡头垄断　价格歧视　卡特尔

思 考 与 训 练

1. 完全竞争市场、完全垄断市场、垄断竞争市场和寡头垄断市场各自的特征有什么不同?

2. 为什么完全竞争市场企业的需求曲线、平均收益曲线和边际收益曲线是重合的?

3. "虽然很高的固定成本会是企业亏损的原因,但永远不会是企业关门的原因。"你同意这一说法吗?

4. 画图说明短期内垄断竞争市场企业获得超额利润和正常利润的均衡状态。

5. 比较不同市场类型的经济效率。

6. 垄断企业可以任意定价,这种说法正确吗?

7. 公用事业公司(例如电信)在高峰时期如何定价才能减少所需要的厂房设备?

8. 为什么在垄断竞争市场上广告策略尤为重要?

9. 案例分析。要求:

(1) 分组讨论,小组代表发言,最好制作成 PPT 文件,边展示边讲;

(2) 运用所学知识深入分析,展开讨论,要求言之有理;

(3) 总结分析这些资料说明了什么问题,我们能从中得到什么启示。

方便面涨价

2007 年 7 月,统一、康师傅、华龙日清等国内主要方便面企业宣称,由于方便面的主要原料棕榈油和面粉近一年来涨价幅度分别达到 40% 和 25%,而这两项原材料分别占到了方便面成本的 18％～20％以及 30％。因此,方便面巨头们在最近将价格普遍上调了20％～40％。

2007 年 7 月 26 日,四川白家集团发出声明称,此次方便面企业的步调划一的提价,是方便面寡头企业涉嫌垄断市场、操纵价格行为。同时,方便面巨头借助此次原材料价格上涨,超幅度提升方便面价格的消息也在业内不胫而走。

白家集团的声明称,方便食品生产加工规模以上企业有 100 余家,但排名前六位的企业年销售收入占行业 80％,排名前十位的企业年销售收入占行业 90％。自去年年底开始,国内排名前几位的方便面寡头就召开了 3 次内部价格会议,最终达成一致意见:康师傅、统一、今麦郎、日清、农心等十多家知名企业全部参与统一调价。

四川白家集团方面对记者说:"方便面以'寡头碰头会'形式宣布同步涨价,有垄断市场、操纵价格之嫌,侵犯了消费者权益,四川白家食品对这种垄断性行为表示强烈反对。"

有业内人士提出,棕榈油不是石油,不会继续疯涨下去,必然有价格下降的一天,到时方便面行业会不会再将已涨起的价格恢复?对此,统一公司的林经理表示:"现在还没有做这个考虑。"(摘自"方便面涨价:寡头的聚会",21 世纪经济报道)

综 合 实 训

129

有些商家会向消费者分发优惠券来吸引人们购买其商品,有的是作为该产品广告的一部分散发的,有的可能是刊登在报纸或杂志上,有的是作为促销邮件的一部分。你在生活中会经常收集这种优惠券并进行消费吗?总结一下这种情况多见于哪些行业?商家分发优惠券的行为是价格歧视的一种方法吗?为什么?

第六章　要素价格与收入分配

【学习目标】

1. 熟悉生产要素的供求特点及其价格的决定；
2. 掌握劳动市场的特殊性和工资的决定；
3. 熟悉资本与利率、土地与地租、企业家才能与正常利润的含义及各自的相互关系；
4. 熟悉洛伦茨曲线和基尼系数。

【引例】　分粥与公平

> 经济生活中有这样一个故事，在肯定人的利己性的前提下，要把一桶粥平等地分给五个人，方法之一是选其中一人来分，结果是一人喝饱四人挨饿；方法之二是选一人分，另一人监督，结果二人喝饱三人挨饿；方法之三是一人分粥，四人到场监督，结果粥还没分完就抢起来了……依照该思路似乎永远无法做到公平，那么，有没有一种方法可以保证让每人都平等地分到粥喝呢？有，那就是选定一人分，一人监督，让其余的人先端粥而让负责分粥和监督的人最后端就行了。
>
> 这个故事给了我们什么启示？

第一节　生产要素的价格决定

一、生产要素的需求

生产要素（factors of production）的需求是指企业在一定的时期内，在一定的价格水平下，愿意而且能够购买的生产要素量。它是购买欲望和支付能力的统一，两者缺一不可。

（一）　生产要素的需求是一种派生需求

派生需求（derived demand），是指由于消费者对最终产品的需求而引起的企业对生产要素的需求。

在产品市场上，需求来自消费者。消费者为了直接满足自己的吃、穿、住、行等需要而购买产品。因此，对产品的需求是所谓"直接"需求。与此不同，在生产要素市场上，需求不是来自消费者，而是来自企业。企业购买生产要素是为了用要素生产商品以满足市场需求，而不是为了自己的直接需要，是为了生产和出售产品以获得收益。因此，企业对生产要素的需求不是直接需求，而是"间接"需求。

如果不存在消费者对产品的需求，则企业就无法从生产和销售产品中获得收益，从而也不会去购买生产资料和生产产品。例如，如果没有人去购买电动车，就不会有企业对生产工人的需求；旅游景区对管理人员和工作人员的需求，则受到游客对旅游需求的影响。由此可见，企业对生产要素的需求是从消费者对产品的直接需求中派生出来的。西方学者认为，生产要素的需求是所谓"派生"需求或"引致"需求。例如，消费者购买方便面，是直接需求；消费者对方便面的直接需求引致企业购买生产要素（例如面粉和劳动等）去生产方便面，生产方便面的企业对面粉和劳动等生产要素的需求就是派生的或引致的需求。

131

（二）　生产要素的需求是一种联合的需求

联合的需求（join demand），是指任何产品的生产都需要多种生产要素相互结合，相互补充，共同合作。

企业对生产要素的需求是共同的、相互依赖的需求，具有"联合的"或"共同性"的特点。这个特点是由于技术上的原因，即生产要素往往不是单独发生作用的。一个人赤手空拳不能生产任何东西；同样，只有机器本身也无法创造产品。只有多种生产要素相互结合才能达到目的。对生产要素需求的这种共同性特点带来一个重要后果，即对某种生产要素的需求，不仅取决于该生产要素的价格，而且也取决于其他生产要素的价格。因此，严格来说，生产要素理论应当是关于多种生产要素共同使用的理论。但是，由于同时分析多种要素过于复杂，为了简单化起见，一般往往集中于分析一种生产要素的情况。

生产要素的需求受多种因素的影响：消费者对产品的需求数量及产品的价格；生产技术水平；生产要素的价格等。这些因素直接影响着企业对生产要素的需求。

（三）　企业对生产要素的需求

1. 完全竞争市场中的生产要素需求

在完全竞争条件下，企业选择生产要素使用量时应遵循利润最大化原则，即生产要素的"边际收益"等于"边际成本"。如果用 P_L 表示要素劳动的价格，则完全竞争企业使用

要素的利润最大化原则可以表示为

$$P_L = VMP_L = P \cdot MP_L$$

式中，VMP_L 为劳动的边际产品价值；MP_L 为劳动的边际产品。

　　企业将会根据式 $P_L = VMP_L = P \cdot MP_L$ 选择劳动的投入量。如果 $VMP_L > P_L$，这就是意味着增加一单位劳动所增加的产品为企业带来的收益增加量大于企业为此支付的成本，那么增加该单位劳动就会增加企业的利润，于是企业就会使用它，即企业会增加劳动使用量；反之，如果 $VMP_L < P_L$，则表明该单位劳动带来的收益增加量小于为此支付的成本，因而减少该单位劳动的使用就会增加利润，即企业就会减少劳动使用量。这说明 $P_L = VMP_L = P \cdot MP_L$ 式是企业使用生产要素的利润最大化原则。

　　生产要素的边际收益是变化的，即一种生产要素投入量不断增加，而其他生产要素不变，可变生产要素的边际产量在一个时期内可以增加或保持不变，但是最终还是会递减。这个规律也称为边际生产力递减规律。

　　在完全竞争市场上，对一家企业来说面临一条水平的需求曲线，价格是不变的。企业对生产要素的需求就取决于生产要素的边际收益。生产要素的边际收益取决于该生产要素的边际生产力。根据边际收益递减规律，在其他条件不变的情况下，生产要素的边际生产力是递减的，所以，生产要素的需求曲线是一条向右下方倾斜的曲线，如图 6-1 所示。

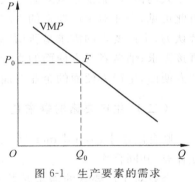

图 6-1　生产要素的需求

　　在图 6-1 中，横轴 OQ 为生产要素需求量，纵轴 OP 为生产要素价格，VMP 为边际生产力曲线，即右下方倾斜的生产要素需求曲线。当生产要素的价格为 OP_0 时，生产要素的需求量为 OQ_0，此时，$P_L = P \cdot MP_L$。

2. 不完全竞争市场中的生产要素需求

　　不完全竞争市场中，对一家企业来说价格是变化的。边际收益小于平均收益，并且是递减的。边际产量在其他条件不变的情况下上升到一定水平后也开始下降，由于边际产量收益等于边际收益乘以边际产量，因此，生产要素的需求曲线仍然是一条向右下方倾斜的曲线。

　　完全竞争市场与不完全竞争市场的区别在于生产要素需求曲线的斜率不同，而在同一生产要素价格时，对生产要素的需求量不同。价格相同时完全竞争市场上的生产要素需求量大于不完全竞争市场。

二、生产要素的供给

　　生产要素的供给是指家庭在一定的时期内，在不同的价格水平下，愿意而且能够供应的生产要素量。它是供给愿望和供给能力的统一,两者缺一不可。

(一) 生产要素供给的原则

要素的所有者为获得最大的效用必须贯彻如下原则:"要素供给"的边际效用与"保留自用"的边际效用相等。如果要素供给的边际效用小于保留自用的边际效用,则可以将原来用于要素供给资源转移到保留自用上去,从而增大总的效用。这是因为,减少一单位要素供给所损失的效用要小于增加一单位保留自用资源所增加的效用;反之,如果要素供给的边际效用大于保留自用的边际效用,则是将原来用于保留自用的资源转移到要素供给上去。根据同样的道理,这样改变的结果将使总效用增大。最后,由于边际效用是递减的,上述调整过程可以最终达到均衡状态,即要素供给的边际效用和保留自用的边际效用相等。

(二) 不同生产要素的供给

在市场经济中,大部分生产要素归个人所有。人们拥有自己的劳动,从这一意义上讲,人们可以控制劳动的使用。劳动作为人力资本只能出租,不可出售。资本和土地一般为家庭和企业所有。

劳动供给是由许多经济和非经济的因素决定的。劳动供给的主要决定因素是劳动的价格即工资率和一些人口因素,如年龄、性别、教育和家庭结构等。

土地和其他自然资源的数量是由地质来决定,并且不可能发生重大的变化,其质量会受到自然资源保护状况、开拓方式和其他改良措施的影响。

资本的供给依赖于家庭、企业和政府部门过去的投资状况。从短期看,资本像土地一样固定不变;但是从长期看,资本的供给对收入及利息率等经济因素非常敏感。

三、生产要素价格的决定

生产要素的价格,与商品均衡价格的形成一样,是由生产要素的需求和供给共同决定的。

如果产品市场和生产要素市场都是完全竞争的,那么,生产要素市场的需求曲线是从左上方向右下方倾斜的边际产品价值曲线 VMP,它与供给曲线的交点决定了生产要素的价格。

如果产品市场是非完全竞争的,但生产要素市场是完全竞争的,那么,这时生产要素市场的需求曲线是从左上方向右下方倾斜的边际收益产品曲线 MRP,它与供给曲线的交点决定了生产要素的价格。

如果产品市场和生产要素市场都是非完全竞争的,那么,企业将根据生产要素的边际成本等于生产要素边际收益原则进行生产,这时边际收益产品曲线 MRP 就不完全等同于生产要素市场的需求曲线,而是边际收益产品曲线 MRP 向左方移动的曲线。但是,此时的生产要素需求曲线还是从左上方向右下方倾斜的曲线,因而它与供给曲线的交点就决定了生产要素的价格。

第二节　劳动与工资

一、劳动需求与供给

（一）劳动需求

企业对劳动的需求取决于多种因素,如:市场对劳动的需求、劳动的价格、其他生产要素的价格等。但是,劳动的边际生产力是个最重要的因素。因为劳动的边际生产力递减,所以,劳动的需求曲线是一条向右下方倾斜的曲线,见图 6-2。

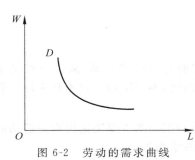

图 6-2　劳动的需求曲线

在图 6-2 中,横轴 OL 表示劳动的需求,纵轴 OW 表示产量和工资水平,D 表示劳动需求曲线,也就是劳动边际生产力曲线,曲线上任何一点都表明,企业在雇用该点所代表的工人数量时愿意支付的工资水平。劳动需求与工资成反方向变动,即工资降低,劳动需求增加;工资提高,劳动需求减少。

（二）劳动供给

劳动的供给主要取决于三个因素:一是劳动者的数量。人口的数量、年龄结构、性别比例等因素。二是劳动的成本。即维持劳动者及家庭生活必需的生活资料的费用,以及劳动者受教育、培训的费用。三是劳动者对收入与闲暇的偏好。劳动者要得到收入必须以牺牲闲暇的享受为代价,这时劳动者对两者的偏好强弱直接影响着劳动的供给量。

劳动的价格影响到劳动的供给。在一般情况下,工资越高,劳动的供给越多,其劳动的供给曲线是从左下方向右上方倾斜。但是,在实际的经济生活中,当工资上升到一定高度后,劳动的供给数量不仅不会增加,反而要逐渐减少。因为,劳动者一天的时间可分为工作和闲暇两部分,工作得到工资,闲暇得到享受。货币收入增多后,货币的边际效用递减,而由于闲暇时间的减少,使闲暇的边际效用增加。于是,在收入水平达到一定高度后,由于工资收入给劳动者增加的正效用不足以抵消劳动的负效用时,劳动者宁愿减少工作时间而增加闲暇时间,从而使劳动供给减少。另外,如在矿山井下采掘工作,纺织厂挡车工作,金属冶炼,野外地质勘探等一些危险、繁重、艰苦、肮脏、劳累的工作也会在工资提高到一定程度后,使劳动供给减少。这时的劳动供给曲线是一条向后弯曲的曲线,见图 6-3。

在图 6-3 中,横轴 OL 表示劳动数量,纵轴 OW 表示工资水平,S 是一条向后弯曲的劳动供给曲线。它表示,在初期,劳动供给与工资成同方向变动,工资水平提高,劳动供给增加;但是,当工资达到一定水平以后,劳动供给与工资成反方向变动,即工资水平提高劳动供给既不是增加,也不是不变,而是减少。

二、工资的决定

工资是劳动这种生产要素的报酬,工资水平由劳动的均衡价格决定,即由劳动这种生产要素的需求和供给共同决定。一般情况下,劳动的需求曲线与劳动的供给曲线相交时,决定着工资水平。在工资提高,劳动供给减少情况下,需求曲线与向后弯曲的供给曲线相交,工资水平的决定见图 6-4。

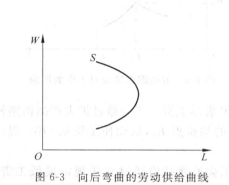

图 6-3　向后弯曲的劳动供给曲线

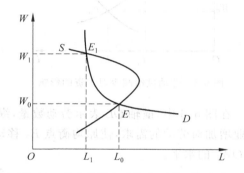

图 6-4　劳动供给向后弯曲下的工资决定

在图 6-4 中,横轴 OL 表示劳动数量,纵轴 OW 表示工资,当劳动需求曲线 D 与劳动供给曲线 S 相交于 E 点时,均衡劳动量为 OL_0,工资水平为 OW_0;当 D 与 S 相交于 E_1 点时,均衡劳动量为 OL_1,工资水平为 OW_1。虽然,$OW_1 > OW_0$,但 $OL_1 < OL_0$。这说明,当工资水平大大提高后,劳动的供给量不仅没有增加,反而减少了。

根据供求规律原理,在其他条件不变的情况下,通过增加对劳动的需求或减少劳动的供给可以使工资增加。

三、工会作用下的工资变动和人力资本

(一) 工会作用下的工资变动

当劳动市场上存在着不同程度的垄断时,工资的决定会产生新的变化。西方经济学认为,工会作为劳动供给的垄断者,控制了劳动的供给。这样的劳动市场就是一种不完全

竞争的市场,在这样的条件下工资变动主要有三种情况。

第一,工会通过限制非会员受雇、移民、童工的使用、缩短工时、实行强制退休等方法来减少劳动的供给,从而提高工资水平,如图 6-5 所示。

在图 6-5 中,横轴 OL 表示劳动数量,纵轴 OW 表示工资水平。工会通过限制劳动的供给使原均衡点 E_0 移动到新的均衡点 E_1,从而使工资由 OW_0 提高到 OW_1 的水平。

第二,工会通过提倡保护关税、扩大出口等办法扩大产品销路,从而提高对劳动的需求,来提高工资,如图 6-6 所示。

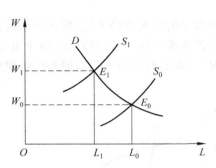

图 6-5　劳动供给减少对工资的影响

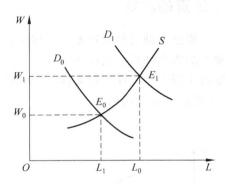

图 6-6　劳动需求增加对工资的影响

在图 6-6 中,横轴 OL 表示劳动数量,纵轴 OW 表示工资。工会通过扩大产品销路使企业增加对劳动的需求,使原均衡点 E_0 移动到新的均衡点 E_1,从而使工资从 OW_0 提高到 OW_1 的水平。

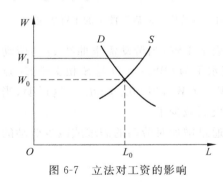

图 6-7　立法对工资的影响

第三,工会迫使政府通过立法规定最低工资,这样也可以使工资维持在较高的水平上,如图 6-7 所示。

在图 6-7 中,横轴 OL 表示劳动数量,纵轴 OW 表示工资。工会迫使政府通过立法规定最低工资,使工资维持在 OW_1 的水平。

现实中的劳动市场往往不是完全竞争的市场,存在工会对劳动供给的垄断,也存在企业对劳动需求的垄断。当存在工会对劳动供给的垄断时,工资会高于劳动的边际生产力;而当企业垄断劳动的需求时,工资会低于劳动的边际生产力。实际的工资水平,取决于工会与企业双方的力量对比。另外,政府对工资水平的确定进行干预也发挥着重要作用,还有其他经济和非经济因素影响工资的水平。现实的工资往往是各方,特别是劳资双方协商的结果。总的来看,在工资的确定上,工会起着重要的作用。

（二）　人力资本

在现实社会中，劳动者在能力上存在着差别。这些差别使劳动者的工资报酬产生高低之分。要说明这个问题，我们引用人力资本的概念。

人力资本是指体现在劳动者身上的资本，是指通过教育和培训而体现在劳动者身上的可赢得收益的技能（包括劳动者的文化技术程度与健康状况）。这个概念可以解释为什么教育和培训会影响工资，以及人们接受教育和培训或接受多少教育和培训的决定因素是什么。通常所说的资本，如机器、设备和厂房，它们具有两个特点：第一，它们是投资的结果；第二，它们能在一定时期内产生川流不息的收益。与此类似，人力资本是个人对自己的投资或者父母对子女的投资。通过支付教育费和技能培训费及花费时间，个人在未来就能以更高的工资形式获得报酬。当然，有些时候，报酬并不一定以工资形式出现，比如可能是个人从事某种特定职业所得到的快慰。对企业和雇主来说，不同类型劳动者由于教育和培训程度不同，他们的边际产量价值也不同，因而付给他们的工资也应不同。

人力资本同其他资本相比有不少特点：首先，它与人身自由联系在一起，因此人力资本所有权不可能被转让或转移。表现在人们只能以工资形式将人力资本出租给雇主，而不是如机器设备那样出售。其次，人力资本的折旧方式，依赖于劳动者的健康和寿命长短，而不像固定资本那样折旧。

人力资本投资仍然有一个成本收益的问题。人力资本投资的成本主要是指教育的成本。教育成本包括教育费用（个人负担的费用和社会公共负担的费用）和受教育者因求学所放弃的收入，收益包括受教育者的个人收益和社会收益。个人收益是指：个人受教育后所提高的劳动的质量给个人追加的收入。个人收益是递减的，因为随着年龄增大，受教育所放弃的收入会越来越多，为求学而付出成本也就越来越大。社会收益是指：由于劳动力的质量提高而对全社会所带来的好处，劳动者质量的提高之所以重要，是因为熟练劳动作为一种特定的生产要素，通常是不可替代的。

第三节　资本和利息

一、资本的需求与供给

（一）　资本的需求

资本的需求来自企业，它用借来的资本进行投资，提高生产效率，实现利润最大化，这源于资本具有净生产力。由于投资的边际效率随投资的增加而递减，所以，企业对资本的需求是一条从左上方向右下方倾斜的曲线，它表明在利润率即定时，利率与投资成反向变动。

137

（二） 资本的供给

资本的供给来源于家庭部门,来源于家庭把其收入中的一部分储蓄下来,从而使得资本数量增加。家庭之所以提供资本是因为可以在将来为家庭带来更多的收入。对于既定的收入(产品)而言,家庭可以选择马上消费,也可以选择储蓄,即把一部分收入转化为资本,租借给企业,由此获得一定的报酬。一般来说,对同一数量的商品,人们现在消费这些商品获得的效用大于未来消费的效用。所以,人们倾向于消费所有的收入,除非未来能得到补偿。因此,家庭最优储蓄的数量是现期消费和未来消费之间进行最优选择的结果。

对于家庭部门来说,牺牲当前消费是为了获得未来的更大消费,这就取决于市场的利息率。一般情况下,利息率越高,意味着资本所有者把一部分资本租借给企业所获得的收益越大,那么他就越愿意选择储蓄;反之,他就选择当前消费。

（三） 资本的价格

资本是指劳动与自然资源相结合生产出来的另外一类生产要素,又被用于继续生产商品和劳务的物品。它包括生产过程中所使用的厂房、设备、生产工具、原材料、燃料等。资本作为一种产品,具有一个市场价格,即资本价值。资本作为一种生产要素,也可以在市场上出租而产生租金,这是使用资本的价格,而这种价格是资本所有权得到的价格。这个价格通常称为利息率。

利息率是利息在每一单位时间内在货币资本中所占的比率。例如,货币资本为20 000元,利息一年为2 000元,则利息率为10%,或称年息10%。这10%就是货币资本在一年内的报酬,即货币资本的价格。

任何社会生产的最终目的,都是通过劳动过程生产出人们消费所需要的物品。劳动与自然资源相结合可以直接生产出人们生活所需的消费品,这是一种直接的生产方法。但是,如果人们首先制造出用于生产的工具,即资本品,然后再利用资本品来生产出满足人们生活所需的消费品,将使生产率大大提高,这种生产方法称为迂回生产方法。

使用资本进行生产所得成果,在补偿所消耗的资本以后还有一个余额,称为资本净生产力。如果资本净生产力采用按年计的百分率表示,则称为这种资本净生产力的实际利息率。为了将实际利息率与借贷资本利息率明确区分开来,可以把资本净生产力或实际利息率称为投资收益率。比如,一台价值为2 000元的机器,在使用一年后所生产的产品可以卖得2 200元,那么,资本净生产力为200元,投资收益率为10%。

投资收益率受收益递减规律的支配。也就是说,在劳动、土地的数量固定不变和生产技术不变的条件下,随着与劳动、土地相结合的资本使用量的投资,每一单位资本增加量的边际生产力递减,即投资边际效率随投资的增加而递减。

二、利息率的决定

利息是资本这种生产要素的价格,也是提供资本这种生产要素所得到的报酬和收入。均衡价格利息理论从资本的需求和供给两个方面来说明利息的决定。该理论认为利息是由资本这种生产要素的均衡价格所决定。

资本的需求表现为企业的投资,用投资表示资本的需求。资本的供给来自储蓄,用储蓄表示资本的供给。用投资与储蓄可以说明利息率的决定。

从资本的需求方面看,企业借入资本进行投资,是为了实现利润最大化,投资就取决于利息率与利润率之间的差额。利润率与利息率的差额越大,纯利润就越大,企业愿意增加投资;反之,利润率与利息率的差额越小,纯利润就越小,企业必然减少投资。如果利润率既定,则投资与利息率成反方向变动。这样,资本的需求曲线是一条从左上方向右下方倾斜的曲线。

从资本的供给方面看,家庭进行储蓄,是为了获得利息。利息率越高,越愿意增加储蓄;利息率越低,必然会减少储蓄。这样,储蓄与利息率成同方向变动,资本的供给曲线是一条从左下方向右上方倾斜的曲线。

资本的利息就是由资本的需求和供给的均衡状态决定的,即由资本的需求曲线与供给曲线的交点所决定,见图 6-8。

在图 6-8 中,横轴 OK 表示资本的数量,纵轴 OI 表示利息率。资本的需求曲线 D 与资本的供给曲线 S 相交于 E,E 点决定了资本的价格,利息率的水平为 OI_1,均衡资本量为 OK_1。这说明,企业愿意按 OI_1 的利息率借入 OK_1 的资本量,资本供给者也愿以 OI_1 的

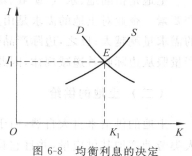

图 6-8　均衡利息的决定

利息率贷出 OK_1 的资本量。资本的供求达到均衡状态,资本量为 OK_1,利息率水平为 OI_1。

三、利息的作用

利息在社会经济中具有十分重要的作用。

首先,利息的存在可以鼓励少消费,多储蓄。增加储蓄是发展经济的关键,而刺激人们增加储蓄的最有力的手段就是提高利息率。也正因为如此,一般情况下,国家在经济发展初期总要采取高利息率的政策。

其次,利息的存在可以使资本得到最有效的利用。如果社会的利息率水平是既定的,那么,人们就会把资本用于获得利润率最高的部门,利润率高的部门也就是资本能最好地

发挥其作用的部门。

再次，利息的存在可以使企业更节约、更有效地利用资本。企业使用资本要支付利息，因此，利息的存在是刺激企业有效地利用资本的最好手段。

最后，利息可以作为调节宏观经济的手段。当社会经济中出现了通货膨胀时，提高利息率可以压抑对可贷资金的需求，刺激可贷资金的供给，从而制止通货膨胀。而当社会经济萧条，企业纷纷倒闭、失业急剧增加时，降低利息率，可以刺激消费和投资，扩大需求，使经济转向繁荣。正因为利息有这样的作用，所以，利用利息率来调节经济是非常重要的手段。

第四节　土地和地租

一、土地的需求和供给

（一）　土地的需求

土地是指陆地、水域、矿藏、森林等在内的所有自然资源。它是经济活动最基本的生产要素。企业对土地的需求是由土地的边际产品价值所决定。边际产品价值越高，土地的需求量就越大；反之，边际产品价值越低，土地的需求量就越小。企业使用土地的边际产量服从边际收益递减规律，因此土地的需求曲线是一条从左上方向右下方倾斜的曲线。

（二）　土地的供给

土地的供给来自大自然，由于它是一种自然资源，并非人类劳动的产物，也不能通过人类劳动增加其供应量，并且它具有数量有限、位置不变及不能再生产等特点，因而在经济分析中，就土地的用途而言，被假定土地的供给是固定不变的，即土地的供给弹性为零。也就是说，不论地租的高低，土地的供给量都是一个固定不变的常数，即土地的供给曲线是一条与横轴垂直的直线。当代西方经济学强调，土地是自然的赠与，没有生产成本，而是无偿的占有，人们可以通过整理、排水、灌溉等方法，增加土地的效用，但是土地的数量并不能因此而增加。

二、地租的决定

地租是使用土地这种生产要素而支付的报酬。土地的需求和供给相互作用决定均衡的地租率。土地作为资本的特殊形式，使用资本而支付的报酬是利息，因此，地租也是利息的一种特殊形态。利息取决于资本的边际生产力，地租则取决于土地的边际生产力。但是，土地与资本还是有所区别的。资本的供给是无限的，土地的供给却是有限的。它的供给曲线没有弹性,是一条固定的垂直线。因此地租取决于需求,由土地的边际生产力决定,如图 6-9 所示。

在图 6-9 中,横轴 ON 表示土地数量,纵轴 OR 表示地租水平。S 为土地供给曲线,由于没有弹性,所以与横轴垂直。D 为土地的需求曲线。因为土地的边际生产力递减,所以土地的需求曲线向右下方倾斜。D 与 S 交于 E 点,OR_1 则表示均衡的地租水平。这意味着在使用固定不变的 ON_1 土地时,地租水平为 OR_1。

随着经济的发展,人口不断增长,农产品价格上升,使土地的需求量不断增加,由于土地的供给无弹性而不能增加,这样使土地需求曲线位置不断提高,结果地租就出现不断上升的趋势,如图 6-10 所示。

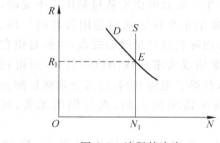

图 6-9　地租的决定

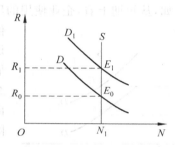

图 6-10　土地需求增加地租提高

在图 6-10 中,横轴 ON 表示土地的数量,纵轴 OR 表示土地的价格,D 为土地的需求曲线,S 为土地的供给曲线,土地的需求曲线与土地的供给曲线相交于 E_0,决定土地的供给为 ON_1,地租为 OR_0。土地的需求曲线由 D 移到 D_1,土地的供给曲线与需求曲线相交的均衡点由 E_0 移到 E_1,土地供给不变,仍为 ON_1,地租则由原来的 OR_0 提高到 OR_1。这说明,由于对土地的需求增加,导致地租上升。这也是由土地的边际生产力或需求曲线决定的,而与供给无关。

三、级差地租、准地租和经济地租

(一) 级差地租

级差地租是由于土地的肥沃程度、地理位置、气候、交通等方面的差别而形成的地租。土地有肥瘠之分,地理位置的不同、气候条件的差异等区别,根据具体情况的不同,可以把土地分为不同等级。理性的生产者对土地的利用,要根据土地的优劣依次进行。产品的价格最低只能等于使用劣等土地生产所用的平均成本,否则就没有人去开发、使用劣等土地从事生产。由于劣等土地的平均成本等于产品的市场价格,生产者的收入仅够支付成本,没有剩余,这种不会发生地租的土地,称为"边际土地"。相比"边际土地"那些肥沃程度高、气候适宜、交通便利的土地,其产品生产成本低于边际土地的平均成本,使用者能得平均成本以外的剩余报酬,这种市场价格与边际土地产品价值之间的差额,叫做级差地租。

（二） 准地租

准地租(quasi-rent)是指在短期内使用土地以外的,其他固定不变的资源或生产要素(如机器设备、厂房等)所获得的收益(率)。准地租只是针对短期而言的。在长期中,由于要素的供给数量可以充分变化,因此,不存在准地租;同时,准地租是由需求决定的。当边际生产力提高,需求曲线也升高,其高出的部分即为准地租。

例如,从短期上看,企业使用的厂房、机器设备等生产要素的供给数量是固定不变的,供给弹性为零。如果企业在短期内使用较好的厂房、设备进行生产,其边际收益产量就会提高,也就是说它们的边际生产力曲线或需求曲线的位置较高,所得租金水平也就较高,获得了超额利润,这部分超额报酬是由厂房、机器设备的需求决定的,而与供给无关,见图 6-11。

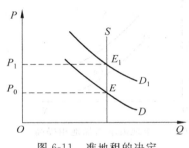

图 6-11　准地租的决定

在图 6-11 中,纵轴 OP 为价格和租金,横轴 OQ 表示厂房机器设备的数量;S 为供给曲线;D 为一般水平的厂房机器设备的边际生产力曲线和需求曲线,它与供给曲线相交于 E 点,其报酬为 OP_0;D_1 为使用高水平的厂房机器设备的边际生产力曲线和需求曲线,它与供给曲线相交于 E_1 点,其报酬为 OP_1。OP_1 大于 OP_0,其超额部分 P_0P_1 就是高水平的厂房机器设备所得到的超额利润。因为它是由需求决定的,而与供给无关,所以称为准地租。

在现实生活中,某阶段高级技术劳动者的工资中,存在着一种超过正常工资的额外收入,由于他们具有某方面的天赋才能,使其边际生产力较高,而得到超额工资收入,这些超额工资也被称为准地租。从长期看,该类劳动者人数会增加,供给数量和供给价格会发生变化,超额工资也就随之消失。

（三） 经济地租

经济地租(economic rent)是指生产要素的所有者所得到的实际收入高于他们期望得到的收入,超过他们期望的那部分收入称为经济地租。

经济地租是准地租的一种特殊形式。一般准地租,是指边际生产力较高,素质较好的生产要素,在短期内由需求方面的因素所引起的一种超额收入。而经济地租则相反,是指素质较差的生产要素,在长期内由于需求增加而获得的一种超额收入。它们的共同点都是由需求方面决定,而与供给无关。例如,劳动力市场上有甲、乙两类工人,乙类工人技术高于甲类,甲类工人每月工资1 000元,乙类工人每月工资1 200元,如果某种工作甲、乙两类工人都能担任,企业在雇用工人时,首先雇用乙类工人,在乙类工人数量不足时,只有雇用甲类工人,在社会工资水平已提高到乙类工人的工资水平时,企业必须按乙类工人的要求支付1 200元的工资。这样,甲类工人得到的1 200元工资中,有200元是高于他们期望,这200元的收入就是经济地租。

经济地租,是生产要素所有者所得到的超过他愿意接受的收入部分,故称为生产者剩余。它类似消费者剩余,两者的相同点是:二者都是由实际发生的数额与自己所想象的数额之差形成的。因此,都认为自己得到了一种"剩余"。它们的区别是:消费者剩余是产品的消费者购买时得到的一种额外福利,是一种心理上的感受,并非实际收入的增加;生产者剩余则是由生产要素的供给者得到的一种额外收入,是一种实际收入的增加。

对其他生产要素的供给者,如土地、资本、企业家才能的供给者,也可以得到这种相类似的经济地租或生产者剩余。

第五节　企业家才能和利润

一、企业家才能

企业家是指在企业经营管理中,善于创新,勇于承担风险,合理组织生产要素,并取得一定成就的人。企业家才能是指从事企业组织和管理,综合运用土地、资本和劳动三要素进行生产创新、产生更大收益的一种特殊的人力资源。

企业家才能是一种特殊的生产要素,因此,对它的需求不同于其他生产要素的需求。其他要素的需求(如劳动、土地、资本等)都是企业及企业家的需求,在这种情况下,劳动、土地、资本等生产要素的供给者和需求者分属不同的人,因而都是通过企业家的购买来实现的。企业家的需求则属于企业家自己。企业家既是组织管理才能这个生产要素的供给者,同时又是需求者。所以,企业家才能的需求是社会的需求。

相对于企业家才能的需求来讲,企业家才能的供给是较少的。因为,并不是每个人都具有企业家的天赋,能受到良好的教育。只有那些有胆识、有能力,又受过良好教育的人才具有企业家才能。企业家才能的供给成本是指企业家为获得组织和管理能力而支付的费用,这一成本是很高的。

二、正常利润

正常利润(normal profit),是企业家才能这种生产要素所得到的收入,也是企业家才能的价格。它包括在成本之中,其性质与工资相类似,也是由企业家才能的需求与供给所决定的。企业家才能的需求与供给的特点,决定了企业家才能的收入——正常利润是很高的。正常利润是一种特殊的工资,其特殊性就在于其数额远远高于一般劳动所得到的工资。

正常利润包括在成本之中,而且往往是作为一种隐性的成本,所以,收支相抵就获得了正常利润。在完全竞争条件下,利润最大化实际上就是获得正常利润。超过正常利润以后的那一部分利润在完全竞争之下并不存在。企业家的收入如果高于正常利润,就会增加企业家的供给,有更多的企业家进入该行业;如果低于正常利润,就会减少企业家的供给,使一些企业家退出该行业。

正常利润是成本的一个组成部分。它通常包括企业家才能的报酬、平摊收益和风险报酬三个部分。

企业家才能的报酬是指企业家从事企业经营和管理才能这个生产要素的报酬,一般是以薪金的形式支付给企业家。这一报酬实际上是企业家受益中扣除其他报酬的一个剩余。

平摊收益,是指企业家自有资本的报酬,即股息和红利。它必须大于同额货币在同一时间内所能取得的利息,否则,企业家就不愿去投资经营企业了。

风险报酬,是指投资风险的收入。风险是指投资者所面临亏损的可能性。投资者总是把资本投资在风险小的行业中。但某些投资是需要冒风险的,为了消除人们对风险的担心,就必须给承担风险者一定的报酬,并把这一报酬计在正常利润之内,作为投资者的一部分收入,否则就没有人愿意去冒风险,以致那些需要冒风险的事业就没人去投资经营。

各行业的具体情况不同,风险就不相同,因而风险的报酬就有多有少。例如,从事证券买卖风险较大,风险报酬就较多;兴办加工企业,商业风险较小,风险报酬也就低。风险报酬作为正常利润的组成部分,因不同行业而不同,所以各行业的正常利润率必然产生差异。

三、超额利润

超额利润(super profits),是指企业总收益减去总成本后的剩余部分,也就是超过正常利润的那部分利润,又称为纯粹利润或经济利润。

超额利润是经济分析中的一个特定范畴。在完全竞争的条件下和静态社会中,不会有超额利润。只有在动态的社会中和不完全竞争条件下,才会产生这种利润。其来源是创新、风险和垄断三个方面。

(一) 创新的超额利润

创新(innovation)超额利润是由于企业家具有特异的天赋才能对企业进行创新的结果,因此应该归企业家所有。

创新是指企业家对生产要素和生产条件进行新的组合。包括五种情况：

（1）引进一种新产品；

（2）引进一种新技术；

（3）开辟一个新市场；

（4）获得一种原材料的新的供给；

（5）生产组织方法上的一种新发明及其应用。

这五个情况"创新"的实质，就是把新的科学技术、发明和新的经营管理方法应用于生产实践，把科学技术由实验室转移到大批量的生产。

创新的超额利润只是暂时存在，在长期中，由于企业之间的竞争，必然会或普遍采用这种先进的科学技术和先进的管理方法，或争夺新的市场，超额利润就会消失。但是，长期内，还会不断涌现更新的科学技术和管理方法，所以，超额利润虽然只能在短期内存在，从长期看来，却是一个不断涌现，不断消失，又不断涌现的过程。

（二） 承担风险的超额利润

风险（risk）是从事某项事业时失败的可能性。在现实的动态社会中，未来具有不确定性，风险就存在于其中，由于供求关系难以预料的变动，由于自然灾害、政治动乱，以及其他偶然事件的影响，都存在着风险，而且并不是所有的风险都可以用保险的方法加以弥补。这样，从事具有风险的生产就应该以超额利润的形式得到补偿。

社会中充满了不确定性，风险需要有人承担，所以，承担风险而产生的超额利润就是合理的，可以作为社会保险的一种形式存在。

（三） 垄断的超额利润

垄断利润（monopolistic profit），是指由于企业的专卖或专买的垄断而产生的超过正常利润的那部分利润。在现实的社会中，各种不同的买方垄断或卖方垄断，都将导致垄断利润的产生。

专卖又称卖方垄断，是指市场出售该商品的企业只有它一家（如专利权和商标等），由于有很多买者，于是，企业可以在购买者支付能力的限度内，抬高销售价格，由此而获得垄断利润。

专买又称买方垄断，是指由于有很多卖者，而买者只有一家，于是他可以在供给者所愿意接受的范围内压低价格，从而获得垄断利润。

四、利润在经济中的作用

利润是社会进步的动力。这是因为：

（1）正常利润作为企业家才能的报酬，能鼓励企业家更好地管理企业，提高经济效益,促进经济繁荣,加快社会发展,增进社会福利。

（2）由创新而产生的超额利润鼓励企业家大胆创新。这种创新能大力促进科技繁荣,有利于社会的进步。

（3）由风险而产生的超额利润能鼓励企业家勇于承担风险,从事有利于社会前进、经济发展的风险事业。

（4）追求利润的目的使企业按社会的需要进行生产,努力降低成本,有效地利用资源,从而在整体上符合社会的利益。

（5）整个社会以利润来引导投资,使投资与资源的配置符合社会的需要。

第六节　洛伦茨曲线与基尼系数

一、洛伦茨曲线

洛伦茨曲线（Lorenz Curve）,是用来衡量社会收入或财产分配平均程度的曲线,是由美国统计学家洛伦茨提出的。

洛伦茨把社会各个居民按其收入的多少分成若干等级,再分别在横坐标和纵坐标上标出每个等级的人口所占总人口的百分比和每个等级人口的收入占社会总收入的百分比,连接各个等级的这两个百分比的坐标点所形成的一条曲线,即洛伦茨曲线。

如果把社会的人口分为 10 个等级,各占总人口的 10%,按他们在国民收入中所占份额的多少可以作出表 6-1。

表　6-1   单位：%

级别	占人口的百分比	合计	占收入的百分比	合计
1	10	10	2.0	2.0
2	10	20	3.5	5.5
3	10	30	4.5	10.0
4	10	40	5.5	15.5
5	10	50	6.5	22.0
6	10	60	7.5	29.5
7	10	70	9.0	38.5
8	10	80	11.5	50.0
9	10	90	15.5	65.5
10	10	100	34.5	100

根据表 6-1 可以作出洛伦茨曲线,如图 6-12 所示。

在图 6-12 中,横轴 OP 代表人口百分比,纵轴 OI 代表收入百分比。OY 为 45°对角线,在这条线上,收入分配绝对平均,称为绝对平等线。OPY 表示收入分配绝对不公平,称为绝对不平均线,介于 OY 与 OPY 之间的曲线是洛伦茨曲线。洛伦茨曲线越靠近 OY,表明收入分配越平均;相反,越靠近 OPY,表明收入分配越不平等。如果将收入改为财产,洛伦茨曲线反映的即是财产分配的平均程度,而这种平均程度的大小,可以用基尼系数来衡量。

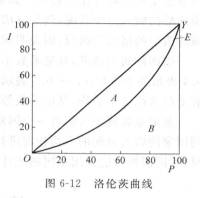
图 6-12　洛伦茨曲线

二、基尼系数

基尼系数(Gini Coefficient),是根据洛伦茨曲线计算出来的反映收入分配的平均程度的指标,是由意大利统计学家基尼根据洛伦茨曲线提出的。

我们把图 6-12 中,实际收入线(洛伦茨曲线)与绝对平均线之间的面积用 A 来表示,把实际收入线与绝对不平均线之间的面积用 B 表示,那么计算基尼系数的方法是

$$基尼系数 = A/(A+B)$$

当 $A=O$,基尼系数等于零,这时收入分配绝对平均。

当 $B=0$,基尼系数等于 1,这时收入分配绝对不平均。

若基尼系数用 G 表示,则 $O<G<1$。G 越小,收入分配越平均;G 越大,收入分配越不平均。

三、洛伦茨曲线与基尼系数的运用

运用洛伦茨曲线与基尼系数可以从空间上对各国和各地区收入分配的平均程度进行对比,也可以对各种政策的收入效应在时间上进行比较。目前,它是国际上衡量分配平均程度的一种分析工具,其运用见图 6-13。

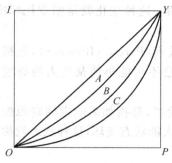
图 6-13　洛伦茨曲线的运用

在图 6-13 中,OAY、OBY、OCY 三条洛伦茨曲线分别代表收入分配的不同平均程度。如果这三条曲线分别表示的是 A、B、C 三个国家的收入分配状况,则 A 国的收入分配最平均,C 国最不平均,B 国介于二者之间。如果这三条曲线分别表示一国在不同时期的收入分配状况,如某国家收入分配的平等程度,OAY 为 20 世纪 90 年代的洛伦茨曲线,OBY 为 20 世纪 80 年代的洛伦茨曲线,OCY 为 20 世纪 60 年代的洛伦茨曲线。则该国收

147

入分配呈现出均等化的趋势。如果把这三条曲线中任意两条线看作表示实行某项经济政策前后的收入分配状况,例如,OBY为实行某项经济政策前的洛伦茨曲线,OAY为实行该政策后的洛伦茨曲线,则说明该项政策的收入效应是趋向平均化的。

按国际通用标准,基尼系数小于 0.2 表示绝对平均,0.2～0.3 表示比较平均,0.3～0.4 表示基本合理,0.4～0.5 表示差距较大,0.5～0.6 以上表示收入差距悬殊,0.6 以上表示收入高度不平均,基尼系数等于 1 表示绝对不平均。

基尼系数便于人们对一个国家不同时期的收入分配平均程度进行比较,也可以对不同国家的收入分配的平均程度进行比较。但是,基尼系数不能说明不平等的全部情况;同时,不同国家可能采用不同的统计口径和资料,国家之间的可比性较差。

第七节　效率与公平

一、效率及其判断标准

（一）效率

经济学对于效率的研究由来已久,基于不同的研究视角,可以得出不同的效率定义。可以说,效率是经济学研究的核心。狭义的效率是指资源投入与产出的比率。如果投入少,产出多,说明效率高;反之,如果投入高,产出低,效率就低。而广义的效率是指在资源稀缺性、技术有限性、信息不对称性和存在交易成本等一系列约束条件下用有限的生产资源为人们提供了最大可能满足的经济运行状态。

（二）帕累托标准

对于效率的判断要涉及不同的价值判断标准,同时对于效率的衡量还涉及难以度量的社会福利。而广泛被人们接受的价值判断是帕累托标准。

帕累托标准(Pareto criterion),是指在资源配置中,如果一种变化使某(些)人的状况改善,而无使其他任何人的状况恶化,则此种变化是可取的。这种变化就是帕累托标准。帕累托标准涉及帕累托最优和帕累托改进。

(1) 帕累托最优(Pareto optimality),也称为帕累托效率(Pareto efficiency),是指资源分配的一种状态,即在不使任何人境况变坏的情况下,已不可能再使某些人的处境变好。此时,资源处于最优配置状态。

(2) 帕累托改进(Pareto improvement),又称帕累托改善,是指如果既定的资源配置状态的改变使得至少有一个人的状态变好,而没有使任何人的状态变坏,这种状态就称为帕累托改进。此时,资源处于非最优配置状态。

帕累托标准是一种很弱的价值判断,这里所说的弱有两层意义:首先大多数人会接

148

受这种价值判断；其次，许多其他价值判断都包含了帕累托标准。因此它更容易使人们接受。例如，它包含了一个社会成员的福利改善和全体社会成员福利的改善，同时也包含略微改善和明显改善。

二、公平

公平有公正、平等、不偏不倚之义。一般情况下，公平包含公民参与经济、政治和社会其他生活的机会公平、过程公平和结果公平。机会公平也称机会均等，是在承认个人之间由于天赋和其他条件差异的基础上，要制定相应的制度，来保证人人都有参与竞争的机会，如不能公然把某（些）人排除在参与某项游戏之外；过程公平，则更多地关注在游戏过程中人人必须遵守游戏规则，没有例外；而结果公平，除了按游戏规则进行游戏时，参与游戏的人要承认游戏结果，还要在承认结果的同时，给予弱者以必要的救助。如政府实施最低生活保障制度，就是通过采用再分配手段对低收者以补贴，来保证其最基本的生活。

经济学上讲的公平更多是关注收入上相对均等，避免两极分化。政府实现社会公平的手段主要是通过再分配政策：一方面建立税收制度，包括所得税、遗产税、赠与税等，缩小贫富之间的收入差距和财产差距；另一方面，通过失业救济、养老保险、医疗保险等社会保障和福利项目，帮助处于困境中的人。

三、效率与公平的关系

当对一个经济社会作出一定的评价时，通常存在两个尺度，即效率与公平。在经济学中，效率被看作把蛋糕做得尽可能的大，这是人均资源得以提高的前提，也是经济活动的基本要求；公平被看作把这个蛋糕尽可能地在社会成员中均等的分配，这是个体作为参与者对整体的基本要求。由于对这个蛋糕的分配将影响下一个蛋糕的大小，所以效率与公平有相关性，通常，它们之间存在替代关系。也就是说，一个社会效率高，则公平小；一个社会公平多，则效率低：这就是经济社会的两难选择。从历史经验来看，一般来说，经济发展之初，社会以效率为主；经济发展以后，社会以公平为重。

本　章　小　结

1. 生产要素的价格就是生产要素所有者的收入，即劳动投入者得到的工资，土地投入者得到的地租，资本投入者得到的利息，企业投入者得到的利润。所以，生产要素的价格决定即是国民收入如何分配的问题，也就是经济学要解决的第三个基本问题"为谁生产"的问题。

2. 生产要素的价格是由供求关系决定的。生产要素的需求是派生的、联合的需求，企业对生产要素的需求取决于边际收益等于边际成本，以实现利润最大化。

3. 各种生产要素的供给具有不同特征。劳动、土地、资本和企业家才能四种要素通过各自的需求和供给相互作用决定了工资、地租、利息和利润。

4. 洛伦茨曲线和基尼系数是衡量收入分配是否平等的有用工具。

5. 效率与公平是任何一个社会都在追求的两大社会目标。效率与公平存在替代关系。

基 本 概 念

生产要素 派生需求 联合需求 资本 利息 地租 经济地租 准地租 企业家才能 正常利润 创新 超额利润 洛伦茨曲线 基尼系数

思考与训练

1. 生产要素需求的性质是什么？影响生产要素需求的因素主要有哪些？

2. 劳动的供给有何特殊规律？

3. 利息在经济中的作用是什么？

4. 地租是如何决定的？地租的发展趋势是什么？

5. 什么是超额利润？超额利润包括哪些种类？

6. 什么是创新？它为什么能带来超额利润？

7. 什么是洛伦茨曲线和基尼系数？如何计算基尼系数？

8. 案例分析。要求：

(1) 分组讨论，小组代表发言，最好制作成 PPT 文件，边展示边讲；

(2) 运用所学知识深入分析，展开讨论，要求言之有理；

(3) 总结分析案例说明了什么问题，我们能从中得到什么启示。

"民工荒"是对大学生"就业难"的讽刺

据报道，2010 年全国高校毕业生将达到 630 万人，比去年增加 19 万人，为历年之最，就业形势非常严峻。人保部门表示，去年高校毕业生就业率为 87%，今年力争使应届高校毕业生离校时就业率达到 70% 左右，当年年底总体就业率达到 80% 以上。考虑到毕业生的就业单位层次和毕业生群体庞大的现实，实现这样的目标有一定难度，高校毕业生就业仍是所有就业群体中就业的难点。

与此相反的是,春节后,沿海地区出现了"民工荒"。这边就业难,那边却招不上工,这不是很矛盾吗?以往闹"民工荒"只是在经济萧条的时候出现,可最近经济逐渐回暖,反而出现"民工荒"真让人不可思议。据说,珠江三角洲某地的招聘会虽"轰轰烈烈",但进场总人数寥寥无几,和大学生招聘会的人山人海相比,简直是天壤之别。

为什么会出现"民工荒"与大学生"就业难"并存的现象?民工真的"荒"了吗?其实民工一点都不"荒","荒"的是人的心态。事实上,导致"民工荒"的罪魁祸首,主要是因为民工在城市的工资待遇过低,还经常会受到各种歧视。在经济大面积回暖之后,对于某些农村剩余劳动力来说,不再向往城市了。家门口的收入即便是低了些,但是可以活得更有尊严。可见,"民工荒"的出现,正是企业贪小便宜的结果,用"捡了芝麻、丢了西瓜"来形容并不过分。

有数据显示,大学毕业生总体就业率大约是六成左右,就是说有四成的大学生一走出校门就成了失业青年。企业既然招工难,为什么不去录用这些有知识的人才,而四处大叫"民工荒"呢?答案很简单,企业并不是真正招不到工,而是想找只需支付低廉工资的农民工。在现行政策下,雇用大学生就意味着要支付更高的劳动成本,加之企业对大学生所提供的劳动效率怎么样心里没底,这在客观上也加大了大学生就业的难度。

本来,从付出了高昂教育成本的角度上讲,大学生要求高一点的工资也是理所应当的。可在这种只想找低价位、效率高的劳动力的思维模式下,大学生就业本来就难,再想要高工资只能是难上加难了。

151

学不能致用,才不能发挥,许多大学生只好继续当"啃老族",望"就"兴叹而无可奈何。如:被誉为"血汗工厂"的富士康集团,作为蝉联中国第一出口大户并跻身全球500强的一家"高新科技企业",员工超过14万人,但也并不怎么需要科研人才,而是雇用了大量"基本工资500元左右"的廉价女工。这只是大学生就业难的一个缩影,但也是最好的例证。

中国的企业,竟然"不敢用"高等教育培养出来的人才,致使普及率并不高的高等教育群体出现了过剩的局面,甚至出现了所谓的大学毕业生"零工资"就业现象。因此,"民工荒"的出现,无疑是对大学生"就业难"的一种讽刺。

所以说,真正"荒"的不是民工,而是人的心态。我们的企业如果能够摆正心态,从长计议,把目光放远些,消除对大学生的偏见,为大学生的就业尽量拓宽渠道,或许"民工荒"只是暂时的,风雨过后就会见彩虹。否则,最后吃亏倒霉的恐怕还是企业自己。(摘自荆楚网"民工荒"是对大学生"就业难"的讽刺)

综合实训

中国的房地产市场多年来备受政府、社会和老百姓关注,请实地调查本地区两个以上不同楼盘的售价,分析它们定价的差别及其理由。

第七章　市场失灵与微观经济政策

【引例】　定价与价格歧视

　　现实生活中，我们经常看到一些商品的价格不是采取买卖双方自由竞价的方式来定价，而是由供给者（卖者）或需求者（买者）一方说了算，如火车票价格、居民用电价格、移动通信价格、汽油价格分别由铁路局、电力公司、移动公司和石油公司等供给者来定价；而有些时候又是由需求者说了算，如粮食等农产品经营部门向农民收购农产品时，农产品的价格则是由这些收购部门来定价。

　　同学们有时可以花费 10 元钱在校内看贺岁大片，但在校外的电影院看同样的电影却要花 30～50 元。许多商场为了促销，常常打出买 100 元送 50 元现金（或购物券）或买 200 元送 100 元现金（或购物券）的广告。在广州很容易以 750 元左右的价格买到从广州到济南的经济舱飞机票，但是在济南只能买到 1 420 元的从济南到广州的经济舱飞机票，乘的是同一航空公司的飞机，甚至是同一架飞机，同样的机组，时间、里程也一样，价格却相差如此悬殊。

　　这是怎么回事？

第一节 市 场 失 灵

一、市场失灵的含义

微观经济分析认为,在完全竞争市场条件下,通过市场机制形成的价格调节,经济社会能够实现资源的最优配置,社会福利达到帕累托最优状态。但是,自由市场经济并非万能的,在现实经济生活中,由于多种原因,存在市场失灵(market failure)的现象,即市场机制不能按人们的意愿有效地配置经济资源的现象。

市场失灵有广义和狭义之分:狭义的市场失灵是指完全竞争市场所假定的条件得不到满足而导致的市场配置资源的能力不足从而缺乏效率的表现,对其研究主要集中在导致失灵的因素上——垄断、外部效应、公共物品和信息不对称等方面;广义的市场失灵,则还包括市场机制在配置资源过程中所出现的经济波动以及按市场分配原则而导致的收入分配不公等现象。通常西方经济学在狭义的范畴上使用市场失灵的概念。

二、市场失灵的表现及后果

市场失灵来自市场自身的缺陷,包括垄断、外部性、公共产品和信息不对称等问题。这些问题都阻碍市场的运行和破坏市场的秩序。

1. 垄断破坏市场竞争

竞争是市场秩序的核心,市场的正常秩序是以竞争的存在为前提。但是,竞争本身并不具备自我持续的功能,垄断随时可以产生。在现实生活中,随处可以看到,由于企业生产的产品存在差别,其产品的生产成本往往随着生产规模的扩大而减少,结果是一家企业或几家企业把众多的竞争对手挤掉。因此,在市场运作过程中经常出现不完全竞争乃至垄断。垄断是一种反市场的力量,它的出现使市场的正常运行机制受到抑制,妨碍了资源的有效配置,降低了经济效率。如在垄断的情况下,如果少数几个企业包揽了某项产品的绝大部分供给(寡头垄断),它们之间为了获得超额利润而进行勾结,就会使价格背离成本,迫使消费者以高于边际成本的价格购买这项产品。这时的价格不能正确反映市场供求,市场失去了正确的引导。没有价格这个中介,市场的运行极可能是无效的和不正常的。有时垄断企业为了获得垄断利润,通过限制产品产量来提高价格。在这种情况下,没有做到使所有生产能力都用于生产,而是人为地有所保留,因而这时经济是低效率的。

2. 外部性问题降低市场效率

现实中,一个人或企业的经济活动会对另外一个人或企业造成影响,这种影响可以是有益的,也可能是有害的。这种影响就是外部性问题。外部性成为一种问题的原因在于主动和被动双方都难以避免它的发生。对另外一个人或企业的影响是个人或企业行为的

"副产品",只有在受到外部压力的情况下,个人或企业才会从外部影响出发,考虑对自己的行为进行约束。

外部性的一个常见例子是道路的"拥挤"问题,造成道路"拥挤"的原因可能是私人追求更快捷而过多地购买了私人小汽车造成的。道路是公共产品,每个人都可以自由使用。"拥挤"反映的是对公共产品的过度使用带来的外部性问题。这种外部性是由于大家都追求效率,结果相互干扰,造成大家都没有效率。

3. 公共产品导致市场机制失效

公共产品是区别于私人产品的一个概念,它具有非竞争性和非排他性的特点。由于公共产品的这两个特点,增加额外一个消费者的边际成本为零,而且任何一个消费者都无法排除别人的消费,这就经常出现"搭便车"现象。"搭便车"现象说明人们不付费就可以消费公共产品,因此,公共产品不能靠市场机制来提供公共产品,这样就会造成公共产品供给不足,同时又会造成公共产品的过度消费。通常情况下,公共产品一般由政府或公共部门提供。

4. 信息不对称造成市场机制失灵

信息不对称是交易双方所掌握的信息是不对称的,即一方掌握的信息多,而另一方掌握的信息少。在市场经济运行中,由于双方参与人掌握的信息是不同的,一些人就会利用信息优势进行欺诈,导致不正当的交易,当人们对欺诈的担心严重影响交易活动时,市场正常的机制就会丧失,市场配置资源的功能也就失灵了。

154

第二节 垄 断

一、垄断与低效率

(一) 垄断没有实现经济效率

为了说明垄断对经济效率的影响,假定垄断企业的平均成本等于边际成本,从而平均成本曲线和边际成本曲线是同一条线,如图 7-1 中的 P_c 线。垄断企业为了实现利润最大化,将根据边际成本等于边际收益原则决定产量,即图中的 Q_m,并索要此产量所对应的需求曲线 D 上的价格,即图中点 E_m 所对应的价格 P_m。如果企业处于完全竞争市场,则利润最大化时的产量和价格分别是 Q_c 和 P_c。可以看出,垄断企业的产量 Q_m 小于完全竞争企业的产量 Q_c,没有完全实现经济效率。

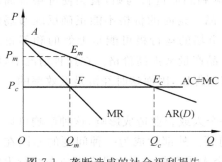

图 7-1 垄断造成的社会福利损失

（二） 垄断没有实现帕累托最优

从社会意义上讲,市场价格反映了消费者的边际福利,而边际成本则反映了社会为生产这一单位产品所耗费的边际成本。在完全竞争市场上,市场价格等于边际成本,实现了最优状态。但在垄断市场的均衡状态下,价格 P_m 高于生产的边际成本 MC,表明消费者愿意为增加额外一单位产量所支付的价格超过了生产该单位产量所引起的成本,存在帕累托改进的余地,表明垄断没有达到帕累托最优状态。

如何从垄断状态下的低效率到实现帕累托最优状态? 途径是减少生产者的利润,增加消费者剩余,即以生产者放弃利益为代价来使消费者获取利益。因此,只有在生产者和消费者达成某种协议时,这种最优状态才能实现。然而,现实中这种协议很难达成,所以整个经济偏离帕累托最优状态,处于低效率状态。

（三） 垄断造成社会损失

通过比较垄断市场和完全竞争市场的生产,可以发现垄断造成的社会损失。当企业产量为 Q_c 时,如图 7-1 所示,消费者剩余为 AP_cE_c;当垄断企业的产量为 Q_m 时,消费者剩余为 AP_mE_m,与完全竞争市场相比,垄断市场的消费者剩余减少了梯形面积 $P_mE_mE_cP_c$。这一梯形面积分为四边形 $P_mE_mFP_c$ 和三角形 FE_mE_c 两部分,其中四边形面积为消费者剩余转移给生产者剩余的部分,而三角形 FE_mE_c 的面积为纯损失,即垄断造成的社会损失。

（四） 垄断的其他负面作用

垄断还会造成其他负面作用,比如垄断可能造成管理松懈,可能导致研发支出降低,可能导致寻租活动,垄断利润导致收入分配不公等。

二、反垄断政策

基于上述原因,经济学家们主张政府应当采取反垄断措施。为便于分析,把由规模经济原因所导致的垄断称为自然垄断,除此之外的垄断称为一般垄断。据此,反垄断的政策也分为下述两大类。

（一） 对一般垄断的管制政策

1. 行业的重新组合

如果一个垄断行业被重新组合成包含许多企业的行业,那么企业之间的竞争可把市场价格降低下来。被重新组合行业的竞争程度越高,市场价格就越接近于竞争价格。政府采取的手段可以是分解原有的垄断企业或者扫除进入垄断行业的障碍,并为进入行业的企业提供优惠条件。这种措施是对已有的垄断行业的矫正手段。

2.对垄断行业的制止

与上述矫正垄断行业的手段相比,防止垄断产生的政策更为重要。如果一个行业不存在进入障碍,那么一般说来,垄断企业不会在长期内获取超额利润。因此,已经取得垄断地位的企业总是试图设置障碍,或者采取不正当的竞争手段排挤竞争者,以维持自身市场支配力。为了防止这种现象出现,政府可以利用各种行政命令、经济处罚或者法律制裁手段加以制止。

3.反垄断法

反垄断法又称反托拉斯法,它既是政府反对垄断及垄断行为的重要的法律手段,又是规范各经济行为的根本大法,因此也被称为经济宪法。

(二) 对自然垄断的管制政策

所谓自然垄断,是指某种产品的生产具有显著的规模经济,一家企业来供应整个市场的成本要比几家企业瓜分市场的生产成本低得多,这样某一单个企业通过扩大生产规模能降低平均成本,这种情况下,我们称这个企业处于"自然垄断"状态。自然垄断的基本特征:一是固定资本投资巨大;二是呈现规模报酬递增。铁路、航空、邮电、煤气、供电、供水等公用事业大多具有自然垄断的特征。

在具有自然垄断特性的行业中,任何低于市场需求量的产量所需要的生产成本都较高。这就意味着试图通过竞争来消除自然垄断是不现实的,因为生产规模小于现有企业时,进入该行业的企业不可能与原有企业进行竞争。此外,如果竞争,就会花费更大的固定投入量,从而使生产能力过剩。因此,在自然垄断行业中,过度竞争对资源也是一种浪费。

由于不可能通过增加竞争主体来消除自然垄断,需要政府采取其他措施来实施管制,管制的措施主要包括价格控制、价格和产量双重控制、税收、补贴以及国家经营。为了提高垄断企业的生产效率,政府试图使价格等于边际成本,实现较高的效率。管制价格将选取在边际成本与需求曲线的交点上,此时的管制价格低于垄断价格,而产量大于垄断产量。在自然垄断行业中,企业的边际成本与需求曲线的交点在其平均成本的下方,这时垄断企业会处于亏损状态,因而不能采取上述价格管制。这种情况下,政府往往既管制价格又管制企业的产量。实践中,政府往往按需求曲线与平均成本曲线的交点定价并确定产量。对应于这一产量和价格,企业只获取正常利润。

更进一步,如果政府价格管制或者价格控制和产量控制导致企业亏损,则给予补贴,以便企业获取正常利润。如果价格控制后企业还能获取超额利润,那么政府应征收一定的特殊税收,使企业获取正常利润,便于收入的公平分配。

第三节 外 部 效 应

一、不同性质的外部效应

（一）外部效应的概念

经济学上的外部效应，又称外在性（externalities），是指一个经济行为主体的经济活动（生产或者销售）对另外一个经济主体所施加的"非市场性"影响。所谓"非市场性"是指一个经济活动所产生的成本或者利益未通过市场价格反映出来，比如汽车的价格并没有反映出对城市噪音和汽车尾气的污染，修筑大坝的价格并没有包括对下游带来的经济收益等。施加这种成本或获得利益的人并没有为此支付成本或得到利益。

外部经济效应的形式是多样的。例如，两个相邻企业，一个生产眼镜，另一个生产焦炭，生产焦炭的企业处于上风位置，生产眼镜的企业处于下风位置。由于空气的污染程度会影响眼镜精密磨轮的运行，而污染程度决定于焦炭的产量，因此，眼镜的生产水平不仅决定于眼镜生产企业的投入要素多少，还受焦炭生产水平的影响，增加焦炭产量会使高质量的眼镜产量减少。

外部效应的著名事例是养蜂人与苹果生产者。蜜蜂需要通过吸取苹果花粉生产蜂蜜，这样苹果种植园的面积增加可以增加蜂蜜的产量，即苹果种植园主给养蜂人带来外部经济效果；同时，蜜蜂在采蜜的同时可以帮助苹果授粉，增加苹果产量，因此养蜂人给苹果种植园主也带来了外部经济效果。

上述例子中，如果一些人的消费或生产使另一些人受益而前者无法向后者收费，这种外部效应称为外部收益（external benefits）；而如果一些人的消费或生产使另一些人蒙受损失而前者没有补偿后者，这种外部效应就称为外部成本（external costs）。

（二）外部效应的划分依据

"外部效应"一词，是相对于市场来说，是"外部"的。外部效应所产生的额外收益不属于从事经济活动的本人而属于他人，因而不构成私人收益，只构成社会收益；外部效应所发生的额外成本不计入个人成本而由社会来支付，因而不构成私人成本，只构成社会成本。因此，外部效应使得私人收益与社会收益之间、私人成本与社会成本之间发生差异。

外部效应可分为外部经济（external economies）和外部不经济（external diseconomies）。二者划分的依据在于：私人成本与社会成本、私人利益与社会利益的对比关系。

1. 私人成本与社会成本

私人成本（private cost），是指某一个经济行为主体从事某项经济活动所需支付的费用。一项经济活动的社会成本(social cost)是指全社会为了这项活动所需支付的费用,包括从事这项活动的私人成本加上这一活动给其他经济单位施加的成本。例如,工厂排放的有毒物质排放到空气或水中,并不为此向它收费,但这使别人受害。从社会观点看,这种损失应该算作生产费用的一部分。这样,社会成本是私人成本加上对别人没有补偿的损失。

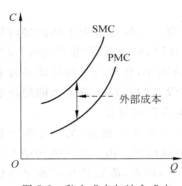

图 7-2 私人成本与社会成本

私人成本和社会成本之间的矛盾,这种例子在整个经济中随处可见。汽车的所有者,既不对他的排气污染付费,也不对他造成的公路拥挤付费。航空公司也不必为它们造成附近住户的不适付费。饮料瓶制造商只知道用不回收的瓶子便宜,但对废物处理的外部成本却不付分文。由于外部经济效果的存在,产生了私人成本和社会成本的差别,见图 7-2。

在图 7-2 中,以私人边际成本和社会边际成本说明私人成本和社会成本的区别。SMC 代表社会边际成本,PMC 代表私人边际成本,社会边际成本要高于私人边际成本,两条曲线间的距离表示由于外部经济效应所引起的外部成本,即社会边际成本等于私人边际成本加上外部成本。

2. 私人利益和社会利益

私人利益是指某一经济主体,通过市场上的经济活动所得到的利益。社会利益是指某经济主体的私人利益,加上该经济主体经济活动所产生的外部利益(外部收益)。

例如,某人发明一种更好的清除油外漏污染的方法时,他本人可以获得一定的收益,属于私人利益,但这种方法会对社会上其他人带来好处,那么,这时的社会利益就是发明人的利益加上其他人得到的好处。

1948 年贝尔电话实验室发明了晶体管。这一发明预示着电子时代到来,快速超级计算机、电子电话转换器、立体声设备、数字手表和无数其他有用产品的生产随之出现。贝尔从这种发明中获得了丰厚的收益,即私人利益。但晶体管革命所产生的外部经济效果给全世界带来外部收益。

晶体管并不是一个孤立的例子。人类各个时代的发明和发现,从车轮、火、计算机到超导,都不可避免地带给人们外部利益。这些外溢的好处比发明者自己所得多得多。

(三) 外部经济和外部不经济

当私人成本或收益不等于社会成本或收益时,就会产生外部性。外部性的两种主要类型是外部经济和外部不经济。

1. 外部经济

企业的私人利益小于其社会利益时，就会产生正的外部经济效应，称为外部经济。当某一行业中的某个企业增加产量时，可使为该行业服务的其他行业企业提高效率，从而使与该企业同行业的其他企业由此受益。如飞机制造企业的急剧扩张可以使生产铝的企业坐收规模效益之利，而铝的生产成本降低，可使其他铝加工企业也从中获益。在这些情况下，私人与社会的利益之间存在着差别，社会之所得大于某一特定企业的所得，从而产生外部经济。

外部经济也会产生在消费者身上。例如，某一个消费者出资建造外观上很漂亮的房屋，并在住宅周围种植花草，这不仅会使消费者自己受益，也会使他的邻居受益。家长教育自己的孩子，使其成为有责任感的公民，也会给其邻居和社会带来好处。在这种情况下，消费者的私人利益只是他的消费活动所产生的全部社会利益的一部分，从而引起外部经济。

由于外部影响不是金钱关系或交易关系，正的或负的外部经济效应都无"市场价格"，这种利益关系协调，也就不能完全以市场的方式解决。现代经济中负的外部经济的影响越来越广泛和严重，一个突出的问题就是环境问题。当这些问题出现时，市场无法自行解决，存在市场失灵，因此需要政府出面寻求解决的途径。

2. 外部不经济

企业的私人成本小于社会成本时，就会产生负的外部经济效应，称为外部不经济。例如，某一企业向河流和空气排放废物所造成的污染，会使他人蒙受一定的损失，即对他人来说是一种成本，而污染的制造者却不必或较少为自己所造成的环境质量下降支付费用。在这种情况下，私人的成本不能反映全部社会成本，私人成本小于该种活动的社会成本，从而引起外部不经济。

外部不经济也会发生在消费者身上。例如，一个人吸烟有害于另一个人的健康，但吸烟者却不必为其他受害者提供任何补偿。在这种情况下，消费者个人为其本人的消费所支付的成本只是这种消费活动的全部社会成本的一部分，从而产生外部不经济。

同样，外部经济与外部不经济也可以通过私人收益和社会收益加以说明。

二、外部经济效应与资源配置的效率

外部效应造成市场对资源的配置缺乏效率。之所以如此，原因在于社会的边际收益和边际成本与私人的边际收益和边际成本不相等。

为简单起见，假设社会边际收益等于私人边际收益。当一家企业对其他经济单位产生负的外部经济影响，这时私人边际成本小于社会边际成本，即 PMC<SMC，于是，私人经济单位按照私人边际成本 PMC 等于边际收益决定的产量大于社会按照 SMC 等于边际收益决定的社会最优产量。反之，如果存在正的外部经济，则私人产量不足，小于社会

的最优产量。因此,无论一个经济单位所产生的外部经济影响是正还是负,私人自主决策所决定的最优产量是缺乏效率的。

由于价格(私人成本或私人收益)不能反映这种外部性,所以通过市场机制这种看不见的手就很难调节这些经济活动。换言之,当存在外部效应时,即便是完全竞争的市场也不能保证追求个人利益的行为使社会福利趋于最大化。

如前述眼镜生产者与焦炭生产者的例子中,假定眼镜生产没有外部效果,但焦炭的生产却会对眼镜生产造成负面影响。这种情况下将会降低资源配置的效率。从社会利益看,实现资源最优配置的条件是每个市场上的价格等于社会边际成本。假定眼镜市场是完全竞争的市场,其价格等于这种商品的私人边际成本。事实上,由于眼镜生产没有外部效果,因此私人成本与社会成本是一致的。

焦炭生产的情况则较为复杂。为使利润最大化,焦炭生产者将使其产量达到能使价格等于私人边际成本的水平。但是,由于存在焦炭生产对眼镜生产的负效应,焦炭生产的私人边际成本与社会边际成本将存在一定差距。焦炭生产的社会成本等于私人成本加上由于焦炭生产使眼镜产量下降的损失。焦炭生产者并未考虑与这种外部效果相联系的成本,而是按价格等于私人边际成本(它低于社会成本)的标准进行生产。焦炭生产的社会边际成本超过了焦炭的价格。显然,这意味着焦炭的产量过多。在这种情况下,如果减少配置在焦炭生产上的资源,增加包括眼镜行业在内的其他行业的资源,便可以增进社会整体的福利。也就是说,在这种情况下,单纯依靠自由市场及焦炭生产企业对自身利益的追求,不能实现社会资源的最优配置。由于焦炭生产存在外部效果,价格体系不再包含为实现资源最优配置所必需的成本信息。

图 7-3 说明了焦炭生产的外部效果所导致资源配置对最优配置状态的偏离。假定焦炭生产者面临的是完全竞争市场,是被动的价格接受者,焦炭的需求曲线是位于现行市场价格 P_0 上的水平线。Q_P 点是最大利润点,在这一点上,价格等于生产焦炭的私人边际成本 PMC。但由于存在焦炭生产对眼镜生产的外部效果,社会边际成本为高于 PMC 的 SMC。在 Q_P 点上,生产焦炭的社会边际成本超过了对应于这一产量的价格 P_0,资源配置偏离了最优配置状态。要实现资源的最优配置,应使产量减少到 Q_S,即能使社会边际成本与价格相等的水平。随着产量的下降,焦炭的社会成本的减少额(面积 Q_SQ_PBA)大于消费者对焦炭支出的减少额(面积 Q_SQ_PEA)。这表明减少焦炭产量能够使资源配置得到改善。消费者将可以用这笔钱去购买社会成本低于焦炭的某些产品。

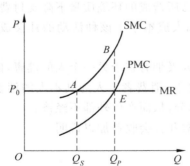

图 7-3 外部经济效应对资源配置的影响

三、矫正外部效应的对策

由于外部经济影响造成资源配置缺乏效率,需要对外部效应加以矫正。矫正的指导思路有两种:一种是通过非市场的行政手段,如税收和补贴、外部影响内部化等政策主张,这是传统的思路,体现了国家干预思想;另一种是通过市场机制的作用,明晰产权来矫正外部性。

(一) 体现国家干预思想的对策

1. 税收和补贴政策

迫使企业考虑外部成本或外部利益的一种手段是政府采取税收和补贴政策,即向施加负的外部经济影响的企业征收恰好等于外部边际成本的税收,而给予产生正向外部经济影响的企业等于外部边际收益的补贴,以便使得企业的私人边际成本与社会边际成本相等,从而诱使企业提供社会最优的产量。例如,在图 7-3 所示的情形中,如果向企业征收等于外部(边际)成本的税收,那么企业的边际成本曲线将从 PMC 上升到 SMC。于是,企业按边际成本等于边际收益确定的产量就等于 Q_S。

税收和补贴对促使企业提供社会最优的产量起到直接的作用。但是,这种方法遇到最大问题是如何准确地以货币的形式衡量外部影响的成本或利益。比如,化工厂释放污染对附近居民的财产、健康造成的损害是较难以度量的。在实践中,政府或有关部门往往是近似地估计这些成本。

161

此外,对施加外部成本的行为课税不可能消除外部损害,因为企业的最优决策是减少产量而不一定是减少损害。一个修正的政策方案是按照造成外部影响的程度征收税收或给予补贴。例如,在化工厂释放污染的例子中,如果税收反映污染的外部成本,并且随着污染的降低而减少,那么化工厂会使用最优的技术,把污染量控制在有效率的水平。

2. 企业合并——外部效应内在化

通过合并,企业的外部成本被内在化了,企业能获取有益的外部效应,或者可以消除有害的外部效应。例如,上游造纸厂与下游养鱼场的合并,合并的企业会把纸产量推进到使上游造纸厂的边际收益等于下游养鱼场的边际损失时为止。一个占地面积较大的度假村,兼并周围的服务企业后,服务企业可因此得到较多的顾客,而度假村则因服务企业的加盟而改善其整个经营环境,这是有益外部效果的内部化。

如果将这两个企业合并,则此时的外部影响就被“内部化”了。因为合并后的单个企业,为了使自己的整体利润最大化,将把原来的“外部影响”计算在成本与收益之中,从而,资源配置达到帕累托最优状态。

（二） 体现市场机制思想的对策——产权的界定

在对付因外部性问题而造成的市场失灵问题上，市场机制并非无能为力，只要产权界定清晰，交易费用不是很高，依靠当事人之间的自由交易，有效率的结果是可以出现的。这种解决外部经济影响的市场化思路，源于美国芝加哥大学教授科斯1960年发表的《社会成本问题》一文中的思想，后来被经济学家概括为科斯定理。科斯定理是指，只要财产权是明确的，那么在交易成本为零的条件下，并允许当事人谈判，无论最初的产权赋予谁，最终导致资源有效率地配置。最初权利的规定对最终结果并不是至关重要的。更进一步，在交易成本不为零的情况下，一旦初始权利得以界定，仍然有可能通过产权交易来提高社会福利（帕累托改进），部分消除外部性影响。

现在我们还用企业排污这个例子来说明。假设上游造纸厂有利用河流排污的权力（产权），而渔民对河流没有产权，因此，无权在清澈的水中捕鱼。结果，企业就不会将外部成本纳入企业成本中。换句话说，企业外生了由于污物引起的成本（可以污染河流，而不用付费）。如果渔民希望在清澈的河水中捕鱼（河水污染可以导致鱼死亡），可以向企业付费，以要求企业减少对河水的污染。假如渔民拥有这条河流的产权，那么他们就有权要求河水清澈，或者要求企业付费来购买向河水中倾倒污物的权力。企业将或者停止生产或付费，这些成本将被看作内生的而不再是外生的，这样最终的结果是企业将减少污物对河水的污染，这样资源配置将可能达到最优。

科斯定理在解决外部经济影响问题上的政策含义是，只要明确施加和接受外部成本或利益的当事人双方的产权（在产权明晰的前提下），政府无须对外部经济影响进行直接的调节，就可以通过市场谈判（市场机制就能通过自我调节）加以解决，使外部成本降到最低限度。也就是把外部性问题纳入市场机制之中，使外部成本具有相应的价格。

应当看到，由于交易成本的广泛存在，有时交易成本特别高，通过市场机制解决外部性影响的效果不如其他行政手段。

第四节　公 共 产 品

公共产品不同于私人产品，因为它具有私人产品所没有的消费的非竞争性或非排他性，公共产品的这种特征使得公共产品的消费和生产具有自己的特点，会造成消费上的搭便车行为，即消费者只愿消费公共产品，却不愿分担公共产品的生产成本。搭便车导致市场失灵，使公共产品生产无法达到帕累托最优。

一、私人产品与公共产品

（一）私人产品及其特征

私人产品（private goods）是指具有消费的竞争性和排他性的产品。这些产品应由市场来提供。

私人产品具有排他性和竞争性两个特征。排他性是指某个消费者在购买并得到一种商品的消费权之后，就可以把其他消费者排斥在获得该商品的利益之外，或者理解为一个人消费了某种商品，别人就无法消费了。消费的竞争性，是指消费者增加或者消费数量的增加引起产品生产成本的增加，出售者可以按照竞争的价格（边际成本等于价格）提供产品，消费者之间只有通过价格等手段的竞争才能获得产品。或者理解为一个人的使用会减少其他人的使用，必须通过价格竞争才能获取。

（二）公共产品及其特征

公共产品（public goods）是指具有消费的非竞争性（nonrivalrous consumption）或非排他性（nonexcludability）的产品。

（1）消费的非排他性，是指一旦某项特定的产品被提供出来，便不太可能排除任何人对它的消费。严格地说，这包含三层含义：

① 任何人都不可能不让别人消费它，即使有些人有独占消费的想法，但在操作中或者技术方面不可行，或者虽然技术上可行，但成本却过高，因而是不值得的；

② 任何人即使不情愿，也无法拒绝对该产品的消费；

③ 任何人都可以在相同数量上，或在相同程度上消费该产品。大部分公共产品不具有排他性，如国防、警察服务、洁净的空气等。

（2）消费的非竞争性，是指消费者对公共产品的任何消费均不会影响其他消费者的利益，它包括两个方面的含义，即公共商品的边际生产成本为零和边际拥挤成本为零。所谓"边际生产成本为零"，是指公共产品在生产出来以后，增加一个消费者或者增加一单位公共产品的消费，并不会引起公共产品供给者成本的增加，即供给者增加公共产品的边际成本为零。"边际拥挤成本为零"，是指在消费中不存在拥挤现象，每个消费者的消费都不影响其他消费者的消费数量和质量。公共产品的消费者无须通过价格等手段竞争即可消费。

二、公共产品的分类

第一类是纯公共产品（public goods），即同时具有非排他性和非竞争性，如国防、法律制度、公平的收入分配、有效率的政府、环境保护、基础科学研究等，这类产品通常需要由政府提供。

第二类是具有非竞争性但排他性的产品。该公共产品的特点是消费上具有非竞争性，但是却可以较轻易地做到排他，如公共桥梁、公共游泳池、有线电视、公共电影院等。有人将这类产品形象地称为俱乐部产品（club goods），或者称为集体产品（collective goods）。这类产品可由私人投资兴建并通过收费补偿成本。

第三类是具有竞争性但非排他性的产品。该公共产品与俱乐部产品刚好相反，即在消费上具有竞争性，但是却无法有效地排他，如公共渔场、公共牧场、公园等。如当一个人捕的鱼多时，留给其他人捕的鱼就少了，具有竞争性。但不能禁止他人进入。有学者将这类有竞争性但无排他性的产品称为共同资源（common resources）。这类产品可让一个所有者管理、政府所有或者政府直接接管等。上述产品分类方法可参看表 7-1 所示。

表 7-1 产品的分类

	排 他 性	非 排 他 性
竞争性	私人产品（食品、衣服、住房等）	公共资源（公园、公共牧场、公共渔场等）
非竞争性	俱乐部产品（有线电视、公共桥梁、公共电影院等）	纯公共产品（国防、法律制度、基础科学研究等）

164

俱乐部产品和共同资源产品通称为"准公共产品"（quasi-pubic goods），即不同时具备非排他性和非竞争性。准公共产品一般具有"拥挤性"（congestion）的特点，即当消费者的数目增加到某一个值后，就会出现边际成本为正的情况，而不像纯公共产品，增加一个人的消费，边际成本为零。准公共产品到达"拥挤点"后，每增加一个人，将减少原有消费者的效用。

但必须指出，政府提供的产品既可以是公共产品也可以是私人产品，判断其是何种产品的标准是分析其具备何种特征。

三、公共产品的效率

（一）非排他性特征导致公共产品的供给不足

消费的非排他性使得通过市场交换获得公共产品的消费权利的机制失灵。因为每一个理性人均试图做一个"搭便车者"（free rider）。搭便车者指不需支付任何成本就可以获得消费满足的人。产生这种现象的原因是商品的非排他性。这样提供公共产品的企业可能得不到抵补生产成本的收益，长期看，企业不会继续提供这种产品。因此，公共产品很难由市场提供，导致供给不足。非排他性特征以及由此产生的低效率问题被称为"搭便车者问题"。

（二） 消费的非竞争性导致公共产品的过度消费

消费的非竞争性也导致通过市场交换获得公共产品的消费权利的机制失灵。任何消费者都没有办法通过价格竞争把别的消费者排除在外，结果导致拥挤或过度消费，即"公地灾难"。此时，价格机制不起作用，看不见的手无法有效地配置资源。

公共产品所具有的特点，决定了通过市场机制提供公共产品的方式不能准确反映资源的有效配置，形成效率损失。

四、公共产品导致市场失灵的矫正

由于公共产品存在效率损失，那么公共产品只能由政府来提供。政府应当在提供这类产品上发挥基础性作用，否则就会出现供给不足的问题。由于企业提供公共产品的社会利益超过了私人利益，无法从公共产品的提供中获得足够的回报，它们提供公共产品的激励不足以达到社会最优水平。除非政府利用税收、补贴以及其他形式的干预手段去鼓励私人投资，否则，公共产品的供应将很少。因此，大多数公共产品不能完全放给企业去处理，而是需要由政府直接提供或补贴生产。

但是，近年来随着对公共产品属性研究的深入，特别是经济发展水平不断提高和技术的不断进步，一些原来不能排他或排他成本很高的问题得到解决，使企业或个人提供公共产品成为可能。如有线电视信号的加密技术的推广，会使不支付使用费用的消费者被排除在外，从而吸引了私人投资有线电视。另外，政府供给公共产品不一定必须是政府生产，政府可以采取委托企业生产公共产品、购买私人产品等办法来供给公共产品，提高公共产品的供给效率。

第五节　信息不对称

微观经济学的假设前提之一是交易主体具有完全信息（perfect information）。依据这一假设，传统经济理论认为，通过市场价格的调节使得供给等于需求，从而达到资源的有效配置。但是，上述假设并不符合现实，因为现实中交易双方一般不具有完全信息。尽管市场机制能解决部分信息不完全所带来问题，但在很多情况下市场的价格机制并不能够解决或者至少是不能够有效解决不完全信息问题，导致市场失灵。这种情况下，市场的运行将会出现新的特点，并要求有相应的解决办法。

一、信息不完全与信息不对称

信息不完全（imperfect information）是指主体在决策时面临的信息不充分性约束。

信息不完全不仅指绝对意义上的不完全,即由于认识能力的限制,人们不可能知道在什么时候、任何地方发生的或将要发生的任何情况,而且还指相对意义上的不完全,即市场经济本身不能够产生出足够的信息并有效地配置它们。

为什么"市场经济本身不能够产生出足够的信息并有效地配置它们"?简要的解释如下:作为一种有价值的资源,信息不同于普通商品。人们在购买普通商品时,先要了解它的价值,看看值不值得购买。但是,购买信息商品却无法做到这一点。人们之所以愿意出钱购买信息,是因为还不知道它,一旦知道了它,就没有人会愿意再为此进行支付。这就出现了一个困难的问题:卖者让不让买者在购买之前就充分地了解所出售的信息的价值呢?如果不让,则买者就可能因为不知道究竟值不值得而不去购买它;如果让,则买者又可能因为已经知道了该信息也不去购买它。在这种情况下,要能够做成"生意",只能靠买卖双方的并不十分可靠的相互信赖:卖者让买者充分了解信息的用处,而买者则答应在了解信息的用处之后即购买它。显然,市场的作用在这里受到了很大的限制。

信息不对称(information asymmetric)是指交易双方对于交易对象的信息掌握和了解程度不同。信息不对称可以理解为是信息不完全的一种形式。信息不对称是一种狭义的信息不完全问题。本节主要以信息不对称为对象加以阐述。

二、信息不对称导致市场低效率

针对某一项交易活动中的信息不对称,可以分为签订合同前的信息不对称和签订合同后的信息不对称。合同前的信息不对称导致逆向选择(adverse selection),合同后的信息不对称导致道德风险(moral hazard),这两种信息不对称情况均会导致市场低效率。

(一)逆向选择导致的市场低效率

下面以次品车市场为例加以说明。次品车市场又称柠檬市场(the lemon market)(柠檬是美国的俚语,指令人不满意或者是有瑕疵的人或物)。

在一个二手车市场上,有100个人要出售他们用过的二手汽车,还有100个人想要购买二手汽车,他们每个人都知道这些汽车中有50辆是"俏货",另有50辆是"次货",只有卖者更准确地知道具体信息。次货所有者希望能卖1 000美元,俏货的所有者希望能卖2 000美元,汽车的购买者愿意对俏货支付2 400美元,对次货支付1 200美元。如果汽车的质量容易估定,那么这个市场就不存在问题。但如果购买者不能估定汽车的质量,情况又会怎样呢?那么购买者不得不对每辆车价值作出猜测。假定,一辆汽车是俏货或次货的可能性相等,那么购买者愿意支付每辆汽车的期望值为:$1/2 \times 1\,200 + 1/2 \times 2\,400 = 1\,800$美元。谁愿意按这个价格出售他们的汽车呢?只有次货的所有者,俏货的所有者是不愿意出售他们的汽车的,因为根据假设,他们至少需要2 000美元才肯出让他们的汽车。购买者愿意对"平均质量的"汽车支付的价格,小于俏货销售者放弃他们的汽车所想要的价格。因此按 1 800 美元的价格,只有次货可供出售。但是,如果购买者确定他将得到次货的话,他就再也不愿意对它支付 1 800 美元了。事实上,这个市场的均衡价格一定在 1 000 美元和 1 200 美元之间的某个地方。对于这个范围内的价格来说,只有次货的所有者才出售汽车,因此,购买者的预期是正确的,他只能得到次货。

买方只能根据市场上的平均质量出价。二手车市场上部分好车退出,于是次车卖者降低出价,好车再部分退出。这个过程的均衡状态就是,拥有高质量车的人就会退出市场,最差质量的车子留在市场上。这时市场或者价格机制并没有带来帕累托最优或实现最大的社会效益,因为想买好车的人没有买到好车,并且市场上保留下来的均是坏车。最后,在次品市场上出现的高质量产品遭淘汰而低质量产品生存下来的现象就被称为"逆向选择"。

逆向选择又称事前机会主义,是指在签约之前,信息的非对称性已经存在,契约的一方已拥有私人信息,该方利用自身的信息优势使契约的签订有益于自己而不利于别人。

逆向选择对效率影响:逆向选择的存在表明,在商品市场上,在信息不对称的情况下,市场的运行可能是无效率的,因为在上述模型中,有买主愿出高价购买好车,但市场这一"看不见的手"并没有把好车从卖主手里转移到买主手中,无法实现有效的配置资源。而按照传统经济学的理论,市场调节下供给和需求是总能在一定价位上满足买卖双方的意愿的。

这种逆向选择普遍存在于其他市场,如劳动力市场、保险市场、信贷市场等。

(二) 道德风险导致的市场低效率

道德风险并不等同于道德败坏。道德风险是 20 世纪 80 年代西方经济学家提出的一个经济哲学范畴的概念。道德风险,是指在签约之后,代理人利用自身拥有而不被委托人观察到的私人信息,改变签订合同前的行为模式,从中获取更大的预期收益,使自身效用最大化,与此同时却损害了委托人的效用。代理人是指信息优势方,委托人是指信息劣势方。

举例说明存在的一些道德风险:在劳动力市场上,雇主一旦雇用了雇员,此时雇员成为信息的优势方,雇员可能会出现偷懒、超标准支出甚至危害雇主的利益等行为;在保险市场上,保险合同一旦签订,投保人变为信息优势方,此时可能会出现对投保财物的关注不够而被盗和毁损甚至骗保的现象;在信贷市场上,债务人会在追求自身利润最大化时,从事债权人不愿债务人从事的高风险的行业。这些现象均是道德风险的表现形式。

道德风险导致市场交易低效率甚至市场交易萎缩。以保险市场为例,由于存在道德风险,使得保险公司支付的理赔支出增多,保险公司为了保持正常利润,可以通过下列两种方式来实现:提高投保费标准和加强监管。如果提高投保费标准,则会使部分正常行为的投保人退出保险市场,市场上所留下来的是愿意支付较高投保费的,并可能存在道德风险的投保人，这将在投保人和保险公司之间出现恶性循环，直至该保险市场萎缩。如果保险公司加强对投保人的监管，则会出现交易费用增加，降低市场效率。

三、应对信息不对称的方法

（一）通过市场手段解决信息不对称

1. 信息优势一方的信号传递

如果市场上信息优势的一方通过某种方式将信号传递给信息劣势的一方，即发送市场信号（market signaling），这有助于消除因信息不对称而产生的问题。市场信号——市场上卖方向买方用令人信赖的方式发出信号，以显示产品或其他交易对象的质量信息。比如名牌产品、连锁商店、企业对商品的包退包换承诺、邀请专家对旧车进行鉴定、在求职时提供学历证明等，通过大量的市场信号，部分地解决信息不对称问题。

2. 信息劣势一方的过滤筛选

在信息不对称的市场中，信息劣势的一方可以通过调整合同的格式内容来"筛选"（screening）优势信息的一方提供的信息，这有助于消除因信息不对称而产生的问题。比如人寿保险公司在提供保险服务之前，要求申请人提供指定医院的体检证明；保险公司也可以通过条款来抑制道德风险，如凡事故发生时，被保人自己先承担一定数量金额之内的损失，超过部分由保险公司赔付。采用独立的第三方提供的信息，如企业的资信等级报告、审计报告等，这要求加强相关中介制度建设，如信用评级机构、会计师事务所等中介机构的建设。

（二）通过政府管制手段解决信息不对称

如果信息不对称所产生的问题很严重，以至于破坏市场的运作时，政府有必要进行干预，或通过法律解决问题：政府规定强制性信息公开制度，比如上市公司的信息披露；政府对虚假广告、虚假信息的惩罚制度等。

本 章 小 结

1. 市场失灵的四种表现形式，即垄断、外部效应、公共产品和信息不完全。

2. 垄断可分为一般垄断和自然垄断，垄断导致低效率，对于垄断政府可以采取一定的措施，如对一般垄断政府可以采取鼓励其他企业进入或分解原有垄断企业、处罚限制其他企业进入的垄断企业和制定反垄断法等限制垄断；而对于自然垄断企业政府可以采取价格控制、价格和产量双重控制、税收、补贴以及国家经营等办法反对垄断。

3. 外部效应是指一个经济行为主体的经济活动对另外一个经济主体所施加的"非市

场性"影响。外部效应可分为外部经济和外部不经济,外部效应导致资源配置上的低效率。对外部效应可以采取两种矫正思路:一种是通过非市场的行政手段,如税收和补贴、外部影响内部化等政策主张,体现了国家干预思想;另一种是通过市场机制的作用,用明晰产权来矫正外部性。

4.公共产品是相对私人产品的一个概念,它具有两个重要的特征,即非排他性或非竞争性。公共产品由于搭便车者的存在导致供给不足和过度消费,导致供给效率的损失。因此,公共产品一般应由政府来提供,但对准公共产品也可以引入市场和集体进行供给。

5.信息不对称是指交易双方对于交易对象的信息掌握和了解程度不同。它可以引起逆向选择和道德风险,导致资源配置上的效率损失。可以采取信息优势方向劣势方传递信息和信息劣势方过滤信息的市场方法,也可以由政府采取强制的信息披露和公开制度以及对虚假信息实施惩罚制度等。

基 本 概 念

市场失灵　公共产品　免费乘车者问题　外在性　科斯定理　信息不对称　逆向选择　道德风险

思考与训练

1.简述垄断的效率和政府的对策。

2.简述外在性对经济效率的影响及其对策。

3.公共产品的特征如何? 公共产品的市场效率如何? 如何应对?

4.信息不对称如何影响经济效率? 应当采取哪些措施?

5.举例说明什么是逆向选择和道德风险。

6.市场为什么会失灵? 如何从政府的角度和市场的角度采取措施加以纠正?

7.资料分析。要求:

(1)分组讨论,小组代表发言,最好制作成 PPT 文件,边讲边展示;

(2)运用所学知识深入分析,展开讨论,要求言之有理;

(3)总结分析这些资料说明了什么问题,我们能从中得到什么启示。

信息非对称——买的不如卖的精

俗话说"南京到北京,买的不如卖的精",这其中的道理就是信息不对称。非对称信息是指市场上买卖双方所掌握的信息是不对称的,一方掌握的信息多一点,一方掌握的信息少一些。

中国古代有所谓"金玉其外，败絮其中"的故事，讲的是商人卖的货物表里不一，由此引申比喻某些人徒有其表。在商品中，有一大类商品是内外有别的，而且商品的内容很难在购买时加以检验。如瓶装的酒类、盒装的香烟、录音、录像带等。人们或者看不到商品包装内部的样子（如香烟、鸡蛋等），或者看得到，却无法用眼睛辨别产品质量的好坏（如录音、录像带）。显然，对于这类产品，买者和卖者了解的信息是不一样的。卖者比买者更清楚产品实际的质量情况，这时卖者很容易依仗买者对产品内部情况的不了解欺骗买者，如此看来，消费者的地位相当脆弱，对于掌握了"信息不对称"武器的骗子似乎毫无招架之术。

由于信息不对称，价格对经济的调节就会失灵。比如某商品降价消费者也未必增加购买，因为消费者还以为是假冒伪劣商品；某商品如果是假冒伪劣商品提高价格，消费者可能会以为是真货，所以价格才高，这就是市场失灵造成的市场的无效率。

综 合 实 训

生活中不乏一些所谓的"霸王协议"或"霸王条款"，在供求之间造成不均等的待遇。请列举一二，分析其形成的原因和后果。

第八章 国民收入

【学习目标】

1. 掌握 GDP 的含义及核算 GDP 的两种方法——收入法和支出法；
2. 了解国民经济流量模型及 AS-AD 模型，掌握总供给、总需求、均衡国民收入的含义；
3. 掌握两部门中简单国民收入的决定条件，并能运用图示说明；
4. 了解三部门、四部门中简单国民收入的决定条件；
5. 了解乘数理论的含义和一些重要乘数的计算。

【引例】 蜜蜂的寓言

> 18 世纪初，一个名叫孟迪维尔的英国医生写了一首题为《蜜蜂的寓言》的讽喻诗。这首诗描述了一群蜜蜂的兴衰史。
>
> 有一个奢华庞大的蜂巢，里面生活着众多的蜜蜂。这个蜂巢拥有良好的政府、军队和繁荣的经济。它就像一个人类社会的缩影，里面亦有各式的社会角色。最初，蜜蜂们追求奢侈的生活，大肆挥霍浪费，整个蜂群兴旺发达，"数百万蜜蜂无不在纷纷尽力，满足着彼此间的虚荣与贪婪，它们互相满足着彼此的需要并因此使蜂巢成为乐园"；后来它们改变了原有的习惯，崇尚节俭，"节制欲望的众蜂在努力学习，不学如何花钱，而学怎样生活"，结果蜂群凋散，社会衰落，并面临着外敌的入侵。终于有一天被对手打败而逃散。
>
> 这段寓言故事说明了什么？

第一节　国民收入核算体系

一、国内生产总值

国民收入核算的核心指标是国内生产总值（gross domestic product，GDP）。国内生产总值可以反映出一国的经济全貌。

（一）国内生产总值的定义

国内生产总值，是指经济社会（一国或一地区）在一定时期内（通常为一年）运用生产要素所生产的全部最终产品（物品和劳务）的市场价值。可从以下几个方面对这一概念加以理解。

1. GDP 是一个市场价值的概念

各种最终产品的价值都是用货币来衡量的。产品的市场价值就是用这些最终产品的单位价格乘以产量获得的。如果某国一年的产品用生产出的上衣和面包来表示，如一年生产 10 万单位的上衣，50 万单位的面包，若 1 单位上衣＝10 亿美元，1 单位面包＝5 亿美元，那么该国一年的 GDP 是

$$GDP＝10×10＋50×5＝350（亿美元）$$

2. GDP 是一定时期内生产的最终产品度量，中间产品价值不计入 GDP

最终产品（final products）是一种在一定时期内生产的并由其最后使用者购买的产品和劳务。中间产品（intermediate products）是用于再出售以供生产其他产品使用的产品。为避免重复计算，只计算各环节增加值。所谓增加值是指一种产品在其各生产阶段价值的增加额。由于各环节新增加值之和等于最终产品的价格，为了避免重复，所以在计算国内生产总值时，只计算最终产品的价格。表 8-1 显示了面包的生产阶段及各阶段的增加值。设想面包的生产分为四个阶段：农户生产小麦、面粉厂加工成面粉、面包厂加工成面包、食品零售店则把面包卖给消费者。假定小麦的价值为 0.20 元，并假定它都是当年所生产的价值，不再包含有生产小麦所费的肥料、种子等价值。从表 8-1 可以看出，四个阶段的增加值之和为 0.70 元，这恰是最终产品即消费者购买面包的价格。这里，无论是计算最终产品还是计算增加值，计算出的 GDP 都是一样的。如果把中间产品计算进去，产品的总价值就会是 0.20＋0.35＋0.60＋0.70＝1.85 元。但在这一计算中，农民的生产劳动被计算了四次，面粉厂的生产被计算了三次，面包厂的生产被计算了两次。这就产生了严重的重复计算问题。不难想象，如果把中间产品计算在内，生产过程越多，重复计算就越严重。因此，在计算 GDP 时，采用最终产品的度量。

表 8-1　面包的生产阶段和增加值　　　　　　　　　　　单位：元

生产阶段	产品市场价值	增加值
小麦	0.20	0.20
面粉	0.35	0.15
批发面粉	0.60	0.25
零售面包	0.70	0.10
GDP	0.70	0.70

3. GDP 是一定时期内（往往是一年）生产活动的衡量，它只计算当年生产的产品和劳务

若某企业某一年生产 100 万元的产品，只卖掉 80 万元，所剩下 20 万元产品只能看作企业自己买下来的存货投资，同样应计入 GDP。即计入 GDP 100 万元。但如果该年虽然只生产 100 万元产品，然而却卖掉 120 万元产品，计入 GDP 仍然是 100 万元，只是库存减少 20 万元而已。

4. GDP 是计算期内生产的最终产品价值，因而是流量而不是存量

流量（flow）是一定时期内发生的变量，存量（stock）是一定时点上存在的变量。如某人买了一辆旧汽车花费 5 万元，这 5 万元不能计入 GDP，因为这辆旧汽车是以往年份生产的，已计算过了。但买卖这辆汽车的经纪人费用应计入当年 GDP，因为这费用是经纪人买卖旧车过程中提供的劳务报酬。同样，金融产品的交易不能计入当年 GDP，但金融交易的服务费应计入当年 GDP。

5. GDP 只计算市场活动导致的价值

通过市场的产品和劳务等新增价值计入 GDP，而家务劳动、自给自足的生产等非市场活动，没有通过市场交换，不计入 GDP。同样，GDP 中也没有包括黑市交易和非法交易。

（二）名义 GDP 和实际 GDP

由于 GDP 是用货币来计算的。因此，一国 GDP 的变动由两个因素造成：一是所生产的物品和劳务的数量变动；二是物品和劳务价格的变动。当然，二者经常会同时变动。为了弄清 GDP 变动究竟是由产量变动还是由价格变动引起，需要区分名义 GDP 和实际 GDP。

名义 GDP 是用当年价格计算当年生产的物品和劳务的全部最终产品价值。而实际 GDP 是用从前某一年的价格水平作为基期价格计算出来的全部最终产品的价值。

GDP 的折算指数是名义 GDP 和实际 GDP 的比率。如果知道了折算指数，就可以将名义的 GDP 折算为实际的 GDP，其公式为

$$实际 GDP = 名义 GDP \div 折算指数$$

作为 GDP 折算指数的通常是价格总水平,一般可以直接把通货膨胀水平看作价格总水平。

由于价格变动,名义 GDP 并不能正确反映实际产出的变动。因此,在比较各年份某国或某地区的经济增长率,通常以某一年为基期,计算出实际的 GDP,然后再进行比较。一般可用下列公式加以简单计算:

$$实际经济增长率 = 名义经济增长率 - 各年通胀率$$

（三） GDP 和 GNP 的区别

与 GDP 有关的另外一个反映经济社会生产总成果的总量指标是国民生产总值(gross national product,GNP),它是指一国国民在一定时期内所生产的全部最终产品的市场价值的总和。

与 GDP 不同,GNP 的一部分可以来自国外。例如,一个在中国工作的美国人的收入是美国 GNP 的一部分,但不是美国 GDP 的一部分,因为它不是在美国国内生产的,但它是中国 GDP 的一部分。某国的 GNP 超过 GDP 时,说明该国公民从外国获得的收入超过了外国公民从该国获得的收入;而 GDP 超过 GNP 时,说明的情况正好相反。也就是说,GDP 不考虑从国外获得的以及支付给国外的收入,它是一个国家在国内实际生产的商品和劳务的测量值。二者在国际间资本与劳动等要素流动占较大比重的情况下差别很大。换言之,如果本国的 GDP 远大于本国的 GNP,表明外国公民从本国的经济发展中分享了更多的收益。

实际上,GDP 概念中的国家是在地域的意义上理解的,故称为国内生产总值,而 GNP 概念中的国家含义是从国民的意义上加以理解的,二者的唯一区别是它们空间范围的确定原则不同。国民生产总值是按"国民原则"计算的,而国内生产总值是按"国土原则"计算的(见图 8-1)。

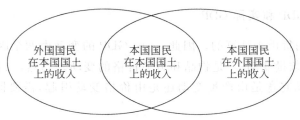

按"国土原则"计算的GDP   按"国民原则"计算的GNP

图 8-1　GDP 和 GNP 的关系

二者的关系可以用公式表示,即

GNP＝GDP＋国外净要素收入

国外净要素收入＝本国国民在国外获得的收入－外国国民在本国获得的收入

如：

中国的 GNP ＝中国的 GDP＋（中国公民在外国的资本和劳务收入

－外国公民在中国的资本和劳务收入）

＝中国的 GDP＋中国国外净要素收入

　　从时间上看，自从 1953 年世界上用于计量国民收入的经济总量有了统一标准（SNA 体系）以来，市场经济国家一直使用 GNP 指标，期间 1964 年还对标准进行了一次修订和完善。1980 年以后，越来越多的国家改用 GDP 而放弃 GNP，这是因为，随着国家间开放程度的加深，生产要素流动频繁，GNP 所需统计数据越来越难以收集，在这种趋势下为了各国间的经济数据能够比较，1993 年联合国统计司要求世界各国不再使用 GNP，统一使用 GDP。在我国，1983 年国家统计局试行 GDP 指标，1985 年正式采用这一指标，并每年一次向社会公布。而美国 1991 年以前一直使用 GDP。

（四）　GDP 指标的缺陷

175

　　到目前为止，GDP（之前是 GNP）依然是经济总量中最重要的经济指标，萨缪尔逊认为，这是 20 世纪经济生活最伟大的发明。但是，它仍有很多缺陷，也并不能准确反映人们的福利状况，人们对它的批评也一直没有停止过。GDP 指标的缺陷主要有以下三个方面。

　　（1）GDP 只能反映经济的量，不能反映经济的质。例如，对于伪劣产品、劣质工程、投资失误以及经济主体的各种短期行为，经济指标是 GDP 的增加，经济效果是社会资源的损失。

　　（2）GDP 无法反映环境的损失。进入近代社会以来，各国在工业化的进程中，导致生态环境不同程度被破坏是一个不争的事实，而通过 GDP 指标反映出来的是只有产出导致的经济总量增加而没有环境损失导致经济总量的减少，这意味着破坏一个优质的自然资源再人工地加以改善，GDP 就增加了，由此人们一直都在质疑指标的合理性。例如，工业导致一个地区水资源破坏，当地的 GDP 因工业产出的增加而增加了，但当地的 GDP 没有因水资源的损失而减少；为了能够恢复到正常的生态水平，就要人工地加以治理，当地的 GDP 又增加了。发展中国家 GDP 的增加常常以巨大的环境损失为代价，所以，不顾及生态环境恶化的 GDP 又被叫做黑色 GDP。

　　（3）GDP 无法反映闲暇的损失。闲暇是近现代社会以来衡量生活质量的重要标准之一，也是个体自我调适、自我发展、自我完善的基本条件，闲暇的增加同时也会成为很多第三产业繁荣的基础。发展中国家 GDP 的增加常常以巨大的闲暇损失为代价。

（五） 绿色 GDP——可持续发展指标

绿色 GDP 是指一个国家或地区在考虑了自然资源（主要包括土地、森林、矿产、水和海洋）与环境因素（包括生态环境、自然环境、人文环境等）影响之后经济活动的最终成果，即将经济活动中所支付的资源耗减成本和环境降级成本从 GDP 中予以扣除。简单地说，绿色 GDP 就是传统 GDP 扣减掉资源消耗成本和环境损失成本以后的 GDP。绿色 GDP 是衡量一个国家或地区可持续发展能力的重要指标。

人类赖以生存所需要的财富有两种：自然财富和社会财富。地球的生态环境等是自然财富，这是人类生存的第一财富，人类的劳动产品等是社会财富，这是人类生存的第二财富。生产创造了社会财富，而对环境的治理和生态的修复则创造自然财富。如果一个企业只生产产品那它就只创造社会财富；如果它也参与资源节约、污染治理和生态修复，那它也就创造了自然财富；所谓绿色 GDP 就是既考虑社会财富的创造，又考虑自然财富的创造，它等于社会财富的增量和自然财富的增量之和。也就是说，生产有两个目的：既创造社会财富，又修复自然财富；考虑绿色 GDP，就要考虑创造自然财富的三个新增生产成本：一是资源节约的成本，二是污染治理的成本，三是生态修复的成本。

绿色 GDP 概念的正式提出，可以追溯到 1993 年联合国统计署正式出版的《综合环境经济核算手册》（为了把环境因素并入经济分析，联合国在 SNA-1993 中心框架基础上建立了"综合环境经济核算体系"，简称 SEEA）。该手册首次正式提出了"绿色 GDP"的概念。绿色 GDP 与现行 GDP 指标有如下关系：

$$绿色\ GDP = GDP - 环境损失成本 - 资源消耗成本$$

从 20 世纪 70 年代开始，联合国和世界银行等国际组织在绿色 GDP 核算的研究和推广方面做了大量的工作。可是，由于扣除项的货币量化问题在技术上存在很大的困难，所以，将绿色 GDP 指标直接用于计量国民收入一直是一个世界性的难题。虽经各方多年的努力，一个在国际上被世界各国共同采用的标准迟迟不能确定，使得这一指标的使用受到了很大的限制。尽管如此，走绿色生产的发展之路已是当今人类社会的共识。

二、国民收入核算

（一） 国内生产总值的核算方法

GDP 这一指标可以同时衡量两件事情：经济中所有人的总收入和用于经济中物品和劳务的总支出。GDP 既衡量总收入又衡量总支出的原因在于这两件事情实际上是相同的。对一种经济方式而言，收入必定等于支出。因此可以用两种方法核算 GDP：一是加总经济社会的总支出;二是加总经济社会的总收入。

1. 支出法核算 GDP

支出法(expenditure approach)是指通过核算一定时期内整个社会购买最终产品的总值来测算 GDP 的方法。

这种方法从产品的使用出发,把一年内购买各项最终产品的支出加总起来,计算出该年内生产出来的产品与劳务的市场价值,即把购买各种最终产品所支出的货币加在一起,得出社会最终产品的生产量的货币价值的总和。如果用 $Q_1,Q_2,\cdots,Q_n$ 分别表示一个国家在特定的时期内生产的所有最终商品和劳务,而 $P_1,P_2,\cdots,P_n$ 分别表示它们相应的价格,那么所有这些产品的市场价值总和就是国内生产总值,即

$$GDP = P_1Q_1 + P_2Q_2 + \cdots + P_nQ_n$$

谁是上述产品的最终购买者呢? 要看谁是这些产品的最后使用者。在现实生活中,产品和劳务的最后使用,除了居民消费,还有企业投资、政府购买和出口。因此用支出法核算 GDP 就是核算经济社会在一定时期内消费、投资、政府购买以及出口这几方面支出的总和,如表 8-2 所示。

表 8-2　国民收入账户

支　　出	收　　入
1. 个人消费(C) 耐用消费品 非耐用消费品 其他劳务支出	1. 个人收入 工资薪金 租金收入 净利息
2. 私人投资(I) 机器设备 厂房 居民住房 存货	2. 利润 (1) 公司利润 股息 未分配利润 公司所得税
3. 政府购买(G) 政府对商品以及对劳务的支出	(2) 非公司利润 3. 间接税及转移支付
4. 净出口($X-M$) 出口($+X$) 进口($-M$)	营业税、关税 4. 折旧
总计:支出方法测算的 GDP	总计:收入方法测算的 GDP

(1) 居民个人消费(consumption)支出(用 C 表示)。包括购买耐用消费品、非耐用消费品和劳务(医疗、旅游、理发等)的支出。建造房屋住宅不包括在内。

（2）投资（investment）支出（用 I 表示）。投资支出指增加或者更换资本资产，包括厂房、住宅、机械设备及存货等的支出。为什么用于投资的物品是最终产品而不是中间产品呢？两者最大的区别在于，中间产品在生产别的产品时被完全消耗掉，而资本品在生产别的产品时被部分地消耗掉。投资包括固定资产投资和存货投资两大类。固定资产投资指新厂房、新设备、新商业用房和新住宅的增加。住宅和其他固定资产一样是慢慢消耗掉的。存货投资是企业掌握的存货价值的增加或者减少。

投资是一定时期内增加到资本存量中的资本流量，而资本存量是经济社会在某一时点的资本总量。总投资等于净投资和重置投资之和。用支出法计算 GDP 时的投资，指的是总投资。

（3）政府购买（government purchase）支出（用 G 表示）。指各级政府购买物品和劳务的支出，如提供国防、建筑道路和开办学校等方面的支出。政府购买只是政府支出的一部分，政府支出的另一部分如转移支付、公债利息支付等不计入 GDP，原因是这些支出只是一种简单的转移，没有相应的物品和劳务的交换发生，如政府发放的救济金。

把上述三个项目加总，在封闭经济下用支出方法核算的国内生产总值的公式可表示为：

$$GDP = C + I + G \qquad\qquad (8.1)$$

（4）净出口（net exports）（用 $X - M$ 表示）。指进出口的差额。用 X 表示一个国家的出口，M 表示进口，则出口额 X 与进口额 M 的差额即净出口（$X - M$）。进口应从本国购买中减去，因为进口表示收入流到国外，不是用于购买本国物品和劳务的支出；出口则应加进本国总购买中，因为出口表示收入从国外流入，用于购买本国物品和劳务的支出；因此净出口应计入本国总支出，当然，可能为正值，也可能为负值。

把上述四个项目加总，在开放经济下用支出方法核算的国内生产总值的公式可表示为

$$GDP = C + I + G + (X - M) \qquad\qquad (8.2)$$

运用支出法应注意以下两个问题。第一，有些支出项目不应计入 GDP 中。这些项目包括对过去时期生产的产品的支出（如购买旧设备）、非产品和劳务的支出（如购买股票、债券的支出）以及对进口产品和劳务的支出。此外，政府的转移支付也不应计入 GDP 之中，因为领取者并未向政府提供任何相应的产品和劳务与之交换。第二，避免重复计算。由于最终产品和中间产品并无明显的区分，因而在测算过程中容易重复计算。在实际测算中，如果最终产品的价值全部计入 GDP 中，那么中间产品就不应计入 GDP 中。

由于支出法在实际的操作中数据易于收集，统计简便易行，所以，这也是世界各国通行的方法。

2. 收入法核算 GDP

收入法(income approach)是指通过计算一定时期内整个社会所有生产要素所获得的收入来测算 GDP 的方法。由于企业出售产品获得的收入是生产中所使用的各种生产要素的收益,因而收入方法测算的 GDP 是所有生产要素的货币收入的总和。但严格来说,最终产品市场价值除了生产要素收入外,还有间接税、折旧、公司未分配利润等内容(见表 8-2)。收入法核算 GDP 时应当包括以下内容。

(1)公司企业的生产要素报酬,如工资、利息、租金和利润等

工资包括所有对工作的酬金、津贴和福利费,也包括已被扣除的缴纳的所得税和社会保险税(费);利息是人们的货币资金在本期的净利息收入,政府公债利息不包括在内,而被当作转移支付;租金收入包括个人出租房屋和土地的租赁收入,以及专利版权等收入;利润是指公司税前利润,其中公司利润主要包括股东红利、公司所得税、社会保险税(费)和未分利润等。

(2)非公司企业主收入

非公司企业主收入,如医生、律师、农民和小店铺主的收入,是用自己的资金,自我雇用,工资、利息、租金和利润常混在一起作为非公司企业主收入。

(3)企业转移支付以及企业间接税

企业转移支付包括对非营利组织的社会慈善捐款和消费者呆账。间接税是指税收负担不由纳税人承担的税收,即可以计入成本的那些税收,如销售税和流转税等。

(4)资本折旧

折旧虽不是要素收入,但包括在总投资中,也应计入 GDP。

于是,用收入方法测算的国内生产总值可以表示为

$$GDP = 工资 + 租金 + 利息 + 利润 + 间接税和转移支付 + 折旧$$

既然用收入方法测算的国内生产总值是所有要素的收入,在扣除了应缴纳的各种税收之后,要素所有者把收入用于购买消费品和储蓄,那么,以 C 表示消费,S 表示储蓄,T 表示税收,则收入方法测算的国内生产总值可以表示为

$$GDP = C + S + T \tag{8.3}$$

利用收入方法测算 GDP,同样需要注意不应计入收入的项目。首先,销售上一期生产的产品和劳务取得的收入不计在内,如销售上期房屋、汽车等,只是所有权变更,并未创造新收入。其次,与生产无关的收入不计在内,例如出售股票和债券,它们只是一种金融交易,并不是该期生产产品的收入。此外,政府的转移支付也不能算作接受者的收入。

(二) 国民收入核算中几个重要总量之间的关系

在国民收入核算体系中,除了国内生产总值(GDP)以外,还包括国内生产净值

(net domestic product，NDP)、国 民 收 入（national income，NI）、个 人 收 入（personal income，PI)和个人可支配的收入(personal disposable income，PDI)。

1. 国内生产净值（NDP)

国内生产净值是国内生产总值减去资本的折旧。由于折旧是补偿机器设备等固定投入的成本，因而它不是本期生产的产品，故应该把这部分从国内生产总值中扣除掉，以便使得 GDP 反映经济活动的"净值"。即

$$NDP＝GDP－资本折旧$$

在经济统计中，GDP 与 GDP 有一个经验关系式：

$$资本折旧＝(1/11)×GDP$$
$$NDP＝(10/11)×GDP$$

2. 国民收入（NI)

国民收入是各种生产要素的实际报酬，它等于国内生产净值减去间接税，减去企业转移支付，加上政府补助金。尽管间接税和企业转移支付构成成本，但并不构成要素的收入，因而需要从国民生产净值中扣除掉。而政府补助金成为要素收入，应当加上。这样，工资、租金、利息和利润的总和就是国民收入。其公式为

$$NI＝NDP－间接税－企业转移支付＋政府补助金＝工资＋租金＋利息＋利润$$

3. 个人收入（PI)

个人收入是指个人从经济活动中所获得的收入，它等于狭义的国民收入减去社会保险税、公司所得税和公司未分利润，再加上政府和企业对个人的转移支付、政府对个人支付的利息净额。即

$$PI＝NI－保险税和公司所得税－公司未分利润＋转移支付＋政府支付的利息净额$$

4. 个人可支配收入（PDI)

个人收入并不能全归个人支配，因为要缴纳个人所得税。个人可支配的收入（PDI)则是个人最终能够自由支配的收入数量，它等于个人收入减去个人所得税。即

$$PDI＝PI－个人所得税$$

（三） 国民收入核算恒等式

以上讨论了国民收入核算的两种方法，从理论上讲，如果测算不存在误差，那么用支出方法和收入方法测算的国内生产总值应该是恒等的。由此可以得到一系列很有意义的结论。根据式(8.2)，用支出方法测算的国民生产总值等于消费、投资、政府购买和净出口之和。根据式(8.3)，用收入方法测算的国民生产总值等于私人部门用于消费的收入、储蓄和税收。于是，支出和收入方法测算的国内生产总值给出了下面的恒等式：

$$C＋I＋G＋(X－M)≡C＋S＋T$$

两边消去 C，即可以得到：

$$I + G + X \equiv S + T + M \qquad (8.4)$$

即私人投资、政府购买与出口(也即国外的购买)之和等于私人的储蓄、政府税收(也即政府储蓄)与进口之和。

上述结论很容易在没有对外贸易和没有政府的经济中得到简化。

在没有对外贸易的经济中,经济的进出口等于零,从而由式(8.4)可以得到:

$$I + G \equiv S + T \qquad (8.5)$$

即私人投资与政府购买之和等于私人储蓄与政府税收之和。

在只有家庭和企业的两部门经济中,依照支出方法测算,国民生产总值等于消费加投资支出,即 $GDP = C + I$;依照收入方法测算,国内生产总值等于个人消费 C 与储蓄之和,即 $GDP = C + S$。因此,在两部门经济条件下,式(8.5)可以进一步简化为

$$I \equiv S \qquad (8.6)$$

这表明,在两部门经济中,国民收入核算恒等式表现为投资与储蓄的均等。

需进一步说明的是,这一恒等关系是从会计的角度事后核算的,不受经济运行状态的影响。换言之,在一个只有两部门的封闭经济体中,因为储蓄是投资的唯一来源,当投资需求大于居民实际储蓄时,意味着经济体中满足于投资需求的资金不足,所以,实际投资等于实际储蓄,即 $I = S$;当投资需求小于实际储蓄时,意味着实际储蓄暂时存在剩余,由于经济的循环作用,实际的投资不足将影响居民的收入,居民的储蓄随之减少,直至实际投资等于实际储蓄,即 $I = S$。同样,三部门、四部门恒等关系式也是事后的会计核算。

然而这一恒等式决不意味着人们意愿的或者说事前计划的储蓄一定会等于企业想要的或者说事前的投资。在实际生活中,储蓄主要由居民进行,投资主要由企业主进行。这就会形成计划储蓄和计划投资的不一致,从而引起经济的收缩和扩张,在以后的均衡分析中所讲的储蓄等于投资,是指计划投资等于计划储蓄,或者事前投资等于事前储蓄。为了将二者加以区别,我们把 $I \equiv S$ 写成:事后投资＝事后储蓄;把 $I = S$ 写成:事前投资＝事前储蓄。

需要说明的还有,这里所讲的 $I \equiv S$,是对宏观经济而言,至于某个人、企业、部门,事后储蓄与事后投资并不必然相等。

第二节　国民收入流量循环分析

一、国民收入流量循环模型

(一) 经济循环示意图

由于 AD-AS 模型是一种静态分析,无法说明循环流动状态下的经济运行,为了进一步考察在短期中引起经济水平扩张与收缩的原因,这里需要引入经济循环分析。

首先,可以把一个经济社会简化为两个基本的经济部门:家庭和企业。其次,每一个经济角色既是生产者又是消费者。一方面,在产品市场上,家庭是消费者,企业是生产者;另一方面,在要素市场上,企业是消费者,家庭是生产者。

如图 8-2 所示,是一个高度简化的经济循环流程。图中外层曲线的箭头代表货币的流向,相应的还存在着与货币数量相应的实物流动,图中内层曲线的箭头代表产品(包括物品和劳务)与生产要素的流向。

(二) 两部门经济收入流量循环模型

经济收入流量循环模型就是不考虑产品与要素的流动,只考虑货币流动的经济循环流量图。

最简单的国民收入流量循环模型是假定经济中只有家庭和企业两个部门,如图 8-3 所示。家庭向企业提供各种生产要素,同时从企业那里得到相应的货币收入。家庭向企业购买产品,与此相对应,用于消费的货币支出流向企业。在这个循环中,如果居民把所有的收入全部用于消费,这个经济就能以不变的规模运行下去。

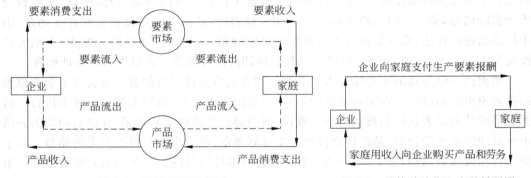

图 8-2　经济循环示意图　　　　图 8-3　最简单的收入流量循环图

如果居民户没有把所有的收入都用于消费,那么就会发生储蓄,如图 8-4 所示。细线表示流量小,粗线表示流量大;储蓄使循环流量减少,投资使循环流量增大。因而储蓄与投资对经济流量也就是收入水平产生影响。

当这些储蓄流入金融市场,企业则通过金融市场融入资金,用于投资。如果金融市场是有效的,能把全部储蓄即时性地转化为企业的投资,即储蓄等于投资,则整个经济仍能以原有的规模正常运行。图 8-5 是包含金融市场的收入流量循环图。

我们可以看出,企业的总收入按要素分配分属不同的家庭,并构成某一社会所有家庭的总收入。家庭的总收入被分为两部分:第一部分是 C,用于消费,同时也进入经济循环;第二部分是 S,用于储蓄,并离开经济循环,是一种漏出(withdrawal,用 W 表示),能引

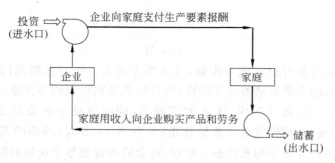

图 8-4 有储蓄与投资的收入流量循环图

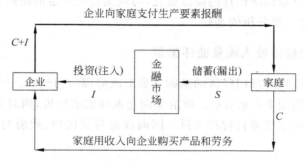

图 8-5 两部门收入流量循环图

起经济循环量的收缩。在金融市场的作用下，S 转化成 I，I 重新进入经济循环，所以，I 是一种注入（injection，用 J 表示），能引起经济循环量的扩张。当所有的 I 都能即时性地转化为 S 时，经济循环流量就会不低于此前的水平。

下面分析两部门经济中的总供给与总需求的关系。

从总需求看，

$$总产出 = 消费需求 + 投资需求$$

即

$$AD = Y = C + I$$

从总供给看，

$$总产出 = 要素收入总和 = 工资 + 利息 + 地租 + 利润 = 消费 + 储蓄$$

即

$$AS = Y = C + S$$

由于总供给等于总需求，即 $AS = AD$，所以

$$C + I = C + S$$

即

$$I = S \tag{8.7}$$

也即

$$J = W \tag{8.8}$$

也就是说,储蓄及时地转化为投资,注入等于漏出。所以在两部门经济的简单模型中,决定国民收入的力量是储蓄等于投资,国民收入达到均衡的条件是:$I=S$。

当然,如果 $I>S$,即 $J>W$,注入大于漏出,则经济处于扩张状态;如果 $I<S$,即 $J<W$,注入小于漏出,则经济处于收缩状态;只有当 $I=S$ 时,经济的运行状态则既不扩张也不收缩,经济正好处于均衡状态。所以,社会的投资要等于居民的储蓄是凯恩斯的核心命题,也是凯恩斯经济理论的基础。

虽然两部门模型是经济循环的高度简化,与现实也有一定的距离,但却是理解宏观经济学的关键,也是进一步分析的基础。

(三) 三部门经济收入流量循环模型

三部门经济是指在两部门经济的基础上加上政府部门的经济。三部门经济中的收入流量循环模型可以用图 8-6 来表示。政府要向企业和家庭征税,同时也向企业购买产品,向家庭购买劳务和向家庭进行转移支付。因而政府与居民户、政府与企业之间的货币流动是双向的。

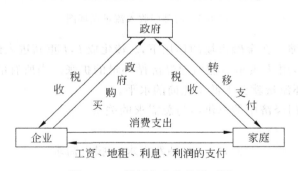

图 8-6 三部门收入流量循环图

从总需求看,

总产出 = 消费需求 + 投资需求 + 政府需求 = 消费 + 投资 + 政府购买

即

$$AD = Y = C + I + G$$

从总供给看,

总产出 = 要素收入总和 = 工资 + 利息 + 地租 + 利润 + 税收

= 消费 + 储蓄 + 税收

即

$$AS = Y = C + S + T$$

由于总供给等于总需求，$AS = AD$，所以

$$C + I + G = C + S + T$$

即

$$I + G = S + T$$

或

$$S - I = G - T \tag{8.9}$$

即有

$$J = W$$

其中，I、G 是注入；S、T 是漏出；$S - I$ 是储蓄投资差，$G - T$ 是政府收支差。这说明在三部门经济中，为了保持经济运行的现有水平，需要投资支出与政府支出之和等于储蓄与税收之和。换言之，当市场不能即时性地完全将 I 转化为 S 时，政府可用赤字财政保持不变的经济规模。

当然，如果 $(I + G) > (S + T)$，即 $J > W$，注入大于漏出，则经济处于扩张状态；如果 $(I + G) < (S + T)$，即 $J < W$，注入小于漏出，则经济处于收缩状态。

（四） 四部门经济收入流量循环模型

四部门经济是指在三部门经济的基础上加上国外部门。四部门经济的收入流量循环模型可以用图 8-7 来表示。

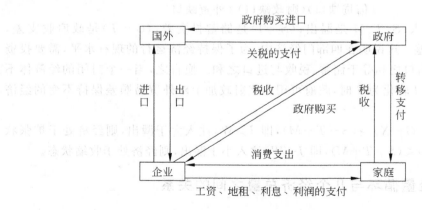

图 8-7 四部门收入流量循环图

国外部门向国内企业购买产品，这是本国的出口，它会增加对本国产出的需求。本国

的政府、企业和家庭也向国外购买产品,这是本国的进口,它会减少对本国产出的需求。此外,政府还可能征收进口关税。

从总需求看,

$$总支出 = 对本国产出的消费需求 + 对本国产出的投资需求$$
$$+ 政府对本国产出的需求 + 国外对本国产出的需求$$
$$= 消费 + 投资 + 政府购买 + 净出口$$

即

$$AD = Y = C + I + G + (X - M)$$

从总供给看,

$$总收入 = 要素收入总和 = 对本国产出的消费 + 储蓄 + 税收$$

即

$$AS = Y = C + S + T$$

由于总供给等于总需求,AS=AD,所以

$$C + I + G + (X - M) = C + S + T$$

即

$$I + G + X = S + T + M \tag{8.10}$$

即有

$$J = W$$

或

$$S - I = (G - T) + (X - M) \tag{8.11}$$
$$(信贷缺口)(财政缺口)(外贸缺口)$$

其中,I、G、X是注入;S、T、M是漏出;($S-I$)是储蓄投资差,($G-T$)是政府收支差,($X-M$)是进出口差。这说明在四部门经济中,为了保持经济运行的现有水平,需要投资支出、政府支出与出口之和等于储蓄、税收与进口之和。换言之,当一个封闭的经济体不能即时性地完全将I转化为S时,政府可用赤字财政加上对外贸易顺差保持不变的经济规模。

当然,如果($I+G+X$)>($S+T+M$),即$J>W$,注入大于漏出,则经济处于扩张状态;如果($I+G+X$)<($S+T+M$),即$J<W$,注入小于漏出,则经济处于收缩状态。

二、国民收入流量循环与几个经济总量之间的关系

本章节前面的内容曾讨论了国民收入核算中几个重要的经济总量,又讨论了国民收入流量循环,现在把两者结合起来加以分析,两者之间详细的关系见图 8-8。

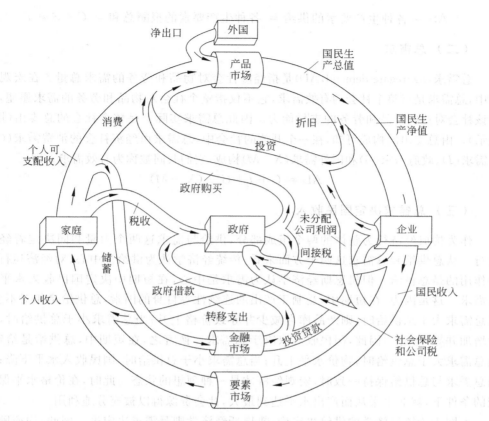

图 8-8　国民收入流量循环及其与几个国民收入总量之间的关系

第三节　总供给与总需求分析

一、总供给与总需求

（一）总供给

　　总供给（aggregate supply，AS）是指经济社会中可供使用的商品和劳务总量，是经济社会利用各种资源的总产出。概括地讲，一个社会的总供给是由该社会的生产要素和技术水平所决定的。其中生产要素包括劳动、自然资源、资本和企业家管理等，而技术水平则反映一个社会使用生产要素生产产品和提供劳务的效率，因此总供给实际上是整个社会的总收入（用 NI 表示）。从产品生产方面看，一国的国民收入是由各种要素的供给生产出来，因此可以用要素的货币收入总和进行加总。即

$$AS = 各种生产要素的供给 = 各种生产要素的报酬总和 = C + S + T$$

（二） 总需求

总需求（aggregate demand，AD）是指经济社会对物品和劳务的需求总量。在宏观经济学中，总需求是指整个社会的有效需求，它不仅指整个社会对物品和劳务的需求愿望，而且指该社会对这些物品和劳务的支付能力。因此总需求实际上是整个社会的总支出（用 AE 表示）。由总支出的构成可知，在一个开放的社会中，总需求由经济社会的消费需求（C）、投资需求（I）、政府需求（G）和国外需求（$X-M$）构成，它们共同被称为有效需求。即

$$AD = C + I + G + (X - M)$$

（三） 总需求决定国民收入

作为构成经济行为整体的两个组成部分，供给与需求这两个力量共同决定着经济的运行。从总供给和总需求这两个方面来看，传统经济学认为供给是中心，对经济运行起主导作用的是总供给。但凯恩斯经济学认为需求是中心，在短期中决定国民收入水平的是总需求。这是因为，在短期中，受制于产出的连续性等自身的因素，总供给是相对不变的，当总需求大于总供给时，则产品库存减少并导致价格上升；当总需求小于总供给时，则库存增加并导致减产，因此，国民收入取决于总需求。换言之，在短期中，总供给是给定的，当总需求大于总供给时，物价水平上升；当总需求小于总供给时，国民收入水平下降；只有当总需求与总供给保持一致时，宏观经济才是一种理想的状态。此时，在价格水平保持不变的条件下，就业水平从而产出水平达到最大，社会资源得以被充分地利用。

不同于传统经济学的供给决定论，凯恩斯经济学则是需求决定论。因此，均衡国民收入取决于总需求，下面用图形进一步加以说明。当然，由于不考虑新增投资对供给的影响，凯恩斯经济学的方法被认为仅适用于短期分析。

二、总供给曲线与总需求曲线

（一） 总供给曲线

在短期中，总供给曲线可用图 8-9 表示。横轴 Y 表示国民收入水平，纵轴 P 表示物价水平。图形显示，总供给曲线被分为 3 个区域。

A 点之前是第一个区域，这是一个价格水平不变的区域。在第一个区域，当短期内需求发生变动时，企业一般不愿意改变价格和工资，而会通过增加或减少产量对市场需求变动作出反应；

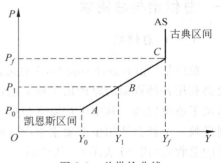

图 8-9　总供给曲线

在 A 点之前,总产出的增加即国民收入的增加不引起物价水平的变动,因此这时的总供给曲线是一条水平线,符合凯恩斯条件,该区间被称为凯恩斯区间。这种情况一般发生在经济萧条时期,由于有效需求的不足,资源闲置与劳动力失业比较严重。在这种情况下,总产出的增长是通过利用大量闲置资本和劳动力的结果,不会造成生产成本的上升,从而也不会导致物价的上涨,这是凯恩斯区间的总供给状态。

A 点与 C 点之间是第二个区域,这是一个价格水平随产出水平变化而变化的区域。在 A 与 C 两点之间,总产出水平即国民收入水平和物价水平是同时增加的,在 A 点,Y_0 相对应的物价水平是 P_0,而在 B 点,Y_1 相对应的物价水平是 P_1。在这一区间,物价水平随着总产出水平的增长而上升。这是因为随着总产出水平的不断增长,效率较差的设备开始投入使用,效率较低的工人开始被雇用,从而导致劳动的边际产品随就业的增加而递减,造成单位产品的成本随产量的扩大而上升。

C 点之后是第三个区域,这是一个产出水平不变的区域。C 点是总产出水平的最大值,在有限资源条件下,总产出扩大到这一数量,按一定实际工资水平愿意就业的工人都已就业,产量已无法再扩大,因而这时总需求的继续扩张只能导致物价水平的上涨。这时的总供给曲线就成为一条垂直线,C 点以后被称为古典区间,即古典区间的总供给曲线是一条垂直线。

(二) 总需求曲线

在短期中,总需求曲线可用图 8-10 表示。同总供给曲线一样,横轴 Y 表示国民收入水平,纵轴 P 表示物价水平。AD 表示总需求曲线,曲线表明,物价水平越高,总需求量越小;物价水平越低,总需求量越大。AD_1、AD_2、AD_3 表示总需求曲线发生了平移,P_f 分别对应 Y_0、Y_1、Y_f,表明在同一价格水平下 $AD_3 > AD_2 > AD_1$,即总需求的增加导致了总需求曲线发生了平移。

三、总供给-总需求模型(简称 AD-AS 模型)

在总供给曲线和总需求曲线的基础上,就可以得到 AD-AS 模型示意图。如图 8-11 所示,总供给曲线 AS 与总需求曲线 AD_1、AD_2、AD_3 分别相交于 A、B、C 点;AD_1、AD_2、AD_3 的位置表明,总需求增加以后曲线向右方发生了平移。

在 A 点之前,表明现实总需求小于潜在总供给,现实国民收入小于潜在国民收入,即“可富而不富”(凯恩斯语),这就是经济萧条时期的情景。

在 AD 线向右平移后,即在短期内总需求充分扩张以后到达至 A 点,A 点是短期内在价格水平不变条件下国民收入的最大值。在 A 点,对应的国民收入是 Y_0,对应的价格水平是 P_0。A 点是均衡国民收入点,此时,总需求等于总供给。

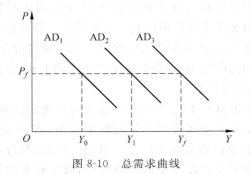

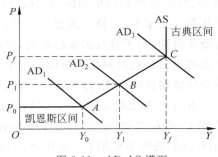

图 8-10 总需求曲线   图 8-11 AD-AS 模型

在 B 点,对应的国民收入是 Y_1,对应的价格水平是 P_1,这表明短期内总需求继续扩张能进一步提升国民收入水平,但也提升了价格水平。

C 点是短期内国民收入的最大值。在 C 点,对应的国民收入是 Y_f,对应的价格水平是 P_f,这表明短期内继续扩张的总需求仅能推高价格水平,国民收入水平将不再发生变动。

由以上分析可以看出,总需求是决定国民收入水平的主要因素;当总需求发生变化时,就意味着 AD 线将发生平移,从而国民收入水平也将发生改变;当总需求增加时,国民收入水平就会提高,反之,则降低;这就是说,引起总需求发生变化的原因是决定国民收入水平的关键。

四、有效需求原理

(一) 有效需求原理的提出

传统经济理论一直坚信自由市场是一个能自我调节的自动平衡机制,因此,市场应该是放任自流的。但是,在大萧条中,西方世界遭受了前所未有的经济衰退,也动摇了人们对传统经济理论的信念,在这样的背景下,凯恩斯对传统经济理论进行了深刻的反思,并提出了自己的经济理论以试图解释这种现象。

凯恩斯的宏观经济学是从否定市场经济自动调节机制的有效性开始的,并提出了他的"有效需求"原理。他认为,经济社会的有效需求不足是导致失业的原因,市场机制并不能有效地自动调节。

凯恩斯经济学的核心理论是有效需求不足理论,而这一理论的基础是有效需求原理。有效需求一般是指存在货币支付的购买欲望。而凯恩斯所指的有效需求(effective demand),是指能达到均衡国民收入时的社会总需求,也就是不引起产品价格上升的最大社会需求量。最基本的有效需求包括消费需求(消费支出)和投资需求(投资支出),并决定着社会就业量和国民收入的大小。有效需求不足,是因为总需求的货币支出愿望不足,并由此导致了萧条。所以,凯恩斯经济理论又被称为萧条经济学。

（二） 有效需求不足的原因——三大心理规律

1. 边际消费倾向规律

边际消费倾向规律又称边际消费倾向递减规律,这是凯恩斯的第一个基本心理规律。所谓边际消费倾向递减,是指随着人们收入的增加,货币收入增加量中用于消费的比例在减少,或者说,消费的增加没有收入增加得快,使得有效需求中的消费需求（C）不足。也就是说,在社会新增的总收入中用于消费支出的比例在减少,用于储蓄的比例在增加,这就使均衡国民收入与总需求两者之间出现一个差额,总需求由消费需求与投资需求两部分组成,为了保证国民收入等于均衡国民收入,因此,要有足够的需求来支持就业以及就业的增长,就必须增加更多的投资来填补收入与这一收入所决定的消费需求之间的差额。

2. 资本边际效率规律

资本边际效率规律又称资本边际效率递减规律,这是凯恩斯的第二个基本心理规律。所谓资本边际效率递减,是指人们预期从投资中获得的利润率（即预期利润率）将因增添的资产设备成本提高或因资本数量的扩大而趋于下降。或者说,新增投资的预期收益是下降的,虽然投资也在增加,但投资的增加没有收入增加得快,使得有效需求中的投资需求不足。也就是说,在总收入增量中,需要转化为投资的储蓄也增加,而且后者的增加比前者的增加更快;然而,为了保持必要的收益,在消费增量减小后,实际的投资增量不是增加而是减少,这就使均衡国民收入与总需求两者之间的差额进一步增大。换言之,除非金融市场能够保证足够低的资金成本（利率 r 要足够低）用于提高投资的预期收益,或者人为地增加社会需求,否则原就业量（或增量）将无法维持。

191

3. 流动偏好规律

流动偏好规律,是凯恩斯的第三个基本心理规律。它是指人们为了保持更多货币资产而放弃其他资产形态的心理特征。具体而言由以下动机决定。

（1）交易动机,指为了日常生活的方便所产生的持有货币的愿望;

（2）谨慎动机,指应付各种不测所产生的持有现金的愿望;

（3）投机动机,指由于利率的前景不确定,人们愿意持有现金寻找更好的获利机会。

基于以上三种动机,凯恩斯认为人们对流动性有更强的偏好,由于货币资产随时可以成为其他资产,相对于其他资产人们更愿意持有货币。

在金融市场上,利率是货币资本的价格机制,利率的变动可以引导储蓄与投资,均衡利率使得储蓄等于投资。但是凯恩斯认为,当利率低至某一点时,证券等金融投资已无利可图,人们对利率的变动已不再敏感,此时人们更愿意大量持有货币而不是持有有价证券等金融资产进行投资,更多的货币被窖藏起来（货币窖藏不同于银行储蓄,这样既不增加消费,也无法用于投资）,从而利率对储蓄与投资的调节作用失效,投资需求不足依然存在,这被称做"流动性陷阱"。

综上所述,由于边际消费倾向递减规律的存在则导致消费需求不足;由于资本边际效率递减规律的存在则导致投资需求不足;由于流动偏好规律的存在则导致货币窖藏,而利率对投资需求的改善有限,因此依然存在投资需求不足;在三大心理规律存在的情况下,存在消费需求不足和投资需求不足,也就是有效需求不足。换言之,除非人为地增加社会需求,否则原就业量(或增量)将无法维持。总之,凯恩斯以他内在逻辑一致的三大心理规律,对于经济危机作了全新的说明,并在此基础上形成摆脱危机、走出萧条的全新思路,这也因此被誉为西方经济理论的"凯恩斯革命"。

(三) 有效需求原理的滥用

凯恩斯的有效需求不足理论是以经济萧条为背景的。换言之,只有在资源没有被充分利用和存在大量闲置生产能力时,政府人为地增加有效需求才是对经济有益无害的;否则,市场机制配置资源的基础作用将因此而被破坏,经济发展的质量就难以保证。这是因为,微观经济是宏观经济的基础,自由市场经济条件下的消费与投资都是民众自主意愿的选择,自然也是效用最大化的选择;政府当然可以通过扩大支出来刺激经济,带来一时的经济繁荣,这满足了经济发展对"量"的要求,但是,过多的政府支出并不存在效用基础,这将无法满足经济发展对"质"的要求,这个区别正是民间支出与政府支出根本不同之所在。因此,市场机制主导有效需求的基础作用不应被取代。凯恩斯主义从风靡全球到逐渐衰落正好说明了这一点,这也是凯恩斯经济学为什么叫做"萧条经济学"的原因。

通常情况下,由于政府扩大支出能直接繁荣经济、增加国民收入、提升 GDP 总量,这为各国政府所乐见,也是"政府主导型"国家加速经济增长的法宝,而当今世界通行的纸币发行机制又为这一切提供了可能。所以,战后特别是进入 20 世纪 50 年代以后凯恩斯主义曾经风行一时,其影响遍及欧美、拉美、东南亚,但是,问题在 70 年代逐渐显露出来,80年代初,以英美私有化改革为标志,西方国家重新回归市场机制主导经济的道路。

第四节 国民收入决定及变动

一、消费函数与储蓄函数

(一) 消费函数

1. 消费

消费(consume)指居民户对产品和劳务的需求或支出。影响人们消费行为的因素很多,如家庭收入水平、市场物价水平、利率水平、收入分配制度、家庭财产状况、传统习惯、兴趣爱好以及消费者年龄构成等,但这些因素中有决定意义的是家庭的收入水平,具体地说,就是家庭的可支配收入。可支配收入是收入中扣除所得税后可以由消费者直接支配的收入,如某家庭在某个时期的收入是 6 000 元,所得税要缴纳 300 元,则可支配收入就是 5 700 元。

2. 消费函数与消费曲线

消费支出与可支配收入之间的关系,可以用函数公式表示:

$$C = f(Y)$$

该式就是消费函数(consumption function)。式中,C 表示消费,Y 表示家庭收入。

消费函数通常被表示为线性方程式:

$$C = \alpha + \beta Y \tag{8.12}$$

其中,α 和 β 都是大于零的参数,且 $0 < \beta < 1$。常数 α 为自生消费,是指不随收入变化而变化的那部分消费。对个人而言,自生消费是指为了生存而必需的消费,如衣、食、住等。自生消费与收入无关,当收入水平为零时,个人为了生存,仍然需要基本消费。对一个国家而言,自生消费可以理解为一个社会所需要的基本消费,它与该国的国民收入水平也没有直接的关系。βY 为派生消费,是指收入增加而导致的消费。

如图 8-12 所示,图中 $C = f(Y)$ 曲线即为消费曲线。

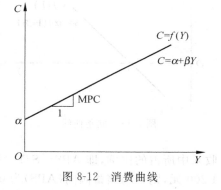

图 8-12 消费曲线

3. 平均消费倾向和边际消费倾向

消费函数又称消费倾向。消费倾向分为平均消费倾向(average propensity to consume,APC)和边际消费倾向(marginal propensity to consume,MPC)。

平均消费倾向,指家庭在某个时期的消费支出在可支配收入中所占的比例,即 APC＝C/Y。例如,某家庭某月的可支配收入为 3 000 元,消费支出为 1 800 元,则平均消费倾向(APC)为 0.6。因为人们无论在什么情况下都要消费,所以平均消费倾向是大于零的正数,APC＞0。

边际消费倾向,指家庭在某个时期增加的可支配收入中用于消费支出部分所占的比例,也就是消费增量对收入增量的比,即 MPC＝$\Delta C/\Delta Y$。例如,某家庭某年新增可支配收入为 8 000 元,消费支出增加 4 500 元,则边际消费倾向(MPC)为:4 500/8 000＝0.56。

一般情况下,消费增量总是小于收入增量而又不会等于收入增量,因此,边际消费倾向总是小于 1 而大于 0,即 $0 < MPC < 1$。一般来说,人们收入的增加必然要带来消费的增加,但是消费的增加总是小于收入的增加,边际消费倾向是递减的。

当然,如果假定消费函数是线性的,则边际消费倾向为常数 β,即 MPC＝β。

（二） 储蓄函数

1. 储蓄函数与储蓄曲线

与消费相对应的是储蓄。储蓄（save）是指可支配收入扣除消费支出后的余额，用 S 表示，$S=Y-C$。影响储蓄的因素很多，但收入是决定储蓄的唯一因素，收入变化决定着储蓄变化。储蓄与可支配收入之间的依存关系，用公式表示为

$$S = f(Y)$$

该式就是储蓄函数（saving function），它表示储蓄是收入的函数。在其他条件不变的情况下，储蓄与收入按同方向变化，收入的增减，引起储蓄的增减。

在消费函数为线性时，储蓄函数可表示为线性方程（因为 $S=Y-C$）：

$$S = -\alpha + (1-\beta)Y \tag{8.13}$$

储蓄曲线如图 8-13 所示，横轴表示收入，纵轴表示储蓄，$S=f(Y)$ 线为储蓄曲线。

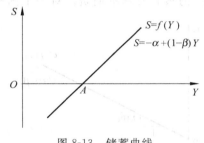

图 8-13　储蓄曲线

A 点是储蓄曲线与横轴的交点，表示此时收支相抵，储蓄为零。在 A 点的左方，储蓄为负数；在 A 点的右方，储蓄为正数。储蓄曲线向右上方延伸，距横轴越来越远，表明随着收入的增加，储蓄不断增加。

2. 储蓄倾向

储蓄函数又称储蓄倾向。储蓄倾向分为平均储蓄倾向（average propensity to save, APS）和边际储蓄倾向（marginal propensity to save, MPS）。

平均储蓄倾向，是指在某一收入水平上储蓄在收入中所占的比例，即 $\text{APS}=S/Y$。例如，某家庭某月的可支配收入为 3 000 元，储蓄为 1 200 元，则平均储蓄倾向（APS）为 0.4。

边际储蓄倾向，是指增加的储蓄在增加的收入中所占的比例，即 $\text{MPS}=\Delta S/\Delta Y$。例如，某家庭某月的可支配收入增加 1 000 元，储蓄增加 600 元，则边际储蓄倾向（MPS）为 0.6。一般地，由于消费倾向递减，储蓄倾向是递增的。

当然，如果假定储蓄函数是线性的，则边际储蓄倾向为常数 $(1-\beta)$，即 $\text{MPS}=1-\beta$。

（三） 消费函数与储蓄函数的关系

（1）消费函数和储蓄函数之和等于收入。消费是收入与储蓄之差（$C=Y-S$），储蓄是收入与消费之差（$S=Y-C$）。

（2）平均消费倾向（APC）和平均储蓄倾向（APS）之和恒等于 1，即

$$\text{APC} + \text{APS} = C/Y + S/Y = (C+S)/Y = Y/Y = 1$$
$$\text{APS} = 1 - \text{APC}$$
$$\text{APC} = 1 - \text{APS}$$

194

（3）边际消费倾向（MPC）和平均消费倾向（APC）随收入增加而递减；边际储蓄倾向（MPS）和平均储蓄倾向（APS）则随收入增加而递增。其中，MPC＜APC，MPS＞APS。

（4）边际消费倾向（MPC）和边际储蓄倾向（MPS）之和恒等于1，即

$$MPC + MPS = \Delta C/\Delta Y + \Delta S/\Delta Y = \Delta C + \Delta S/\Delta Y = \Delta Y/\Delta Y = 1$$

$$MPS = 1 - MPC$$

$$MPC = 1 - MPS$$

二、均衡国民收入的条件

在经济分析中，均衡是指一种相对稳定的状态。循环模型分析虽然给出了经济循环流量扩张、收缩、不变的条件，但是，并没有给出经济流量的均衡水平，研究国民收入决定就是要给出均衡产出也就是均衡收入所能达到的水平，分析影响均衡产出水平的因素，解释经济波动的原因。

如前所述，凯恩斯认为，能够将总产出（即总供给）提升到某个水平，总需求起主导作用。如果总需求小于潜在的总供给，即产品供大于求，企业就会缩减产量，国民收入将因此而减少；如果总需求大于潜在的总供给，即产品供不应求，企业就会增加产能并扩大产量，国民收入也将因此而增加，直至总供给等于总需求；只有当总供给与总需求相等时，企业的产量才能稳定下来，社会生产才既不再缩小，也不再扩大，这就是宏观经济的均衡状态。此时，社会的就业水平、价格水平、产出水平都将保持不变。因此，均衡国民收入或均衡产量是指与总需求相等时的国民收入。

与核算中的国民收入不同，核算中的国民收入是已经生产出来的国民收入，它与总需求既可以相等，也可以不等，而均衡国民收入总是与总需求相等。所以，均衡国民收入的条件是

$$总需求 = 国民收入（总供给）$$

即

$$Y = AD$$

三、简单国民收入决定理论

（一）基本假定条件

假定一，家庭部门的消费支出由收入决定，是收入的线性函数，即：$C = C(Y) = \alpha + \beta Y$。$\alpha$ 为自主性消费，不受收入变动影响；β 是引致消费的系数；βY 是由收入引致的消费。

假定二，企业部门的投资支出 I 为自主投资，且是一个不随利率和国民收入变化而变化的常量 I_0。由于计划投资 I 主要由投资的市场环境因素所决定，因而把投资 I 视为模型的外生变量。所以，投资函数 $I = I_0$。这样经济中的总支出行为就主要由家庭部门的

195

消费行为来描述。

假定三,不考虑总供给对国民收入的影响,资源没有被充分利用。也就是说经济制度能以不变的价格提供相应的供给量,社会总需求变动时,只引起产量的变动,不引起价格的变动。这被称为凯恩斯定律。当然,这在当时大危机的背景下,在生产能力大量过剩的条件下是适用的。所以,凯恩斯经济学又被称做萧条经济学。

这里的"简单",意指不加入价格水平变动因素以及不考虑金融市场变化的影响。

(二) 两部门经济中的均衡国民收入决定

1. 消费函数与均衡国民收入的决定

(1) 消费函数与45°线的关系。45°线是一条横轴与纵轴相等的直线,由假定一,可以将消费函数 $C=f(Y)$ 表示为线性函数 $C=\alpha+\beta Y$,其中,α、β 为常数;α 为自生消费,β 为边际消费倾向,βY 为派生消费,是 Y 的线性函数;消费 C 是自生消费与派生消费之和。由于线性消费函数的斜率 $k=\beta$,且 $0<\beta<1$,两条直线必然有一个交点,如图 8-14 所示。交点 E 表明,此时国民收入与消费支出相等,即 $C=Y$,并且有 $S=0$,$I=0$。

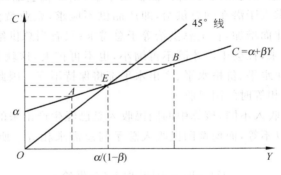

图 8-14 短期消费函数

上述持平收入水平可由下列联立方程组给出:

$$消费函数:C = \alpha + \beta Y$$
$$投资函数:I = 0$$
$$均衡条件:Y = C + I$$

解得

$$Y = \alpha/(1-\beta)$$

例如,假定消费函数 $C=1\,000+0.75Y$,则 $Y=C=\alpha/(1-\beta)=1\,000/(1-0.75)=4\,000$(亿元);在 A 点,则消费支出大于国民收入;在 B 点,则国民收入满足消费后有储蓄。E 点是一个经济社会既没有储蓄又没有投资的均衡点。

(2) 均衡国民收入的决定。根据均衡产出的定义和上述假设条件,在两部门模型中,

均衡国民收入 Y 由下列模型决定：

$$消费函数：C = C(Y) = \alpha + \beta Y$$

$$投资函数：I = I_0$$

$$均衡条件：Y = C + I$$

解联立方程，得到均衡收入：

$$Y = (\alpha + I_0)/(1 - \beta) \tag{8.14}$$

可见，如果知道了计划的消费支出和投资支出，根据上述公式，可以求出均衡的国民收入。例如，假定消费函数 $C = 1\,000 + 0.75Y$，自发计划投资为 800 亿元，则均衡收入为

$$Y = (1\,000 + 800)/(1 - 0.75) = 7\,200（亿元）$$

所以，均衡收入水平取决于 α、I_0、β 的大小。α、I_0、β 越大，也就是自主消费、自主投资、边际消费倾向越大，均衡收入水平就越高；反之，则越低。如果消费函数与投资函数给定不变，这种收入水平将被一直维持下去。如果 β、I_0 增大，即投资与消费增加，经济中总支出增加，从而均衡国民收入增加；反之，如果 β、I_0 减小，即投资与消费减少，经济中总支出减少，从而均衡国民收入减少。由此可见，投资和消费的变动是导致经济波动的主要原因。

同样，也可以利用收支相等的 45° 线，画图说明均衡国民收入的决定，如图 8-15 所示。

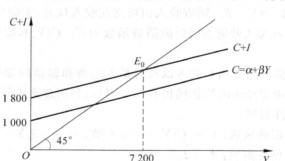

图 8-15　两部门均衡国民收入的决定

2. 储蓄函数与均衡国民收入的决定

均衡国民收入的决定也可以由计划投资等于计划储蓄的均衡条件加以说明。假定消费函数 $C = \alpha + \beta Y$，那么储蓄函数为 $S = Y - C = -\alpha + (1 - \beta)Y$。当计划储蓄等于计划投资时，均衡国民收入 Y 由下列模型决定：

$$储蓄函数：S = S(Y) = -\alpha + (1 - \beta)Y$$

$$投资函数：I = I_0$$

$$均衡条件：I = S$$

解联立方程，得到均衡收入：

$$Y = (\alpha + I_0)/(1 - \beta)$$

结果是相同的。储蓄函数如何决定均衡国民收入的,也可以用文字、画图的方式来说明,其原理与消费函数与均衡国民收入的决定的原理相同,不再重复。

（三）　三部门经济中的均衡国民收入决定

在三部门经济系统中,经济活动的主体是家庭、企业和政府。加入政府部门以后,经济的总支出和总收入都会发生变动。构成总支出的项目不仅包括私人消费和投资,还包括政府购买;总收入项目中,除了私人用于消费和储蓄的收入外,还包括政府的净税收收入。

首先分析政府购买和税收。政府购买主要用于政府部门的行政、军费和公共福利等方面的开支。它通常由政府的政策目标以及政府的政策指导思想所决定,西方经济学中通常假定政府购买是政府的一个政策变动,它不随国民收入的变动而变动,因而被假定为常量 G_0。税收在这里泛指政府征收的税收与向家庭和企业提供的转移支付之间的差额,为了简单起见,这里假定税收为定量税,即 $T = T_0$。

其次分析引入政府部门之后对私人部门所产生的影响。政府会通过税收对私人部门产生影响。当存在政府税收时,家庭部门决定消费和储蓄的收入不再是总收入 Y,而是可支配收入 Y_d,其中 $Y_d = Y - T$。随着收入由可支配收入代替,家庭的消费函数和储蓄函数都会相应地下降,即在加入政府部门后的消费函数为 $C = C(Y_d)$,储蓄函数为 $S = Y_d - C = Y_d - C(Y_d)$。

在分析了政府部门的支出和收入以及对私人消费和储蓄的影响之后,利用三部门经济的均衡条件可以决定经济的均衡国民收入。例如,利用总支出等于总收入条件,均衡的国民收入由下列条件得到:

消费函数: $C = C(Y_d) = \alpha + \beta Y_d = \alpha + \beta(Y - T)$

投资函数: $I = I_0$

政府购买: $G = G_0$

政府税收: $T = T_0$

均衡条件: $Y = C + I + G$

解联立方程,得到均衡收入:

$$Y = (\alpha + I + G - \beta T)/(1 - \beta) \tag{8.15}$$

假定一个经济中的消费函数为 $C = 1\,000 + 0.75Y_d$,自发计划投资为800,政府定量税为 $T = 400$,政府购买支出为 $G = 400$,$G - T = 0$(单位均为亿元),即政府采用平衡预算,则均衡收入为

$$Y = (1\,000 + 800 + 400 - 0.75 \times 400)/(1 - 0.75) = 7\,600(亿元)$$

特别地,如果政府采用赤字预算,假定政府定量税仍为 $T = 400$,政府购买支出改为

$G = 500$，$G - T = 100$（单位均为亿元），则均衡收入增加到：
$$Y = (1\,000 + 800 + 500 - 0.75 \times 400)/(1 - 0.75) = 8\,000(\text{亿元})$$

可见，在三部门经济中，除了投资、消费外，政府活动对国民收入决定也起着重要影响，均衡国民收入随政府购买的增加而增加，随税收的增加而减少；反之亦然。

同样，也可以利用收支相等的45°线，画图说明均衡国民收入的决定，如图8-16所示。

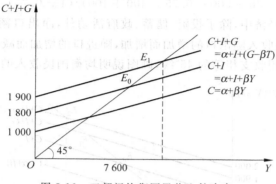

图 8-16　三部门均衡国民收入的决定

（四）　四部门经济中的均衡国民收入决定

在开放经济条件下，每个国家都存在着进口和出口，经济学在研究三部门决定国民收入的同时，如果再加上国外部门（进口、出口）就构成了四部门经济，而净出口（出口－进口）构成了一个国家总消费支出的一部分。根据同样道理，出口的增加导致均衡国民收入增加；反之，均衡国民收入则减少。

如果将净出口额$(X - M)$给定，则利用总支出等于总收入条件，均衡的国民收入由下列条件得到。

消费函数：$C = C(Y_d) = \alpha + \beta Y_d = \alpha + \beta(Y - T)$

投资函数：$I = I_0$

政府购买：$G = G_0$

政府税收：$T = T_0$

净出口额：$X - M$

均衡条件：$Y = C + I + G + (X - M)$

解联立方程，得到均衡收入：
$$Y = (\alpha + I + G - \beta T + X - M)/(1 - \beta) \tag{8.16}$$

假定一个经济中的消费函数为$C = 1\,000 + 0.75Y_d$，自发计划投资为800，政府定量税为$T = 400$，政府购买支出为$G = 400$，$G - T = 0$，净出口额为$X - M = 100$（单位均为亿

元),则均衡收入为

$$Y = (1\,000 + 800 + 400 - 0.75 \times 400 + 100)/(1 - 0.75) = 8\,000(亿元)$$

如果假定一个经济中的消费函数为 $C = 1\,000 + 0.75Y_d$,自发计划投资为800,政府定量税为 $T = 400$,政府购买支出为 $G = 500$,$G - T = 100$,净出口额为 $X - M = 100$(单位均为亿元),则均衡收入增加到:

$$Y = (1\,000 + 800 + 500 - 0.75 \times 400 + 100)/(1 - 0.75) = 8\,400(亿元)$$

可见,在四部门经济中,除了投资、储蓄、政府活动外,净出口额对国民收入决定也有重要影响。均衡国民收入随出口的增加而增加,随进口的增加而减少;反之亦然。

同样,也可以利用收支相等的45°线,画图说明均衡国民收入的决定,如图8-17所示。

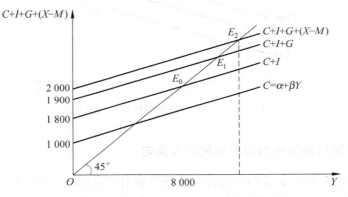

图 8-17　四部门均衡国民收入的决定

需要说明的一点是,在一个开放的经济社会,国民收入 $Y = C + I + G + (X - M)$;其中,政府购买支出 G 可以看成由两部分构成:政府消费支出(C_G)和政府投资支出(I_G),即 $G = C_G + I_G$;所以,$Y = C + I + G + (X - M)$ 就可以改写为:$Y = C_A + I_A + (X - M)$,其中,$C_A = C + C_G$;$I_A = I + I_G$,C_A 表示一个社会的总消费,I_A 表示一个社会的总投资。换言之,一国的 GDP 水平取决于三个因素:消费(C)、投资(I)、净出口($X - M$),这就是通常所说的拉动一国经济增长的三驾马车。

依据历史上的经验数据,一个经济体能够连续、健康、平稳、有序地发展,三大需求对GDP 贡献率(即三者的占比)通常要有一个恰当的比例,即消费(C)的比例应占 60%～70%,投资(I)和净出口($X - M$)之和应占 30%～40%,但目前我国投资(I)的比例偏高,并且多年一直保持在 50% 左右的水平。

四、乘数理论

在前面分析国民收入决定理论中,说明了总支出的变动会引起国民收入的变动及其变动的方向,但是却没有说明这些变动的数量,现在引入乘数概念来说明。

乘数指自发总需求的增加所引起的国民收入增加的倍数,或者说是国民收入增加量与引起这种增加的自发总需求增加量之间的比率。假如一个国家增加一笔投资(以 ΔI 表示),那么,由此引起的国民产品(或国民收入)的增加量(以 ΔY 表示),并不限于原来增加的这笔投资,而是原来这笔投资的若干倍,即 $\Delta Y = K\Delta I$,其中 K 称为"投资乘数",K 值通常大于 1,故有乘数(倍数)原理之称。

(一) 投资乘数

投资乘数指由投资变动引起的收入改变量与投资支出改变量之间的比率,其数值等于边际储蓄倾向的倒数。下面说明投资变动对收入的乘数效应。

在两部门经济中,假定其他条件不变,投资增加 100 美元。增加的 100 美元投资增加了经济对投资品的需求。经济中增加的 100 美元用来购买投资品,则参与生产投资品的各种生产要素获得 100 美元的收入,即国民收入增加 100 美元。

但是投资增加对经济的影响并没有就此终结。当家庭部门增加了 100 美元之后,会把其中的一部分作为储蓄,而同时增加消费。假定该社会的边际消费倾向是 0.8,则家庭部门在增加的 100 美元收入中会有 80 美元用于购买消费品。结果,经济中消费品的需求增加 80 美元。消费需求增加导致消费品生产增加 80 美元。这 80 美元又以消费品生产过程中的工资、利息、利润和租金等形式流入到作为要素所有者的家庭手中,从而国民收入又增加了 80 美元。同样,生产消费的要素所有者会把这 80 美元收入中的 0.8,即 64 美元用于消费,使社会总需求增加 64 美元,并由此导致国民收入再增加 64 美元。如此不断继续下去,通过增加 100 美元投资,社会最终增加的国民收入为

$$100 + 100 \times 0.8 + 100 \times 0.8^2 + \cdots = 100/(1-0.8) = 500(美元)$$

一般地,假设投资变动 ΔI,国民收入将随之变动 ΔY,如果经济中家庭部门的边际消费倾向为 b,那么,投资增加引起一系列国民收入增加为

$$\Delta I、\beta\Delta I、\beta^2\Delta I,\cdots$$

最终国民收入的增加量为

$$\Delta Y = \Delta I + \beta\Delta I + \beta^2\Delta I + \cdots$$

即

$$\Delta Y = \Delta I/(1-\beta) \tag{8.17}$$

上式表明,当投资增加时,国民收入会以 1 减边际消费倾向的倒数倍增加,因此,式 $\Delta Y = \Delta I/(1-\beta)$ 被称为投资乘数定理,而 $K = 1/(1-\beta)$ 被称为投资乘数。由于边际消费倾向与边际储蓄倾向之和等于 1,因而投资乘数也等于边际储蓄倾向的倒数。

投资乘数的大小取决于边际消费倾向的大小。边际消费倾向越接近于 1,投资乘数越大;反之,边际消费倾向越接近零,投资乘数就越小。

应该注意,投资乘数定理不仅说明投资增加导致国民收入成倍增加,而且也说明当投资减少时,国民收入将会成倍下降。此外,乘数定理的结论的成立也需要具备一定的条件。首先,投资乘数效应是长期变动的累积。这就要求在这一过程中,边际消费倾向较为稳定。其次,在投资增加引起国民收入变动的过程中,需要有足够的资本品和劳动力。如果投资需求和消费需求受到资源的约束,那么,国民收入的增加就会受到资本品、劳动力等要素价格上涨的影响,使得国民收入增加量达不到投资的 $1/(1-\beta)$ 倍。因此,投资乘数定理往往在萧条时期才成立。

(二) 政府购买乘数

政府购买支出乘数,是指由政府购买变动引起的收入改变量与政府购买支出的改变量之间的比率。其数值也等于边际储蓄倾向的倒数。

与私人增加投资的效果一样,如果政府购买的变动量为 ΔG,国民收入将随之变动 ΔY。政府购买增加同样导致经济的总需求增加,并使得收入增加。假定经济中家庭部门的边际消费倾向为 β,那么,政府购买增加引起一系列国民收入增加量的总和等于:

$$\Delta Y = \Delta G + \beta \Delta G + \beta^2 \Delta G + \cdots$$

即

$$\Delta Y = \Delta G/(1-\beta) \tag{8.18}$$

式 $\Delta Y = \Delta G/(1-\beta)$ 被称为政府购买乘数定理,而 $K=1/(1-\beta)$ 又被称为政府购买乘数。上式表明,当政府购买增加时,国民收入会以 1 减边际消费倾向的倒数倍或者说边际储蓄倾向的倒数倍增加。

(三) 税收乘数

假定影响均衡国民收入的其他因素保持不变,政府税收增加 ΔT。税收增加的直接结果是使得家庭可支配的收入减少等额数量。在家庭部门的边际消费倾向为 β 的条件下,经济中消费减少 $\beta \Delta T$。消费减少使得生产消费品部门收入减少 $\beta \Delta T$,从而使得国民收入减少 $\beta \Delta T$。收入减少 $\beta \Delta T$,又使消费减少 $\beta^2 \Delta T$,从而使收入减少 $\beta^2 \Delta T$。如此影响下去,直至最终。需要注意,税收增加最初影响的只是家庭可支配的收入,并不影响收入总量。因此,税收改变 ΔT,引起的国民收入变动分别为

$$-\beta \Delta T, -\beta^2 \Delta T, -\beta^3 \Delta T, \cdots$$

其中负号表示国民收入的改变量与税收改变量相反。于是,税收变动对国民收入的总效应为

$$\Delta Y = -\beta \Delta T/(1-\beta) \tag{8.19}$$

即税收增加 ΔT,国民收入将减少 $\beta/(1-\beta)$ 倍;反之,税收减少 ΔT,国民收入将增加 $\beta/(1-\beta)$ 倍。税收对国民收入的影响乘数为 $\{-\beta/(1-\beta)\}$。

（四）平衡预算乘数

平衡预算乘数是指在政府预算保持平衡的条件下政府购买和税收等量变动引起的收入变动与政府购买（或者税收）改变量之间的比率，其数额恰好等于1。

在保持政府预算平衡的条件下，假设政府购买和税收等量变动。假设政府增加购买 ΔG，增加税收 ΔT，并且 $\Delta G = \Delta T$。根据式 $\Delta Y = \Delta G/(1-\beta)$，增加政府购买引起国民收入变动为 $\Delta Y_1 = \Delta G/(1-\beta)$；根据式 $\Delta Y = -\beta \Delta T/(1-\beta)$，增加税收引起的国民收入改变量为 $\Delta Y_2 = -\beta \Delta T/(1-\beta)$。于是，等量增加政府购买和税收（$\Delta G = \Delta T$）对国民收入影响的总效应为

$$\Delta Y = \Delta Y_1 + \Delta Y_2 = \Delta G（或 \Delta T）\qquad (8.20)$$

即政府等量变动购买和税收，国民收入也会发生等量变动，这就是说，其对均衡国民收入产生单位乘数效应。由于在平衡预算条件下，等量增加政府购买和税收会继续保持平衡预算，所以政府购买乘数与税收乘数的和被称为平衡预算乘数，其数值等于1。

最后指出，与投资乘数一样，政府购买乘数、税收乘数和平衡预算乘数都是双向的。此外，这些乘数只能在一定的条件下才能发挥作用。

本 章 小 结

1. 国民收入核算的基本指标是国内生产总值，简称 GDP，是指经济社会（一国或一地区）在一定时期内（通常为一年）运用生产要素所生产的全部最终产品（物品和劳务）的市场价值。GDP 是按国土原则核算的。

2. 核算 GDP 常用的方法主要有两种，即支出法和收入法。其中又以支出法为主，是世界各国核算 GDP 通用的方法。

3. 如同微观经济分析一样，在宏观经济学中总需求与总供给相等时的国民收入叫做均衡国民收入。

4. 在短期中，总供给相对不变，对国民收入起决定作用的因素是总需求。

5. 凯恩斯经济学是宏观经济学的鼻祖，在影响经济运行的两种力量中，古典经济理论认为供给是决定性的力量，应以供给为中心，凯恩斯则认为需求是决定性的力量，应以需求为中心。

6. 凯恩斯经济理论的重心是分析国民收入的决定，核心理论是有效需求理论，其理论基础是有效需求原理。

7. 构成有效需求的三大需求是：消费、投资、净出口。

基本概念

国内生产总值　国民生产总值　名义 GDP　实际 GDP　消费倾向　储蓄倾向　投资乘数　政府购买乘数　税收乘数　漏出　注入　均衡国民收入　有效需求原理

思考与训练

1. 根据支出法的构成,下列每一种交易会影响 GDP 的哪一个部分(如果有影响的话),并解释。

(1) 张某家购买了一台新电视;

(2) 张某的姨妈家买了一所旧房子;

(3) 大众公司从其存货中出售了一辆桑塔纳牌汽车给张某的哥哥;

(4) 张某本人买了一个烧饼;

(5) 张某的父母买了一瓶法国红酒;

(6) 张某所在的省份改造了一条旧公路,新修了一条高速公路。

2. 解释下列每一个事件是使短期总供给曲线移动、总需求曲线移动、两者都移动,还是两者都不移动。对于使曲线移动的每一个事件,用图示说明其对经济的影响。

(1) 家庭决定把大部分收入储蓄起来;

(2) 小麦产量受到干旱的影响而大幅度减少;

(3) 本国的劳动力到国外就业。

3. 为什么说投资等于储蓄是简单国民收入决定模型的基本均衡条件?

4. 税收、政府购买和转移支付这三者对总支出的影响方式有何不同?

5. 根据所学的知识,结合你的理解,你认为经济增长的源泉是什么?

6. 据表计算 GDP、NDP、NI、PI、PDI。

单位:亿美元

净投资	125	政府购买	200
净出口	15	社会保险金	130
储蓄	25	个人消费支出	500
资本折旧	50	公司未分配利润	100
政府转移支付	120	公司所得税	50
企业间接税	75	个人所得税	80

7. 案例分析。要求：

(1) 分组讨论，小组代表发言，最好制作成 PPT 文件，边讲边展示；

(2) 运用所学知识深入分析，展开讨论，要求言之有理；

(3) 案例说明了什么问题，我们能从中得到什么启示。

中国总供给与总需求的变化

中国改革开放 10 年以后，总供给与总需求的关系开始发生变化。长期的、绝对的短缺已开始让位于一定时段上短缺与过剩共存，或不同时段上短缺与过剩的交替。从 20 世纪 80 年代中期开始，曾有过部分农产品过剩的情况。进入 90 年代后，短缺经济特征越来越趋淡，多年的经济高速增长已使供给能力大大提高，过剩现象开始明显出现。1990 年，中国市场出现第一次普遍意义上的生产过剩，同时也宣告了短缺经济时代的终结。90 年代中期以后，就国民经济发展而言，需求已经与供给同时成为中国经济发展的两大推动力，单纯靠提高供给来保障生活的阶段已经过去了。

从 1998 年开始，中国经济出现了明显的过剩经济特征，总供求之间的结构性失衡更为突出。主要表现在以下几方面。

一是商品供给结构与需求结构失调。面对市场需求变化，供给出现结构性开工不足和库存积压。例如，最为典型的 1998 年，兵器工业开工率只有 45%，航天工业只有 35%，发电设备能力利用率为 66%。库存积压矛盾十分突出。

二是资金需求结构与资金供给结构严重不对称。1996 年非国有经济的生产总量只占全社会信贷资金的 20% 左右，以后尽管有所上升，但非国有经济的非国民待遇一直得不到很好的改观。银行有钱不敢贷，企业在等米下锅，表现出一种非常奇特的资金结构性矛盾。

在转轨经济中，总供求互相适应的应变机制尚不健全，还缺乏自我调节功能。供给不能适应需求，存在的主要问题有以下几个。

第一，需求的市场化、货币化进程大大的快于供给的市场化、货币化进程，从而导致供给不能适应需求的灵活变化，产品不能适应市场需求，企业不能在市场上创造出需求。

第二，投资体制缺乏约束力，不少项目是盲目投资、重复建设，在投资决策时对市场需求没有前瞻性预测，企业还未投产就已先天过剩。不少以现代企业著称的上市公司也会反复出现这类问题。

第三，企业没有建立按市场需求调整生产的管理机制和运作机制，自我发展能力差，新产品开发能力低。

形成灵活的供给机制将是困难的，既有存量的刚性问题，又有增量的盲目性问题。从根本上说，国有企业改制不完成，就难以形成与市场经济相适应的、灵活的总供给机制。

（改编自圣才学习网）

综 合 实 训

请查询政府公布的资料填写我国最近三年的下列数据：

年份	GDP	消费		投资		净出口	
		总额/亿元	占比/%	总额/亿元	占比/%	总额/亿元	占比/%

这些数据说明了什么，请根据这些数据作出分析。

第九章　经济增长与经济发展

【学习目标】

1. 了解经济增长模型；
2. 掌握影响经济增长的主要因素；
3. 掌握经济增长与经济发展的异同；
4. 了解经济发展理论；
5. 了解经济周期理论。

【引例】　寂静的春天

"从前，在美国的中部有一个城镇，这里的一切生物看来与其周围环境显得很和谐。这个城镇坐落在像棋盘般排列整齐的繁荣的农场中央，周围是庄稼地，小山下果园成林。春天，繁花像白色的云朵点缀在绿色的原野上；秋天，透过松林的屏风，橡树、枫树和白桦闪射出火焰般的彩色光辉，狐狸在小山上叫着，小鹿静悄悄地穿过了笼罩着秋天晨雾的原野。

"……即使在冬天，道路两旁也是美丽的地方，那儿有无数小鸟飞来，在出露于雪层之上的浆果和干草的穗头上啄食……野外一直是这个样子，直到许多年前的有一天，第一批居民来到这儿建房造舍、挖井筑仓，情况才发生了变化。

"……一种奇怪的寂静笼罩了这个地方……这是一个没有声息的春天。这儿的清晨曾经荡漾着乌鸦、鹅鸟、鸽子、鹈鸟、鹪鹩的合唱以及其他鸟鸣的音浪；而现在一切声音都没有了，只有一片寂静覆盖着营田野、树林和沼地。

"曾经一度迷人的小路两旁，现在排列着仿佛是火灾劫后的、焦黄的、枯萎的植物。被生命抛弃的这些地方一片寂静。小溪也失去了生命；钓鱼的人不再来访问它，因为所有的鱼儿已经死亡。

"……不是魔法，使生命无法复生；而是人类，使自己受害（指 DDT 等农药的污染）。"（摘自美国女生物学家莱切尔·卡逊 1962 年出版的《寂静的春天》）

这个故事告诉了我们什么？

第一节　经　济　增　长

一、经济增长的含义与特征

宏观经济学中,国民收入决定理论属于短期分析,而经济增长、经济发展则属于长期分析。很长时间以来,世界各国都将经济增长视为重要的经济和政治目标。经济增长成为各国长期经济成就的一个最重要的标志。

（一）经济增长的含义

经济增长,简单地说就是指一国在一定时期内商品和劳务总量的增加,也就是社会经济规模的扩大。通常用一国国内生产总值(GDP)增长率或人均国民生产总值增长率来表示。假定经济中的国民收入为 Y,在一个特定时期内的改变量为 ΔY,那么经济增长率 G 可以表示为

$$G = \Delta Y / Y$$

关于经济增长的一个经典性的定义,被公认是由美国经济学家库兹涅茨提出的:一个国家的经济增长,可以定义为给居民提供日益繁多的经济产品能力的长期上升,这种不断增长的能力是建立在先进技术以及所需要的制度和思想意识之相应的调整的基础上的。

库氏关于经济增长的定义具有三方面的含义:经济增长集中表现为经济实力的增长,即商品和劳务量的增加;技术进步是实现经济增长的必要条件;制度与意识的相应调整是经济增长的充分条件。

（二）经济增长的基本特征

经济增长是一个普遍的现象,尽管也存在经济衰退,但经济增长的长期趋势是向上的。持续的经济增长,特别是人均产量的增长,是现代经济增长的一个典型特征。

经济增长会引起经济结构重要的、渐进的变化,在经济增长中可以观察到一些共同的模式。经济增长的第二个特征是农业在整个经济中的,无论是产值还是就业份额的重要性均下降。在农业部门衰落的同时,先是工业部门然后是服务业的崛起;在高速增长的早期,工业部门迅速崛起,达到顶峰,然后在经济中的份额开始下降;服务业在农业和工业部门衰落的同时稳定增长。

经济增长的另一个特征是向城市化过渡。城市化是农业衰落、工业繁荣的结果。工业生产发生在大企业中,大企业能够获取生产的规模经济效应。为了共享基础设施体系——通信、交通、能源等,工业企业发现,它们相互紧密地靠在一起是十分有利的。另

外，生产最终消费品的企业发现，它们应该选址于主要消费中心。

由于技术进步，推动了生产率不断提高，比如研究发现，自然资源丰富或者贫乏并不是经济增长的重要因素，不少资源匮乏的国家在经济增长绩效上取得了成功，这种成功可能和技术进步和人力资本有关。经济增长能导致社会制度和思想观念的巨大变化，如制度变革，支配和影响人们行为的宗教、信念等观念发生变化等。

经济增长不是一国独有的现象，而是在世界范围内迅速扩大，成为各国追求的目标。但各国之间经济增长不平衡。这种不平衡不仅出现在发达国家与不发达国家之间，而且出现在发达国家之间。

二、经济增长的模型

建立模型是经济学家分析经济增长的主要办法。现代经济增长理论的重点在于研究经济增长率高低的决定因素、经济稳定增长的长期条件，以及研究如何控制各种经济变量使其满足稳定增长条件。

早期的增长模型主要包括：哈罗德-多马模型、新古典模型和新剑桥模型。

（一）哈罗德-多马模型

凯恩斯对宏观经济的短期运行进行了分析，并回答了如何解决短期中的经济衰退与失业问题，但是，经济中的长期分析并未涉及。人们看到，在短期分析中，宏观经济的均衡条件是 $\Delta S = \Delta I$，即新增的投资要等于新增的储蓄。然而，在长期中，总产出的水平因新增投资的变化而变化，除非新增投资是非生产性的而不增加生产能力，或新增的产能不用于生产，否则，均衡国民收入水平必定上升，而下一个新增储蓄又需要下一个更大的新增投资来吸收，如此类推，所以，长期均衡只能是动态增长型的。

不满足于凯恩斯对短期问题的分析和回答，沿着凯恩斯的思路，以凯恩斯的收入均衡理论为基础，英国经济学家哈罗德在1939年首先提出了经济增长理论的初步构想，并在1948年系统地提出了关于经济增长的模型。同一时期，美国经济学家多马（1947年）也独自进行了研究，由于两者所建立的经济增长模型极为相似，被统称为哈罗德-多马模型（The model of Harrod-Domar）。

由于引起经济增长的因素是多方面的，比如投入的增加（资本、劳动）、技术的进步、知识的积累、人才的储备、制度的变迁等；但是，在经济起步之初，一定量的资本投入必不可免，人们首先关注资本的增加对劳动生产率的提高是理所当然的，这也与他们所处的时代相一致，所以，哈罗德-多马模型考察的是资本的增加与经济增长的关系。其核心的假定是资本-产出比率保持不变，即技术水平保持不变、资本与劳动互不替代、劳动的增加是资本增加的等比例增加。

1. 基本假定条件

①全社会只生产一种产品,这种产品既可以作为消费品,也可以作为资本品;②生产过程中只使用劳动 L 和资本 K 两种生产要素,两要素间不能相互替代,每单位产量所需要的生产要素数量保持不变,即资本-产出比率保持不变;③生产规模收益不变;④储蓄率,即储蓄在收入中所占的比重不变;⑤人口按一个固定速度增长;⑥不存在技术进步;⑦也不存在资本折旧(这个条件不是必须的,只是为了模型的简洁)。

2. 模型公式

$$G = s/v \qquad\qquad (9.1)$$

式中,G 表示收入(产量)的增长率,代表经济增长率,$G = \Delta Y/Y$(Y 表示收入,ΔY 表示收入增量)。

v 为资本-产出比,表示一个社会的资本存量(如厂矿、机器设备、流动资金等,用 K 表示)和该社会的总产量(用 Y 表示)或实际国民收入之间存在的一定比例,即 $v = K/Y$。该指标越大说明该经济社会资本运用效率越低。该指标也可以用增量资本(资本的增量即投资)-增量产出(产量的增量)比来表示,即 $v = I/\Delta Y$(I 表示投资)。

s 表示储蓄在收入中的比重,称为储蓄率,$s = S/Y$(S 表示储蓄)。

例如,假定 $v = 3$,当 $s = 15\%$ 时,则 $G = 5\%$;由于 $v = 3$ 保持不变,如果要使 $G = 10\%$,则 $s = 30\%$。也就是说,在资本-产出比 v 给定为 3 的情况下,如果希望经济增长率 G 从 5% 提升到 10%,那么就要求积累率 s(即储蓄率)从 15% 提升到 30%。

哈罗德-多马模型由三个变量构成:经济增长率(G)、储蓄率(s)、资本-产出比(v)。模型表明,经济增长率 G 由储蓄率 s 和资本-产出比 v 两个因素共同决定,经济增长率与储蓄率成正比,与资本-产出比成反比;要想实现经济均衡增长,国民收入增长率就应等于社会储蓄率与资本-产出比二者之比。

此模型采用了实际增长率 G_A(the actual rate of growth)、合意增长率 G_w(有保证的增长率,the warranted rate of growth)和自然增长率 G_N(the natural rate of growth)三个概念分析经济长期稳定增长的条件及波动的原因。如果上述基本方程式中的 v 是资本的实际变化量与国民收入的实际变化量之比,那么在一定的储蓄率下,此时的国民收入增长率为实际的增长率,记为 G_A。当考虑到企业家预期和企业家意愿等心理因素时,即把基本方程中的 v 理解为企业家意愿中所要有的资本产量比时,这时的经济增长率是企业家所需要有的增长率,是合乎意愿的增长率,称为有保证增长率,又叫合意增长率,记为 G_w,意指由于企业家满意从而能得到保证实现的增长率。考虑到一国的人口因素和就业状况,则要求国民收入的增长率必须等于劳动力的增长率;否则,不是劳动供给不足就是存在失业,是非均衡状态的。满足这一条件的增长率被称为自然增长率,记为 G_N。

3. 稳定增长的条件

关于经济能否稳定均衡增长,模型主要说明两个问题:一是对总体经济活动来讲,是否存在着一条均衡增长的途径,这个问题被称为"存在问题";二是经济活动一旦偏离了均衡增长的途径,其本身是否能够自动地趋向于均衡增长途径,这个问题被称为"稳定性问题"。

（1）关于"存在问题"

哈罗德-多马模型认为,当实际的经济增长率恰好等于企业家意愿或者有保证的增长率,经济才能处于均衡状态。均衡状态不必然等于充分就业状态,为了实现充分就业状态下的经济增长,实际的经济增长率还必须与人口增长率相一致,此时经济增长率既不会受制于劳动力的供给不足问题,也不会导致失业问题。因此,哈罗德-多马模型在充分就业条件下的稳定增长的条件是

实际增长率＝合意增长率＝自然增长率

模型认为,理想的充分就业均衡的途径是存在的,但是,三个增长率的大小是由不同的因素来决定,没有理由认为,在实际中三个增长率能够自动保持相等。一般说来,除非偶然的原因,实现充分就业均衡增长的可能性是极小的,这一途径被形容为"刀锋"。

（2）关于"稳定性问题"

实际增长率与合意增长率不一致时,会引起经济的波动。当实际增长率大于合意增长率时,在假定储蓄率不变的条件下,则是由于"实际资本/产量比率"小于"合意的资本/产量比率"所导致的。由于实际的单位产量所耗费的资本存量小于企业家合意的单位产量所耗费的资本存量,增加投资将有利可图,这意味着实际产量水平将进一步增长,实际的增长率与有保证的经济增长率之间的缺口将更大,直到这种扩大受到劳动力限制为止。反之,当实际的经济增长率小于有保证的经济增长率时,则会出现实际的产出水平更低的现象,直到出现大量失业。因此该模型得出的结论是,实际增长率与有保证增长率之间一旦发生偏差,经济活动不仅不能自我纠正,而且还会产生更大的偏离。这个结论被称为"不稳定原理"。

所以,哈罗德-多马模型要说明的是,经济长期中的稳定均衡增长离不开政府的宏观调控,证明了政府干预经济的必要性。

虽然哈罗德-多马模型有不完全符合实际经济运行的缺陷,但以后的经济增长模型都是以它为基础,经过发展改进建立起来的。

（二）　新古典模型

哈罗德-多马模型问世以后,在学界引起了很大的反响,但人们也提出了一些质疑,主要是:资本-产量比率不变的假定不合理,因为这规定了资本-劳动配合比例不变,否定了生产要素的可替代性。

针对上述问题,美国经济学家罗伯特·索罗（Robert M. Solow）等人于 1956 年提出新的增长模型。新古典模型（neoclassical model）主要分为两个模型,即索罗-斯旺模型

（技术不变条件下的新古典模型）和索罗-米德模型（技术变化条件下的新古典模型）。下面分别对两者加以简单的介绍。

1. 索罗-斯旺模型——技术不变条件下的新古典模型

（1）基本假设条件

①全社会只生产一种产品；②生产过程只使用劳动 L 和资本 K 两种生产要素，且两要素间有非完全的替代关系，因而单个要素的边际产量服从递减规律；③储蓄率保持不变；④人口按一个不变的比率 n 增长；⑤不存在资本折旧（这个条件不是必须的，只是为了模型的简洁）；⑥不存在技术进步；⑦生产的规模报酬不变。

新古典模型遵循哈罗德-多马模型的分析思路，对比一下两个模型的假定条件可以看出，其关键的不同是两要素间的可否替代性，从而得出了完全不同的结论。

（2）模型公式

$$G = \Delta Y/Y = a(\Delta K/K) + b(\Delta L/L) \tag{9.2}$$

其中：Y 为总产量；

K 为总资本量；

ΔK 为资本存量的增量；

L 为总劳动量；

ΔL 为劳动存量的增量；

$a > 0, b > 0, a + b = 1$。

式（9.2）即"索罗-斯旺模型"。式中 $\Delta K/K$ 表示资本的增长率，其大小在满足均衡条件 $S = I$ 时取决于储蓄率 s；$\Delta L/L$ 表示劳动的增长率，其大小在充分就业时取决于人口的自然增长率 n；a、b 分别代表资本与劳动对产出增长所做贡献的份额。生产中的新增要素投入既可以是资本密集型的，也可以是劳动密集型的，只要满足每一元钱在边际意义上用于增加资本或用于增加劳动是等价的；这就意味着自由市场可以通过价格机制改变 a 或 b 的大小来调整 G_A（实际增长率），使得哈罗德-多马模型的均衡条件得以满足，即

$$G_A（实际增长率）= G_W（合意增长率）= G_N（自然增长率）$$

所以，新古典经济增长模型的结论是：在市场机制的自动调节下，经济增长是存在的，也是稳定的。

索罗-斯旺模型还有另一种表达形式。这是从人均的角度进行分析，并考虑资本折旧。

所以，这一模型也可以表示为

$$s \cdot f(k) = \Delta k + (n + \delta)k \tag{9.3}$$

或

$$\Delta k = s \cdot f(k) - (n + \delta)k \tag{9.4}$$

即

$$人均储蓄 ＝ 资本深化 ＋ 资本广化$$

或

$$资本深化 ＝ 人均储蓄 － 资本广化$$

这里，s 是储蓄率，n 是人口增长率，δ 是资本折旧率，k 是人均资本；$s \cdot f(k)$ 表示人均储蓄量，Δk 表示单位时间内人均资本的增量。

式(9.3)表明，一个经济社会在单位时间内(如一年)按人口平均的储蓄量被用于两部分：一部分用于人均资本的增加 Δk，给每个劳动力增添更多的资本设备，即用于资本深化；另一部分用于为新增人口按原有水平配备资本 nk 并分摊资本折旧 δk，二者之和为 $(n+\delta)k$，即用于资本广化。

从式(9.4)可以看出，如果 $s \cdot f(k)=(n+\delta)k$，则 $\Delta k=0$。这就是说，新增的投资不产生资本的深化，只产生资本的广化，并使得新增劳动力的人均资本量达到先前的水平，因此，等于 $(n+\delta)k$ 的投资额被叫做持平投资额。此时，全社会的人均资本量、人均劳动生产率、人均产量、人均收入水平都将保持不变，并且，经济的增长率等于投资的增长率等于人口的增长率；只有当 $s \cdot f(k)>(n+\delta)k$，即 $\Delta k>0$ 时，才产生资本的深化，全社会的人均资本水平才能得以继续提高，此时，经济的增长率大于人口的增长率。

(3) 稳定增长的条件——稳态分析

新古典增长理论的稳态，是指在长期中经济增长的一种稳定趋势。它满足下列条件：

$$\Delta Y/Y = \Delta K/K = \Delta L/L = n$$

其中，$\Delta Y/Y$ 是经济增长率；$\Delta K/K$ 是资本增长率；$\Delta L/L$ 是劳动增长率；n 是人口增长率。这被叫做新古典增长模型的稳态。也就是说，在长期中，实际增长率将收敛于稳态，并等于人口自然增长率 n。

为什么满足这个条件是一种稳定趋势呢？现分析如下。

$G_A<n$ 的情况。从一个较长的时间上来看，由于生存条件的自然约束，这种状态不可能长期保持，所以，在长期中，必有 $G_A=n$。

$G_A>n$ 的情况。从一个较长的时间上来看，在不考虑技术进步时，资本的产出遵循边际产量递减规律，这意味着人均资本的等量增加对人均收入增加的影响越来越小，资本的深化不可能长期存在，即 $f(k) \rightarrow$ 定值，直至 $s \cdot f(k)=(n+\delta)k$，$\Delta k=0$。所以，在长期中，社会只存在资本的广化，必有 $G_A=n$。

综上所述，当经济偏离稳定状态时，无论人均资本过多还是过少，均存在某种力量使其恢复到长期均衡。所以，新古典增长理论展示了一个稳定的动态增长过程。这与哈罗德-多马模型所展示的经济很难达到自动稳定的增长过程的结论完全不同。

新古典模型得出的结论是，经济可以处于稳定状态，总产量的增长率和总资本存量的增长率均等于人口的增长率 n。并且，这一增长率与储蓄率无关(稳态条件下的等式中无储蓄率 s)。

213

应当注意,虽然储蓄率的增加,不能影响到稳态的增长率,但储蓄率的提高确实能提高收入的稳态水平。同样,人口增长率影响经济增长速度和人均收入的变化,人口增长率的增加引致更高的稳态增长率(即要达到稳态,需维持较高的稳态增长率 n,否则无法保证稳态),人口增长率的增加降低了人均资本的稳态水平。

在稳态中,总产量和总资本存量的增长率均与劳动力的增长率相等,均为 n,稳态虽然意味着人均产量和人均资本的值是固定的,但是总产量和资本存量都在增长,除非人口增长率 n 等于零。

2. 索罗-米德模型——技术变化条件下的新古典模型

(1)基本假设条件

相对于索罗-斯旺模型,索罗-米德模型的基本假设条件是取消了假定⑥和假定⑦,即存在技术进步和生产的规模报酬可变。

(2)模型公式

在索罗-斯旺模型的基础上,索罗将技术进步引起的增长率增量包含在规模报酬之中。因此,索罗-米德模型的产量增长率可以用下式表示(推导从略):

$$G = \alpha(\Delta K/K) + \beta(\Delta L/L) + \Delta A/A \tag{9.5}$$

这就是简化的索罗-米德模型。

式中:G 代表产量的增长率;

  α 代表资本的贡献率;

  β 代表劳动的贡献率,且有 $\alpha > 0, \beta > 0, \alpha + \beta = 1$;

  $\Delta K/K$ 代表资本增长率;

  $\Delta L/L$ 代表劳动(力)增长率;

  $\Delta A/A$ 代表技术进步率。

技术进步率,通常称为全要素生产率,表示在所有投入不变的条件下,由于生产方式改进导致的产出增加量。换句话说,用相同要素投入得到更多产出时,意味着全部要素的生产率提高了。技术进步率通常用索洛剩余来衡量,索洛剩余是指总增长率在扣除资本和劳动对经济增长贡献后的剩余部分,反映了技术进步对经济增长的贡献度。索洛剩余用公式表示为

$$\Delta A/A = G - \alpha(\Delta K/K) - \beta(\Delta L/L) \tag{9.6}$$

以上就是新古典增长模型的主要内容。

该模型具有明显的政策含义,有三种途径可以实现人均产出增加:在人均资本占有量既定的条件下,提高技术水平,从而增加总产出;提高储蓄率,使得人均资本增加;降低人口出生率。这对发展中国家提高经济增长速度有一定的借鉴意义。

（三）新剑桥模型

新剑桥模型（The model of new Cambridge School）坚持凯恩斯经济学的观点，认为均衡的经济增长离不开政府的宏观经济政策，其代表人物主要有：琼·罗宾逊、卡尔多、帕西内蒂等。该模型的基本思想是把经济增长与收入分配联系起来，通过改变储蓄率来达到充分就业的稳定增长，而储蓄率的改变则是通过改变利润与工资在国民收入中的份额（或者通过调整收入分配）来实现的，因为一个社会的贫富差距越大，储蓄率就越高；一个社会的贫富差距越小，储蓄率就越低。这里对新剑桥模型做一个简单的介绍。

1. 基本假设条件

社会成员分为利润收入者与工资收入者两个阶级，即资本家和工人；利润收入者与工资收入者各自的储蓄倾向是不变的；利润收入者的储蓄倾向大于工资收入者的储蓄倾向，并且工人的储蓄率很小，几乎接近于零。

计划储蓄等于计划投资，即 $I=S$。

2. 基本公式

新剑桥模型的思路是这样的，由哈罗德-多马模型的表达式 $G=s/v$ 我们可以看出，如果 v 给定，只要 s 可变（通过政策手段调整 s），即可满足哈罗德-多马模型均衡增长的条件：

$$G_A（实际增长率）=G_W（合意增长率）=G_N（自然增长率）$$

新剑桥模型的基本公式如下。

国民收入为：$Y = P + W$

整个经济的总储蓄为：$S = PS_P + WS_w$

于是全社会的储蓄率为：$s = S/Y = (S_P \cdot P/Y) + (S_w \cdot W/Y)$

经济增长率为：$G = S/C = (S_P \cdot P/Y + S_w \cdot W/Y)/C$ (9.7)

其中：G 指经济增长率；

C 是资本-产出比率，等于 K/Y，K 为资本存量，Y 为产出；

S 是社会储蓄率，等于 $S_P \cdot P/Y + S_w \cdot W/Y$；

P/Y 是利润在国民收入中所占的比重；

W/Y 是工资在国民收入中所占的比重。

社会上只存在两个阶级，利润收入者和工资收入者，即国民收入分为利润（用 P 表示）和工资（用 W 表示）两部分，所以 $P/Y+W/Y=1$。

S_P 表示利润收入者的储蓄倾向（即储蓄在利润收入中所占的比例）；

S_w 表示工资收入者的储蓄倾向（即储蓄在工资收入中所占的比例）；

且，$S_P>S_w$。

模型的含义是，当资本-产出比率既定时，可以通过调整储蓄率 S 来实现稳定的经济增长。社会储蓄率取决于利润收入者与工资收入者的储蓄倾向，以及他们的收入在国民收入中所占的比率。由于假定储蓄倾向是不变的,因此,要保持一定的储蓄率就必须使国民收入中工资与利润保持一定水平。所以调整储蓄率实际上就是调节分配的比例。

3. 稳定增长的条件

如果假定工人的储蓄率为零,则式(9.7)可以变为

$$G = S/C = (S_P \cdot P/Y)/(K/Y) = S_P \cdot (P/K) \qquad (9.8)$$

式(9.8)表明经济增长取决于利润率(P/K)和资本家的储蓄倾向(S_P);通过资本家的储蓄率,建立起了经济增长和利润率之间的正比例关系。

新剑桥模型的结论是:经济增长是以加剧收入分配的不平等为前提的,经济增长的结果,也必然加剧收入分配的不平等。

解释如下:利润在国民收入中所占的比例越大,则储蓄率越高;而工资在国民收入中所占的比例大,则储蓄率低。若资本-产量比率不变,在经济增长的过程中,工资和利润在国民收入中所占的相对份额将朝着不利于工人的方向发生变化。经济增长率越高,国民收入的分配必然越有利于资本家而不利于工人。经济增长导致两极分化。

那么如何来实现经济的稳定增长呢?可以通过调整收入分配即通过改变 P/Y 与 W/Y 之比来实现经济的稳定增长。具体说来,当实际增长率(G_A)大于自然增长率(G_N)时,则可通过减少利润在国民收入中的份额(P/Y),增加工资在国民收入中的份额(W/Y)来降低储蓄率(S),以使 $G_A = G_N$,达到稳定增长的目的;反之亦然。

新剑桥模型旨在说明社会问题的症结在于国民收入分配的失衡,因而解决社会问题的途径不在于追求加速经济增长,而是实现收入分配的均等化。

所以,新剑桥模型的政策含义与哈罗德-多马模型是一致的,即经济长期中的稳定均衡增长离不开政府的宏观调控,也论证了政府干预经济的必要性。

三、经济增长的因素分析

经济增长是一个极其复杂的现象,影响经济增长的具体因素也是多种多样的,除了资本投入以外,人们希望能将更多的影响因素纳入分析之中。从总体上来看,可将众多因素归为三类:要素投入、技术进步和制度环境。

1. 索洛的解释框架

美国经济学家索洛依据索罗-米德模型建立了一个解释框架,测定经济增长的主要因素。用公式表示为

$$\Delta A/A = G - \alpha(\Delta K/K) - \beta(\Delta L/L)$$

其中,$\alpha > 0$,$\beta > 0$,$\alpha + \beta = 1$;$\Delta A/A$ 代表技术进步率,又叫索洛剩余,是指总增长率在扣除资本和劳动对经济增长贡献后的剩余部分,反映了技术进步对经济增长的贡献度。

用文字表示上述公式的意义是,产量的增加可以由三种力量来解释,即劳动、资本和技术进步。

索洛发现，单位劳动占用资本的增长对经济增长的贡献只占较小的份额，约为12％，由每个工人占有物质资本的增加来解释，其余的88％被解释为剩余，即技术进步对经济增长的贡献。

2. 丹尼森对经济增长因素的分析

经济增长的因素分为两大类：生产要素的投入量和生产要素的效率。关于生产要素的投入量，丹尼森把经济增长看作劳动、资本和土地投入的结果。关于生产要素生产率，丹尼森把经济增长看作产量和投入之比，要素生产率主要取决于资源配置状况、规模经济和知识进展。具体归结为：①劳动力在数量上的增加和质量上的提高；②资本；③资源配置的改善；④规模经济；⑤知识进展和它在生产上的应用；⑥其他影响单位投入产量的因素。

丹尼森认为知识进展对经济增长贡献最重要。这里知识进展含义广泛，包括技术知识、管理知识的进步和由于采用新的知识而产生的关于结构和设备更为有效的设计，还包括国内外有组织的研究、个别研究人员和发明家，或者简单地观察和经验中得来的知识。

3. 库兹涅茨对经济增长因素的分析

经济增长因素有三个：知识存量的增加、劳动生产率的提高和结构方面的变化。关于知识存量，库兹涅茨认为，随着社会的发展和进步，人类社会迅速增加了技术知识和社会知识存量，当这种存量被利用时，迅速成为总量增长和结构变化的源泉。库兹涅茨认为经济增长率的提高主要是劳动生产率的提高；在经济快速增长的同时，结构也在发生变化。库兹涅茨把知识力量因素和生产因素与结构因素联系起来，以强调结构因素对经济增长的重要影响，这是一个重要贡献。

4. 其他解释经济增长的因素

其他解释经济增长的因素还包括开放经济条件下的国际贸易和国际资本流动，以及一国的资源禀赋和制度环境等方面的因素。

第二节 经 济 发 展

一、经济发展概述

（一）经济发展的含义

经济发展，通常是针对欠发达经济体而言，指一国或地区在经济增长的基础上，伴随着社会整体的进步。

经济发展不同于经济增长，二者是既有区别又有联系的两个不同的概念。一方面，经济增长包含在经济发展之中，持续稳定的经济增长是促进经济发展的基本动力和必要的物质条件，没有增长便谈不上发展。另一方面，经济增长不等同于经济发展，并非所有的经济增长都必然能促进社会整体的进步,不能促进社会进步的经济增长不是经济发展,而是"有增长无发展"。同时,衡量经济增长的指标主要是经济指标(即 GDP),用于度量人类经济生活的数量水平;而衡量经济发展的主要指标是非经济指标(人文发展指数等),用于度量人类社会生活的质量水平。

换言之,一个国家摆脱贫困落后状态,走向经济和社会生活现代化的过程即称为经济发展。经济发展不仅意味着国民经济规模的扩大,更意味着经济和社会生活素质的提高。所以,经济发展涉及的内容超过了单纯的经济增长,比经济增长更为广泛。

就当代经济而言,发展的含义相当丰富复杂。发展总是与发达、工业化、现代化、增长之间交替使用。一般来说,经济发展包括以下三个层次。

1. 经济量的增长

经济量的增长,即一个国家或地区产品和劳务的增加,它构成了经济发展的物质基础。

2. 经济结构的改进和优化

经济结构的改进和优化,即一个国家或地区的技术结构、产业结构、收入分配结构、消费结构以及人口结构等经济结构的变化。

3. 经济质量的改善和提高

经济质量的改善和提高,即一个国家和地区经济效益的提高、经济稳定程度、卫生健康状况的改善、自然环境和生态平衡以及政治、文化和人的现代化进程。

总之,经济发展主要包括国民收入持续增长;科学技术进步;经济结构和生产方式的变化;思想观念和价值观念的改变;国民生活水平、生活质量和社会地位有较大的提高。

(二) 经济发展模型

1. "二元经济结构论"——刘易斯模型

(1) 二元经济模型的基本内容

传统的欠发达国家一般具有如下特点。

① 一国发展初期存在二元经济结构:一个是以传统生产方式生产的"维持生计"部门(以传统农业部门和农村为代表);一个是以现代生产方式生产的"资本主义"部门(以工业部门和城市为代表)。

② 农业部门人口多、增长快,且出现大量劳动力剩余并伴随着大量的隐性失业;存在"既定工资"(即农业部门劳动力维持生活需要的最低收入水平)。

③ 只要工业部门的工资水平稍大于维持既定工资,农业部门就将涌入大量劳动力至工业部门,为工业部门的扩张提供无限的劳动力供给。此时,劳动力供给曲线在既定工资水平下具有无限弹性。

④ 只要全社会的经济增长率大于人口的自然增长率,"刘易斯拐点"(即劳动从剩余到短缺的转折点,劳动工资随经济的增长而增长)迟早将出现。这表明工业部门在不断扩

张，并伴随农村剩余劳动力的转移，直至完全被吸收。

⑤ 在"刘易斯拐点"到来之前，工业部门一般存在"人口红利"（即对一国经济发展有利的人口条件。通常指劳动适龄人口比重大的一个时期，整个国家的经济呈现低工资、低抚养、高储蓄、高投资、高增长的局面）机会。"刘易斯拐点"的出现，往往是人口红利消失的前兆。

据此，该模型将一国的经济发展分为三个阶段。

第一阶段，即劳动力无限供给阶段。特征是工资水平保持不变，不随劳动需求的增加而增加，存在城乡二元结构。在进入第二阶段之前，被叫做"刘易斯第一拐点"。

第二阶段，即劳动力有限供给阶段。特征是工资水平随劳动需求的增加而增加，但依然存在城乡二元结构。在进入第三阶段之前，被叫做"刘易斯第二拐点"。

第三阶段，即劳动力短缺阶段。特征是城乡二元结构被瓦解，代之以城乡经济一体化（即存在的是统一的劳动力市场，经济开始进入古典经济所说的一元经济状态。此时劳动力市场上的工资，便是按照经典方法确定的均衡的实际工资）。

（2）二元经济模型的基本要点

① 不发达经济是由两个不同性质的经济部门所组成的。一个是传统部门；另一个是现代部门。从生产技术方面来看，传统部门采用的是手工为主的生产技术，这些技术基本上是在本地长期的生产实践中缓慢形成的。现代部门使用的是以大机器设备为主的资本集约型生产技术，多半是从先进国家引进的。从经济性质看，传统部门经济的货币化程度很低，生产的目的主要是维持全体共同体成员的生存，通行的是共同体原则，根据这一原则，在农业生产单位或农村社区内部，生产者（即经营者）在决定劳动力雇用水平时，主要考虑的是彼此互助、互济和遵从传统的伦理道德规范。因此即使劳动力的雇用量超出了实现最大利润所容纳的最佳水平，经营者也不会或不可能解雇多余的劳动力。于是在这个部门内，就业的劳动力等于有劳动能力并愿意从事劳动的人口规模，这样就会存在相当部分的剩余劳动力。与此相对，现代化部门的市场化程度高，企业的生产经营活动通行的是利润最大化原则，其标志就是企业家以边际劳动生产率等于工资的原则决定雇用规模。这意味着，只有那些边际劳动生产率高于工资水平的劳动力才被雇用，剩余劳动力将不存在。

② 传统部门中存在着边际生产率低于其生活费用甚至等于零的劳动力。如果劳动力的边际生产率为零，那么这部分劳动力的流出将丝毫不影响传统部门的总产量。如果是边际生产率高于零但低于生活费用的劳动力，那么其流出对传统部门总产量的影响也不大。如果一个社会不存在现代部门，那么全体劳动力只能生存在最低生活水平的"马尔萨斯陷阱"（即传统社会中的人均生活水平难以进一步地提高，新增的社会财富总是被新增的人口所抵消）之中。边际生产率在零到最低生活费用之间的那部分劳动力被统称为过剩劳动力，其中边际生产率为零的那部分劳动力被称为纯粹剩余劳动力。一国只有发

展现代生产部门才能吸收剩余劳动力并使全体人民的生活水平持续提高。

③ 现代部门的扩张在其他条件不变的情况下，是以吸收传统部门的剩余劳动力为其特征的。经济发展的一个最显著的标志就是劳动力从传统部门向现代部门的转移。这种转移分为三个阶段：第一阶段，边际生产率为零的纯剩余劳动力的转移，这部分劳动力的流出不影响传统部门的总产量；第二阶段，边际生产率大于零小于最低平均生活费用的那部分劳动力的转移，这一阶段的转移将开始影响传统部门的总产量；第三阶段，传统部门的剩余劳动力已被现代部门吸收完毕，现代部门的进一步扩张就必须与传统部门争夺边际生产力大于最低生活费用的劳动力。劳动力的供求结构发生本质性的变化，劳动力过剩现象消失，取而代之的是劳动力不足。劳动力的实际工资持续上升，在竞争的拉动下，传统部门的性质也开始发生变化，共同体原则趋于解体，资本主义经营原则开始确立，同时，在这一部门中开始生产技术的现代化。传统部门的技术特征和经营特征逐渐消失；整个经济体系变成现代经济体系。至此工业化的主要任务已完成，国家从不发达经济变成发达经济。

④ 经济发展的关键阶段就是第二阶段。如果生产技术没有进步以至于农业劳动生产率没有显著提高，则在这个阶段劳动力从传统部门的流出，必然导致粮食等农产品总产量下降。农产品短缺就不可避免。一旦农产品的供给出现不足，现代部门必须提高名义工资以稳定产业工人实际生活水平。现代部门的利润率将因此而降低，产业扩张的速度放慢。这又意味着现代部门吸收剩余劳动力的能力弱化。如果农业部门的生产率始终没有提高，工业表面的扩张又没有其他资本积累源泉，那么经济发展的速度会显著放慢。困难的格局可能持续相当长时间，甚至在某种极端的情况下始终无法完成该阶段。这一阶段的长短取决于传统部门的生产率和现代部门资本积累水平。传统部门的产出率越高，现代部门资本积累的速度越快，困难的第二阶段也就会越短。在最理想的情况下，第二阶段将会消失。

（3）促进经济发展的必要条件

二元结构下的经济发展取决于多方面的因素。其中最主要的有以下几个。

① 两部门劳动生产率的高低。在其他条件不变的情况下，传统部门的劳动生产率越高，现代部门的工资就越容易在较长时间里保持在较低水平。这样就越有利于保持较高的利润水平，扩大现代部门的再投资能力。而且，工资水平越低，企业家就越倾向于使用劳动密集型生产技术，就越有利于就业。现代部门生产率的提高会扩大资本家的储蓄，从而促进再投资，使现代部门持续扩张。

② 两部门技术进步的类型。越是劳动密集型技术进步，单位资本吸收的劳动力就越高；反之，越是资本密集型技术，单位资本吸收的劳动力就越低。但是劳动密集型技术进步虽然有利于短期内的就业，但是由于其劳动生产率不如资本密集型技术，积累能力和产业扩张能力较弱，对长期的经济扩张和就业扩大有一定不良影响。因此选择产业发展技

术类型是必须根据经济发展的特殊阶段的要求，全面权衡各种类型的利弊。

③ 两部门的工资水平，特别是现代部门的工资水平。一般来说，工资水平应该反映劳动力市场的供求结构，如果从体系外对工资水平进行干预，将其抬高到均衡水平以上，那么对二元经济发展是不利的。就传统部门而言，如果"工资水平"不能像理论假定的那样在转换点到来之前始终保持在最低生存费用即"制度工资水平"（CIW），而是随着劳动力的流出而不断提高，则现代部门劳动力的工资也会被迫提高，这样就会使发展条件变得对现代部门不利。同样，现代部门劳动工资提高到均衡水平以上将使得该产业部门在利润水平下降的同时提高资本集约度，这往往构成二元经济发展的严重障碍。

④ 人口增长率的高低。在其他条件不变的情况下，人口增长率越高，新增人口对现代部门积累的销铄就越多，同时现代部门所面临的就业压力就越大。这同样是不利于发展的。

总之，对于二元经济体系的发展来说，两部门劳动生产率的提高、劳动密集型技术的普遍采用、低工资水平的维持、人口增长率的降低等是十分重要的条件。

⑤ "刘易斯转折点"的意义

如图9-1所示，经济学上把连接不同阶段的交点称为"刘易斯转折点"。转折点有两个，即"刘易斯第一拐点（图中的 a 点）"与"刘易斯第二拐点（图中的 b 点）"。

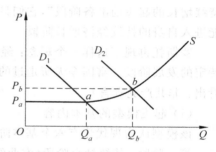

图9-1　"刘易斯转折点"图示

当二元经济发展由第一阶段转变到第二阶段，劳动力由无限供给变为短缺，相应的劳动力供给曲线开始向上倾斜，劳动力工资水平也开始不断提高。此时由于传统农业部门的压力，现代工业部门的工资开始上升，第一个转折点，即"刘易斯第一拐点"开始到来；在二元经济发展到劳动力开始出现短缺的第二阶段后，随着农业的劳动生产率不断提高，农业剩余进一步增加，农村剩余劳动力得到进一步释放，现代工业部门的迅速发展足以超过人口的增长，该部门的工资将会进一步上升。当传统农业部门与现代工业部门的边际产品相等时，也就是说传统农业部门与现代工业部门的工资水平大体相当时，意味着一个城乡一体化的劳动力市场已经形成，整个经济——包括劳动力的配置——完全商品化了，工资水平取决于劳动的边际生产力，经济发展将结束二元经济的劳动力剩余状态，开始转化为一元经济状态，此时，第二个转折点，即"刘易斯第二拐点"开始到来。

不难看出，"刘易斯第一拐点"与"刘易斯第二拐点"有着不同的内涵，但都具有标志性的象征意义：前者的到来意味着廉价劳动力时代的结束，后者的出现意味着工业化的进程已经结束，经济结构已经成功地进行了调整，一个社会已经从一个传统社会转变为一个现代社会；前者的到来为后者的实现提供了必要的前提条件，较之于前者，后者更具有决定性的意义。

最后，我们将"二元发展论"加以简要的概括：欠发达国家一般由二元经济构成，传统部门存在大量的剩余劳动力；在经济发展之初，现代部门的劳动工资在低水平下长时间保持不变从而得以保持很高的利润率；这种高储蓄、高投资、高回报的局面进一步促进了现代部门的扩张直至剩余劳动力全部被吸收；在工业化完成的过程中，经济结构也从二元进入一元，一国也成功地完成了社会转型。

刘易斯模型旨在说明经济社会的转型，目的是为了促进不发达经济的发展，动力是劳动力的转移和城市化。我国社会在经历了30余年的改革开放和高速的经济增长之后的今天，已经出现了"刘易斯第一拐点"，我们期待着"刘易斯第二拐点"的到来。

2."经济成长阶段论"——罗斯托模型

罗斯托模型又称做"罗斯托起飞模型"（Rostovian take-off model），是经济发展的历史模型，由美国经济史学家罗斯托提出。

该理论认为，所有发达国家都通过了"起飞阶段"，发展中国家或者仍然处于"进入可持续增长的起飞前准备阶段"，它们只有遵循发展的特定规律，先通过"起飞阶段"，而后才能进入自身的持续经济增长阶段。

罗斯托再现了这样一个观念：经济的发展存在唯一的世界性道路，必须经过确定的、特定的发展阶段。富国今天所走过的道路，正是穷国明天要走的道路（从他的书名就可以看出：非共产党宣言）。

（1）起飞模型的基本内容

该模型认为现代化有六个基本阶段，长短各不相同，各国进程不一，特征区别明显。

第一阶段：传统社会阶段（农业经济，等级社会）

这个阶段，不存在现代科学技术，主要依靠手工劳动，农业居于首位。人均实际收入仅够维持生存。

第二阶段：起飞准备条件阶段（过渡性社会，投资增长，社会行为方式转变）

这个阶段，即从传统社会向"起飞"阶段过渡的时期，近代科学知识开始在工、农业中发生作用。当今大多数贫穷国家正处在这个阶段。

第三阶段："起飞"阶段（投资率大于10%，生产进步）

这个阶段，相当于经济史上的产业革命的早期，即工业化开始阶段，新的技术在工、农业中得到推广和应用，投资率显著上升，工业中主导部门迅速增长，农业劳动生产率空前提高。起飞阶段大致为30年。

第四阶段：趋于成熟阶段（投资率大于20%，资源配置优化）

这个阶段，现代科学技术得到普遍推广和应用，经济持续增长，投资扩大，新工业部门迅速发展，国际贸易迅速增加。一般从"起飞"阶段到成熟阶段，大约要经过60年。发展中国家20世纪60年代进入该阶段。

第五阶段：大规模消费阶段（福利国家，大规模消费）

这个阶段，主导部门转到耐用消费品生产方面。美国是最早进入这一阶段的国家，其进入以福特汽车公司开始采用自动装配线为标志（1913年）。西欧和日本则是在50年代进入该阶段。

第六阶段：追求生活质量阶段（生态环境、自我实现）

这个阶段，主导部门是服务业与环境改造事业。人类社会将不再只以物质产量的多少来衡量社会的成就，而且还包括衡量卫生保健、生态环境、文化娱乐、自我实现等生活质量的高低程度，美国正在进入这个阶段（70年代）。

罗斯托认为，六个阶段中，"起飞"阶段最重要，是社会发展过程中的重大突破。达到此阶段必须具备三个条件：一是要有较高的积累比例，使积累占国民收入的10%以上；二是要建立"起飞"的主导部门，使它发展较快并带动其他部门增长；三是要有制度上的改革，即建立一种能够保证"起飞"的制度，以推动经济的扩张。此阶段农业劳动力逐渐从农业中解脱出来，进入城市劳动，人均收入大大提高。罗斯托认为，一个区域一旦实现"起飞"，经济就可以"自动持续成长"了。事实上，此阶段相当于资本主义发展史中的产业革命阶段。

（2）罗斯托准则

罗斯托准则又称"扩散效应最大准则"，强调支柱产业对经济和社会发展的影响力。罗斯托认为，应选择扩散效应最大的产业或产业群作为一国的主导产业，重点扶持，加速发展，从而带动其他产业发展和社会进步。扩散效应的带动原理在于：

① 回顾效应，主导产业高速增长，对各种要素产生新的投入要求，从而刺激这些投入品的发展；

② 旁侧效应，主导产业的兴起会影响当地经济、社会的发展，如制度建设、国民经济结构、基础设施、人口素质等；

③ 前向效应，主导产业能够诱发新的经济活动或派生新的产业部门，甚至为下一个重要的主导产业建立起新的平台。

例如：房地产业对于国民经济的带动作用比较突出，它通过"回顾效应"，即房地产业作为需求市场，带动钢铁、建材、森工、机械、化工、陶瓷、纺织等产业的发展；通过"前瞻效应"，即通过房地产的开发和建设，直接带动建筑、装饰、通信、电力等产业的发展。

最后，我们对"阶段发展论"加以简要的概括：在当代，各国经济水平的不同，是因为各国所处的经济发展阶段有所不同；在现代化的进程中，每一个国家都要经历大致相同的阶段，发达国家曾经走过的路正是欠发达国家现在抑或将来要走的路；从历史上的经验来看，一国经济发展的重点阶段是"起飞"阶段，落后国家一般都处在这个阶段之前，先进国家都处在这个阶段之后，一些发展中国家则正处于这个阶段；在一国的现代化进程中，完成了"起飞"阶段就完成了社会转型所需的必要条件。

总之，罗斯托认为，现代化是从农业社会向工业社会转变的过程，这个过程包括一系列阶段和深刻的变化,重点在于研究转变过程的特点和规律。

(三) 影响经济发展的主要因素

相对于经济增长,经济发展是一个更复杂的现象。由于经济增长是构成经济发展的重要组成部分,所以影响经济增长的因素也都是影响经济发展的因素。但经济发展还包括结构变革等质的飞跃的内容,因而影响经济发展的因素除了包括影响经济增长的因素外,还包括一些促进经济结构变革的因素。这些因素既有经济因素,也有非经济因素。

1. 经济因素

除了前文所分析的影响经济增长的因素,如自然资源的开发、资本投资、技术进步、劳动力的供给等,影响经济发展的主要经济因素还包括经济体制、环境保护和对外开放、产业结构等。

(1) 经济体制

体制因素是影响经济发展的首要因素,这是因为制度保护是社会行为的前提,经济行为选择的背后是制度的选择。经济体制的合理与否直接关系着各种稀缺的经济资源能否得到合理配置,企业是否充满活力,宏观经济比例关系是否协调,科学技术的发展是否形成促进机制,投资是否能带来效益最大化等,从而最终制约着社会经济的发展状况。

(2) 环境保护

由于人类的生活及生产活动与自然生态环境之间,始终存在着一种相互依赖、相互制约的关系。生态环境的优劣对社会经济发展有着极大的影响和制约作用。自 18 世纪英国工业革命以来,人类不断享受着工业发展所带来的种种方便,同时也一再受到破坏生态环境的惩罚。因此,如何保持社会经济与自然生态的协调,提高人类生存环境的质量,便成为人类当前面临的一项迫切任务。加强环境保护,在资源、人口、环境与经济发展之间建立起不断优化的平衡关系,使经济发展与环境保护相互协调,已成为世界各国共同致力的目标。

(3) 对外开放

今日的世界是开放的世界,任何一个国家要想真正获得经济发展,都必须置身于国际经济关系之中,积极开展对外开放,哪个国家对外开放的步子迈得大,哪个国家的经济发展就更快些。在对外开放中,对外贸易、引进外资和先进技术,是促进本国经济发展的重要因素。它既是提高劳动率、开辟资金来源的不可缺少的因素,同时也是保证国内市场均衡、促进结构变革的重要外部条件。

(4) 产业结构

产业结构是国民经济各产业部门之间的质的联系和量的比例关系。产业结构的合理和不断优化,既是国民经济协调发展、社会资源恰当配置与有效利用的基本条件,也是国民经济整体素质提高和逐步现代化的重要标志。

2. 非经济因素

影响经济发展的非经济因素,指的是影响经济发展的社会人文环境,它主要包括如下内容。

（1）社会政治环境

任何社会经济的发展都必然受其政治环境的影响。这是因为,政治和经济存在着相互依赖、相互制约的关系。一方面,政治是经济的保障,社会政治环境如社会政局、社会秩序、民主与法制建设状况优良与否,对社会经济发展至关重要。如果一个国家党派纷争、秩序混乱、政局动荡、四分五裂,那么社会经济发展和社会进步就无从谈起。相反,只有政局稳定,国泰民安,民主和法制健全,才能保证经济更快发展,这已为古今中外历史的发展所证实。另一方面,经济是政治的基础。政治是上层建筑的重要内容,而上层建筑是由经济基础决定的,但上层建筑对经济基础有重大的反作用。

（2）社会文化状况

广义的文化是指人类社会实践过程中创造的物质财富和精神财富的总和,是人类文明的同义语,自然包括了经济发展在内。而在论述经济和文化的相互关系时,则是从意识形态的角度来理解的文化,它包括社会风俗、时尚、伦理、道德以及哲学、法律、宗教、艺术等。文化作为上层建筑的一部分,既是由经济决定,以经济为基础,随经济的发展而发展,同时又对经济发展产生重大影响。

（3）社会教育水平

发展社会文化,提高人口素质,都离不开教育的发展。教育就是按照一定的目的,从道德、智力、体质、审美能力和劳动技能等方面对人的发展施加影响的一种有计划、有步骤的社会活动。教育的基本功能就是通过科学知识的传播,提高劳动者素质,把潜在的劳动力转化为现实的、高效的劳动力,从而推动经济的发展。

二、可持续发展观

可持续发展是指既满足当代人的需要,又不损害后代人满足需要能力的发展。

或者说,可持续经济发展是一种经济发展的合理形态。通过实施可持续经济发展战略,使社会经济得以形成可持续经济发展模式。这种模式,本质上是现代生态经济发展模式,它正确地在经济圈、社会圈、生物圈的不同层次中力求达到经济、社会、生态三个子系统相互协调和可持续发展,使生产、消费、流通都符合可持续经济发展要求,在产业发展上建立生态农业和生态工业,在区域发展上建立农村与城市的经济可持续发展模式。

（一）可持续发展观的产生

进入 20 世纪五六十年代,人们在经济增长、人口增长、工业化与城市化等所形成的环境压力下,对传统的发展模式产生怀疑;人们逐渐认识到把经济、社会和环境割裂开来谋求发展,只能给地球和人类社会带来毁灭性的灾难。

1972年,一个非正式国际学术团体罗马俱乐部发表了有名的研究报告《增长的极限》,明确提出"持续增长"和"合理的持久的均衡发展"的概念。报告根据数学模型预言:在未来一个世纪中,人口和经济需求的增长将导致地球资源耗竭、生态破坏和环境污染。除非人类自觉限制人口增长和工业发展,这一悲剧将无法避免。这项报告发出的警告启发了后来者。从80年代开始,"可持续发展"一词,逐渐成为流行的概念。

(二) 可持续发展观的主要内容

可持续发展涉及可持续经济、可持续生态和可持续社会三方面的协调统一,要求人类在发展中讲究经济效率、关注生态和谐、追求社会公平,最终达到人的全面发展。这表明,可持续发展虽然缘起于环境保护问题,但可持续发展理论已经超越了单纯的环境保护。它将环境问题与发展问题有机地结合起来,已经成为一个有关社会经济发展的全面性战略。

1. 经济可持续发展

可持续发展鼓励经济增长而不是以环境保护为名取消经济增长,因为经济发展是国家实力和社会财富的基础。但可持续发展不仅重视经济增长的数量,更追求经济发展的质量。可持续发展要求改变传统的以"高投入、高消耗、高污染"为特征的生产模式和消费模式,实施清洁生产和文明消费,以提高经济活动中的效益、节约资源和减少废物。从某种角度上,可以说集约型的经济增长方式就是可持续发展在经济方面的体现。

2. 生态可持续发展

可持续发展要求经济建设和社会发展要与自然承载能力相协调。发展的同时必须保护和改善地球生态环境,保证以可持续的方式使用自然资源和环境成本,使人类的发展控制在地球承载能力之内。因此,可持续发展强调了发展是有限制的,没有限制就没有发展的持续。生态可持续发展同样强调环境保护,但不同于以往将环境保护与社会发展对立的做法,可持续发展要求通过转变发展模式,从人类发展的源头、从根本上解决环境问题。

3. 社会可持续发展

可持续发展强调社会公平是环境保护得以实现的机制和目标。可持续发展指出世界各国的发展阶段可以不同,发展的具体目标也各不相同,但发展的本质应包括改善人类生活质量,提高人类健康水平,创造一个保障人们平等、自由、教育、人权和免受暴力的社会环境。这就是说,在人类可持续发展系统中,经济可持续是基础,生态可持续是条件,社会可持续才是目的。

226

（三）可持续发展观的基本理论

1. 资源永续利用理论

资源永续利用理论流派的认识论基础在于：认为人类社会能否可持续发展决定于人类社会赖以生存发展的自然资源是否可以被永远地使用下去。基于这一认识，该流派致力于探讨使自然资源得到永续利用的理论和方法。

2. 外部性理论

外部性理论流派的认识论基础在于：认为环境日益恶化和人类社会出现不可持续发展现象和趋势的根源，是人类迄今为止一直把自然（资源和环境）视为可以免费享用的"公共物品"，不承认自然资源具有经济学意义上的价值，并在经济生活中把自然的投入排除在经济核算体系之外。基于这一认识，该流派致力于从经济学的角度探讨把自然资源纳入经济核算体系的理论与方法。

3. 财富代际公平分配理论

财富代际公平分配理论流派的认识论基础在于：认为人类社会出现不可持续发展现象和趋势的根源是当代人过多地占有和使用了本应属于后代人的财富，特别是自然财富。基于这一认识，该流派致力于探讨财富（包括自然财富）在代际之间能够得到公平分配的理论和方法。

4. 三种生产理论

三种生产理论流派的认识论基础在于：人类社会可持续发展的物质基础在于人类社会和自然环境组成的世界系统中物质的流动是否通畅并构成良性循环。他们把人与自然组成的世界系统的物质运动分为三大"生产"活动，即人的生产、物资生产和环境生产，致力于探讨三大生产活动之间和谐运行的理论与方法。

（四）可持续发展的基本原则

可持续发展是一种新的人类生存方式。这种生存方式不但要求体现在以资源利用和环境保护为主的环境生活领域，更要求体现到作为发展源头的经济生活和社会生活中去。贯彻可持续发展战略一般有以下基本原则。

（1）公平性原则（fairness）。可持续发展强调发展应该追求两方面的公平：一是本代人的公平即代内平等。当今世界的现实是一部分人富足，发达国家不仅通过两次工业革命获得了经济上的优势，而且在自然资源的占有和消费上达到了奢侈的境地。占全球人口 26% 的发达国家耗用了占全球 80% 的能源、钢铁、纸张等，据经合组织统计，美国每年人均能源消费量达到了全球平均水平的 5 倍。这种贫富悬殊、两极分化的世界不可能实现可持续发展。二是代际间的公平即世代平等。要认识到人类赖以生存的自然资源是有限的。本代人不能因为自己的发展与需求而损害人类世世代代满足需求的条件——自然

227

资源与环境。要给世世代代以公平利用自然资源的权利。

（2）持续性原则（sustainability）。持续性原则的核心思想是指人类的经济建设和社会发展不能超越自然资源与生态环境的承载能力。这意味着，可持续发展不仅要求人与人之间的公平，还要顾及人与自然之间的公平。资源和环境是人类生存与发展的基础，离开了资源和环境，就无从谈及人类的生存与发展。可持续发展主张建立在保护地球自然系统基础上的发展，因此发展必须有一定的限制因素。人类发展对自然资源的耗竭速率应充分顾及资源的临界性，应以不损害支持地球生命的大气、水、土壤、生物等自然系统为前提。换句话说，人类需要根据持续性原则调整自己的生活方式、确定自己的消耗标准，而不是过度生产和过度消费。发展一旦破坏了人类生存的物质基础，发展本身也就衰退了。

（3）共同性原则（common）。鉴于世界各国历史、文化和发展水平的差异，可持续发展的具体目标、政策和实施步骤不可能是唯一的。但是，可持续发展作为全球发展的总目标，所体现的公平性原则和持续性原则，则是应该共同遵从的。要实现可持续发展的总目标，就必须采取全球共同的联合行动，认识到我们的家园——地球的整体性和相互依赖性。从根本上说，贯彻可持续发展就是要使人类认识到彼此间互惠共生的关系，促进人类之间以及人类与自然之间的和谐，从而实现可持续发展。

228

第三节 经 济 周 期

一、经济周期的含义

经济周期，是指经济社会中有规律的总体波动，表现为国民经济扩张和收缩的不断交替运动。在这种波动中，很多经济变量几乎同时扩张（向上摆动），然后又几乎同时收缩（向下摆动），致使经济重复出现繁荣、衰退、萧条与复苏等过程。经济周期一般分为四个阶段：繁荣，即经济活动扩张，经济以较高速度增长的阶段；衰退，即繁荣消退，经济活动减少，经济增长减速的阶段；萧条，即经济活动绝对收缩，经济增长乏力甚至出现负增长的阶段；复苏，即经济活动开始增加，经济开始增长的阶段。其中繁荣和萧条是经济周期的两个主要阶段，衰退和复苏分别是两个主要阶段之间的过渡阶段。图 9-2 为经济周期各阶段图。

这里所说的经济变量、经济活动，主要是工业产量、商品销量、国民收入、资本借贷量、物价水平、利润（利息）率及就业量等因素或指标。

当然，所谓周期，并非是指经济波动一定是有规则地简单重复，它只是指反复出现的从经济繁荣到萧条的诸多循环有相似之处。其实，每个周期都有自己的特征，不会有绝对同一形式、同样情况的重现。无论成因、期限、规模、速率与程度，各周期都不相同。

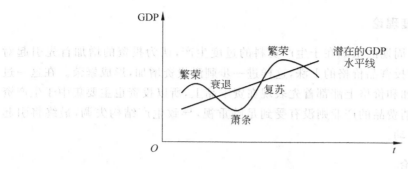

图 9-2　经济周期曲线

二、经济周期的划分

据经济学家研究,实际经济中出现过的经济周期,可按时间的长短分为短、中、长三种周期。短周期一般为 3～6 年,中周期一般为 9～10 年,长周期一般为 20 年甚至更长。

1939 年,美籍奥国经济学家熊彼特在《经济周期》第一卷中,把以上三种周期理论进行了综合,认为每一个长周期包括六个中周期,每一个中周期包括三个短周期,其中短周期为 3～4 年,中周期为 9～10 年,长周期为 48～60 年。此外,美国经济学家库兹涅茨还提出了一种主要资本主义国家存在着长度为 15～75 年不等的长波的观点,这也是一种长周期,被称为库兹涅茨周期。第二次世界大战以后,这种长周期理论受到相当的重视。

229

三、经济周期理论

经济周期是一个复杂的经济现象,关于其成因,很多学者从不同的角度进行了研究。概括起来这些理论主要有以下几个。

(一) 纯货币理论

该理论认为,货币供应量和货币流通速度直接决定了名义的国民收入的波动。基本特征是把经济周期说成纯粹的货币现象。认为经济周期性波动的唯一原因在于银行体系周期性地扩张和紧缩信用。

(二) 消费不足论

该理论认为经济中出现萧条是因为社会对消费品的需求增长赶不上消费品供给的增长,导致生产过剩的经济危机。这种消费不足的原因在于国民收入分配不公而造成的富人储蓄过度。

（三） 投资过度理论

该理论强调经济周期的根源在于生产资料的过度生产,认为投资的增加首先引起对投资品需求的增加和投资品价格的上涨,这样进一步刺激投资增加,形成繁荣。在这一过程中,因为需求的增加和价格上涨都首先表现在资本品上,所以投资也主要集中于生产资本品的产业,而生产消费品的产业则没有受到足够重视,导致生产结构失调,最终将引起萧条而使经济发生波动。

（四） 创新理论

熊彼特的创新理论认为创新和模仿活动是经济周期性波动的原因。熊彼特把经济运动的过程分为两个基本阶段,即繁荣和衰退。这是因为技术的革新和发明不是均匀的连续的过程,有高潮和低潮,导致经济的上升与衰退,形成周期。

（五） 心理预期理论

该理论认为经济波动的原因在于人们对未来的预期。用心理上的乐观预期与悲观预期相交替来说明繁荣和萧条的交替,当预期乐观时,投资增加,经济步入复苏、繁荣;当预期悲观时,减少投资,经济进入衰退、萧条。

（六） 太阳黑子理论

该理论认为经济周期波动是由于太阳黑子的周期性变化引起的。认为太阳黑子周期性的出现会造成恶劣的气候,引起农业减产,进而对工业、商业等多方面产生不利影响,引起整个经济波动。太阳黑子的出现是有规律的,大约每 10 年出现一次,因而经济周期大约也是每 10 年一次。

（七） 政治的经济周期理论

该理论把经济危机周期地出现归结为政府政策周期性变化的结果。以西方政治为例,大选前,总统为了连任,采取宽松的政策刺激经济增长;大选结束后,由于宽松的政策会导致通货膨胀压力,因而采取紧缩的政策,使经济走向衰退。

（八） 乘数-加速原理相互作用的理论

经济学家认为,经济中之所以会发生周期性波动,其根源在于乘数原理与加速原理的相互作用。乘数与加速原理相互作用引起经济周期的具体过程是,投资增加通过乘数效应引起国内生产总值的更大增加,国内生产总值的更大增加又通过加速效应引起投资的更大增加,这样,经济就会出现繁荣。然而,国内生产总值达到一定水平后由于社会需求与资源的限制无法再增加,这时就会由于加速原理的作用使投资减少,投资的减少又会由于乘数的作用使国内生产总值继续减少。这两者的共同作用又使经济进入衰退。衰退持续一定时期后由于固定资产更新,即大规模的机器设备更新又使投资增加,国内生产总值再增加,从而经济进入另一次繁荣。正是由于乘数与加速原理的共同作用,经济中就形成了由繁荣到衰退,又由衰退到繁荣的周期性运动。乘数-加速原理表明国内生产总值的变化会通过加速数对投资产生加速作用,而投资的变化又会通过投资乘数使国内生产总值成倍变化,加速数和投资乘数的这种交织作用便导致国内生产总值周而复始的上下波动。

本 章 小 结

1. 经济增长指一国在一定时期内商品和劳务总量的增加,也就是社会经济规模的扩大。通常用一国国内生产总值(GDP)增长率或人均国民生产总值增长率来表示。

2. 经济增长是一个国家得以发展的基本前提,也是一国政府重要的经济目标,随着一国的经济增长,还应该伴随着技术的进步和社会制度革新。

3. 影响经济增长的因素有很多,但大体上可以归为三类,即要素投入、技术进步、经济制度。其中,要素投入又以资本投入为主,早期的增长模型主要分析的是资本的投入对增长的决定作用。

4. 新古典增长模型引入了技术进步,以索洛剩余的表示方法对技术进步因素进行了量化分析,是早期增长模型的里程碑。

5. 传统经济理论认为,经济发展意味着国家财富和劳务生产增加以及人均国民生产总值提高,经济增长就是经济发展。20 世纪 60 年代以后,这种观点受到了若干国家现实的挑战。欠发达国家在经济成长之路上面临的问题与发达国家面临的问题并不是同一个问题,因此,经济学家把经济发展同经济增长区别开来。

6. 经济发展,是指在经济增长的基础上,一国或地区经济的结构演进、制度改善、经济生活水平的提高或进步以及社会结构的变化等。相对于经济增长,经济发展具有更加丰富的内涵,不仅涉及物质增长,而且涉及社会和经济制度以及文化的演变。既着眼于经济规模在数量上的扩大,还着重于经济活动效率的改进,同时又是一个长期、动态的进化过程。

7. "可持续发展,是指既满足当代人的需要,又不损害后代人满足需要能力的发展。"(布伦特兰夫人语)因此,可持续发展的共识是人类发展观的一次提升。

8. 经济周期,是指经济社会中有规律地总体波动,表现为国民经济扩张和收缩的不断交替运动。经济周期一般分为四个阶段,即繁荣、衰退、萧条、复苏。

基 本 概 念

经济增长　储蓄率　资本-产出比　有保证的增长率　哈罗德-多马模型　新古典模型　新剑桥模型　全要素生产率　索洛剩余　经济发展　刘易斯拐点　罗斯托准则　可持续发展　经济周期

思 考 与 训 练

1. 试述新古典模型对发展中国家经济发展的借鉴意义。

2. 影响经济增长的因素有哪些?

3. 试述经济增长和经济发展的区别。

4. 试述"二元经济结构论"对发展中国家经济发展的借鉴意义。

5. 试述"经济发展阶段论"对发展中国家经济发展的借鉴意义。

6. 案例分析。要求:

(1) 分组讨论,小组代表发言,最好制作成 PPT 文件,边讲边展示;

(2) 运用所学知识深入分析,展开讨论,要求言之有理;

(3) 总结分析案例说明了什么问题,我们能从中得到什么启示。

GDP 的回归——增长不等于发展

长期以来,对 GDP 的迷恋甚至是崇拜到处弥漫,GDP 成了衡量一切,涵盖一切的唯一指标,特别是一些地方政府,检验发展的指标已经被理所当然地理解成了经济发展的速度,经济发展了,官员得到升迁的机会就大。为了 GDP 数字的增长忽视了社会成本,忽视了效益、效率、质量,不计增长的代价和方式。根据中科院可持续发展战略课题组牛文元教授的统计,中国的高速增长是用生态赤字换取的,"扣除这部分损失,纯 GDP 只剩下 78%"。

片面追求传统的名义 GDP 的理念在新的发展观下应作出调整,GDP 应该回归它的自身,而不是被过分迷信和赋予太多的政治含义和标准。

GDP 的回归应该包含以下几层含义。

首先 GDP 并不能涵盖一切,它只是一个重要指标,但不是万能的。

GDP 衡量的只是一国(或一个地区)所有常住单位在一定时期内生产活动(包括产品和劳务)的最终成果。它像一把尺子、一面镜子,衡量着所有国家与地区的经济表现。

但 GDP 并不是衡量福利的完美指标,它并没有把市场之外进行的活动的价值包括进来。它没有包括的另一种东西是环境质量,它也没有涉及收入分配。

其次,对于传统 GDP 数字的迷恋应该终止,为求 GDP 的增长不择手段必将陷入"增长的异化"——没有发展的增长,虚假无效的增长,短期行为的增长,不能持续的增长,结构失衡的增长,配置失灵的增长,机会主义的增长,偏离公正的、危害社会的增长。

最后,除了用传统 GDP 来衡量一国的经济发展速度之外,还应该引进一些新的衡量标准,树立新的发展观。这在全球经济学界早已形成共识,比如一些经济学家提出了纯经济福利的概念;1989 年美国经济学家戴利和科布提出了一套衡量国家进步的指标,其中包括计算财富分配的状况;1995 年联合国环境署提出可持续发展指标,包括社会(目标是消除贫穷)、经济、环境、政府组织及民间方面的指标。同年世界银行开始利用绿色 GDP 来衡量一国或地区的真实国民财富。

美国参议员罗伯特·肯尼迪在 1968 年竞选总统时,激烈地批评了传统 GDP 这种经济衡量指标:"国内生产总值"并没有考虑到我们孩子的健康、他们的教育质量或者他们游戏的快乐。它也没有包括我们的诗歌之美或者婚姻的稳定,没有包括我们关于公共问题的争论的智慧或者我们公务员的廉政。它既没有衡量我们的勇气、我们的智慧,也没有衡量我们对祖国的热爱。简言之,它衡量一切,但并不包括使我们的生活有意义的东西。

追求 GDP 的最终目的,应该是全民的不断进步的幸福生活。就大多数情况而言,GDP 是衡量经济增长和社会福利的一个好指标,重要的是我们在为 GDP 的高速增长欢欣鼓舞时,还要记住它包括了什么,遗漏了什么。(资料来源:圣才学习网)

233

综合实训

结合当地或某一区域经济发展与生态环境、资源变化的现状,阐述个人的观点。

第十章 通货膨胀与失业

【学习目标】

1. 掌握通货膨胀的概念、衡量指标及其通货膨胀率的计算；
2. 熟悉通货膨胀的成因、影响及其治理；
3. 了解通货紧缩这一经济现象；
4. 掌握就业和失业的含义、失业率的计算、失业对经济社会的影响；
5. 了解菲利普斯曲线的含义及其在现实中的应用。

【引例】 小岛的烦恼

有一个小岛上，居住着一个独立王国的家族。老大是农场主；老二开制衣公司；老三经商。父王收他们的税，控制小岛上的货币。开始的时候，各部门配合默契，安居乐业。随着时间的推移，小岛的经济秩序发生变化了。老大农场也不总是风调雨顺，老二不是停工待料就是货物积压流动资金枯竭；老三的生意也难做。有一天，聪明的老三发现一个规律：老大老二的日子不好过的时候，他的日子反而奇了怪的好。有一年，老大遭到蝗灾，老三仓库里的粮食卖了个好价钱。老二的衣服积压太多了，他出三折的价钱，买了下来，到第二年的时令季节卖出去，着实发了笔财。老三发了财之后，经常囤货卖高价。小岛上发生通货膨胀了。老二老三陷入了金融危机。父王看小岛的经济停滞了，威胁自身利益了，就发放货币，增加流动。于是，老大照样种粮食，老二照样做衣服，老三本来没钱再进货了，现在从父王那里贷款，继续囤货。结果，小岛的通货膨胀率更高了，尽管父王不断扶持他们，老二老三的日子还是不好过，生产的东西越来越多，原材料的价格太高，而且经常停工待料，他们害怕原材料价格继续上升，也开始纷纷囤积，这样一来，他们把从父王那里贷来的款用在了囤货上……这时候小岛的市面上，非常混乱了，物价飞涨，老百姓怨声载道。父王有时候出台一些优惠政策，救济一下老百姓，但仍然无济于事。父王对老大老二老三们还非常满意,因为他们还在创造 GDP。虽然父王对眼下的经济状况也很着急,可束手无策。父王开始发债券。但很快,债券杯水车薪。父王开始大量印钞,货币加速贬值。父王下达控制物价的命令,老大老二老三,象征性地抛货打压市场,但由于群众认同了货币贬值的趋势,群众性的抢购风潮,变本加厉地使刚刚回落的价格大幅反弹,市场的波澜声势浩大……

　　这个故事说明了什么?

第一节　通 货 膨 胀

一、通货膨胀的含义

（一） 通货膨胀的概念

通货膨胀(inflation)是指在一定时期内由于货币超量发行,而引起的物价总水平和劳务的价格持续和普遍地上涨。这一定义说明:

（1）物价和劳务价格的上升不是指单个商品(劳务)或几个商品(劳务)价格的上升,而是物价(劳务价格)水平的普遍上升,即物价(劳务)总水平的上升;

（2）不是指物价(劳务)水平一时的上升,而是指一定时期内物价(劳务价格)水平的持续上升。

（二） 衡量通货膨胀的指标

衡量通货膨胀的指标是物价指数。主要有以下三种。

1. 消费物价指数

消费物价指数(CPI)又称零售物价指数或生活费用指数,是衡量各个时期居民个人消费的商品和劳务零售价格变化的指标,通常作为观察通货膨胀水平的重要指标。一般来说当 CPI>3% 的增幅时我们称为 Inflation,就是通货膨胀;而当 CPI>5% 的增幅时,我们把它称为 Serious Inflation,就是严重的通货膨胀。其计算方法是选择一组相对固定的商品和劳动的价格与其权数的乘积求和来计算的价格指数。例如,在美国构成该指标的主要商品共分八大类,其中包括食品、酒和饮品、住宅、衣着、教育和通信、交通、医药健康、娱乐、其他商品及服务。居民消费指数由劳工统计局每月公布,有两种不同的消费物价指数:一是工人和职员的消费物价指数,简称 CPI-W;二是城市消费者的消费物价指数,简称 CPI-U。

我国 CPI 构成和各部分比重,2011 年最新调整为:食品为 31.79%,烟酒及用品为 3.49%,居住为 17.22%,交通通信为 9.95%,医疗保健个人用品为 9.64%,衣着为 8.52%,家庭设备及维修服务为 5.64%,娱乐教育文化用品及服务为 13.75%。

CPI 的计算公式是 CPI＝（一组固定商品按当期价格计算的价值／一组固定商品按基期价格计算的价值）×100。CPI 告诉人们的是，对普通家庭的支出来说，购买具有代表性的一组商品，在今天要比过去某一时间多花费多少。例如，若 1995 年某国普通家庭每个月购买一组商品的费用为 800 元，而 2000 年购买这一组商品的费用为 1 000 元，那么该国 2000 年的消费价格指数为（以 1995 年为基期）CPI＝1 000/800×100＝125，也就是说上涨了(125-100)%＝25%。

2. 生产物价指数

生产物价指数（PPI）又称批发物价指数是衡量各个时期代表性商品批发价格水平的变化程度与趋势的指标。例如，在美国，列入编制批发物价指数的商品大约有 2 400 种，如化学制品、农产品、燃料、皮革、木材、机器、纺织品等。设这些商品在基期的平均价格为 100，再算出报告期的物价指数，即可看出其价格变动情况，是否发生了通货膨胀。

3. 国民生产总值折算指数

国民生产总值（GNP）折算指数（PGNP）又称 GNP 平减指数，是指反映价值指标增减过程中与物量变动同时存在的价格变动趋势和程度的价格指数。计算某一年的 GNP 折算指数，就用该年的名义国民生产总值除以该年的实际国民生产总值。该年的物价乘以该年的产量所得到的国民生产总值即名义国民生产总值，另一年（我们称之为基期）的物价乘以该年的产量所得到的国民生产总值即实际国民生产总值。用公式表示：国民生产总值折算指数＝$(P_1 \cdot Q_1)/(P_0 \cdot Q_1)$。其中：$P_1$ 为报告年物价，P_0 为基期年物价，Q_1 为报告年产量。国民生产总值（GNP）折算指数的（PGNP）优点是其包括的范围广，除了消费品和劳务外，还包括有资本品和进出口商品，所以它能较全面地反映一般物价水平的变动趋势。国民生产总值平减指数的缺点是编制国民生产总值平减指数需要收集大量的资料，而且需要投入大量的时间，很难及时更新和公布，在时效上无法满足经济决策的需要。

以上三个指标都可以用来描述通货膨胀。在日常中我们更关心的是通货膨胀率，它被定义为从一个时期到另一个时期价格水平变动的百分比，公式为 $T＝(P_1－P_0)/P_0$，式中 T 为 1 时期的通货膨胀率，P_1 和 P_0 分别表示 1 时期和 0 时期的价格水平。如果用上面介绍的消费价格指数来衡量价格水平，则通货膨胀率就是不同时期的消费价格指数变动的百分比。假如一个经济体的消费价格指数从去年的 100 增加到今年的 112，那么这一时期的通货膨胀率就为 $T＝(112－100)/100×100\%＝12\%$，就是说通货膨胀率为 12%，表现为物价上涨 12%。

（三） 通货膨胀的分类

根据通货膨胀率的大小，一般把通货膨胀分为以下几种类型。

1. 温和或爬行的通货膨胀

此类型的通货膨胀率一般维持在 2%～9% 之间（一年内），其特点是通货膨胀率低且稳定。目前,许多国家都存在着这种温和类型的通货膨胀。一些经济家并不十分害怕温和的通货膨胀,甚至有些人还认为这种缓慢而逐步上升的价格对经济和收入的增长有积极的刺激作用。

2. 加速或奔腾的通货膨胀

此类型的通货膨胀率一般超过两位数。其特点是通货膨胀率较高且不断加剧。这时,货币流通速度提高和货币购买力下降,均具有较快的速度。经济学家认为,当奔腾的通货膨胀发生以后,由于价格上涨率高,公众预期价格还会进一步上涨,因而采取各种措施来保卫自己,以免受通货膨胀之害。这使通货膨胀更为加剧。

3. 超速或恶性的通货膨胀

此类型的通货膨胀率一般超过三位数。其特点是通货膨胀率非常高且失控。发生这种通货膨胀时,价格持续猛涨,人们尽快地使货币脱手,从而大大加快货币流通速度。其结果是,货币完全失去信任,货币购买力猛降,各种正常的经济联系遭到破坏,以致使货币体系和价格体系最后完全崩溃,在严重的情况下,还会出现社会动乱。

4. 隐蔽或抑制的通货膨胀

此类型的通货膨胀是指经济中存在着通货膨胀的压力,但由于政府实施了严格的价格管制与配给制,才使通货膨胀并没有发生,一旦解除价格管制并取消配给制,就会发生较严重的通货膨胀。无论哪种类型的通货膨胀,都会使货币的购买力下降,加速或奔腾的通货膨胀会影响金融市场的稳定从而不利于经济的发展。而恶性的通货膨胀则会导致经济的崩溃以至于政权的更替。

二、通货膨胀的原因与影响

（一）通货膨胀的原因

不同的国家,在不同的时期里都出现过不同程度的通货膨胀现象。而引起通货膨胀的原因也是多种多样各不相同的。下面主要分析由需求拉动、成本推进、供求混合以及结构性等原因造成的通货膨胀。

1. 需求拉动型通货膨胀

需求拉动型通货膨胀又称超额需求通货膨胀,是指总需求过度增长所引起的通货膨胀。这是从总需求的角度来分析通货膨胀的原因。即"过多的货币追求太少的商品"。

需求拉动型通货膨胀,可用图 10-1 来说明。图中,横轴 Q 表示总产量,纵轴 P 表示一

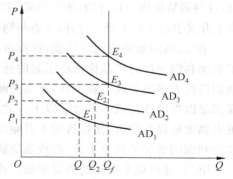

图 10-1　需求拉动通货膨胀

237

般价格水平。AS 为总的供给曲线，AD₁、AD₂、AD₃ 和 AD₄ 表示不同水平的总需求。Q_f 表示现有资源能达到的最大产量。从图中看出，当价格为 P_1 时，总需求为 AD₁，产量为 Q_1；价格为 P_2 时，总需求为 AD₂，产量为 Q_2；价格为 P_3 时，总需求为 AD₃，产量为 Q_f。这时已达到最大产量，当总需求继续增大，由 AD₃ 上升为 AD₄ 时，产量仍不变，而价格由 P_3 上升到 P_4，这时因总供给曲线 AS 呈垂直状，总需求的增加只会引起价格水平的上涨，从而引发通货膨胀。不论总需求的过度增长是来自消费需求、投资需求或是来自政府需求和国外需求，都会导致需求拉动型通货膨胀。

2. 成本推动型通货膨胀

成本推动型通货膨胀又称成本通货膨胀或供给通货膨胀，是指在没有超额需求的情况下，由于供给方面成本的提高，所引起的一般价格水平的持续和显著的上涨。它是从劳动力和商品的供给方面来解释一般物价水平在一定时期内的持续上涨，以生产费用论为基础把通货膨胀的原因归于商品生产成本的提高。

从生产要素供给方面分析，工资和成本之所以推动通货膨胀，主要是由于工会的存在及其力量的强大，以致工资易增不易减，工资上升，成本增加，物价上涨，工人又要求提高工资，造成所谓工资-物价的螺旋上升；利润之所以推动通货膨胀，主要是由于垄断的存在控制着市场价格水平，也是易增不易减。

因此，成本推动型通货膨胀又可以根据其原因的不同分为以下几种。

第一，工资成本推动的通货膨胀。工资作为成本的主要组成部分，它的提高会使生产成本增加，从而产品价格水平上升。在劳动力市场存在着工会的卖方垄断的情况下，工会利用其垄断地位要求提高工资，雇主迫于压力提高了工资后，就把提高的工资加入成本，提高产品价格，从而引起通货膨胀。此外，工资成本推动的通货膨胀之所以发生，还有一个条件就是货币工资率的增长超过劳动生产率的增长。如果货币工资率的增长慢于或等于劳动生产率的增长，那么，单位产品所含的劳动成本并不会增加。只有在货币工资率增长超过平均劳动生产率增长的条件下，单位产品的工资成本才会上升，从而才可能导致物价上涨。而且，这种通货膨胀一旦开始，还会形成"工资-物价螺旋式上升"即工资上升引起物价上升，物价上升又引起工资上升。这样，工资与物价不断相互推动，形成严重的通货膨胀。

第二，利润推动的通货膨胀，或称价格型通货膨胀。指市场上具有垄断地位的企业为了增加利润而提高产品价格所引起的通货膨胀。西方经济学家认为，正像工会可以凭借他们的权力强迫提高工资一样，寡头垄断企业为了追求更大的利润，也可以把商品价格提高到足以抵消任何成本增加额以上。尤其是工资增加时，垄断企业以工资的增加为借口，更大幅度地提高物价，使物价的上升幅度大于工资的上升幅度，其差额就是增加的利润。这种利润的增加使物价上升，形成通货膨胀。

第三，进口成本推动的通货膨胀。这是指在开放经济中，由于进口的生产要素价格提高，而使国内产品价格提高而引起的通货膨胀。例如，20 世纪 70 年代，国际市场上石油价格提高,使许多大量进口石油的西方国家发生了通货膨胀。

3. 供求混合推动型通货膨胀

有些西方经济学家反对把通货膨胀的原因区别为需求拉动或成本推动,而认为通货膨胀是由于需求拉动和成本推动两种原因交织在一起,"拉中有推,推中有拉",共同起作用引起的。他们把这种通货膨胀称为供求联合推动型通货膨胀。他们认为,一方面,通货膨胀可能是从一般的过度需求开始的,过度需求的出现,会使物价提高,而物价提高又会转而使工资提高,工资的提高就会使成本提高,从而引起物价更大提高,形成通货膨胀;另一方面,通货膨胀也可能是从成本提高开始的,即成本增加引起物价上升,这时如果没有总需求的相应增加,工资的上升最终会减少生产,增加失业,从而使成本推动引起的通货膨胀才能持续下去。

4. 结构性通货膨胀

这种通货膨胀是指即使整个经济中的总需求和总供给处于平衡状态,但由于经济结构方面的因素变动,而引起一般物价水平上涨的通货膨胀。具体地说,结构性通货膨胀分为两种情况:由于个别关键性商品的供求比例失调而引起的通货膨胀和由于经济部门发展不平衡而引起的通货膨胀。

由于个别关键性商品的供求比例失调而引起的通货膨胀,是指在社会总需求与总供给并没有变化的条件下,经济中发生了个别关键性商品(如石油、粮食、金属材料等)供不应求、价格上涨的情况,从而增加了产品成本,由于成本推动,带动了其他商品价格上涨,从而引起通货膨胀。

由于经济部门发展不平衡而引起的通货膨胀,是指整个国民经济中的各部门可以分为两大类:扩展中的部门和停滞的或衰退的部门。前一类部门的劳动生产率增长得较快,后一类部门的劳动生产率停滞甚至下降。而各部门工人要求"公平性原则",即要求在工资报酬方面一视同仁。当前一类部门的劳动生产率提高以后,工人的货币工资率也相应地上升。这时,后一类部门的工人,不管本部门是否提高了劳动生产率,是否盈利,也要求提高工资,否则以罢工相威胁。为了避免因罢工造成更大的损失,后一类部门的企业在劳动生产率没有相应提高的情况下,也不得不提高工人工资。这样会使整个社会的工资增长率超过劳动生产率而引起通货膨胀。

(二) 通货膨胀的影响

通货膨胀对社会经济生活的影响是复杂的。通货膨胀究竟对经济发展利大还是弊大,需要作具体的分析。在一定条件下(如与货币相关联的商品和劳动量持续增加,劳动率上升等)通货膨胀在短期内有可能产生调动资源和增加投资的作用,但它的代价是物价水平的上升。如果物价上涨一发而不可收,甚至成为"螺旋形"状态,则对经济发展有害无益。具体讲,通货膨胀对国民经济的影响,主要表现为以下几个方面。

239

1. 导致财富再分配

人们的名义收入与资产相对固定,由于通货膨胀,可能使得这类名义收入上升程度落后于一般物价上涨幅度,从而蒙受损失。反之,那些名义所得与财富上升程度大于一般物价水平上升幅度的人,则获得额外收益。也就是说,从对社会成员收入的影响来看,通货膨胀的受害者是依靠固定工资生活的社会成员,而受益者是利润的获得者。

从对财富的分配影响来看,在未预期到的通货膨胀下,它对债务有利,对债权人不利;对承租人有利,而对出租人不利。例如,一企业发行期限为 20 年的长期债券,票面利率为 12%,如果这一时期内每年的通货膨胀率为 12%,投资者的实际收益率为 0;如果年通货膨胀率高于 12%,投资者的实际利率是负的。

在政府与社会公众之间,通货膨胀有利于政府而不利于公众。因为,在通货膨胀时,政府以低廉的货币发行成本取得巨额的购买及支付手段,或获得大量商品及资产,却使得公众手中的货币购买力下降从而蒙受损失。而当人们的名义收入随通货膨胀而增加时,他们会进入更高一档税率的所得税级别,从而需缴纳更多税金。设想你现在的货币收入为 1 000 元,税率为 10%,你的税后收入为 900 元。再设鸡蛋的价格是 3 元/斤,你税后的收入可以购买 300 斤鸡蛋。如果物价上升 1 倍,你的货币收入也增加 1 倍,即增加到 2 000 元。但这使你进入了税率为 20% 的区间,你的税后收入为 1 600 元,此时鸡蛋的价格上升到 6 元/斤,涨价后你只能购买 267 斤鸡蛋,因此你的实际收入下降了。通货膨胀导致税的增加可以形象地称为通货膨胀税。与个人一样,企业也有同样的命运。通货膨胀会使本来不盈利的企业变成盈利的企业,或使企业进入更高税率的区间,从而增加政府税收。

2. 导致资源的无规律配置,降低生产效率

在通货膨胀期间,一般物价水平的上涨并不会带来各类产品价格的均衡上涨,因此,当通货膨胀引起的相对价格体系变化,使资源更多地流向富有效率的企业或部门时,它可能对资源配置有优化作用,短期内总产出量可能会增加。但长期内一方面则会造成因资源流出而形成"瓶颈"的部门或企业,如交通运输、农业能源等基础部门的效率更加低下,经济状况恶化;另一方面,会造成社会需求虚增,劣质滞销商品旺销,生产秩序紊乱,资源向劣质产品方面转移,致使投资及资本转移方向迷乱,资源无规律、不合理的再分配和浪费,结果在整体上降低了社会经济效益,有碍经济增长。

3. 通货膨胀不利于社会的资本积累

通货膨胀会导致企业的利润增加,但这种增加是价格上升导致的,又称为"鬼影"利润。设一家工厂的厂房价值为 100 万元,设备价值为 100 万元。厂房实行"直线折旧",期限 40 年,设备也按"直线折旧",期限为 10 年。那么平均起来工厂每年要从盈利中注销 2.5 万元的厂房和 10 万元的设备投资成本。假设物价每 10 年翻一番,那么 10 年后更新设备需要 200 万元,40 年后更新厂房需要 1 600 万元。可以看出,40 年后工厂提取的总

折旧无法建立同样的厂房,10年后的折旧总额更无法更新设备。虽然账面上工厂还有那么多资本,但通货膨胀使其实际价值大大降低了。这时工厂发现它根本无法继续营业了。

4.通货膨胀使经营风险变大

通货膨胀意味着物价的混乱上涨。它使得长期合同的实际内容不稳定,从而增加了经营的风险。在通货膨胀时期,企业不知道明天的原材料的价格,也不知道明天的产品价格,因此他们无法确定自己的经营收入。风险的加大将会鼓励投机行为。

5.恶化其国际收支

从对外贸易方面看,如果一个国家的通货膨胀长期存在并高于国际平均通货膨胀水平,就会恶化其国际收支,使其黄金外汇储备严重外溢。

三、治理通货膨胀的对策

(一) 紧缩性财政与货币政策

实施紧缩性财政与货币政策是治理需求拉动型通货膨胀的传统方法。紧缩性财政政策主要包括削减政府开支和增加税收,它对由实际因素引起的需求拉动型通货膨胀较为有效。政府支出是总需求的组成部分,削减政府开支直接减少了总需求。增加公司所得税会减少投资需求,同时也减少职工收入并导致个人消费支出减少。此外,增加个人所得税会减少居民家庭的可支配收入并使他们的开支减少。

241

紧缩性货币政策包括发行国债、调整存款准备率和调整贴现率等,是治理由货币因素引发的需求拉动型通货膨胀的较好措施。发行国债收回流通中的货币,从而达到收缩货币供应量的目的;提高存款准备率和贴现率将增大信贷成本和减少信贷可供量。这些措施对投资需求拉动的通货膨胀尤其能迅速收效。

值得注意的是,对于在充分就业之前出现的需求拉动型通货膨胀,如果实施紧缩性政策,特别是紧缩性货币政策,虽能使通货膨胀率降低,但却要以经济停滞和失业为代价。

(二) 收入政策

对抑制由成本推动形成或由成本推动与需求拉动混合形成的通货膨胀,紧缩性政策会显得无力,这时,只能采取直接管制的收入政策。这一政策是政府为降低一般价格水平上升的速度,而采取的强制性或非强制性的限制货币工资和价格的政策。其目的在于影响或控制价格、货币工资和其他收入的增长率。

收入政策的主要内容包括:控制工资和物价,以避免工会任意要求提高工资而导致生产成本增加;控制垄断企业哄抬物价;同时政府配合外贸政策,降低关税,促使进口品价格降低,以达到缓和物价上涨压力的目的。

此外,一些西方经济学家提出了基于税收的收入政策,试图利用价格制度,用微观经济的动力去达到宏观经济的目标,其主要办法是通过给予工资或价格上升缓慢的人们以补贴,并对扩大通货膨胀的人们进行征税,来促使通货膨胀发生逆转。

但是,有些经济学家反对实行收入政策,主要理由如下:一是对管制的有效性表示怀疑;二是认为管制是权宜之计,而绝非长期解决通货膨胀的根本办法,一旦放松管制,物价可能产生大幅度反弹;三是认为管制使价格体系扭曲,导致资源配置不当,造成稀缺资源的浪费,损害经济增长。

至今为止,发达国家寻求有效而持久的收入政策的努力仍收获甚微。

(三) 债券、工资及税收指数化

债券指数化是指政府和公司发行指数化的债券,这种债券的名义利率包含一个固定利率和实际通货膨胀率,以使债券购买者的利益不受非预期通货膨胀率变动的影响。相应地,银行存款也实行指数化。

工资指数化是以条文规定的形式把工资同通货膨胀指数挂钩,随通货膨胀的程度而增加,以保持劳动收入购买力的稳定,维护劳动者的利益。这样可部分地消除通货膨胀对收入分配造成的影响。

税收指数化是要使纳税额的变化同因通货膨胀而造成的、非主观愿望所要求的变化分开。由于税收多按名义收入计征,通货膨胀的结果将会迫使纳税人向政府缴纳更多的税款,所增加的税额并非是由于纳税人的实际收入增加造成,而是由于通货膨胀使纳税人名义收入增加所造成的。这种非主观性的税收增加显然与征税的初衷相违背,税收指数化可使这种情况得到缓解。但税收指数化在实际操作上有不少困难,且会加重财政预算的不平衡,并可能对通货膨胀产生加速的影响。

债券、工资和税收的指数化,有助于减少通货膨胀的影响,但其目的是让人们能应付通货膨胀,而不是制止它的发生和发展,指数化更易发生通货膨胀。因此,20 世纪 80 年代后,有些国家实行稳定计划,都减少或取消了工资、金融票据和汇率的指数化。

(四) 结构改革

为抑制结构性通货膨胀,采取改革产业结构、商品市场结构和劳动市场结构的对策是会有效的。特别是存在产业结构的"瓶颈"现象时,不能单纯应用紧缩性政策,因为这一政策在抑制通货膨胀的同时也会损害瓶颈部门。这时应通过经济政策和行政手段,改善投资结构,促使瓶颈部门的发展,进而促进整个经济结构合理协调,达到发展经济、抑制结构性通货膨胀的目的。

治理通货膨胀,远不是一个经济问题,它还牵涉到社会各集团利益的冲突,因此也是棘手的政治问题。抑制通货膨胀,要支付高昂代价,可能出现暂时性的企业利润减少、生产滑坡、企业高破产率和失业增加等。据测算,每降低 1 个百分点的通货膨胀率,就要以减少 1.5％的产出和增加 2％的失业作为代价。这一切都会增加社会的不稳定因素。因此,治理通货膨胀是个极其艰难、痛苦的过程。

四、通货紧缩

通货紧缩(deflation)是与通货膨胀相对的一个概念,与通货膨胀引起物价持续上涨、货币贬值,会影响人们的日常生活一样,通货紧缩也是一个与每人都息息相关的经济问题。在一些主要发达国家,如日本,通货紧缩问题一度成为影响其经济复苏的最主要因素之一。但目前对通货紧缩的程度、成因、影响和治理的对策上还存在一些不同的看法,但却一致认为通货紧缩问题必须给予高度重视,并建议采取积极的政策措施加以治理。

通货紧缩是与通货膨胀的表现形式相反的经济现象,表现为大多数商品和劳务的价格普遍下跌。狭义的通货紧缩是指由于货币供应量的减少或货币供应量的增幅滞后于生产增长的幅度,以致引起对商品和劳务的总需求小于总供给,从而导致物价总水平下降。出现通货紧缩时,市场银根趋紧,货币流通速度减慢,最终引起经济增长率下降。广义而言,引起通货紧缩的原因还包括一系列非货币因素。例如,生产力的发展带来商品和服务的丰富,新技术的普及和运用的加快,使得商品和劳务价格下降的压力不断增大,有可能形成物价的普遍下跌。通货紧缩反映出的是经济衰退的过程是下跌中的物价,而不是一般意义上的“低”物价。

在经济运行实践中,判断某个时期的物价下跌是否是通货紧缩,一看通货膨胀率是否由正转变为负;二看这种下降的持续是否超过了一定时限。

通货紧缩的成因也与通货膨胀的成因一样是比较复杂的,但从理论上讲,通货紧缩的成因可以从总需求不足和供给过剩两方面来解释。

通货紧缩对经济的影响,一般认为,它对经济发展起到抑制作用,甚至使经济发生衰退。表现在它使生产者利润减少甚至亏损,继而减少生产或停产;它将使债务人受损,继而影响生产和投资;它可以导致失业增加居民收入减少,加剧总需求不足。但有些学者认为适度的通货紧缩有利于经济的增长。

要改变通货紧缩的状态需要采取适当采用扩张性的财政和货币政策、进行经济结构结构调整和建立健全社会保障体系等措施。

第二节 失 业

一、就业与失业的含义

(一) 就业的含义

就业(employment)是指劳动力从事有收入的工作,包括个人独自从事经营或生产活动。就业者是指有报酬工作的人，以及有职业但由于生病、罢工或休假而没有工作的人。

（二）失业的含义

失业（unemployment）是指在一定年龄范围内愿意工作而没有工作，并正在寻找工作的人都是失业者。衡量一个社会失业状况的指标有失业人数和失业率。失业率是失业人数占劳动力人数的百分比，用公式表示为

$$失业率＝（失业人数/劳动人数）\times 100\%$$

这里的劳动人数是指失业人数与就业人数之和。各国失业率的统计各有不同。在美国，失业率由劳工部进行统计并每月公布。统计的数据是用人口随机抽样的方式得出，每月的抽样数为 6 万个左右家庭。在进行调查时，把人口分为三类：就业者，失业者，以及不属于劳动力者（即退休或不愿工作者）。属于失业者范围的包括这样三种人。

（1）没有工作，但在调查前 4 周内一直在努力找工作的人；

（2）被暂时解雇等待被重新招回原工作岗位的人；

（3）在 30 天内等待开始新工作的人。

此外，部分时间工作者也作为就业者，而不作为失业者。

但是，失业统计往往有误差，并不能真实而准确地反映出失业状况，具体原因如下。

第一，不现实的工资预期。有些人只有在比所能得到的工资高时才愿意工作，把这些人算入失业者是没有意义的。例如，社会上为具有大学学历的工程师支付的工资标准是每月 1 000 元，如果某个具有这种资历的人只有在月薪为 1 500 元以上时才愿意工作，那么，他就会找不到工作，但他并不是真正意义上的失业者，在失业统计时往往会把这些人作为失业者，这就扩大了失业率。

第二，失意工人的存在。许多人在经历了长期而艰辛的寻职努力之后仍没有找到合适的工作，他们就会认为没有适于自己的工作。这些人就会失业并不再找工作。这种人被称为失意工人。失意工人是那些没有工作，想找工作，但不再找工作的人。失意工人在统计中不被作为失业者，因为他们在调查的前 30 天之内并没有找工作，不符合失业者的条件，而被作为不属于劳动力者。但这些人是真正的失业者，如果把他们计算在失业者之内，失业率就会提高。所以，失意工人的存在会低估失业率。

第三，部分时间工作者。部分时间工作的工人也被作为就业者，但他们之中的许多人仍在寻找全日制的工作。在衡量失业率时并没有把这部分人算在失业者之内，但这也是失业的一个潜在重要来源，把部分时间工作者作为就业者同样低估了失业率。

二、失业的种类

按不同的标准，失业可有不同的分类。最常见的分类为：摩擦性失业、结构性失业和周期性失业。

（一）摩擦性失业

摩擦性失业（frictional unemployment）是指由于人们在不同的地区、职业或生命周期的不同阶段不停地变动工作而引起短期的、暂时的失业。这就是说，在一个动态的经济中，总有一部分人或自愿或被迫离开原来的地区或职业，从离开旧工作到找到新工作之间总有一段时间间隔。这一时期中，这些人就处于失业状态。当他们离开原来的工作时，就流入了失业队伍，当他们找到新工作时，又流出了失业队伍，这种劳动力正常流动造成的失业也正是失业队伍流动性大的重要原因。

（二）结构性失业

结构性失业（structural unemployment）是指由于经济结构的变化，劳动力的供给和需求在职业、技能、产业、地区分布等方面的不协调所引起的失业。经济发展、技术进步、人口规模和构成的变化、消费者偏好的变化等都会引起经济结构的变化，进而引起对劳动力的需求结构发生变化，而劳动力供给结构的调整往往滞后于劳动力需求结构的变化。例如，随着电子工业发展对电子技术工人需求增加，而随着纺织业衰落对纺织业工人需求减少，但劳动的供给由于各种限制条件而无法相应地迅速作出调整。这就形成各种职业或地区之间劳动力供求不平衡，出现失业。由于这种失业的根源在于劳动力的供给结构不能适应对劳动力的需求结构的变动，所以，称为结构性失业。

（三）周期性失业

周期性失业（cyclical unemploymrnt）是指社会总的有效需求不足引起的失业，因此又称为"需求不足型失业"。劳动力需求是一种"引致需求"。在经济周期性波动过程中，当社会总的有效需求不足或总产出下降时，对物品和劳务的需求减少，最终会引起劳动力需求的减少，不过这类失业者在经济上升时大多会重新就业。

三、充分就业和自然失业率

（一）充分就业

充分就业（full employmemt）不是指实现失业率为零的就业状态。因为即使经济能够提供足够的职位空缺，但仍然会存在摩擦性失业和结构性失业，因此，消灭了周期性型失业时，所有愿意工作的人都在从事某种工作的就业状态就是充分就业。

（二）自然失业率

自然失业率（natural rate of unemployment）是指在没有货币因素干扰的情况下，让劳动力市场和商品市场供求力量起自发作用,总供给和总需求处于均衡状态时的失业率。所谓没有货币因素干扰,是指失业率的高低与通货膨胀的高低之间不存在替代关系。一般来说,一个国家要实现低失业率,就要以高通货膨胀率为代价,自然失业率就是一个国家在不发生加速通货膨胀情况下,所能得到的最低失业率水平。自然失业率是既不致因过剩需求而引起价格的上涨,也不因过剩的供给而引起价格的下降时的失业率。如果失业率低于这个水平,也就是就业率高于这个水平,那么劳动市场和产品市场的压力将使工资和物价一年比一年上涨得快。

由于各个国家都厌恶加速型的通货膨胀,因此,有远见的决策者都不愿把经济增长率提高到潜在的生产能力之上,或者将失业率降到自然失业率之下。实际上两者是一致的,和自然失业率相对应的生产水平就是一个国家潜在的产量或潜在的 GNP。理由是如果把失业率再降低一些,那么,通货膨胀就会螺旋形上升,这是各个国家都不愿发生的事情。因此,一个国家的潜在产量就是其自然失业率时的总产量。这样通货膨胀就成为经济决策时的约束因素,以它来确定所能承受的自然失业率。实际上自然失业率也就是最高的就业率和潜在的产量水平。

四、失业的影响

失业对社会经济有着两方面的影响,即有利的影响和不利的影响。

(一) 失业对社会经济有利的影响

(1) 失业可以使个人能力得到充分利用,这有利于人力资本的充分利用。为了人尽其才,在寻找工作时就处于失业状态,这种失业是实现人力资本充分利用的必要代价。这种代价一般小于人力资本运用得到的收益。

(2) 失业是劳动力最优配置的必要条件。劳动力的最优配置是在劳动力的不断流动中形成的。劳动力的流动就会引起失业,所以,失业也就是社会劳动力实现最优配置的代价。而且,劳动力的最优配置不是一旦形成就不变的,而是随各种因素的变动而变动的,要在动态的过程中实现劳动力的最优化就必须有一定的失业存在。

(3) 失业作为一种外在的压力有助于提高就业者的工作效率,这就是一般所说的"饥饿纪律"。失业存在的威胁对就业者是一种压力。

(4) 失业的存在作为劳动力的储备可以随时满足社会的需要。如果一旦社会人人都有工作,那么,当社会某一部门突然增加了劳动力需求时,就会无法满足或要吸引其他部门的劳动力而引起损失,或使工资水平提高。从一个社会来看,必要的劳动后备军储备是必不可少的。在计划经济中,人人都有工作,"三个人的饭五个人吃",引起人才浪费,隐蔽失业,以及劳动效率低下,这就从另一角度证明了失业存在的必要性。从某种意义说,一定失业的存在也是社会正常发展的条件之一。

（二） 失业对社会经济不利的影响

（1）失业会引起实际国民生产总值损失。周期性失业引起的实际国民生产总值损失大，而自然失业引起的实际国民生产总值损失小。这说明，失业在超出其合理的限度（即自然失业率）时，给社会生产带来的损失大。

（2）失业会引起人力资本的损失。一方面是失业者已有的人力资本得不到利用；另一方面是失业者无法通过工作来积累人力资本。所以，失业引起的人力资本损失是双重的。

（3）失业会引起种种社会问题。社会学家证明，各种社会问题的产生都与失业存在相关。

（4）失业会增加财政支出。这就在于失业会增加社会保险与社会福利支出。在许多福利国家中这一问题更加突出。

从上述分析中看到，没有失业社会会有损失，失业过多社会也会有损失。因此，从理论上说，存在一种适度的失业，社会能从失业中得到的好处大于损失，或者至少与失业的得失相当。这种适度失业也就是自然失业。但实际上，适度失业在数量上并不一定等同于自然失业。各国有不同的适度失业，要根据自己具体的国情来确定。

在现实中，有些国家劳动力短缺，失业率极低，这会给经济发展带来不利的影响。例如，工资上升过快，使产品成本增加，在国际竞争中处于不利地位。但就大多数国家来说，失业严重是首要的问题。所以，宏观经济学主要研究的是如何减少失业的问题。

第三节　菲利普斯曲线

一、凯恩斯关于失业与通货膨胀关系的论述

英国经济学家凯恩斯认为，在未实现充分就业，即资源闲置的情况下，总需求的增加只会使国民收入增加，而不会引起价格水平上升。这就是说，在未实现充分就业的情况下，不会发生通货膨胀。

在实现充分就业后，即资源得到充分利用，总需求的增加无法使国民收入增加，而只会引起价格上升。这也就是说，在发生了通货膨胀时，一定已经实现了充分就业。这种通货膨胀是由于总需求过度而引起的，即需求拉动的通货膨胀。凯恩斯对失业与通货膨胀之间关系的论述，可用图 10-2 来说明。

在图 10-2 中，横坐标 OY 代表国民收入，

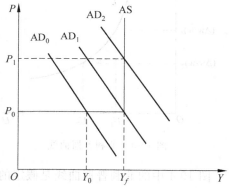

图 10-2　失业与通货膨胀的关系

纵坐标 OP 代表价格水平。当总需求增加,即总需求曲线从 AD$_0$ 移动到 AD$_1$ 时,由于还没有实现充分就业,所以国民收入从 Y$_0$ 增加到 Y$_f$,而价格水平仍然是 P$_0$,没有变动。当总需求继续增加,即总需求曲线从 AD$_1$ 移动到 AD$_2$ 时,由于已经实现了充分就业,所以国民收入仍然是充分就业的国民收入水平 Y$_f$,而价格水平由 P$_0$ 上升到了 P$_1$,即由于总需求过度而产生了通货膨胀。

凯恩斯对失业与通货膨胀关系的这种论述,适用于 20 世纪 30 年代大萧条时的情况,但并不符合第二次世界大战后各国的实际情况。这样,经济学家就试图对这一关系作出新的解释。

二、菲利普斯曲线及其变动

(一) 菲利普斯曲线的概念

菲利普斯曲线(philips curve)是新西兰经济学家菲利普斯对 1861—1957 年英国失业和货币工资变动率的关系进行分析时所作出的一条曲线。该曲线表明失业率与货币工资上涨率之间存在负相关关系,即失业率越高,货币工资增长率越小;失业率越低,货币工资增长率越高。这就是菲利普斯曲线的含义,如图 10-3 所示。

图 10-3 中,w 表示货币工资率,纵轴($\Delta w/w$)表示货币工资变动率,横轴 U 表示失业率,曲线 L 表示菲利普斯曲线,当失业率由 U$_2$ 降到 U$_1$ 时,货币工资变动率由($\Delta w/w$)$_1$,上升到($\Delta w/w$)$_2$,这表明失业率与货币工资率之间有一种交替关系。

菲利普斯以后,西方经济学家们认为,由于货币工资变动率与物价上涨有关,而通货膨胀又是用物价上涨率表示的,因此就把通货膨胀率与失业率之间的替代关系也用菲利普斯曲线来表示,如图 10-4 所示。

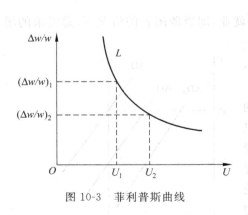

图 10-3 菲利普斯曲线

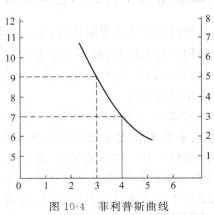

图 10-4 菲利普斯曲线

图 10-4 中的菲利普斯曲线是假定的,其斜率为负数,它意味着:工资增长率上升,失业率下降;工资增长率下降,失业率上升,价格上涨率上升;价格上涨率下降,失业率上升。

两者的关系如下。

1. 工资增长率和失业率之间的关系

在失业率低的情况下,劳动力市场往往呈现出短缺的情况,因而劳动力的需求较强,劳动力比较"吃香",价格因而提高;在失业率高的情况下,劳动力市场往往是过剩的,因而劳动力的需求显得疲软,再加上失业后备军的存在,企业支付给工人的工资不会增加太多。可见,工资增长率反映的是劳动力市场的供求状况,而不是随心所欲的结果。

2. 价格上涨率和失业率之间的关系

在低失业率的情况下,由于劳动力供应紧张,劳动力组织(如工会)向企业讨价还价的力量就大,因此增加工资的要求容易得到满足。但工资增加会引起产品成本上升,从而引起产品价格的上涨,于是低失业与高物价并存,而高失业与低物价又连在一起。工资的增加是否会引起产品价格的上涨,这需要对比两者各自增加的幅度。当劳动生产率提高的幅度等于或者超过工资增加的幅度,那么工资的增加是不会引起产品价格的上涨,否则会引起产品价格的上涨。例如,工人甲的月工资是 1 000 元,他一个月创造的边际产品为 100 个,那么每个产品的成本为(1 000/100)=10 元;现在月工资增加到 1 100 元,如果一个月创造的产品不变仍为 100 个,那么平均每个产品的成本则上升到(1 100/100)= 11 元。成本上升了 1 元,企业就少了 1 元利润,为保持这 1 元的利润,当然可以用提价的方法追回。但如果月工资增加到 1 100 元的同时,劳动生产率也提高了,比如他一个月创造的产品为 120 个,那么平均每个产品的成本不但没有上升,还有所下降,为(1 100/120)= 9.17 元。在此情况下,增加工资与提高物价两者之间没有什么关系。因此,菲利普斯曲线描述失业率与价格上涨率的关系,是指工资增长率超过了劳动生产率的增长率,从而引起了价格的上涨率。图 10-4 说明的是,工资增长率和价格上涨率总是相差 4%,这个 4%就是劳动生产率的增长。在这种情况下,如果工资率上升 5%,由于其中劳动生产率上升 4%的缘故,那么,其中就有 1%是价格的上涨率。

菲利普斯曲线既反映出通货膨胀与失业之间的替代关系,又可用于分析抑制通货膨胀的对策。在一定时点上,政府可设置一个经济能够最大限度承受通货膨胀与失业的界限,通过总需求管理政策把通货膨胀和失业都控制在此界限之内,当通货膨胀率过高时,采取紧缩性的经济政策使失业率提高,以换取较低的通货膨胀率;当失业率过高时,采取扩张性的经济政策使通货膨胀率提高,以实现较低的失业率。菲利普斯曲线所反映的失业与通货膨胀之间的交替关系,基本符合 20 世纪 50—60 年代西方国家的实际情况。到了 20 世纪 70 年代末期,由于"滞胀"现象的出现,失业与通货膨胀之间又不存在这种交替关系了。这时有些西方经济学者对菲利普斯曲线作出新的解释,他们把菲利普斯曲线分为短期的和长期的两种,两者的关系如图 10-5 所示。

图 10-5 中,L_1、L_2 为短期菲利普斯曲线,垂直线 L_3 为长期菲利普斯曲线。长期菲利普斯曲线在 4%自然失业率上垂直。在短期中,工资增长率与失业率之间存在着替代关

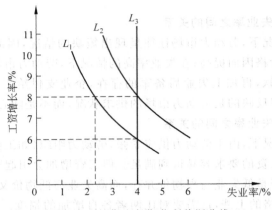

图 10-5　短期和长期菲利普斯曲线

系。比如原来与 4% 自然失业率相对应的工资增长率为 6%，政府为了进一步降低失业率，采取扩大需求的办法，使工资增长率达到 8%，相应的失业率降为 2.3%。由于这种工资增长率是通货膨胀因素造成的，所以工人很快会发现他们的实际工资并没有增加，此时，如果要维持 2.3% 的失业率，工人可能要求更高的工资增长率；或者工资增长率维持在 8%。但失业率回升到 4%，这都意味着短期菲利普斯曲线上移了。所以，从长期来看，扩大需求的做法只能造成较高的通膨胀率和较高的货币工资增长率，而对自然失业率不发生影响。

图中的纵轴既表示工资增长率，又代表通货膨胀率，它与失业率此长彼消。现假定 4% 的通货膨胀率与 4% 的失业率是社会可以接受的"临界点"，那么图中的阴影部分表示安全范围。当通货膨胀率和失业率处在这个范围之内时，政府不必采取调节措施进行干预，如果在这个安全范围之外，政府就要以较高的失业率来换取较低的通货膨胀率，或者以较高的通货膨胀率来换取较低的失业率。

（二）　菲利普斯曲线的变动

20 世纪 60 年代后，菲利普斯曲线有不断向右上方移动的趋势，这说明必须用更高的通货膨胀率才能使失业率下降到一定点；或者相反，要用更高的失业率才能使通货膨胀率部分下降到一定点。这还说明原来定的"临界点"不能用了，应当修订新的"临界点"。

如图 10-6 所示，L、M、N 为菲利普斯曲线。图中的阴影为"临界点"之下的"安全范围"，但当菲利普曲线向右上方移动后，即曲线由 L 移动到 M 后，M 不通过这个有阴影部分。这表明：此时无论采取什么样的管理措施，都不能使通货膨胀率和失业率下降到"临界点"之内，于是只能提高"临界点"。图中的虚线框就表明提高了"临界点"后的"安全范围"。但当曲线由 M 移动到 N 后，这样的"临界点"又不适应需要了，除非再提高"临

250

界点"。

　　虽然短期中,失业率与通货膨胀率之间存在替代关系,政府的调控在短期中是有效的。但在长期中,工人会根据实际发生的情况而不断调整自己的预期,并且,预期的通货膨胀会不断接近于实际的通货膨胀,这样,工会和工人将要求增加名义工资,使实际工资不变,造成通货膨胀率只上升不下降,从而否定了早期菲利普斯曲线所提示的通货膨胀率和失业率的替代关系。长期中,菲利普斯曲线是一条垂线。如图 10-7 所示,LPC 代表长期菲利普斯曲线。它表明通货膨胀不论怎样变动,失业率总是固定在自然失业率的水平上(长期中经济能实现充分就业,失业率是自然失业率),采取扩张性财政政策和货币政策,并不能降低失业率,只会引起进一步的通货膨胀。

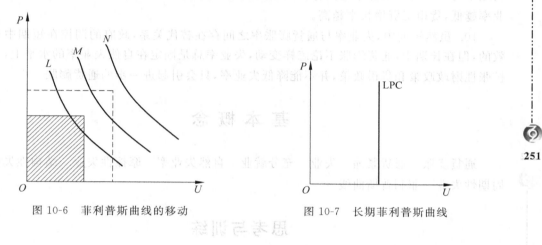

图 10-6　菲利普斯曲线的移动　　　　图 10-7　长期菲利普斯曲线

本 章 小 结

　　1. 通货膨胀是指在一定时期内由于货币超量发行,而引起的物价总水平和劳务的价格持续和普遍地上涨。衡量通货膨胀的主要指标是消费物价指数(CPI)和生产物价指数(PPI)。

　　2. 不同的国家,在不同的时期里都出现过不同程度的通货膨胀现象。而引起通货膨胀的原因主要有需求拉动、成本推进、供求混合作用以及结构性矛盾等。

　　3. 通货膨胀会导致财富再分配和资源的无规律配置;会降低生产效率,使经营风险变大;不利于社会的资本积累,并恶化其国际收支。

　　4. 治理通货膨胀可以使用紧缩性财政与货币政策,债券、工资及税收指数化,收入政策的调整,结构改革等措施。

　　5. 通货紧缩是与通货膨胀的表现形式相反的经济现象,表现为大多数商品和劳务的价格普遍下跌。

6. 在一定年龄范围内愿意工作而没有工作,并正在寻找工作的人都是失业者。衡量一个社会失业状况的指标有失业人数和失业率。失业率是失业人数占劳动力人数的百分比。

7. 失业可以分为摩擦性失业、结构性失业和周期性失业。

8. 自然失业率是指在没有货币因素干扰的情况下,让劳动力市场和商品市场供求力量起自发作用,总供给和总需求处于均衡状态时的失业率。

9. 菲利普斯曲线是分析失业和货币工资变动率之间关系的一条曲线。该曲线表明失业率与货币工资上涨率之间存在负相关关系,即失业率越高,货币工资增长率越小;失业率越低,货币工资增长率越高。

10. 虽然短期中,失业率与通货膨胀率之间存在替代关系,政府的调控在短期中是有效的,但在长期中,通货膨胀不论怎样变动,失业率总是固定在自然失业率的水平上,采取扩张性财政政策和货币政策,并不能降低失业率,只会引起进一步的通货膨胀。

基 本 概 念

通货膨胀　通货紧缩　失业　充分就业　自然失业率　摩擦性失业　结构性失业
周期性失业　菲利普斯曲线

思考与训练

1. 如何理解通货膨胀及其度量指标?

2. 如何理解通货紧缩?

3. 如何理解就业及充分就业?

4. 如何理解失业的统计及其误差?

5. 理解菲利普斯曲线及其应用。

6. 资料分析。要求:

(1) 分组讨论,小组代表发言,最好制作成 PPT 文件,边讲边展示;

(2) 运用所学知识深入分析,展开讨论,要求言之有理;

(3) 总结分析这些资料说明了什么问题,我们能从中得到什么启示。

遍地是"百万富翁"的津巴布韦

巴伦斯-希卡姆巴真正是"鞋儿破、帽儿破、身上的衣服破",他那千疮百孔的裤子也只能用一根绳子拴着权当裤带使。可他也是个货真价实的"百万富翁"。希卡姆巴的职业是津巴布韦的一名出租车司机。他成天开着他那破瘪的汽车在首都哈拉雷兜揽生意。希卡姆巴每揽到一笔生意,起步收费总在100万津元以上。或许你会觉得那是一个天文数字,但是事实上津巴布韦官方通货膨胀率已经接近1 000%,这打破了非战争状态国家通货膨胀率历史纪录,市场通货膨胀率则更高。

津巴布韦现在无疑是全球百万富翁最多的国家,但它同时也是全球最穷的国家之一。事实上,每一个来到首都哈拉雷豪华现代、气派十足的机场的海外游客,马上就摇身一变成为了百万富翁。根据津巴布韦2006年5月的官方汇率,每10美元就可以换到10.1万津元,而黑市上则可以换到两至三倍的官方汇率。

"是的,我是一个百万富翁——一个什么也买不起的百万富翁。津巴布韦现在遍地都是百万富翁。我们是一个盛产百万富翁的国家,但是我们也一无所有。"希卡姆巴说。一顿餐费钞票堆成山,希卡姆本人对这样奇怪的逻辑现实感到既无奈又好笑,但是对于成百上千万和他一样的津巴布韦人民来说,恶性通货膨胀绝不仅仅是笑谈。

2006年5月初,津巴布韦低收入家庭平均最低生活消费已经飞升到4 100万津元/月。然而在这个国家,目前有超过60%的劳动力失业,其他部分劳动力每月则只能挣到400万津元。津巴布韦最小面额的纸币是500津元,而一卷厕纸的价格已经达到15万津元;最大面额则为5万津元。然而,如果在津巴布韦乘坐出租汽车,即使全用5万津元面额的纸币付费,数钞票付给司机所要花费的时间也差不多与路途全程所用时间相当。

然而比起到餐馆吃饭来说,这还算不了什么。当用完餐准备结账时,一沓沓的钞票堆在餐桌中央,给用餐者的感觉就像是坐在拉斯维加斯的赌桌旁一样。一名印度商人介绍说:"每次用完餐,你还得再等半小时结账。前些天我到当地税务部门交税,上交4 100万津元税款,他们清点了一个多小时。这简直是疯了。"

通货急剧膨胀给津巴布韦带来的另一个直接后果就是,目前这里最为紧俏的日用品之一竟然是点钞机。津巴布韦国营报纸上每天充斥着日本和新加坡生产的高质量点钞机广告,而每台的价格在3.45亿~12亿津元之间。

物价飞涨逼迫人们更努力地赚钱。哈拉雷的大街小巷每天清晨5点就已经挤满了外出找工作的人们。"很多人都坐不起公交车了,所以人人都步行。"鲁诺·茨基卡说。比起同胞们,他还算幸运,因为他出租的一室户租金已经飙升到200万津元/月。

就医费用同样在飞涨。公立医院的普通门诊费上个月涨了三倍,从一个月前的30万津元暴涨到100万津元。私立医院也涨了两倍。上周,将为一对准父母接生的诊所向他们要求,提前付清生产费,他们不得不提了满满一皮箱钞票来生孩子。生不起孩子,连"死"都变得昂贵起来——因为丧葬费太贵了,穷人们只好半夜偷偷摸摸把死去的亲友葬在田里。

随着钞票一天比一天更不值钱,原始的物物交换又重新为人们青睐。农场工人更愿意雇主用实物作酬劳,因为更保值,也更容易携带。城市中物物交换也大行其道,从食品到 CD,品种多样。

20世纪80年代,不到1津元就能换1美元,津巴布韦也曾是非洲最富裕的国家。但总统穆加贝的土地抢夺政策为津巴布韦的经济混乱种下祸根。出口骤减,外资撤出。穆加贝政府则试图用外国贷款和印刷出更多的钞票来掩盖问题。他的补救措施很简单——印更多钞票。为保证军人、警察和公务员的收入,津巴布韦的央行称它将另外印制面值5万津元的60万亿津元出来。津巴布韦事实上已经没有能力印出这么多的钞票,但穆加贝拒绝发行更大面值的钞票:因为那将带来"通货膨胀"。津巴布韦已把部分印钞工作外包给了邻国。而这些国家提出的要求是,酬劳必须以硬通币偿付。

"人们只要手里有现金,就得马上花掉,因为同样一笔钱,等到第二天就买不到同等的商品了。""我们正在迅速接近崩溃临界点。"津巴布韦的一名独立经济学家约翰·罗伯森说,"这个趋势决不能继续。"(改编自:东方早报)

综 合 实 训

调查统计近三年我国 CPI 的每月走势,并分析推动 CPI 变化的原因。

第十一章　政府宏观调控

【学习目标】

1. 熟悉财政及其职能、财政收支和财政均衡、财政政策工具、货币政策工具；
2. 了解财政政策及货币政策的传导机制；
3. 掌握积极财政政策和货币政策的实施工具；
4. 了解两大政策的配合以及财政政策和货币政策的局限性。

【引例】　美国是否继续延用减税政策

2009年1月20日，奥巴马正式宣誓就任美国第44任总统。在宏观经济政策方面，奥巴马政府仍然延续小布什时期的减税政策来刺激经济。

但进入2010年，对于美国是否继续采取减税政策来刺激经济，在美国国内引起了空前的争论。前任美联储主席格林斯潘（Alan Greenspan）在2010年8月6日呼吁废除小布什（George W. Bush）政府时期的减税措施，同时，美国政府还应减少在医疗福利方面的支出，以解决财政赤字问题。格林斯潘认为，目前美国正处在最为严重的金融危机，若不采取一些极为严厉的措施来增加税收和降低医保成本，则债市的投资者会将推高美国国债的收益率，从而引发另一场全球经济危机，而这已经不是第一次上演。格林斯潘强调减税计划应遵从"量入为出"的原则，这就要求减税或增加支出不应增加财政赤字。如果不废止减税措施将会面临更大的风险，这只是在"坏"和"更坏"之间的选择。

但美国前白宫经济顾问委员会主席格伦·哈伯德（Glenn Hubbard）（布什政府减税计划的设计者之一）表示，在疲软的经济复苏过程中如此大规模的增税是一个很糟的主意。

以上案例说明了什么？

第一节　财政与财政政策

一、财政及其职能

（一）财政的含义及起源

财政（finance）是国家凭借政治权力强制地、无偿地参与社会产品的分配活动。

财政作为政府参与产品分配的公共活动，在现代社会中占有十分重要的地位。但财政是一个历史范畴，是社会生产力和生产关系发展到一定历史阶段的产物。具体地说，财政起源于以下两个原因：一是经济原因，即社会生产力发展到了一定程度，出现了可用于满足社会公共需要的剩余产品；二是政治原因，即国家出现之后，客观上需要由国家作为社会公共权力的代表，来集中一部分剩余产品，用于维持其存在并执行社会职能的需要。因此说，财政是历史的范畴，同时又是经济的、政治的范畴。税收是历史上最早出现的和最典型的财政范畴。

（二）财政的职能

财政职能是指财政作为一个经济范畴，在社会经济生活中所固有的功能，它是财政本质具有客观必然性的反映。

一般认为，财政职能有资源配置职能、公平分配职能和稳定经济职能等三大职能。

1. 资源配置职能

资源配置（allocation of resources）问题的提出，源于经济的基本命题"稀缺存在"。资源供给的有限性与资源需求的无限性是经济社会普遍存在的矛盾。资源配置，就是人力、物力、财力在不同部门、不同地区、不同用途和不同受益之间的分配。既然是一种配置，那么对同一种资源的不同配置方法，其最终结果必然存在巨大差异。而资源配置的最高目标是实现资源的最优分配，取得最大效益。因此，资源配置永远是同效益联系在一起的。资源的配置过程实际是资源运用的选择过程。

财政的资源配置职能是指财政通过各种手段对一定的人力、物力、财力进行分配，直接或间接引导资源流向，从而形成最优资源分配的功能。

2. 公平分配职能

财政的公平分配职能（function of fair distribution）是指运用各种财政手段调节收入和财富的分配，使之符合社会上公认的公平或公正分配状态的功能。这里的分配主要指个人收入和财富的分配，也就是说不仅指当年创造的部分，而且还包括往年积累的部分。个人收入与财富分配公平与不公平实际上是指人们对现存分配状况的一种价值判断。符合一定时期人们公平分配的观念，收入分配就被视为公平；反之，与人们一定时期公平分配的观念相悖，收入分配就被认为不公平。而一定时期人们收入分配公平的观念是对一定的时期社会经济关系的反映，一定时期社会经济关系又是由一定时期生产力发展水平决定的，随着社会生产力的发展，人们关于收入分配公平的观念也会处于不断的变化之中。因此，不同历史时期公平标准是不断变化的，公平的标准具有社会性和历史性。但从经济方面，要研究什么样的收入分配既能刺激人们追求收入的动机，又能吸引各种资源参加生产，也就是说，在追求公平的同时，又不以过大效率损失作为代价。尽管研究公平问题很困难，但它应是当前财政职能强化一个非常重要的方面。

3. 稳定经济职能

财政的稳定经济（stabilization economic）职能，就是以财政政策为手段，以保持高就业率、合理程度的物价稳定、适当的经济增长率和国际收支平衡的功能。

二、财政收支及财政均衡

（一）财政收入

财政收入（financial revenues）是政府行使其职能，凭借政治经济权力参与社会产品分配所取得的收入，是政府从事一切活动的物质前提和经济基础。财政收入主要有税收收入、资产收入和债务收入三种形式。

1. 税收收入

税收收入（tax revenues）是历史上最早出现而又比较完备的收入形式。

政府是上层建筑，是政治实体，拥有政治权力。政府可以凭借政权的力量、通过立法程序、依靠专门机关向企业和居民征收部分国民收入，这就是政府税收。税收是强制的、无偿的，税收不分盈利亏损，任何单位或个人只要发生了应税收入或应税行为，都必须按法定税种和税率交纳税金，违者将受到法律处置。政府为什么具有税收权利，单纯从经济学角度难以解释清楚，我们只能说是一种"社会契约"。社会为了获得政府的保护和其他服务，自愿赋予政府这种权利。税收收入是财政收入的重要来源。

亚当·斯密在《国富论》中提出赋税四原则，即公平、明确、便利、经济。它至今仍是税收原则的理论基础。其中如何对待公平原则，则有不同的理解：一种是从税赋的缴纳角度提出根据能力原则公平负税，同等能力应缴纳同等税额；另一种是从税收的享用角度分析，多受益者多纳税。但是，根据能力或受益原则确定税率，由于测定上存在困难，缺乏可操作性，而且对部分能力较小而受益较大的纳税人（如残疾人）而言，这两个原则是相互矛盾的。因此，实际中一般是把两个原则综合考虑，实行累进税，即以能力原则为主，随收入变动而变动的一种比例税率。

现代财政税收另外两项准则是"对努力劳动者和企业没有抑制作用准则"、"遵守税法的低代价准则"。累进税过高，抑制人们努力工作，降低工作责任感，甚至人们会"用脚投票",离开这个国家。高税负有时也会导致人才外流和资金外流;守法纳税代价低,人们会依法纳税,否则,人们会根据纳税税率和起征点,找到临界点,使他自己的纳税不超过一定数额。

政府的税收收入主要是个人所得税、公司所得税和其他税收。个人和公司所得税是以收益、利润和报酬等形式的所得作为课税对象,向取得所得的纳税人和公司征收的税。个人所得税的课税范畴包括工人或雇员的工资、薪金、退休金;经营所得的商业利润;利息收入、股息收入、租金收入和特许使用费收入等各种收入。公司所得税的课税对象是本国公司来源于国内外的收入和国外公司来源于本国境内的收入。尽管各国的税收制度不尽相同,但所得税多采用累进税制。

流转税是指对生产、批发和零售商品等环节进行的课税,即通常说的间接税。其主要特征是税负可以转嫁。流转税包括增值税、营业税、消费税和关税,增值税以商品在生产环节的增值额作为课税对象,营业税的课税对象是全部商品和劳务。消费税只对特定的消费品课税,而关税则是对进出一国的关境的商品课征的一种税。

财产税是对承担纳税义务的纳税人的财产的课税,其征税范围包括土地、房屋、资本、遗产和馈赠等。

社会保险税是指对大多数职业的雇员和被雇用人征收的所占薪金或工资额的一定百分比的税,其用途包括失业救济、养老、伤害补助,社会保险税或工薪税。在美国由联邦保险税、铁路公司退职税、联邦失业税和个体业主税四种税组成。

所得税、财产税、工薪税都属于直接税,直接税是直接对纳税人征收,负担由纳税人负担不能转嫁。直接税的优点是稳定性强、征收成本低、收入较高、公平。直接税是调节经济非常有效的手段,它的累进性可以消除收入和财富分配上的严重不公,促进社会的和谐和稳定。直接税的缺点是对劳动的抑制。较高的直接税会引起移民、阻碍人们的劳动积极性甚至强化逃税倾向,从而降低生产率和投资效率。流转税是间接税,不是对个人直接征收,而是对个人的活动征收。间接税可以通过不参加经济活动来规避,也可以通过各种途径转嫁给他人,即间接税存在一个赋税归宿问题。间接税除了上面提到的四种外,实际上还包括烟草税、汽油和燃油税、印花税和货物税等。间接税有的是从量税,即按实物单位征收一定的金额,从价税是按商品批发或零售的价格征收。就间接税而言,目前世界各国最常见的是增值税。增值税是在每一经济活动水平上,对经济活动的各个环节的增值额而增收的一种税,涉及的商品和劳务范畴非常广泛。

假定某动产货物从生产到零售依次经过甲、乙、丙三个企业,最后进入消费。其中甲企业生产原材料,并没有购进和消耗劳动对象;乙企业从甲企业购进原材料,生产半成品;丙企业从乙企业购进半成品生产最终产品,然后卖给消费者。又假定甲企业生产原材料的价值是 1 000 万元,乙企业生产的半成品的价值是 3 000 万元,丙企业生产的最终消费品是 8 000 万元。按增值税的税率是 17%,那么,甲企业应纳 170 万元的税,乙企业应纳

340万元的税,丙企业应纳850万元的税。而消费者或最终的购买者应缴纳的总税额是1 360万元。因为增值税为价外税,我们可从以下阶段看增值税作为一种间接税是怎样一步步转嫁到消费者身上的。第一步,甲企业生产原材料,价值为1 000万元,要缴170万元,他便以1 170万元卖给乙企业;第二步,乙企业生产出的半成品,价值是3 000万元,增值2 000万元,应缴纳增值税340万元,这样乙企业将以(2 000+340)+(1 000+170)=3 510万元价格卖给丙企业;第三步,丙企业生产的最终消费者的价值是8 000万元,增值额为(8 000−3 000)=5 000万元,应缴纳增值税850万元,丙企业将以(5 000+850)+(2 000+340)+(1 000+170)=9 360万元的价格卖给消费者。这样,赋税最后由消费者承担(1 360万元),中间商只承担商品价值增值部分的税负。

间接税的主要优点是:第一,其效应扩及整个社会,而且常常在纳税人不知不觉的情况下征收,因为摆在他面前的是他所需要的那种产品或劳务的价格。第二,没有间接税,政府筹措所需的税款为自己的活动提供经费将是困难的,因为直接税的征集具有抑制效应,打击人们的生产积极性。而间接税把赋税分摊给广大公众,刺激着一种社会责任感。第三,有些接近自由取用的产品,具有高度的需求价格弹性,由于价格极其低廉,几乎是"分文不取",导致人们在使用上的浪费,浪费量很大,只产生很小的边际效用。而间接税可以改变这一现状,提高了价格,也促使公民关注这些款项的使用。第四,间接税的课税商品如果是消费者需要的产品和劳务,会促使消费者努力工作,争取回报以便购买到消费者所需要的商品和劳务。只要税负水平合理,间接税的刺激可以提高生产和劳动效率,并有利于整个国家。第五,间接税可以作为政府的政策工具。例如,可以利用提高或降低间接税的税率来促进或限制某个产业或某些部门的发展。

间接税的缺点:第一,间接税的累退性。即对穷人来说,负担较大。因为没有一个家庭绝对需要这类产品,穷人和富人的税负一样,为购买产品而支付的货币额对穷人的效用大于对富人的效用,穷人的负担就相对较重。因此通常对基本必需品(肉、蛋、奶、蔬菜等)的生产和消费不征税,以减轻累退赋税所造成的有害影响。与此同时,对于一些奢侈品则征收很重的税负。第二,间接税可能导致通货膨胀。为了抵消税收对收入的影响,人们会要求增加工资,一旦获准,人们收入上升,财政当局又被迫增加赋税,工资会再次提升,又引起赋税进一步攀升,这一循环导致通货膨胀的发生。

间接税的转嫁与商品的需求弹性有关,需求弹性大的商品或劳务,税负会转嫁给生产者;需求弹性小的商品,税负会转嫁给消费者。

2. 资产收入

资产收入(revenues of capital and industrial domain)是资产在使用过程中,会发生增值,从而给政府带来资产收入。每个国家均掌握一定的社会资产,因此就必然有资产收入。这种资产收入的具体表现形式多种多样,如利润、利息、股息、租金、占用费等,但是本质都是一样的,即财产权利在经济上的实现。

3. 债务收入

债务收入(receipts of debt)是国家财政通过信用方式从国内、国外取得的借款收入，以满足财政需要的一种形式。

债务收入与资产收入和税收收入有本质的区别，即它是自愿和有偿的，政府到时要还本付息。因此，债务收入只是一种临时性收入，债务关系是一种信用关系。但由于国家信誉卓著，因而可以连年举债，借新债还旧债。只要每年的举债额超过还本付息总额。债务收入也是一种稳定的财政收入。

政府债务称做公债或国债，其中中央政府的债务称为国债。

国债的形式多种多样，按举债方式划分主要有三种：

(1) 政府向居民或企业发行公债或国库券，又称政府债券；

(2) 政府向外国政府、银行或企业借款；

(3) 财政向银行借款。

就公债来说，也是五花八门。按偿还期限，可分为短期公债、长期公债；按认购方式，可分为强制公债、自由公债；按发行方式，可分为公开招募公债、中央银行认购公债、交付公债；按利息形式，可分为付息公债、贴现公债；如此等等。

（二） 财政支出

财政支出(financial expenditure)是国家为了一定的社会经济目的，而进行的财政分配的过程。财政支出可按不同的标准进行分类。

按国家职能可分为军事支出、经济支出、社会支出、行政管理支出和其他支出。

按经济性质可分为购买支出和转移性支出(政府不以取得产品或劳务为目的的支出，如各种福利和补贴等)。

按最终用途可分为补偿性支出、积累性支出和消费性支出。

一般来说，一国的财政支出主要集中在以下几个方面。

1. 维持国家机器运行的需要

政府机关、社会团体、检察审判机关、军队警察等政权机构的运行和发展，完全依靠财政拨款的支持。

2. 支持科学、教育、文化、卫生等社会公共事业的发展

这些事业属于一个社会的基础性、长远性、全局性事业，其社会效益大于经济效益，难以进入或难以完全进入市场，需要国家财政给以支持和辅助。

3. 建立和维护社会保障体系的运行

越是发展市场经济，越是要完善社会保障体系。社会保障体系是一个社会的安全网和避风港，它可以为那些老弱病残、鳏寡孤独、失业退休、老少边穷的个人和地区提供最基本的生活保障。

4. 投资于关系全局的基础设施建设

基础设施是指为了保证经济发展所必需的铁路、公路、港口、通信网、电力网、大型水利设施、城市公用设施、粮食基地、能源基地、原材料基地等。这些部门投资大、周期长、收效慢，一般企业和居民往往不愿涉足，从而使它的发展落后于国民经济其他部门的发展，形成"瓶颈"状态。

5. 投资大中型企业的建设

对这些企业，国家可以掌握全部股份，也可以掌握大部股份，还可以掌握控股所必需的最低股份。财政对大中型企业的投资，主要是以营利为目的和对经济发展的导向作用。

以上五大类支出，前三项属社会性的，后两项属经济建设性的。一个国家的财政支出顺序，应该是先满足社会消费性需要，再满足经济建设性需要，或者用一句形象的话来说，"一要吃饭，二要建设"。如果一个国家的财政支出主要部分用于社会性支出，我们称之为社会财政或公共财政。如果一个国家的财政支出主要部分用于建设支出，我们称之为建设财政。

（三）财政均衡

1. 财政均衡的含义

财政均衡（balance of finance）是指财政收入与财政支出基本相等，它是国民经济总供求均衡和经济稳定增长的重要条件之一。如果单从会计账户看，财政收支永远是平衡的，因为有借必有贷，有资金支出必有资金来源（无论这种来源是经常收入、债务收入还是向银行透支）。但是，经济学上的财政均衡是指这样一种状态，财政收入对经济的收缩作用与财政支出对经济扩张作用势均力敌，财政活动不再对国民经济产生连续的扩张作用或连续收缩作用。因而，经济学意义上的财政均衡只包括经常性收支的平衡，不包括非经常性收支。

2. 财政赤字

财政均衡是一种理想状态。但是实际执行中收支往往是不相等的，呈现非均衡状态。经常状况下是财政支出大于财政收入，形成财政赤字。

财政赤字（financial deficits）是指国家当年财政支出总额大于正常财政收入总量的差额。这种性质的赤字是由于在预算执行中发生了如政策变动、意外事故、自然灾害、工作失误等减收增支的因素，导致预算执行结果入不敷出，出现赤字。

赤字财政与财政赤字不同，它是在编制预算时就有意识地安排支出大于收入。赤字财政是凯恩斯主义采取的经济政策，实行赤字财政政策，是为了扩大政府支出，增加社会购买力，以弥补"有效需求"的不足，解决供求失衡的矛盾，缓解经济剧烈地波动。

财政赤字产生的原因主要有以下三个方面。

（1）战争。战争引起军队开支增加，诱发财政赤字。

（2）重大自然灾害。自然灾害的发生，一方面生产遭到破坏，使财政收入减少；另一方面，政府为了救灾又要扩大财政支出，必然引发财政赤字。

（3）公共品消费过热，财政支出结构不合理。如基建支出过大，挤了消费，但实际执行中消费又难以压缩，因此出现支出大于收入。

三、财政政策

财政政策（financial policy）是指政府为了促进就业水平提高，减轻经济波动，防止通货膨胀，实现经济稳定增长通过财政收入、财政支出和公债的变动，以影响宏观经济活动水平的经济政策。财政政策是国家干预经济的主要政策之一。

实际上财政政策是通过改变政府收支流量和流向，而达到调节宏观经济运行状态和国民收入水平的一系列经济政策措施和经济政策工具。

（一）财政政策工具

财政政策工具（tools of financial policy）是财政当局实现既定的政策目标所选择的操作手段。要实现财政政策目标，财政当局必须有工具可供操作。调整支出和收入的财政政策工具主要是：变动政府购买支出、改变政府转移支付、变动税收和公债。

1. 政府购买支出

购买支出对整个社会总支出水平具有十分重要的调节作用。在总支出水平不定时，政府可以提高购买支出水平，如举办公共工程，增加社会整体需求水平，以此同衰退进行斗争。反之，当总支出水平过高时，政府可以采取减少购买支出的政策，降低社会总体需求，以此来抑制通货膨胀。因此，变动政府购买支出水平是财政政策的有力手段。

2. 政府转移支付

一般来讲，在总支出不足时，失业会增加，这时政府应增加社会福利费用，提高转移支付水平，从而增加人们的可支配收入和消费支出水平，社会有效需求因而增加；在总支出过高时，通货膨胀率上升，政府应减少社会福利支出，降低转移支付水平，从而降低人们的可支配收入和社会总需求水平。除了失业救济、养老金等福利费用外，其他转移支付项目如农产品价格补贴也应随经济风向而改变。

3. 税收

税收（tax）可以通过改变税制对国民收入产生重大影响。对税率而言，降低税率，减少税收都会引致社会总需求增加；反之则相反。因此在需求不足时，可采取减税措施来抑制经济衰退；在需求过旺时可采取增税措施来抑制通货膨胀。

4. 公债

公债（bonds）的发行，既可以筹集财政资金，弥补财政赤字，又可以通过公债发行与在资金市场的流通来影响货币的供求，从而调节社会的总体需求水平，对经济产生扩张或抑制性效应。因此，公债也是实现财政政策目标的工具之一。

（二）　财政政策的传导

财政政策的实施存在着如何从政策工具变量到政策目标变量的转变过程，这就涉及财政政策的传导机制问题。

财政政策的传导机制就是财政政策在发挥作用的过程中，各种政策工具通过某种媒介体相互作用形成的一个有机联系的整体。财政政策发挥作用的过程，实际上就是财政政策工具变量经由某种媒介体的传导转变为政策目标变量（期望值）的复杂过程。

目前普遍认为，最为重要的媒介体是收入分配、货币供应与价格。财政政策工具变量的改变主要是通过上述媒介体中间变量的改变来达到预期目标。

财政政策工具变量的调整对收入分配的影响，包括对个人收入分配和对企业利润分配的影响。对于前者，主要是通过对居民征税或通过某种形式的补贴，从而对居民个人收入发生影响，居民个人收入的变动影响其储蓄和消费；对于后者，主要体现在企业税后利润的分配上，从而影响企业的生产行为，尤其是企业的投资行为。

财政政策工具变量的调整对货币供应的影响，主要表现在对货币流动速度与货币存量结构的变化的影响，从而影响信贷规模和企业的投资。

财政政策工具变量的调整对价格的影响，主要是通过税收和补贴来调整不同产业或部门之间的不合理的价格，促进产业或部门的协调发展，尤其是基础工业的发展。

（三）　自动稳定性财政政策

自动稳定性财政政策（又称财政政策的自动稳定器），这是经济系统本身存在的一种内在机制，能够在经济繁荣时自动防止膨胀，经济衰退时自动防止萧条，无须政府财政政策的干预。它的主要内容如下。

1. 累进所得税

累进所得税（progressive income tax）是指所得税通常实行累进税率。当经济繁荣时，国民收入增加，但累进所得税增加得更快，会遏制公众可支配收入的过快提高，使经济不致过度膨胀；反之，当经济衰退时，国民收入减少，但累进所得税减少得更多，会遏制公众可支配收入的过快下降，使经济不致过度衰退。

2. 社会保险金

社会保险金制度（social security payment）是各国都有的社会安全保险制度。当经济繁荣时，失业率低，社会保险金收入增加，而失业补贴金减少，社会保险金产生盈余，能够减轻膨胀压力；反之，当经济衰退时，失业率提高，社会保险金收入减少，而失业补助金增加，社会保险金产生赤字，能够刺激经济复苏。

3. 农产品价格

通常政府对农产品价格(agricultural product price)实行管制。当经济繁荣时,农产品价格上升,政府抛售库存,防止价格高于上限;反之,当经济衰退时,农产品价格下降,政府大量收购,防止价格低于下限。农产品价格的稳定,有助于农民收入和其他价格的稳定,缓和经济波动。

4. 公司分配政策

公司分配政策(company allotment policy)是公司发放股息和利润分红的制度,这一制度在一定时期内往往保持相对不变。当经济繁荣时,未分配利润增加,作为储蓄保存起来;当经济衰退时,就动用这些储蓄来支付股息、红利,这也有助于经济稳定。

通常认为,内在稳定器的作用是有限的,它虽然能够降低波峰,提高谷低,缓和波动,但并不能消除经济波动,充其量是一种辅助手段。因此,凯恩斯主义者认为,还必须采取积极的财政政策。

(四) 积极的财政政策的运用

积极的财政政策(positive financial policy)或称权衡的财政政策,是指政府根据对经济形势的判断,而主动采取的增加或减少财政收入和财政支出以达到一定目标的宏观经济政策。运用积极的财政政策一般遵循"逆经济风向"的原则。积极的财政政策包括扩张性财政政策和紧缩性财政政策。

1. 扩张性财政政策

扩张性财政政策(expansion financial policy)也称膨胀性财政政策,是指通过财政的收支活动刺激或增加社会总需求。扩张性财政政策就是采取以下措施。

(1) 减税(包括免税和退税)。通过减税,企业和个人将留下较多的可支配收入,企业和个人的消费和投资将增加,相应地减少了国家的财政收入。

(2) 增加财政支出,包括增加公共支出、财政投资和财政补贴等。财政支出直接构成社会总需求的一部分,财政支出规模的扩大,一方面直接增加政府的购买和投资;另一方面还能间接地增加个人的消费和促使企业投资,有助于提高社会总需求水平。由于在减少财政收入的同时,还相应扩大了财政支出,因此,财政赤字不可避免。故扩张性财政政策又称做赤字财政政策。显然扩张性财政政策实施的条件,是社会总供给大于社会总需求,通过减税和增支,使需求水平上升以实现社会总供给与社会总需求的平衡。

2. 紧缩性财政政策

紧缩性财政政策(tight financial policy)是指通过财政收支活动抑制或减少社会总需求。紧缩性财政政策就是采取以下措施。

(1) 增税。通过增税减少企业和个人可支配的收入,从而削减企业和个人的消费和投资,相应地增加了财政收入。

（2）减少财政支出，包括减少公共支出、财政投资和财政补贴等。财政支出规模的缩小，一方面会直接减少政府的购买和投资；另一方面还间接压缩了个人的消费和限制企业投资，从而有助于消除需求膨胀。由于在增加财政收入的同时，还相应减少财政支出，因此，必然出现财政结余。故紧缩性财政政策又称做盈余预算政策。紧缩性财政政策实施的条件是社会总需求大于社会总供给，通过增税和减支，使需求水平下降，以实现社会总供给与社会总需求的平衡。

（五）　财政政策的局限性

财政政策对总支出的调节是直接而猛烈的，若运用得当，可以获得显著的政策效应。但实际上存在大量因素限制其作用，这些限制因素主要有以下几个。

1. 政策时滞

一项政策从提出方案到产生效果，需要一定时间。首先需要一定时间观察分析活动状况，预测未来变化趋势，以确认是否应当采取和采取何种政策；其次，要确定一项政策，特别是税收政策的变化，还需经过反复论证，经过长时间的立法程序；最后，政策变量还需一定时间才能输入经济和产生效果。由于存在时间滞后（time lag），根据确定经济形势所实施的逆向调节政策会因形势变化而失效，甚至会产生与预期相反的效果，加剧经济波动。

2. 利益集团的阻挠

财政收支变动必然产生收入再分配效应，从而受到特定利益集团的阻挠。例如，增税，削减转移支付，压缩公共福利开支，会受到要求维持既定收入和福利水平的选民反对；减少政府购买，会受到有关企业集团的反对；即使政府增加公共福利及其他公共设施上的支出，也会被一些有关企业认为是政府与民争利而遭到反对。各种利益集团或是直接向政府施加压力，或是通过其他方式影响立法机构阻挠财政政策的实施。

3. 预期的影响

对政府将要实施的政策，人们会根据自己对经济形势变化和对政府政策的预期，预先作出符合自己利益的行为调整，抵消政策作用。在经济面临衰退压力时，政府试图通过减税刺激私人部门的支出，但如果家庭预期物价水平将在衰退期下降，可能持币待购；而企业则会因预期收益流量下降不愿投资，故总支出并不必然因减税而扩大。面临通货膨胀压力，即使政府减少开支，也会由于家庭预期物价上涨超前购买、企业预期收益扩大增加投资降低政策效能。

4. 挤出效应

政府为反衰退而举债，即使不会直接挤占私人部门支出，但在货币供应量不变的条件下，也必然导致市场利率上涨，从而抑制本来就已不足的投资和消费。扩张性财政政策的这种作用称为政策的挤出效应（extrusion effect）。由于挤出效应，政府的扩张性政策至少会部分地由于私人部门支出下降而被抵消。

挤出效应的大小取决于多种因素。在实现了充分就业的情况下,挤出效应最大,即挤出效应为1,也就是政府的支出增加等于私人支出的减少,扩张性财政政策对经济没有任何刺激作用。在没有实现充分就业的情况下,挤出效应一般大于零而小于1,其大小主要取决于政府支出增加所引起的利率上升的大小。利率上升幅度大,则挤出效应大;利率上升幅度小,则挤出效应小。

第二节　货币与货币政策

一、货币

（一）货币的产生及定义

货币的出现是和商品交换的发展联系在一起的。随着社会生产力的发展,商品交换日益扩大,为了交换的方便,逐渐从商品世界分离出一种特殊商品,固定地作为商品交换的媒介,这被称为一般等价物(universal equivalent)。一般等价物是交换发展的结果。一般等价物本身不是货币,只有固定在某一商品上时才转化为货币。

货币可以依照货币的形态有不同的定义,但一般认为货币充当一般等价物的特殊商品,它可以是金属货币,也可以是纸币、电子货币等信用货币形态。

（二）货币的职能

一般认为,货币的主要职能有四种。

(1) 交易媒介(medium of exchange),又称货币的流通手段(means of circulation),是货币最主要的功能。货币必须是社会中任何商品和劳务买卖交易的媒介。它的存在避免了物物交换时交易双方必须绝对相配的麻烦,解决了物物交换所面临的"需求的双重巧合"和"时空的双重巧合"的难题,从而节省了寻觅对手所浪费的资源,使交易得以最高的效率或最低的成本进行,同时也营造了较好的交易环境。以货币为媒介的商品交换是一个连绵不断的过程,这一过程被称为商品流通。

(2) 价值尺度(measure of values),又称衡量价值的标准单位(standard of value)。货币本身是衡量价值的标准单位,所有商品及劳务均能以货币来表示价值高低。有了共通的价值单位,可以赋予交易对象以价格形态,物价的比较和物物交换比率的计算便容易和便捷得多。货币作为记账单位还有利于记账,有助于信用制度和借贷关系的建立。

(3) 支付手段(measure of payment),即具有付款结账的功能。商品交换过程中,赊买赊卖是一种便利交易的行为。赊买赊卖,要以货币支付结束,构成一个完整的交易过程。这时货币已经不是流通过程的媒介,而是补充交换的一个独立环节,即作为价值的独立存在而使早先发生的流通过程结束。结束流通过程的货币就是发挥着支付手段功能。此外,税负、地租、借贷、工资的支付等,都是货币发挥支付手段功能的具体表现,而不是商品同时、同地与货币作相向运动。

（4）储藏手段（store of value），在获取货币之后,一方面,所有者将之保留和储存起来,直到需要时才使用;另一方面,货币作为财富的表现形式之一,所有者可以将货币作为财富来保留或储藏。因此,货币便成为储存价值的工具。

（三）货币的层次

现实经济中存在着形形色色的货币,需要将它们划分为不同的层次,使货币的计量有科学的口径。在当代信用货币制度下,流动性是各国划分货币层次的主要依据。所谓流动性是指金融资产能够及时转变为现实购买力,并使持有人不受损失的能力。划分货币层次,是指以存款及其信用工具转化为现金所需要的时间和成本为标准来衡量的。

1. 国际货币基金组织货币层次的划分

通货（currency）,即不兑现的银行券（现钞）和辅币;

货币（money）,即通货加私人部门的活期存款之和;

准货币（quasi money）,等于货币加上定期存款、储蓄存款和外币存款。

2. 中国货币层次的划分

M_0＝流通中现金;

M_1＝M_0＋活期存款;

M_2＝M_1＋准货币（定期存款＋储蓄存款＋其他存款＋证券公司客户保证金）。

流通中的现金,包括不兑现的银行券（现钞）和辅币。它是中央银行发行的现金总额扣除存款货币银行库存现金后的余额。存款货币银行的库存现金不进入流通,不在M_0的统计范围。

活期存款指企事业单位和机关团体的活期存款,可以支票形式直接支付。定期存款指企事业单位和机关团体的定期存款,不可以支票形式直接支付,流动性较差。储蓄存款,即居民存入商业银行的存款,包括定期储蓄和活期储蓄。存款人不能直接把它用作支付手段。其他存款,包括委托存款、信托存款、保险公司在银行业的存款和境外非居民存款等。

在我国,狭义的货币用M_1表示,广义的货币用M_2表示。M_1与M_2两者之差为准货币。在讨论一般问题时,只把最核心、最基本的M_1（现金加活期存款）当作货币,因为M_1代表着现实购买力。

此外有些国家把货币近似物也看作更广义的货币。所谓货币近似物,指那些流动性更差,不能随时用于商业支付,但可以在二级市场上流动、转让或出售的大额定期存单、银行承兑票据、政府债券、商业票据等。

（四）货币需求

货币需求是指社会各部门（包括企事业单位、政府、个人）在既定的收入或财富范围内能够而且愿意以货币形式持有的需要或要求。即在特定的时间和空间范围内（如某国、某年），社会各个部门（企事业单位、政府和个人）所持有的货币量。当代货币需求是指持币者对现金和存款货币的需求。比较有代表性的货币需求理论主要有以下几个。

1. 费雪方程

美国经济学家费雪在 1911 年出版的《货币的购买力》一书中，提出了完整反映现金交易论的交易方程式（equation of exchange），故又称费雪方程式。其公式为

$$MV = PT \tag{11.1}$$

式中，M 表示货币数量，V 表示货币流通速度，P 表示一般价格水平，T 表示商品交易数量。

人们持有货币的目的，就是为了实现一定的交易总额（PT）所需要的货币流通量（MV），故又称为现金交易说。

该方程是从宏观的角度研究货币需求，没有考虑微观主体如企业和个人的因素变动对货币需求的影响，该方程是从货币流通手段的角度展开的研究，没有涉及货币的其他职能。

2. 剑桥方程式

以剑桥大学经济学家马歇尔和庇古为代表的剑桥学派认为，人们拥有的资产（或者财富）总额中有众多资产（或者财富）类型，并且在资产总额中总有一部分以现金形式保留，这种保留在手边的现金余额就是货币需求。可以用剑桥方程式（equation of Cambridge）加以说明。其公式为

$$M = kPY \tag{11.2}$$

在（10.2）式中，M 表示货币数量，P 表示一般价格水平，k 表示公众以货币形式保有的财富占总财富的比例，Y 表示实际国民收入。

$M=kPY$ 的含义是指，当货币供给相对于货币需求而增加时，保持货币供求均衡的唯一途径就是物价水平 P 相应上升；当货币数量减少时，则唯一的途径是物价水平下降，因此，物价的变动取决于货币供给。

3. 凯恩斯及凯恩斯学派的货币需求理论

按照凯恩斯的观点，作为价值尺度的货币具有两种职能：其一是交换媒介或支付手段，其二是价值储藏。人们持有货币出于三种动机，基于交易动机、预防动机和投机动机，即流动偏好（liquidity preference）所致。流动偏好表示人们喜欢以货币形式保持一部分财富的愿望或动机。

（1）交易动机（the transaction motive）。交易动机是指人们为了应付日常交易的需

要而持有一部分货币的动机。在任何收入水平上,无论是家庭还是企业都需要作为交易媒介的货币。因为就个人或家庭而言,一般是定期取得收入,但经常需要支出,例如家庭需要用货币购买食品、服装,支付电费和燃料费用等,所以为了购买日常需要的生活资料,他们经常要在手边保留一定数量的货币。就企业而言,它们取得收入(货款)也是一次性的,但是为了应付日常零星的开支,如购买原材料、支付工人工资,也需要经常保持一定量的货币。

(2)预防动机(the precautionary motive)。预防动机是人们为了预防意外的支付而持有一部分货币的动机。即人们需要货币是为了应付不测之需,如为了支付医疗费用、应付失业和各种意外事件等。虽然个人对意外事件的看法不同,从而对满足预防动机需要的货币数量有所不同,但从整个社会来说,货币的预防需求与收入密切相关。因而由预防动机引发的货币需求量也被认为是收入的函数,与收入同方向变动。预防动机也称谨慎动机。

(3)投机需求(the speculative motive)。人们之所以宁愿持有不能生息的货币还因为持有货币可以供投机性债券买卖之用。投机动机是人们为了抓住有利的购买生息资产(如债券等有价证券)的机会而持有一部分货币的动机。

虽然我们可以分别研究货币需求的交易动机、预防动机和投资动机,但是个人出于哪种动机而持有货币是很难分得清楚的,同样一笔货币可以用于任何一种动机。这三种动机都会影响个人对货币的持有量,并且当其他资产形式的获益提高时,对于货币的需求将下降。

(五) 货币供给

货币供给,是指一定时期内一国银行系统向经济社会中投入、创造、扩张(或收缩)货币的行为,是银行系统向经济社会中注入货币的过程。

货币供给量,即一国经济中被个人、企事业单位和政府部门持有的可用于各种交易的货币总量。货币供给量是货币供给过程的结果,其源头是中央银行初始供给的基础货币,经过商业银行的业务活动可以出现数倍的货币扩张。

货币供给形成的主体是中央银行和商业银行,两个主体各自创造相应的货币。货币供给的形成主要有两个环节:一是由中央银行源头的货币供给;二是商业银行的存款货币创造。

1. 中央银行对基础货币的供给

(1)基础货币。所谓基础货币(base money),是指具有使货币总量成倍扩张或收缩能力的货币。其公式为

基础货币 = 商业银行持有的货币(库存现金) + 银行外的货币(流通中的现金)
　　　　 + 商业银行在中央银行的存款准备

而商业银行的准备金由商业银行持有的货币(库存现金)和商业银行在中央银行的存款准备构成。则

基础货币 ＝ 银行外的货币(流通中的现金) ＋ 商业银行的准备金

(2)基础货币的供给渠道。中央银行投放基础货币的渠道:对商业银行等金融机构以再贴现、再贷款形式提供;收购贵金属和外汇等资产投放的货币;公开市场业务上通过买进债券等方式提供。

基础货币具有以下三个基本特征:第一,它是中央银行的负债。第二,它是货币供给扩张的源头。一般金融机构从中央银行取得贷款,注入生产和流通,并通过存款派生,形成多倍于中央银行货币供给的存款和现金。第三,它在技术上可以被中央银行直接控制。

以上特征说明,基础货币是一国货币政策实施过程中直接操作和触及的一个基本变量,商业银行及其他金融机构放款能力的大小,最终决定于中央银行基础货币的吞吐量,流通中货币供给量的扩张与收缩,正是经过基础货币的扩张与收缩实现的。因此,调节好中央银行的资金运用是实施货币政策的关键环节,在整个货币供给中居于核心地位。

2. 商业银行的存款货币创造

当有一笔现金存入银行后,银行的活期存款增加,逐利的目的会促使商业银行在保留了一定比例的现金以应付日常提存外,会把剩余的存款贷放出去。接受贷款者会把贷款存在银行(如果以支票形式支付债权人,则债权人的开户行增加存款),银行系统增加活期存款,又可以发放贷款。这一过程不断进行,银行放款越多,活期存款也就越多。这样,货币不出银行,只在账目上转来转去,银行就因放款而创造出了一笔笔新的存款货币。

下面我们举例来说明存款的派生过程。假定存款准备率为10%,存款可以无限次派生;不存在现金漏损;商业银行也不保留超额准备。在这些假设条件下,若最初的A银行(第一级银行)得到 1 000 存款,在法定准备金制度下 A 银行必须首先留出100作为法定存款准备金,然后才能把余下的 1 000－100＝900 以支票或者现金的形式全部贷出。这 900 又经其借贷人之手转存到他在另一家银行的账户。这家银行称为第二级银行,它得到了 900 的存款(这笔存款称为"派生存款",也就是由贷款引起的存款),这时银行体系内增加了 900 的新存款。第二家银行必须留出 90 作为准备金,然后才能将余下的 900－90＝810 全额贷出,这 810 又被借款人存入他在第三级银行的账户,银行体系内又增加了810 新存款。第三级银行再留出 81 准备金,贷出 729,这 729 又成为了第四级银行的存款。至此银行体系的存款已经由最初的 1 000,增加到了 3 439。这一存款—贷款—再存款—再贷款的过程将继续反复进行下去,如此无限循环下去,使存款被不断派生出来,直到超额存款准备金用完为止,这时整个银行体系的存款将达到 10 000,如表 11-1 所示。

270

表 11-1　银行存款创造过程

银　行	新存款	新贷款	新准备金
最初的银行	1 000	900	100
第二级银行	900	810	90
第三级银行	810	729	81
第四级银行	729	656.1	72.9
前四级银行小计	3 439	3 095.1	343.9
…	…	…	…
整个银行体系合计	10 000	9 000	1 000

上述过程的代数表述如下：

$$银行存款总额 = 1\,000 + 1\,000(1-10\%) + 1\,000(1-10\%)^2$$
$$+ 1\,000(1-10\%)^3 + \cdots + 1\,000(1-10\%)^n + \cdots$$
$$= 1\,000[1 + (1-10\%) + (1-10\%)^2 + (1-10\%)^3$$
$$+ \cdots + (1-10\%)^n + \cdots]$$
$$= 1\,000/1 - (1-10\%) = 1\,000/10\% = 10\,000$$

如果以 R 代表原始存款，r^d 代表法定准备率，D 表示整个银行体系存款总额，则上述过程可表示为

$$D = R[1 + (1-r^d) + (1-r^d)^2 + (1-r^d)^3 + \cdots + (1-r^d)^n + \cdots]$$
$$= R/1 - (1-r^d) = R/r^d$$

即银行活期存款总额是初期存款的 $1/r^d$ 倍。$1/r^d$ 称为存款创造乘数（货币乘数）。若 $r^d = 5\%$，则存款创造乘数为 20，初始存款为 1 000，银行活期存款总额为 20 000。若 $r^d = 20\%$，则存款创造乘数为 5，初始存款为 1 000，银行活期存款总额为 5 000。

但在考虑现金漏损与保留超额准备的情况下，现金漏损与保留超额准备同提交法定准备一样，也是对存款派生中存款货币的扣除。所以，若同时考虑到现金漏损和超额准备，并以 c 表示漏损的现金与活期存款的比率，以 e 表示超额准备与活期存款的比例，则存款派生总额公式为

$$D = P \cdot 1/(r+c+e)$$

这里，$P \cdot 1/(r+c+e)$ 就是商业银行最大的存款派生倍数（derivative multiplier of deposit）。它是衡量商业银行创造派生存款能力的指标。

货币政策（monetary policy）是指中央银行为实现既定的经济目标，运用各种政策工具，调节货币供给量和利率，以影响宏观经济活动水平的方针和措施的总和。

二、货币政策工具

中央银行调节货币供给的政策工具包括调整法定准备率、调整贴现率和公开市场业务。

（一）法定准备率

准备率（ratio of reserve requirement）是商业银行吸收的存款中用作准备金的比率，准备金包括库存现金和在中央银行的存款。中央银行变动准备率则可以通过对准备金的影响来调节货币供应量。中央银行逆经济风向改变法定准备率，亦即在货币当局认为出现总支出不足而失业有持续增加的趋势时，中央银行可以降低法定准备率，这样一来，在商业银行不保留超额储备的条件下，其存款和贷款将发生一轮轮的增加，最终导致货币供给量的增加，而货币供给量的增加降低了利息率，也就刺激了投资的增加，从而引起国民收入的增加；反之，在货币当局认为出现总支出过多而价格水平有持续增加的趋势时，中央银行可以用提高法定准备率的方法减少货币供给量，抑制投资的增加，减轻通货膨胀的压力。

（二）贴现率

贴现率（discount rate）又称再贴现率，是指商业银行以政府债券或商业票据作担保，向中央银行借款时所支付的利息率。当商业银行银行资金不足时，可以用客户借款时提供的票据到中央银行要求再贴现，或者以政府债券或中央银行同意接受的其他"合格的证券"作为担保来贷款。贴现的期限一般较短，为一天到两周。

中央银行通过贴现专柜向商业银行提供资金，它可以利用贴现率的高低来调节商业银行的借款数量，从而达到影响货币供给量的目的。当出现总支出不足而失业有持续增加的趋势导致经济衰退或萧条时，中央银行降低贴现率就会诱使商业银行前来借款，以补充储备，增加贷款，刺激投资，从而增加货币供给量；反之，当支出过大而可能出现通货膨胀时，中央银行提高贴现率，抑制商业银行的借款，而商业银行如需要补充储备金时就不得不用出售证券或贷款的方法筹措资金。在这种情况下，当企业和居民提取存款来购买证券或偿还贷款的时候，就会导致货币供给量的减少。这样，中央银行根据经济情况的变化，就可以用调整贴现率的方法改变货币供给量，以影响国民收入和价格水平。

（三）公开市场业务

公开市场业务（open market operations）是指中央银行在金融市场上买进或卖出有价证券，其中包括政府债券和银行承兑汇票。买进或卖出有价证券是为了调节货币供应量。买进有价证券就是发行货币，从而增加货币供应量；卖出有价证券实际上是回笼货币，从而减少货币供应量。西方经济学家认为,公开市场业务是中央银行稳定经济的最重要也是最灵活的政策手段。

公开市场业务也是逆经济风向行事的。例如,美国联邦储备局的公开市场委员会经常举行秘密会议,研究经济风向并采取对策。当经济风向显示总支出不足而失业有持续增加的趋势时,联邦储备当局在公开市场买进政府债券,商业银行将其持有的一部分政府债券卖给联邦储备银行,联邦储备银行向商业银行付款,并以支票形式进入商业银行,而商业银行则通过票据清算把它存入联邦储备银行,以增加其储备金。如果卖出政府债券的是其他人,这些人卖出债券后就会通过票据清算把联邦储备银行的支票存入商业银行,增加活期存款,从而也使商业银行增加储备金。与此同时,从另一方面看,当公开市场买进政府债券时,就使政府债券价格提高到现有市场价格以上,而债券价格的上涨就意味着利率的下降;特别是,商业银行储备金的增加会使活期存款多倍扩大,而活期存款即货币供给的增加也会使利率下降。其结果就是利率的下降引起投资上升,从而引起收入、价格和就业的上升。反之,当经济风向显示出总支出过大而价格水平有持续上涨的趋势时,联邦当局就在公开市场卖出政府债券;商业银行买进政府债券,向联邦储备银行付款,并以支票形式进入联邦储备银行;联邦储备银行则在商业银行的储备金中如数扣除,以减少商业银行的储备金。如果买进政府债券的是其他人,这些人就会减少活期存款,使商业银行减少储备金。从另一方面看,当公开市场卖出政府债券时,就会使政府债券价格降低到现有市场价格以下,而债券价格的下降就意味着利率的上升;当商业银行储备金减少时就会使活期存款多倍收缩,而活期存款即货币供给的减少也使利率上升。其结果就是利率的上升引起投资下降,从而引起收入、价格和就业的下降。

三、其他货币政策手段

除了上述三个主要政策手段以外,中央银行有时还采用一系列辅助性的货币政策手段。

(一) 道义上的劝告

所谓道义上的劝告,是指中央银行对商业银行发出口头或书面的谈话或声明,来劝说其自动放宽或紧缩信用。这是一种非强制性的行政手段。商业银行对中央银行的指示虽然不承担法律责任,但其业务活动与中央银行有着密切的联系,如果对中央银行的劝告不予理会,就将受到中央银行的警告和业务上的限制。所以,商业银行一般都会认真考虑中央银行的建议,并付诸实施。

(二) 对分期付款信贷和抵押贷款的控制

分期付款信贷(installment credit)和抵押信贷(mortgage loan)的控制分别是指中央

银行对金融机构发放分期付款信贷条件的控制和发放抵押信贷条件的控制。目前，在西方国家，几乎所有收入阶层都程度不同地使用分期付款这种信贷；分期付款原先是消费者购买汽车、电视机、冰箱等耐用消费品时使用的，而现在企业在购买机器和设备时也使用了。抵押信贷主要是住宅购买者以住宅为抵押品所获得的信贷。获得这些信贷的购买者必须在规定的期间内分期还本付息。中央银行控制分期付款信贷和抵押信贷的具体措施主要是规定第一次付款的数额和偿还期限。

（三） 选择性信贷控制

选择性信贷控制（selective credit control）是一些西方国家实行的一种局部性信贷控制。它不同于全面性信贷控制，全面性信贷控制是通过增加减少全部银行储备金、放松或收紧全部信贷来进行控制，而选择性信贷则只是对特定项目的信贷进行控制。实行选择性信贷控制对整个社会的货币和信贷供给可能没有影响，但对特定项目的货币和信贷供给必定有很大影响。实行选择性控制的具体措施主要是规定最低现金支付数额和最大偿还期限。降低现金支付数额和延长偿还期限，就可以放宽信贷；反之，提高现金支付数额和缩短偿还期限，就可以收缩信贷。

（四） 货币政策的传导

274

运用货币政策工具，实现货币政策目标，涉及货币政策传导机制问题。货币的传导机制是指利用一定的货币政策工具，引起社会经济的变化，从而实现预期的货币政策目标的运行过程。

目前，主要崇尚凯恩斯学派的传导理论。其基本思路是，通过货币供给量的增减影响利息率，利息率的变化则通过资本边际效益的影响使投资以乘数方式增减，而投资的增减会影响总支出和总收入。这一过程的主要环节是利息率，货币供应量的调整首先影响利息率的升降，然后才使投资以及总支出发生变化。

对于这一过程可以有如下的解释：货币供应量的增加，如果产出水平不变，利息率会相应下降，下降的利息率会刺激投资的增长，进而引起总支出的增加；总支出的增加推动产出量上升。但总产出的增加又要求更多的货币需求，这时如果没有货币供给量的相应增加，利息率会回升，以会使总需求减少，产量下降；产量下降，货币需求会下降，利息率又会下降。这是一个往复不断的过程。

货币政策的应用有一个过程，而这一作用过程需要及时了解货币政策工具是否得力，政策目标是否能够实现，需要借助中介指标来判断。这些中介指标主要包括：利息率指标、货币供应量指标、超额准备金指标和基础货币指标。这些货币政策的中介指标，与政府的近期目标和远期目标有关，由货币当局来掌握。

四、货币政策的运用

（一）扩张性货币政策

扩张性货币政策（expansion monetary policy）是指通过提高货币供给增长率，增加信贷的可供量，降低利率，从而刺激总需求的增长。当经济处于萧条时期，采取扩张性货币政策，既可以扩大社会支付能力，又可以降低利率，而低利率既能刺激消费，又能刺激投资。当然，过度扩张，也会使货币的需求增加，导致利率上升，投资下降，从而使总需求减少。

（二）紧缩性货币政策

紧缩性货币政策（tight monetary policy）是指通过降低货币供应增长率，减少信贷的可供量，提高利率，从而削弱总需求的增长。当通货膨胀现象严重，经济出现过热局面时，采取紧缩性货币政策，抽紧银根，对抑制总需求的过快增长会起到积极的作用。

五、货币政策的局限性

货币政策同财政政策一样，在实际执行过程也会因条件制约而反映出一定的局限性。

（一）时间滞后

货币政策对经济的影响一般是在一段时间之后，而时过境迁，此时经济运行状态可能已经发生较大变化，从而政策对经济运行产生的效应有可能是消极的。如经济衰退时往往采取扩张性货币政策，但当政策生效时很可能又遇上了经济刚刚度过衰退期正好进入高速增长阶段。

（二）货币流通速度的影响

影响货币政策有效性的另一个重要限制因素是货币的流通速度。对于货币流通速度一个相当小的变动，如果政策制者未能预料到或在估算这个变动幅度时出现小的差错，都可能使货币政策效果受到严重影响，甚至有可能使本来正确的政策走向反面。现实生活中，对货币流通速度的估算会发生误差，限制了货币政策的有效性。

（三）可能缺乏社会的配合

没有社会公众的配合，货币政策难以达到预期效果。而在现实中，当经济处于衰退时期，中央银行采取扩张性货币政策，鼓励放贷，但商业银行可能顾虑风险太高而不愿扩大贷款规模，或企业因经营前景黯淡而不愿向银行贷款。相反，经济高涨时期，采取紧缩性货币政策，但商业银行为高利率所惑，仍会扩大贷款规模，或企业争相贷款，从而使货币政策效果大打折扣。

（四） 其他经济、政治因素的影响

客观经济条件和政治因素的变化都会使货币政策在实施效果上打折扣。如一项货币政策的出台总要持续一段时间，在这个时期如果在生产或流通领域中出现始料不及的情况，而货币政策又难以作出相应的调整，就可能出现政策效果下降甚至失效的情况；政治因素主要是指不同的阶层、集团、部门或地方的利益受到影响时会作出较强烈的反应，会形成对货币政策的政治压力，如果这种压力足够大时，就会迫使货币政策进行调整。

第三节　相机抉择

一、财政政策与货币政策的协调

国民经济是一个极其复杂的整体，要实现充分就业、价格稳定、经济持续均衡增长和国际收支平衡等宏观经济目标，必须同时应用多种宏观经济政策。由于经济过热和衰退的原因各不相同，各种宏观经济政策在其作用范围和效果上各有其特点，政府必须注意各种宏观政策的协调。

比如，政府支出的增加和法定准备率的调整作用都比较猛烈；税收政策与公开市场业务的作用比较缓慢。不同政策的时延也不一样：货币政策可由中央银行决定，作用快一点；财政政策从提案到讨论通过，要经过较长一段时间。不同政策发生影响的范围大小也不一样，如增税的阻力大，而货币政策一般阻力小一些。因此，在遇到宏观经济问题时，要根据不同情况，灵活运用。当经济发生严重衰退时，就不能仅运用作用缓慢的政策，而要运用作用较猛烈的政策；当经济刚出现衰退的苗头时，就不宜用过于猛烈的政策，而宜采取一些作用缓慢的政策。

所谓相机抉择，是指政府在进行需求管理时，应根据不同的经济形势和两大政策的各自特点，机动地选择适当的政策工具，以形成有效的合力稳定经济。

二、两大政策的配合

财政政策有扩张型和收缩型两类，货币政策也有扩张型和收缩型两种，将它们排列组合，就有四种不同的匹配形式，适应宏观经济运行的不同阶段和不同状态。

（一） 扩张性财政政策与扩张性货币政策的匹配

扩张性政策一般是指通过扩大社会总需求，来刺激经济复苏，提高国民收入水平。在财政方面，要增加支出，甚至出现或扩大财政赤字。在货币方面，增加贷款规模和货币净

发行量。实行双扩张政策的经济条件是宏观经济运行进入谷底，并且长期走不出低谷，在实行单一的财政扩张或货币扩张不见成效时，可以采取"双扩"政策。财政政策和货币政策的同时扩张，会在短时间内增长社会需求总额，是一剂"猛药"，应该谨慎使用。实行"双扩"政策的具体条件是：企业大面积开工不足，生产能力闲置；市场销售疲软，商品和物资库存超量积压；劳动力就业不足，新生劳动力难寻就业门路；国家外汇储备充足；大量的自然资源待开发；如此等等。

（二）　紧缩性财政政策与紧缩性货币政策的匹配

紧缩性政策与扩张性政策相反，它是通过收缩控制社会总需求，减缓经济的增长速度。如果经济长期持续过热，单一的紧缩政策难以奏效时，可以实行"双紧"政策。"双紧"政策也是一剂"猛药"，使用时亦应谨重。它的使用条件是：社会总需求超过了潜在总供给，经济资源充分动员仍不能满足社会需求；物价持续上涨，通货膨胀有"奔驰"趋势；社会短缺资源消耗加速，缺口越来越大；经济秩序混乱局部调整已不见效；经济增长速度明显地超过可以长期保持的速度；如此等等。

（三）　紧缩性财政政策与扩张性货币政策的匹配

这种"一紧一松"政策搭配适用的条件是：国家财政严重失衡，入不敷出，财政赤字居高不下，财政困难重重；居民储蓄保持在较高水平，存款的增长超过投资的增长，信贷资金出现大量节余；市场销售疲软，商品积压严重，应纳税款因商品销售不畅而无法顺利实现和上缴。

（四）　扩张性财政政策与紧缩性货币政策的匹配

这种"一松一紧"政策搭配适用的条件是：财政收支状况良好，收入大于支出，至少收入的增长速度大于支出的增长速度，国家财政有盈余或者赤字大幅度下降，现有的财源可以支持财政支出的增长；企业和居民的储蓄率下降，银行信贷资金发生逆差；市场商品销售旺盛，价格存在上扬趋势。

上述四种匹配组合，只是理论分析抽象出的四种模式，实际情况当然要比这复杂得多，具体操作时要审时度势，随机应变。这里有两点必须给予特别注意：第一，无论是财政政策还是货币政策，其扩张和收缩主要是针对投资而言的。因为国民收入最终不是用于消费，就是用于投资。与投资相比较，消费变动是比较小的，边际消费倾向是比较稳定的。另外，除了集团消费之外，个人消费是居民个人的私事，政府不能强制居民扩大或收缩生活消费。投资则不同，它的可调节性很高。在实行扩张性政策时，财政支出和信贷支出大多用于固定资产投资，或者通俗地说就是上项目、铺摊子，扩大基本建设规模。反之，在实行紧缩性政策时，首先压缩的是投资总规模和在建项目数量，对那些在建项目、拟议项目、图纸项目要砍一刀，切一块。而对于居民消费，是难以"砍"和"切"的。第二，无论是实行松的政策还是紧的政策,都要保持在适度范围之内。在实行双紧政策时,要防止收缩过猛,造成经济"熄火",再次启动非常困难,需要花费很长时间。在实行"双松"政策时,要防止经济"暴涨",那样会使经济迅速达到峰值而再次滑落。在操纵政策变量时,要缓起动、慢刹车,防止从一个极端走向另一个极端,加剧经济的波动。

本 章 小 结

1. 国家干预经济的目的是要实现充分就业、物价稳定、经济增长、国际收支平衡的宏观经济目标。而国家干预经济的主要经济政策是财政政策和货币政策。

2. 财政政策是指政府对财政收入和财政支出水平所作的决策,以达到实现宏观经济政策的目的。

3. 财政政策本身具备自动稳定器的作用,财政政策的自动稳定器表现在政府税收制度和财政支出制度的自动稳定作用。

4. 货币有交易媒介、价值尺度、支付手段和储藏手段等四大职能。

5. 货币是分层次的,但最核心最基本的是 M_1(现金加活期存款),因为 M_1 代表着现实购买力。

6. 中央银行调节货币供给的政策工具包括调整法定准备率、调整贴现率和公开市场业务。

7. 货币政策是中央银行通过改变货币供应量来影响社会总需求水平进而影响总产出水平的一种政策。

8. 财政政策与货币政策在其作用范围和效果上各有特点,为了实现一个国家经济健康发展,实现既定目标,防止经济过热和衰退,要综合运用财政政策和货币政策。

基 本 概 念

财政　财政功能　直接税　间接税　财政均衡　财政赤字　赤字财政　财政政策工具　财政的自动稳定器　货币　货币职能　货币层次　货币需求与供给　货币创造　货币政策工具运用

思考与训练

1. 简述财政政策工具的运用。
2. 如何理解财政政策的自动稳定器是一种自愈机制?

3. 赤字财政与财政赤字的区别？

4. 简述财政政策的局限性。

5. 货币供应量是如何通过银行体系得到扩大的？货币乘数大小受哪些因素的影响？

6. 简述中央银行的三大政策工具及其应用。

7. 资料分析。要求：

(1) 分组讨论，小组代表发言，最好制作成 PPT 文件，边讲边展示；

(2) 运用所学知识深入分析，展开讨论，要求言之有理；

(3) 总结分析这些资料说明了什么问题，我们能从中得到什么启示。

2009 年宏观经济政策的取向

2009 年，我国经济正处于一个历史性重要关口，短期看面临着经济快速下滑的风险，长期看面临着经济由外向型向内需型转变、非均衡发展向协调可持续发展转型的巨大压力。为了防范经济景气持续恶化，同时也为经济发展方式的转型创造有利的外部环境，2008 年下半年中央政府各部门高强度、高密集地出台了大量的宏观调控政策，在财政政策上实施了由"稳健"向"积极"的转变。重点要以扩大消费需求为核心，以加快改革为重点，综合运用各种财政手段，配合金融政策和其他手段，来改善经济结构和拉动经济增长。

首先，加大对民生的投资力度。导致目前中国居民低消费倾向的主要根源是住房、教育和医疗。根本原因就是长期以来财政支出中对经济建设投资占的比重较高，对关系民生的社会公共支出较少。此外，由于住房、教育、医疗方面改革的不到位，造成了中国居民消费预期差，被迫储蓄，消费难以启动。因此，2009 年的财政政策将重点解决居民的低消费问题，通过建设保障性住房、加快医疗卫生教育事业发展等投资，减少居民特别是低收入群体在教育、医疗和住房方面的支出，增强居民的消费能力和消费意愿，既在短期内拉动经济增长，又能够促进经济结构转型，实现长期增长。

其次，通过优化财政支出结构，改善经济结构。加大财政投入力度，加快自主创新和结构调整，支持高技术产业化、服务业发展以及产业技术进步。坚决控制高耗能、高污染的产业，增加节能减排投入力度，支持重点节能减排工程建设。实施促进企业自主创新的财税优惠政策，加快高新技术产业和装备制造业发展，鼓励企业增加科研投入。建立、健全煤炭等矿产资源有偿使用制度和生态环境补偿机制，发展可再生能源。落实支持中小企业发展的税收优惠政策。支持完善担保体系建设，帮助中小企业融资。

最后，积极减税，促进企业投资和居民消费。减轻企业特别是中小企业的税收负担，通过减轻企业负担扩大投资，促进经济增长；可以考虑进一步加大纺织服装、高科技、农产品加工等行业退税力度，对个别产品开征或提高出口关税，大力支持出口增长；适时推出对居民的减税政策，比如彻底停征储蓄存款利息税。加大对低收入群体的财政补贴力度，从财政角度保障居民的购买力。

综 合 实 训

请收集今年以来我国政府陆续出台的有关宏观经济政策资料，据此分析政策出台的背景及其产生的效应。

280

第十二章 国际贸易与收支

【学习目标】

1. 熟悉绝对优势理论、比较优势理论和资源禀赋理论;
2. 熟悉重叠需求理论、产品生命周期理论和规模经济理论;
3. 掌握关税和非关税壁垒等保护贸易的政策工具;
4. 理解外汇、汇率的含义和汇率的标价方式、汇率制度,了解外汇市场的功能及其世界上主要的外汇市场。

【引例】 神秘的发明

有一天,一位爱索兰国的发明家发明了一种成本极低的炼钢方法。但是生产过程极为神秘,而且发明家坚持保密。奇怪的是,发明家不需要多投入任何工人或者铁矿,唯一需要的是本国的小麦。

发明家被誉为天才。因为钢铁在爱索兰国的应用如此之广,所以这项发明降低了许多物品的成本,并使爱索兰国的民众生活水平大大提高。当钢铁厂关门以后,一些原先的工人蒙受了痛苦。但最终,通过各种方法他们找到了新的工作。一些人成了农民,种植发明家需要的小麦。另一些人则进入由于生活水平提高而出现的新行业。每一个人似乎都能理解,这些工人被代替是进步不可避免的一部分。

几年以后,一位多事的报社记者决定调查这个神秘的炼钢过程。她偷偷潜入发明家的工厂,终于发现发明家原来是一个大骗子。发明家根本没有炼钢,他只是违法把小麦运送到其他国家然后进口钢铁。发明家所做的唯一事情就是从国际贸易中获取私利。

当真相被披露后,政府停止了发明家的经营。钢铁价格上升了,工人回到了原先的钢铁厂工作。爱索兰国的生活水平退回到以前。发明家被投入狱中并遭到大家的嘲笑。

毕竟他不是发明家,他仅仅是一个经济学家!

这个故事告诉了我们什么?

第一节　国际贸易理论和政策

一、国际贸易理论

（一）绝对优势理论

1776年,英国古典政治经济学的创始人亚当·斯密从工场重工业中看到了分工的利益,然后联系社会,将分工和专业化原则进一步推广到国际经济领域,提出了国际分工理论,即著名的绝对优势理论(absolute advantage)。这一理论集中体现在1776年他出版的代表作《国民财富的性质和原因的研究》一书中。亚当·斯密认为,分工可以提高劳动生产率:第一,劳动者的技巧因分工强化操作而日益精湛;第二,由一种工作转到另一种工作,通常需损失不少时间,有了分工,就可以免除这种损失;第三,许多简化劳动和缩减劳动的机械的发明,使一个人能够做许多工作。他用一国中不同的职业分工和交换来解释国际贸易,认为国际贸易的产生就像裁缝不会自己去制作靴子,鞋匠不会自己去缝衣服,而都用自己的产品去交换自己不擅长生产的东西一样。一个国家之所以要进口别国的产品,是因为该国的生产技术处于劣势,自己生产成本太高,购买别国产品反而便宜。而一国之所以能够向别国出口产品,是因为该国在这一产品的生产技术上比别国先进,或者说是有绝对优势,因为该国能够用同样的资源生产比别国更多的产品,从而使每单位产品的生产成本低于别国。因此,绝对优势理论认为,各国所存在的生产技术上的差别以及由此造成的劳动生产率和生产成本的绝对差别,是国际贸易和国际分工的基础。各国应该集中生产并出口其具有"绝对优势"的产品,进口其不具有"绝对优势"的产品,其结果比自己什么都生产更有利。

绝对优势理论是国际贸易成本理论的基石,从一个崭新的角度分析了国际贸易发生的部分原因,各国之间根据各自的优势进行分工,通过国际贸易使各国都能得利。但局限性很大,该理论认为交换引起分工,而交换又是人类本性所决定的。事实上,交换以分工为前提,在历史上分工早于交换。同时,交换也不是人类本性的产物,而是社会生产方式和分工发展的结果。而且,在现实社会中,有些国家比较先进发达,有可能在各种产品的生产上都具有绝对优势,而另一些国家可能不具有任何生产技术上的绝对优势,但贸易仍然在这两种国家之间发生。

（二）比较优势理论

在亚当·斯密绝对优势理论的基础上,英国另一位经济学家大卫·李嘉图提出了比较优势(comparable advantage)的贸易理论。这一理论主要体现在他所著的《政治经济学及赋税原理》一书中。比较优势理论认为,国际贸易的基础是生产技术的相对差别(而非绝对差别），以及由此产生的相对成本的差别。每个国家都应根据"两利相权取其重，两弊相权取其轻"的原则，集中生产并出口其具有"比较优势"的产品，进口其具有"比较劣势"的产品。比较优势贸易理论在更普遍的基础上解释了贸易产生的基础和贸易利得，大大发展了绝对优势贸易理论。大卫·李嘉图指出，某一国在生产两种商品上都不具备绝对优势，同样可以进行国际分工。他以英国和葡萄牙均生产毛呢和酒为例。英国的情形可能是生产一单位毛呢需要 100 人一年的劳动；而如果要酿造一单位葡萄酒则需要 120 人劳动一年。因此英国发现对自己有利的办法是输出毛呢而输入葡萄酒。葡萄牙生产葡萄酒可能只需 80 人劳动一年，而生产毛呢却需要 90 人劳动一年。因此，对葡萄牙来说，输出葡萄酒以交换毛呢是有利的，虽然葡萄牙能以 90 人的劳动生产毛呢，但它宁可从一个需要 100 人的劳动生产毛呢的国家输入。因为对葡萄牙说来，与其用种葡萄的一部分资本去织造毛呢还不如用该资本来生产葡萄酒，因为由此可以从英国换得更多的毛呢，如表 12-1 所示。

表 12-1　比较优势成本表

	产品	英　国	葡　萄　牙	合　计
分工前	毛呢	100 人劳动一年生产 1 个单位	90 人劳动一年生产 1 个单位	2 单位
	葡萄酒	120 人劳动一年生产 1 个单位	80 人劳动一年生产 1 个单位	2 单位
分工后	毛呢	220 人劳动一年生产力 2.2 单位（220÷100）		2.2 单位
	葡萄酒		170 人劳动一年生产力 2.125 单位（170÷80）	2.125 单位

283

从表 12-1 中可知，葡萄牙生产酒和毛呢各一个单位时所需要的劳动力均少于英国，但酒少 40 人，毛呢仅少 10 人，生产酒的优势高于生产毛呢，故专门生产酒最有利。反之，英国生产毛呢和酒所需的劳动力都多于葡萄牙，都处于不利地位；但毛呢不利程度比酒的不利程度小，故英国专门生产毛呢，以换取酒的进口仍属有利。分工后两国劳动人数没增加，但酒从 2 个单位增加到 2.125 单位，增加 0.125 单位；而毛呢从 2 个单位增加到 2.2 个单位，增加了 0.2 个单位。双方经过贸易交换均属有利可图。

从上例可知，国家贸易的基础并不限于生产技术上的绝对差别，只要各国之间存在着生产技术上的相对差别，就会出现生产成本和产品价格的相对差别，从而使各国在不同的产品上具有比较优势，使国际分工和国际贸易成为可能。

比较优势理论，尽管自李嘉图提出至今已近两百年，但仍不失为指导一般贸易实践的基本原则。不仅如此，比较优势理论的原理除了可以用于对国际贸易问题的分析以外，还有较为广泛的一般适用性。如大学教授一般都要聘请助教，专门负责对学生的日常辅导，负责批阅学生的作业，同时还要帮助教授做好讲授课程的有关准备工作。但我们知道，一位学术造诣高深的教授,完全可以在承担教学和科研工作任务的同时,兼顾这些工作,而且教授直接对学生进行辅导,学生们的收益一定会更大、更多。又如经验丰富的外科大夫除了能够给病人动手术以外,肯定还完全能够胜任对病人的护理,完全能够亲自为一个外科手术做各方面准备。但外科大夫往往都要专门聘请护士小姐。再如企业的高级资深管理人员,除了可以全面打理公司业务外,还能非常熟练地处理公司的日常业务档案,至于文件的打印,资料的分类、整理、归档等,公司经理们更应是行家里手。但他们同样还是要专门聘请秘书和打字员。凡此种种,还可以举出很多其他例子。究其原因,无非是因为社会在劳动分工中,普遍存在着绝对优势或绝对劣势中的比较优势。教授、外科大夫、公司经理同助教、护士小姐、总经理秘书相比,前者尽管在各方面都享有绝对优势,但他们更大的优势或者比较优势分别在教学和科研、主刀动手术和企业的经营管理方面。后者虽然处在全面劣势地位,但他们在辅导学生的学业和批阅学生作业、对病员进行常规护理和处理公司的一般文件打印归档的日常事务上的劣势相对较小,或者说他们在这些方面具有比较优势。可见"两优择其甚,两劣权其轻"不仅仅是指导国际贸易的基本原则,在社会生活的其他诸多方面,都应该成为进行合理社会分工,以取得最大社会福利与劳动效率的原则。

(三) 赫克歇尔-俄林的要素禀赋理论及其补充

1. 赫克歇尔-俄林的要素禀赋理论

俄林是瑞典籍经济学家,其主要著作《域际和国际贸易》获 1977 年诺贝尔经济学奖。因其理论采用了其师赫克歇尔学说的主要论点,因此常冠以赫克歇尔-俄林的要素禀赋理论(factor endowment theory)。

在其提出者赫克歇尔和俄林看来,现实生产中投入的生产要素不只是一种劳动力,而是多种,而投入两种生产要素则是生产过程中的基本条件。根据生产要素禀赋理论,在各国生产同一产品的技术水平相同的情况下,两国生产同一产品的价格差来自产品的成本差别,这种成本差别来自生产过程中所使用的生产要素的价格差别,这种生产要素的价格差别则决定于该国各种生产要素的相对丰裕程度。本国生产比较丰裕的生产要素的产品时,成本就较低,而生产密集使用别国比较丰裕的生产要素的产品时,成本就比较高,从而形成各国生产和交换产品的价格优势,进而形成国际贸易和国际分工。此时本国专门生产自己有成本优势的产品,而换得外国有成本优势的产品。俄林从生产要素的角度(生产的三要素:土地、劳动、资本),对比较成本说作了进一步阐述。他说:"国际贸易产生原因是由于各国所拥有的生产要素情况不同。有的国家地广人稀,有的国家地少人多,有的国家自然资源丰富,有的则比较贫瘠。在不考虑需求的情况下,某国的某种要素比较丰富,则该要素价格就比较便宜,如在产品生产时较多使用这种价格便宜的要素,则该产品价格自然别的国家同类产品价格低。由于各国都生产自己要素较丰富的产品,互相交换这就产生了对外贸易。"

他认为，产生国际贸易的另一个原因是，不同产品所需用的各种生产要素比例不同。有的商品需要用较多的劳动力，有的需要较高的技术，有的则需要较多的资本。因此，在产品分类上，就有所谓劳动密集型产品、资本密集型产品或技术密集型产品之别。这样，国际分工和商品流向应该是劳动力多的国家集中生产劳动密集型产品，出口到劳动力相对缺乏的西欧、北美等国家去。加拿大、澳大利亚和阿根廷等地广人稀的国家应集中生产像谷物、牛羊、农产品等土地密集型产品，出口到西欧、日本等国去。而西欧和美国则应集中生产像机器设备等需要大量资本的资本密集型产品，出口到资本相对缺乏的国家去，使生产要素价格趋向平衡，贸易各国均享其利。根据赫克歇尔、俄林的理论，各国应该集中生产并出口那些能够充分利用本国丰裕要素的产品，以换取那些需要密集使用其稀缺要素的产品。国际贸易的基础是生产资源配置或要素储备比例上的差别。

20 世纪 60 年代以后，国际贸易出现了许多新倾向，主要有两方面：第一，发达的工业国家之间的贸易量大大增加；第二，同类产品之间的贸易量大大增加。许多国家不仅出口工业产品，也大量进口相似的工业产品，工业国家传统的"进口初级产品——出口工业产品"的模式逐渐改变，出现了许多同一行业既出口又进口的双向贸易或行业内贸易。这些新倾向的出现立即引起了对传统贸易理论，尤其是对赫克歇尔-俄林理论的挑战；这种新的贸易倾向显然是不能用资源配置的论点来解释的，因为发达国家的资源比例是相似的，都属于资本相对充裕的国家，而同类工业产品的生产技术更具有相似的要素密集性。

2. 要素禀赋理论的验证与补充

对要素禀赋理论的实证检验工作，绝大部分都集中于验证要素禀赋定理，强调的重点也一直是检验贸易的要素比例。在众多的实证研究中，最具代表性的是美国经济学家里昂惕夫（Wassily Leontief）对要素禀赋理论适用性进行的检验。

里昂惕夫是以美国为例来验证要素禀赋理论的。他利用 1947 年美国的投入-产出表，测算了美国进、出口商品的要素含量。在测算之前，他推断与世界其他国家相比，美国应是资本丰富的国家。依据要素禀赋定理，则美国应该出口资本密集型产品，而进口劳动密集型产品。里昂惕夫的测算结果如表 12-2 所示。

表 12-2　美国国内生产 100 万美元出口商品与进口商品所需的资本与劳动（1947 年）

项　　目	出口商品	进口商品
资本（1947 年价格）	2 550 780	3 091 399
劳动（年劳动人数）	182	170
资本-劳动比例（美元/人）	13 991	18 184

由表 12-2 可知，美国出口商品的资本-劳动比例为 13 991 美元/人，而进口商品的资

本-劳动比例为 18 184 美元/人。进口商品的资本密集度约为出口商品的 1.3 倍(18 184/13 991),即美国出口劳动密集型商品,进口资本密集型商品,这一结果与要素禀赋理论恰恰相反,故称为里昂惕夫之谜(the Leontief Paradox)。

对于这种矛盾现象的出现,里昂惕夫从有效劳动角度作出如下解释:由于劳动力素质各国不同。在同样的资本配合下,美国的劳动生产率约为他国(比如意大利)的 3 倍,因此,若以他国作为衡量标准,则美国的有效劳动数量应是现存劳动量的 3 倍。从有效劳动数量看,美国应为(有效)劳动相对丰富的国家,而资本在美国则成为相对稀缺的要素。这样里昂惕夫之谜就得到了有效的解释。

里昂惕夫之谜也同样引起了当时经济学家们的极大注意,经济学家们就此提出了很多不同的解释和意见。

(1) 人力资本(human capital)。一般来说,劳动可区分为非熟练劳动(un-skilled labor)和熟练劳动(skilled labor)两类。其中熟练劳动是指具有一定技能的劳动,这种技能不是先天具备的,而是通过后天的教育、培训等手段积累起来。由于这种后天的努力类似于物质资本的投资行为,所以称熟练劳动为人力资本。这样一来,资本的含义就更广泛了,它既包括有形的物质资本,又包括无形的人力资本。在加入了人力资本之后,美国的出口商品则以物质资本加人力资本密集型商品为主。

(2) 自然资源相对稀缺(relatively rare supply of natural resources)。一般来说,自然资源与资本在生产中往往是互补的,因此,一些自然资源密集型的产品,如能源,往往也是资本密集型的。从自然资源的角度看,美国的某些自然资源相对稀缺的(自然或人为因素造成的),如石油。这样美国大宗进口商品很多是自然资源密集型产品,而不是资本。

(3) 要素密度逆转(factor intensity reversal)。在现实中,由于不同国家生产技术间的替代弹性可能互不相同,要素密度逆转现象可能出现。即资本丰富的国家可以比较廉价地生产某种资本密集型商品,而在劳动丰富的国家,也可以比较廉价地生产同样一种产品,因为该产品在劳动丰富的国家是劳动密集型的,而不是资本密集型的。这种现象表明:在某些要素价格下,X 是资本密集型产品,Y 是劳动密集型产品,但在另外一些要素价格下,X 变成劳动密集型产品,Y 变为资本密集型产品,即是发生了要素密度逆转。例如,美国的农业生产机械化程度很高,属于典型的资本密集型,但在其他一些落后国家,农业生产则是一种典型的劳动密集型,因此以美国自身的情形来衡量其进口产品在生产中的要素密度,就不能真实地反映国际贸易中蕴涵在商品中的要素比例。

(4) 需求逆转(demand reversal)。在现实中,决定国际贸易的因素既可能来自供给方面,也可能来自需求方面。如当某一国对于某一商品享有生产上的比较优势,但因其国民在消费上又特别地偏好该商品时,将会使得原来依据要素禀赋理论所决定的进口方向发生改变,即发生了需求逆转。基于需求逆转,虽然美国的资本比较充裕,但如果美国消费者的消费结构中资本密集型商品(以制成品为主)占据绝大部分比重,那么美国则有可能出口劳动密集型产品,进口资本密集型产品。

(四) 重叠需求理论

重叠需求理论(theory of overlapping demand),也称为需求偏好相似理论,是 20 世纪 60 年代以来,随着科学技术的不断发展,用以解决产业内贸易的理论。该理论是瑞典经济学家斯戴芬·伯伦斯坦·林德(Staffan B. Linder)于 1961 年在其论文《论贸易和转变》一文中提出的。

该理论假设在一国之内,不同收入阶层的消费者偏好不同,收入越高的消费者就越偏好奢侈品,收入越低的消费者就越偏好必需品,同时,还假设世界不同地方的消费者如果收入水平相同,则其偏好也相同。

根据上述假设,如果两国的平均收入水平相近,则两国的需求结构也必定相似。即是说,在发展中国家与发达国家之间,穷国中的富人与富国中的富人的消费层次也很相似,这样在两国间便产生了共同的消费群体和消费层次,在没有贸易限制的时候,便易于发生贸易,因为消费者既可以在国内购买,也可以在国外购买同样的消费品。反之,如果两国的收入水平相差很大,则它们的需求结构也必存在显著的差异,两国贸易就出现困难。该理论可以用图 12-1 解释。

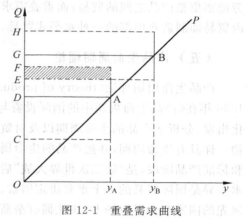

图 12-1 重叠需求曲线

在图 12-1 中,横轴表示一国的人均收入水平(y),纵轴表示消费者所需的各种商品的品质等级(Q),所需的商品越高档,其品质等级就越高。人均收入水平越高,消费者所需商品的品质等级也就越高,二者的关系可由图中的 OP 线表示。

现在假设 A 国的人均收入水平为 y_A,则 A 国所需商品的品质等级处于以 D 为基点,上限点 F,下限点为 C 的范围内。假设 B 国的人均收入水平为 y_B,则其所需商品的品质等级处在以 G 为基点,上下限点分别为 H 和 E 的范围内。对于两国来说,落在各自范围之外的物品不是太高档就是太过低劣,是其不能或不愿购买的。

图 12-1 中,A 国的品质等级处于 C 和 E 之间的商品、B 国的品质等级在 F 和 H 之间的商品,均只有国内需求,没有来自国外的需求,所以不可能成为贸易品。但品质等级在 E 和 F 之间的商品,在两国都有需求,即所谓的重叠需求,这种重叠需求是两国开展贸易的基础,品质处于这一范围内的商品,两国均可输出或输入。

由图 12-1 可知,两国的人均收入水平越接近,重叠需求的范围就越大,两国重复需要的商品都有可能成为贸易品,所以,收入水平越接近的国家,互相间的关系也就越密切。反之,如果收入水平相差悬殊,则两国之间重复需要可能很少,甚至于不存在,因此贸易的密切程度也就很小。依据重叠需求理论,如果各国的国民收入不断提高,则由于收入水平的提高,新的重复需要的商品便不断地出现,贸易也相应地不断扩大,贸易中的新品种就会不断地出现。

重叠需求理论适用于工业产品或制成品,因为工业产品的品质差异较明显,其消费结构与一国的收入水平有很大的关系,从需求方面看,发生在工业品之间的贸易与两国的发展水平或收入水平有密切关系。所以,重叠需求理论适合于解释工业品贸易。另外,发达国家的人均收入水平较高,他们互相间对工业品的重复需求范围较大,由此工业品贸易应主要发生在收入水平比较接近的发达国家之间。

重叠需求理论与要素理论各有其不同的适用范围。概括而言,要素禀赋理论主要解释发生在发达国家与发展中国家之间的产业贸易,即工业品与初级产品或资本密集型与劳动密集型产品之间的贸易;而重叠需求理论则适合于解释发生在发达国家之间的产业内贸易即制造业内部的一种水平式贸易。

(五) 产品生命周期理论

产品生命周期理论(theory of product life cycles)是由美国经济学家雷蒙德·弗农于1966年在《产品生命周期中的国际投资与国际贸易》中提出的,理论从产品生产的技术变化出发,分析了产品的生命周期以及对贸易格局的影响。雷蒙德·弗农认为,制成品和生物一样具有生命周期,并把产品的生命周期划分为三个阶段:新产品阶段、成熟产品阶段和标准产品阶段,是"第二次世界大战"后最有影响的国际贸易理论之一。该理论认为,技术差异是国际贸易的一个重要决定因素。在现代经济活动中,技术变化极其迅速,技术上领先的国家在世界市场上,往往拥有垄断地位。但技术领先国与他国之间的技术差距并不是一成不变的。随着知识的扩散,技术在国际间的传递也越来越容易,在这个过程中,贸易便不断地进行下去。

产品生命周期理论认为,一种产品从生产者到消费者手里,需要很多不同的投入成本,如研究与开发、资本和劳动投入、促销及原材料等。随着技术的变化,产品像生物一样,从出生到衰落,完成一次循环。在产品周期的不同阶段,各种投入在成本中的相对重要性也将发生变化。由于各国在各种投入上的相对优势不同,因此,随着时间的变化,各国在该产品不同阶段是否拥有比较优势,取决于各种投入在成本中的相对重要性。例如,如果在某一阶段,资本在生产成本中居支配地位,而资本又是某一国的相对丰富要素,那么该国在这一阶段就处于比较优势地位。

根据产品生命周期理论,产品完成一次循环,一般需经历以下三个不同阶段。

1. 新产品创始阶段

这一阶段中,国内市场容量大,开发研究资金多的国家在开发新产品、采用新技术方面居于优势。企业掌握技术秘密,将新技术首次用于生产。此时对企业来说,最安全、最有利的选择是在国内进行生产,产品主要供应国内市场,通过出口贸易的形式满足国际市场的需求。

2. 产品成熟阶段

在这一阶段中,新技术日趋成熟,产品基本定型。随着国际市场需求量的日益扩大,产品的价格弹性加大,降低产品成本尤为迫切。由于国外劳动力成本低于国内劳动力成本,国内生产的边际成本加上边际运输成本大于国外生产的成本,所以把生产基地由国内转移到国外更为有利。另外,由于产品出口量的急剧增加,企业原来拥有的垄断技术也逐渐被国外竞争者掌握,仿制品开始出现,企业面临着丧失垄断技术优势的危险。为了避开贸易壁垒,接近消费者市场和减少运输费用,企业便要发展对外直接投资,在国外建立分公司,转让成熟技术。一般来讲,企业总要先到技术水平较接近、劳动力素质较好、人均收入水平较高并与本国需求类型相似的国家或地区建立分公司,就地生产,就地销售,或向其他国家出口。

3. 产品标准化阶段

在这一阶段,产品和技术均已标准化,企业所拥有的技术垄断优势已消失,竞争主要集中在价格上。生产的相对优势已转移到技术水平低、工资低和劳动密集型经济模式的地区。在本国市场已经趋于饱和,其他发达国家产品出口急剧增长的情况下,企业在发展中国家进行直接投资,转让其标准化技术。根据比较成本的原则,企业大规模减少或停止在本国生产该产品,转而从国外进口该产品。

在产品周期的整个过程中,国际贸易的演变可用图 12-2 来描述。在图 12-2 中,横坐标表示时间,纵坐标上端表示净出口。在初始时(t_0),新产品刚刚由创新国(少数先进国家)研制开发出来,由于产品的技术尚未成型,生产规模较小,消费仅局限于国内市场。到

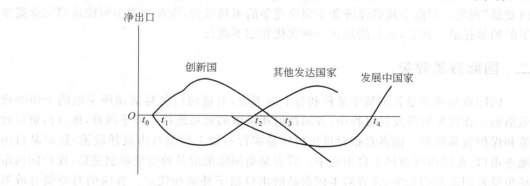

图 12-2　国际贸易演变曲线

了 t_1 时刻,开始有来自国外的需求,于是开始出口,由于产品的品质和价格较高,进口国主要是一些收入水平与创新国较接近的其他发达国家。随着时间的推移,进口国逐渐掌握了生产技术,能够在国内进行生产,并逐渐替代一部分进口品,于是进口开始下降。到了某一阶段之后,由于一小部分发展中国家的需求扩大,创新国的产品也开始少量出口到一些发展中国家,到 t_2 时刻,生产技术已成型,产品达到了标准化,由技术密集型转化为资本密集型,这时,来自发达国家的第二代生产者开始大量生产和出口,原来的创新国随后在 t_3 时刻成为净进口国。最后,当产品转变为非熟练劳动密集型产品时(t_4 时刻),发展中国家成为净出口国。

(六) 规模经济理论

规模经济理论(theory of scale economy)认为,在现代化社会大生产中,许多产品的生产具有规模报酬递增的特点,即扩大生产规模,每单位生产要素的投入会有更多的产出。尤其是现代化的工业,大规模的生产会降低单位产品成本。要实现利润的增加,就必须有足够的市场容量。一般说,国内市场容量有限,但如果企业参与国际贸易,企业所面临的市场就会扩大,企业生产就可以增加。由于生产处于规模经济阶段,产量的增加会使产品的平均成本降低,从而在国际市场上增加竞争能力。由此,即便是生产技术和资源配置都相同的两个国家之间,假定甲国和乙国,双方允许贸易,其中甲国率先扩大产品 A 的生产,从而形成规模经济使成本下降。这样,甲国在产品 A 的市场竞争中取得比较优势,乙国就会减少产品 A 的生产,从甲国进口产品 A,而将资源和技术集中在扩大差异性产品 B 的生产上,以在产品 B 的竞争中对甲国取得优势。这样做对两国都有利,都通过双向贸易获得规模经济利益。因此,在同一产品生产部门,如果一国能够在生产能力范围内将生产规模超过别的国家,就可以在生产成本和价格上占有比较优势。国与国之间的贸易也会在此基础上发生,而不仅仅发生在技术不同或资源配置不同的国家之间。

可见,规模经济解释了国际贸易发生的原因之一,尤其是发达国家之间工业产品"双向贸易"现象。但由于规模经济和不完全竞争的市场结构,资源配置不可能达到完全竞争下的帕累托最优状态,而只能是在一种次优状态下进行。

二、国际贸易政策

国际贸易政策是各国基于某种利益上的考虑,对进出口贸易活动所采取的干预的政策措施。在世界贸易发展过程中,各国政府所采取的贸易政策不外乎两种,即自由贸易政策和保护贸易政策。前者意指对进出口贸易实行不加干预的自由放任政策,让商品自由地进出口,在国内外市场上自由竞争。后者是指国家采取各种措施限制进口,保护国内市场免受外国商品的竞争,或者对本国商品的出口给予补贴和优惠。各国的对外贸易政策是通过实施具体的措施实现的。这些具体措施主要包括关税措施和非关税措施。

（一）关税

关税（tariff）是最常见的限制贸易的一种形式。它是指一国政府从自身的经济利益出发，依据本国的海关法和海关税则，对通过其关境的进出口商品所征收的税赋。

关税有从量税和从价税两种形式。前者是按进出口品的实物单位征收一定的金额，后者是按进出口品的市场价格的一定百分比征收，通常说的关税指的是从价税。

关税的主要作用在于抵制外国商品竞争，保护本国生产。

关税可分为适用于所有国家的无差别关税，以及对不同的国家征收不同税率的差别关税。此外，关税还可以分为进口关税、进口附加税、出口关税以及过境税等。

总之，通过征收关税，提高了进口商品的价格，一方面减少了进口，增加本国的生产，同时减少消费者的需求和消费；另一方面，通过征收关税产生的损失全部由该商品的消费者负担。此外，由于关税造成资源配置缺乏效率，也带来社会福利的净损失。

（二）非关税壁垒

非关税壁垒（non-tariff barriers），指关税措施以外的对外贸易管理措施。非关税措施种类繁多，主要有进出口许可证、配额、出口补贴、倾销与反倾销等措施。

1. 进出口许可证

进出口许可证（import and export licenses）是国家管理货物进出境的法律凭证，包括法律、行政法规规定的各种具有许可进口或出口性质的证明、文件。它是一国政府从数量上限制外国商品进口以及本国商品出口的一种贸易管理措施。只有取得进口许可证或出口许可证的单位，方可从事进口或出口贸易。

2. 配额

配额（quota）是指一国政府为保护本国产业，规定在一定时期内对某种商品的进口数量或进口金额加以限制。进口配额的分配方法主要有两种：一是全球配额。它规定该国对某种商品在一定时间内的进口数量或金额，适用来自任何一国的商品进口，主管机关按本国进口商的申请次序批给一定允许进口的数量或金额，直到发放完规定的全部限额为止。二是国别配额。它是进口国对来自不同国家的进口商品规定不同的进口配额。

与征收关税相比，进口配额更有助于限制一国进口商品的数量。主要原因是，关税是通过价格变动影响国内对进口品的需求，而配额则是限制商品的进口数量或进口金额，因此，配额对进口的限制更直接、更易于控制。另外，配额比关税更严厉，在征收关税的情况下，如果一国出口商试图进入课征关税的市场，那么只要在商品价格和质量上有竞争力，就有可能渗入该国的市场，但是，在该国采取进口配额措施的情况下，无论出口国生产的商品在价格上或在质量上有多强的竞争力，都不可能打入进口国的市场，因为进口的数量是确定的。因此。人们一致认为进口配额是比进口关税更加严厉的保护措施,对国内进口替代品的生产者来说,配额要比关税更受欢迎。该政策措施有时还可用于改善国际收支或提高国内就业率的目的。

3. 出口补贴

非关税壁垒中另一类重要的政策措施是针对出口的,与配额等限制进口的做法不同的是这类贸易政策措施的目的往往是鼓励或支持出口,其中出口补贴就是最常用的手段之一。

出口补贴(export subside)是指一国政府为鼓励某种商品的出口,对该商品的出口所给予的直接补贴或间接补助。直接补贴是政府直接向出口商提供现金补助或津贴。间接补助是政府对选定商品的出口给予财政税收上的优惠。如对出口的商品采取减免国内税收、向出口商提供低息贷款等。各国采取出口补贴的主要目的是为使本国企业在国际市场上能以低于实际生产成本的价格出售其产品,提高其在国际市场上的竞争力,扩大商品的出口。

但是,从进口国的角度看,出口补贴是一种威胁。因为接受补贴的商品都将以低于成本的价格销售到进口国市场,从而会挤垮进口国的同类企业。对此各国都采取一些措施,以反对因出口补贴带来的"不公平竞争"。但是由于出口补贴具有隐蔽性,所以只要这种补贴未被认定,并由进口国采取反补贴措施,这种补贴对出口的鼓励作用就是有效的。

4. 倾销与反倾销

(1) 倾销

倾销(dumping)是在不同国家市场间进行的一种价格歧视行为。它是指出口商以低于本国国内价格或成本的价格向国外销售商品的行为。

确定出口商是否倾销的标准是,该产品是否以低于本国国内市场价格或成本的价格在国外市场上销售。

倾销不利于进口国同类产品的生产者,会给它们带来压力,因此倾销会招致进口国生产者的反对。

(2) 反倾销

虽然倾销对进口国消费者可能有利,但倾销使进口国同类企业或产业的发展面临着严重的压力,甚至造成进口国同类行业难以生存的恶果,因而国内生产者会要求采取反倾销(anti-dumping)政策措施,以抵消倾销对进口国市场的强烈冲击,保护本国同类产业的发展。

反倾销的一般做法是征收反倾销税,所谓反倾销税是指进口国在确认外国出口商销售到本国的商品有倾销行为时,对该商品征收的进口附加税。

反倾销税的征收可能产生两个方面的影响。首先,它可以减少国内对低价进口品的需求。反倾销税就是用以抵消倾销价格低于正常商品价格所带来的竞争优势。理论上说,其征税应为两种价格的差额,才能达到抵消不正当竞争或不公平竞争的目的。其次,反倾销税可使进口品价格提高到进口国国内市场价格的水平,从而保护了国内同类商品的生产者。

非关税贸易壁垒的种类很多,据统计,目前世界上大约有 1 000 多种的非关税贸易壁垒措施。除上面的几种常用的非关税壁垒外,还有一些很重要的非关税措施,如自愿出口限制、歧视性公共采购、对外贸易的国家垄断、技术标准和卫生检疫标准等。这些措施都是自由贸易的障碍,因而对资源配置效率有不利的影响。

第二节　国际收支与外汇市场

一、国际收支

国际收支(balance of payments)是指一国在一定时期内(通常指一年)从国外获得的全部货币资金和向国外支付的全部货币资金的对比关系。一国国际收支的状况反映在该国的国际收支平衡表上。国际收支平衡表是在一定时期内,对于一国与他国之间所进行的一切经济交易加以系统记录的报表。根据国际货币基金组织的规定,国际收支平衡表的账户包括:经常账户、资本账户、官方结算账户和错误与遗漏账户。

经常账户既记录商品与劳务的交易,也记录转移支付。劳务包括运费、版权支付和利息支付,还包括净投资收入,即本国在国外的资产获得的利息和利率减去外国人在本国拥有的资产所获得的收入之差。转移支付包括汇款、捐款和援助。

资本账户记录国际间的资本流动。凡是外国对本国居民的贷款,外国购买本国的实物资产和金融资产的交易都是资本流入或称资本输入。凡本国居民对国外的贷款,以及他们购买外国的实物资产或金融资产的交易都是资本流出,或称资本输出。资本账户记录着一国资本的输入输出情况,如政府、国际金融机构、商业银行和跨国公司的投资等。资本流动又分为长期和短期两种,前者指一年以上到期的国际资本的流动;后者指一年或不足一年到期的国际资产和负债的变化。

官方结算账户表明了一国持有的外汇量的净增加或净减少。

错误和遗漏的人为设置的平衡性账户,以冲抵经常账户和资本与金融账户相抵后的余额,这个余额的出现是由于国际收支统计过程中的错误、重复、遗漏和虚假资料等原因造成的,它代表的是不能被统计出来而又客观存在的国际经济交易活动。

下面,我们用 A 国某一年的国际收支账户来分析一个国家的国际收支情况,见表 12-3。

表 12-3　某年 A 国国际收支账户　　　　　　　　　（10 亿美元）

经 常 账 户		经 常 账 户	
物品与劳务的进口	−641.7	A 国在外国投资	−85.7
物品与劳务的出口	529.8	统计误差	10.6
净转移	−14.7	资本账户余额	123
经常账户余额	−126.6	官方结算账户	
资本账户		A 国官方储备增加	3.6
外国在 A 国投资	219		

从表 12-3 中可以看出,A 国经常账户的赤字为 1 266 亿美元。可以通过向外国借款来支付这种贸易赤字。

资本账户表明,A 国的借款(即外国在 A 国的投资)为 2 193 亿美元,贷款(A 国在外国的投资)为 857 亿美元,余额为 1 230 亿美元。(注意:这里还有一项统计误差。实际上这种误差代表了经常账户与资本账户误差的总和,例如,没有确定的从外国的借款,毒品走私之类非法国际贸易,为了非法逃税或躲避其他国际贸易保护主义手段而没有报告的交易活动。)

A 国从国外净借款与经常项目赤字之间的差额就是 A 国官方储备的变动量。在这一年,A 国的官方储备增加了 36 亿美元。

可以根据个人的收入、支出、借款、贷款和银行账户来理解一国的国际收支账户。

一个人的经常账户记录了他提供生产要素服务得到的收入以及用于物品与劳务的支出。例如,某人一年的工资为 2.5 万元,价值 1 万元的投资(例如,购买了国库券)给他带来 1 000 元收入。他的经常账户上就表明收入 2.6 万元。他用 1.8 万元购买消费的物品与劳务,他还买了一所价值 6 万元的房子。他的总支出为 7.8 万元。支出与收入之间的差额为 5.2 万元。就是他经常账户的赤字。为了支付这笔赤字,他可以用存在银行的钱,也可以去贷款。实际上他是用 5 万元抵押贷款来买房的。这是他唯一的借款,因此,他的资本账户盈余为 5 万元。经常账户赤字为 5.2 万元,资本账户盈余为 5 万元,仍短缺 2 000 元。他可以从银行自己的账户上取出 2 000 元。他的现金持有量减少了 2 000 元。

某人的生产要素供给类似于一国的进口供给。购买物品与劳务,包括购买住房,类似于一国的进口。抵押贷款,即向别人借的钱,类似于一国的国外借款。某人购买的住房类似于国外投资。他在银行账户的变动类似于一国官方储备的变动。

这种比较说明,正如一个人的收支账户记录了他的经济活动一样,一国的国际收支账户也记录了一国在国际间的经济活动。

二、外汇、汇率与外汇市场

在经济活动日益国际化、国际贸易持续增长、经济全球化日趋明显的今天,外汇和汇率正在成为理论研究和实际操作的重要内容之一。因此有必要了解外汇和汇率的基本概念,了解外汇市场的基础。

(一) 外汇

国际间债权债务的清偿,必然要产生国际间的货币兑换。这是因为世界上的每一个国家都有自己独立的货币和货币制度,各国货币相互之间不能流通使用,所以必须按一定的比率进行兑换。

1. 外汇的概念

外汇(foreign exchange)这一概念有动态的和静态的两种表述形式,而静态的外汇又有广义和狭义之分。

外汇的动态含义,是指一个国家的货币,借助于各种国际结算工具,通过特定的金融机构,兑换成另一个国家的货币,以清偿国际间债权债务关系的一个交易过程。其实,最初的外汇概念就是指它的动态含义,只不过现在人们提到外汇时,更多的是指它的静态含义。

广义的静态外汇概念,是指一切用外币表示的资产,如我国 1997 年 1 月修正颁布的《中华人民共和国外汇管理条例》规定,外汇是指以外币表示的可以用作国际清偿的支付手段和资产,包括:①外国货币,包括纸币、铸币等;②外币支付凭证,包括票据、银行存款凭证、邮政储蓄凭证等;③外币有价证券,包括政府债券、公司债券、股票等;④特别提款权;⑤其他外汇资产。在这里必须指出,国际货币基金组织曾对一国国际清偿力项下的外汇即外汇储备也下过一个定义:"外汇是货币行政当局(中央银行、货币管理机构、外汇平准基金及财政部)以银行存款、财政部债券、长短期政府债券等形式保有的,在国际收支失衡时可以使用的债权,其中包括中央银行之间与各国政府之间协议而发生的不在市场上流通的债券,而不论它是以债务国货币还是以债权国货币表示。"这一定义是指外汇储备,并不完全等同于我们所说的外汇,因为很明显,除货币行政当局以外的个人或机构持有的上述资产也是外汇。

狭义的静态外汇概念是指以外币表示的可用于进行国际间结算的支付手段。按照这一概念,只有存放在国外银行的外币资金,以及将对银行存款的索取权具体化了的外币票据,才构成外汇。具体来看,外汇主要包括以外币表示的银行汇票、支票、银行存款等。人们通常所说的外汇就是指这一狭义的概念。

2. 外汇的特点

外汇有以下三个特点。

(1) 国际性，即外汇必须是以外币表示的国外资产。

(2) 可偿性，即外汇必须是在国外能得到清偿的债权，拒付的汇票和空头支票不是外汇。

(3) 可兑换性，即外汇必须能兑换成以其他货币表示的支付手段。

3. 外汇的种类

按照不同的标准，我们可以把外汇分成不同的种类。

(1) 根据是否可以自由兑换，外汇可分成自由外汇和记账外汇。自由外汇是指不需要经过货币发行国允许，就能在市场上自由买卖、自由兑换，或自由用于对第三方支付的外汇。记账外汇是指不经货币发行国批准，不能自由兑换成其他货币或对第三方支付的外汇，这种外汇只能在一定条件下作为两国经济交往中的清算工具。

(2) 根据外汇的来源和用途，可分为贸易外汇和非贸易外汇。贸易外汇是指通过出口有形商品取得的外汇；非贸易外汇是指通过出口无形商品而取得的外汇。

(3) 根据外汇管理的对象，可分为居民外汇和非居民外汇。

（二） 汇率

在国际经济交往中，债务人（如进口商）往往要购买外汇，而债权人（如出口商）则往往需要出售外汇，对外汇的买卖使外汇和普通商品一样有了价格，即汇率。汇率（exchange rate）是以一国货币表示的另一国的价格，或把一国货币折算成另一国货币的比率，也称汇价、外汇牌价或外汇行市。

1. 汇率的标价方式

(1) 直接标价。直接标价（direct quotation）也称支付汇率，表示一定单位（十、百、千、万等）的外国货币应付多少单位的本国货币。我国人民币用直接标价法。例如，根据我国公布的人民币外汇牌价，2011 年 6 月 22 日，100 美元折合人民币 646.370 0 元（中间价）；100 英镑折合人民币 1 050.080 0 元（中间价）；100 日元折合人民币 8.054 6 元（中间价）；100 欧元折合人民币 930.180 0 元（中间价）等。

(2) 间接标价。间接标价（indirect quotation）也称收入汇率，表示一单位本国货币应收进若干单位的外国货币。例如，2011 年 6 月 22 日我国公布的人民币外汇牌价，1 元人民币等于 12.415 2 日元（中间价）。

2. 汇率制度

每个国家和政府都有自己的汇率制度（exchange rate system），因为汇率几乎影响人们生活的每一个方面。每个国家和政府都会密切注视着外汇市场，并采取一些旨在使汇率的变动合乎要求的政策行为。一般来说，汇率制度有三种：固定汇率、浮动汇率和管理汇率。

(1) 固定汇率（fixed exchange rate）是一国中央银行规定汇率值的汇率。例如，美国政府可以通过确定美元与其他货币的比价来采用固定汇率,而且由联邦准备体系采取旨在维持这一比价的行动。

(2) 浮动汇率(floating exchange rate)是在没有中央银行的干预下由市场力量决定汇率值的汇率。又称自由浮动汇率。

(3) 管理汇率(supervising exchange rate)是受中央银行干预影响由外汇市场决定汇率值的汇率。又称自由浮动汇率或有管理的浮动汇率。在这种汇率制度之下,中央银行的干预并不是要使汇率固定在事先宣布的水平上,而是要减少其波动的程度。干预方法则是中央银行在外汇市场参与交易。但是,在管理汇率下最终起作用的还是外汇市场的供求关系以及决定这种关系的其他因素。

(三) 外汇市场概述

国际间的一切经济往来,必然伴随着货币的清偿和支付,而要实现国际清偿和货币支付,就要进行国际间的货币兑换或外汇买卖活动。外汇市场就是为了适应各种货币的兑换或买卖的需要而产生的,其实质是一种货币商品的交换市场,市场上买卖的是不同国家的货币。

1. 外汇市场的定义及分类

外汇市场(foreign exchange market)是指进行外汇买卖的交易场所或网络,是外汇供给者、外汇需求者以及买卖外汇的中介机构的买卖外汇的交易系统。它在实现购买力的国际转移、避免和防止外汇风险的发生、提供国际性的资金融通和国际清算方面发挥着重要作用。

(1) 外汇市场按组织形式可以划分为抽象市场和具体市场。抽象市场又称无形市场,它没有具体的交易场所,没有统一的交易时间,买卖双方也不是面对面的交易,所有的交易都是通过电话、电报、电传及其他通信工具进行的。具体市场又称有形市场,是交易者于每个营业日规定的营业时间集中在交易所进行交易。

(2) 外汇市场按其经营范围不同可分为国内市场和国际市场。国内市场的外汇交易仅限于国内银行彼此之间或国内银行与国内居民之间,不允许国外银行或其他机构参与,当地中央银行的管制较严,在市场上使用的货币亦仅限于本币与少数几种外币。国际市场的特点是各国银行或企业按规定均可以参与外汇交易,而且交易的货币较多,交易规模较大,市场网络的辐射面较广。其中纽约、伦敦、东京、法兰克福、新加坡等外汇市场都属于国际外汇市场。

(3) 外汇市场按其外汇买卖双方性质的不同可以分为外汇批发市场和外汇零售市场。外汇批发市场是特指银行同业之间的外汇交易市场,包括同一市场上各银行之间的外汇交易;不同市场上各银行之间的外汇交易;中央银行同商业银行之间的外汇交易;各国中央银行之间的外汇交易。外汇零售市场是指银行同一般客户之间的外汇交易市场。

2. 外汇市场的参与者

（1）外汇银行

外汇银行（foreign exchange bank）又称外汇指定银行，是批经过本国中央银行批准，可以经营外汇业务的商业银行或其他金融机构。外汇银行可以分为三种类型：专营或兼营外汇的本国商业银行、在本国的外国商业银行分行以及其他经营外汇买卖业务的本国金融机构（如信托投资公司等）。

外汇银行在外汇市场上既可以代客户进行外汇买卖，目的是对客户提供尽可能全面的服务并从中获得利益；也可以用自身的外汇资金或银行信用在外汇市场上直接进行买卖，目的主要在于调整本身的外汇头寸或进行外汇投机买卖，使外汇资产保持在合理的水平上或赚取投机的利润收入。

（2）外汇经纪人

外汇经纪人（foreign exchange broker）是指为外汇交易双方介绍交易以获得佣金的中间商人，其主要任务是利用已掌握的外汇市场的各种行情和与银行的密切关系，向外汇买卖双方提供信息，以促进外汇交易的顺利进行。

（3）中央银行

各国政府为了防止国际短期资金大规模流动对外汇市场的猛烈冲击，往往通过中央银行（central bank）对外汇市场进行干预，即在市场外汇短缺时大量抛售，外汇过多时大量买入，从而使本币不至于过于剧烈地波动。因此中央银行不仅是外汇市场的参与者，而且还是实际操纵者。

（4）进出口商及其外汇供求者

进出口商从事进出口贸易活动，是外汇市场上外汇的主要的和实际的需求者和供给者。出口商则要为进口支付而购买外汇，这些都要在外汇市场上进行。其他的外汇供求者是指银行、进出口商之外的客户，主要指由运费、保险费、旅费、留学费、赠费、外国有价证券买卖、外债本息收付、政府及民间私人贷款以其他原因引起的外汇供给者和需求者。

3. 外汇市场的功能

（1）国际清算

国际经济交易的结果需要债务人向债权人进行支付，若债务人以债务国货币支付，则债权需要在外汇市场上兑换债权国货币；若债权人只接受债权国货币，则债务人需要先将债务国货币在外汇市场上兑换债权国货币再进行支付。由此可见，外汇市场为这种国际清算（international payments）提供了便利。

（2）套利保值

进出口商从签订进出口合约到实际支付或收款，通常都要经过一段时间。由于外汇市场中的汇率的易变性，因此，外币债权人和债务人都要承担一定的风险，例如计价货币汇率下跌会使收款人遭受损失。他们若不愿投机，只想免受损失，那么就需要对这些货币资产进行套利保值(hedging)，以确保该项资产没有净头寸。具体地说，套利保值就是通过买入或卖出等值远期外汇，轧平外汇头寸来保值的一种外汇业务。通常情况是收款人可以卖出远期外汇，而付款人可以买入远期外汇。

（3）外汇投机

外汇投机(speculation)是指根据对汇率变动的预期，有意识地保持某种外汇的多头或空头，希望从汇率变动中赚取利润的行为。它的主要特征是，投机者进行外汇交易，并没有商业或金融交易与之相对应。外汇投机利润具有不确定性，当投机者预期准确时可以赚取利润；反之，则蒙受损失。

4. 世界主要外汇市场

目前世界上大约有 30 多个国际性的外汇市场，其中比较重要的有欧洲的伦敦、法兰克福、苏黎世，美洲的纽约，亚洲的东京、新加坡、香港。这几个外汇市场各具特色，在营业时间上又相互衔接，构成了一个庞大的、统一的世界外汇市场体系。下面主要介绍世界几大主要外汇市场。

（1）伦敦外汇市场

伦敦外汇市场(London foreign exchange market)是世界上出现最早，也是世界上最大的外汇市场。英国作为最早实现工业化的国家，19 世纪曾号称"世界工厂"，英镑成为国际贸易中使用最广泛的货币，伦敦的票据汇兑业务也很发达，促成了伦敦外汇市场的形成，并使其成为世界上最重要的外汇市场。两次世界大战使英国的经济实力大大下降，英镑的地位也相应下降，外汇管制则有所加强，所有这些都使伦敦外汇市场的作用受到影响。1951 年 12 月 11 日，英国政府宣布重新开放外汇市场，汇率不再由市场决定，英格兰银行根据国际货币基金组织的规定，把英镑汇率的波动限制在很小的范围内。20 世纪 50 年代后期随着欧洲货币市场的形成和发展，而外汇市场也得到恢复。1972 年年英镑实行浮动汇率制，外汇买卖不再受汇率波动幅度的限制，而完全由市场决定。1979 年英国政府又宣布取消外汇管制，进一步促进了伦敦外汇市场的发展。

伦敦居于世界时区的适中位置，外汇市场在一天的营业时间里和世界其他重要的外汇市场都能衔接。伦敦上午 8 时是东京和香港的下午 4 时，伦敦外汇市场可与东京、香港等远东外汇市场的尾市衔接，而开盘不久，便可与中东、非洲以及欧洲大陆的外汇市场进行外汇交易。伦敦下午 3 时正是纽约的上午 10 时，又可与纽约外汇市场交易。由此可见伦敦外汇市场的重要地位。

（2）纽约外汇市场

纽约外汇市场(New York foreign exchange market)的历史要比伦敦外汇市场短，它的形成和发展是与两次世界大战中美国的政治、经济、军事实力的急剧增长联系在一起的。特别是随着布雷顿森林体系的建立，美国登上了世界金融霸主的宝座，美元取代英镑成为世界上最主要的货币。加之美国奉行的外汇开放政策，使得纽约外汇市场成为世界上仅次于伦敦的第二大外汇市场。

由于美国没有外汇管制,对银行经营外汇的业务没有限制,所以几乎所有的美国银行和金融机构都可以经营外汇业务。目前纽约外汇市场主要包括29家美国联邦储备体系的成员银行、23家非成员银行、60余家外国银行在纽约的分支机构、50多个外国银行建立的代理行和90多个代办处,以及一些人寿保险公司和外汇经纪商。纽约外汇市场有8家经纪商,其业务不受任何监督,对其安排的交易不承担任何经济责任,只是在每笔交易完成后向卖方收取佣金。

纽约外汇市场交易量虽很大,但和进出口贸易相关的外汇交易量却很小,远远不及伦敦外汇市场和远东外汇市场。因为在美国的进出口中大多数以美元计价结算,出口商得到美元,进口商支付的也是美元。不仅美国如此,世界商品贸易的70%都是以美元计价支付的。世界各国的美元买卖,包括欧洲美元和亚洲美元交易在内,最终都必须在美国,主要是在纽约的商业银行的账户上办理收付、划拨和清算。因此,纽约外汇市场也就成为全世界美元交易的清算中心。

由于美元在国际贸易、国际金融、国际清算等诸多领域扮演重要角色,所以许多国家的中央银行将其部分外汇储备存放在美国。再加上美元及其频繁的流动是任何其他货币都难以比拟的,因此美元汇率不稳定将对世界经济产生及其不利的影响。所以在纽约市场上,对美元汇率的干预,除以美国联邦储备体系为主体,委托纽约联邦储备银行具体执行外,有时西方主要发达国家的中央银行与纽约联邦储备银行也会采取联合行动,进行共同干预。

（3）东京外汇市场

东京外汇市场(Tokyo foreign exchange market)是在20世纪50年代末发展起来的。历史上日本是一个外汇管制严厉的国家,20世纪50年代以后才逐渐放松。1964年,日本加入国际货币基金组织,日元成为可兑换货币,东京外汇市场原则上不再实行外汇管制,外汇交易也逐步走向了自由化。20世纪70年代下半期以来,日元国际化取得了极大的进展。1980年,日本政府废除了旧的外汇法,颁布和执行了新的外汇法,放宽了银行经营外汇业务的限制,由过去只有政府批准的外汇银行和经纪商才可以经营外汇业务转为所有银行都可以在国内经营一般的外汇交易,因而东京外汇市场迅速发展起来,成为与伦敦和纽约的外汇市场地位相当的世界三大外汇市场之一。

东京外汇市场的参与者包括5种:东京银行(日本的外汇专业银行)、可经营外汇业务的日本本国银行和外国银行在东京的分支机构、日本银行(日本的中央银行)、8家外汇经纪商、一般客户。

但是,东京外汇市场也有一些不足之处:第一,东京外汇市场受地理位置的限制,与其他主要的外汇市场基本是隔绝的。与纽约市场根本不交叉,同欧洲也只是每个交易日的最后一两个小时有交叉,不能与纽约和伦敦的外汇市场同时交易,使其大受影响。第二,日本正在大力推进日元的国际化,但至今日元仍未成为真正意义上的可自由兑换货币,日本政府对东京外汇市场的外汇管制仍未彻底解除。第三,由于日本是一个典型的出口加工国,东京外汇市场受进出口贸易收支的影响较大,使得东京外汇市场的外汇交易带有明显的季节性特点。

（4）香港外汇交易市场

香港外汇交易市场(Hong Kong foreign exchange market)是20世纪70年代以后发展起来的国际性外汇市场。1973年以前香港实际上有两个外汇市场:一个是法定的外汇市场,参加者是外汇指定银行,汇率以法定平价为基础,波动幅度有限;另一个是自由外汇市场,由非指定银行和一些证券商组成,汇率完全由外汇的供求决定,同法定市场相比,汇率的差异很大,1972年年底香港取消了外汇管制,两个市场合二为一。1974年11月,港元开始实行浮动汇率。从此之后,香港外汇市场以较快的速度发展起来。进入20世纪80年代,港元对美元汇率曾一度下跌,为了稳定经济金融秩序,香港当局于1983年10月开始实施港元联系汇率制,港元与美元挂钩,1美元＝7.8港元,港元与美元同升同降,发钞银行每发行7.8港元就要向外汇基金上交1美元作为发行准备。这种汇率制度有力地推动了香港外汇市场的发展。

香港外汇市场也是无形市场,没有固定的交易场所或正式的组织,是一个由从事外汇交易的银行、其他金融机构以及外汇经纪人组成,由电话、电传等通信工具连接起来的网络。主要从事外汇交易的银行有100多家,分别属于汇丰银行集团、美资银行、日资银行、中银集团等。其他金融机构主要是指存款公司,在香港暂停申请新银行许可证期间,存款公司是在香港设立银行的间接方式。香港外汇市场上有10家外汇经纪商,它们都是香港外汇经纪协会的成员。香港外汇市场上的交易可以分为两类:一类是港币和外币的兑换,其中以和美元兑换为主;另一类是美元兑换其他外币的交易。

由于香港没有中央银行,因此控制货币汇价的手段除主要由汇丰银行利用外汇基金直接干预市场外,还依靠利率杠杆调节。方法是香港银行利率随同美国各大银行优惠利率升降,来保证联系会率的稳定。这种干预方法使得香港外汇市场上的汇率风险转化为利率风险。

本章小结

1. 贸易理论主要包括绝对优势理论、比较优势理论、要素禀赋理论、重叠需求理论、产品生命周期理论和规模经济理论。

2. 贸易政策主要包括自由贸易政策和保护贸易政策。贸易政策通过贸易措施来实现,贸易政策措施主要有关税和非关税壁垒。

3. 国际收支是指一国在一定时期内(通常指一年)从国外获得的全部货币资金和向

国外支付的全部货币资金的对比关系。国际收支反映在国际收支平衡表上。国际收支平衡表的账户包括经常账户、资本账户、官方结算账户和错误与遗漏账户。

4. 外汇有动态和静态两种表达形式,现实中人们更多地指它的静态含义;外汇有直接标价和间接标价两种。

5. 外汇市场是进行外汇买卖的交易场所或网络。世界上主要有伦敦外汇市场、纽约外汇市场、东京外汇市场和香港外汇市场。

基 本 概 念

绝对优势理论　相对优势理论　要素禀赋理论　重叠需求理论　产品周期理论　贸易政策　关税　非关税壁垒　国际收支　外汇　汇率　外汇市场

思 考 与 训 练

1. 简述相对优势理论。
2. 简述要素禀赋理论在各国产业取向上的应用。
3. 如何理解国际收支?
4. 如何理解汇率及其标价方法?
5. 外汇市场的参与者及功能各是什么?
6. 资料分析。要求:

(1) 分组讨论,小组代表发言,最好制作成 PPT 文件,边讲边展示;

(2) 运用所学知识深入分析,展开讨论,要求言之有理;

(3) 总结分析这些资料说明了什么问题,我们能从中得到什么启示。

中国面临新一轮贸易壁垒

2009 年中国年出口总额为 1.2 万亿美元,首次超过德国,夺取了"出口全球第一"的宝座。然而,在这本应值得高兴的时刻,舆论却在为中国出口将会面临更严重的贸易壁垒而深深担忧——以美国为首的发达国家与中国之间的贸易摩擦已经成了老生常谈,而阿根廷、墨西哥等发展中国家也接连向中国发难。中国出口正面临全球围堵。

事实上,出口总值第一,并没有太大的意义,出口产品的构成和附加值的多寡,可能更值得我们去关注。中国的出口仍以大量的鞋帽玩具产品和贴牌生产为主。另外,中国的贸易还是以加工贸易为主,出口增加值还较低。加工贸易每出口一美元,出口增加值大概只有 20 美分左右。

一个关于 iPod 产业链的经典案例也证明了这一点：在一个价值 150 美元的 iPod 里，中国出口增加值只有几个美元，但是由于中国出口的是最终产品，这 150 美元的 iPod 却都算到了中国出口总额里。而德国的出口跟中国有质的不同。其主要是以机电和机械产品为主，有世界上最高的技术和科技含量。从很大程度上来说，中国的这个"第一"不仅"含金量不高"，而且还会"赚了吆喝，赔了买卖"。

这个"第一"，对于出口商来说，可能意味着更加严峻的外贸形势。世贸组织的数据表明，中国已是深受各国反倾销之难的国家。在 2008 一年里，世界上 34％的反倾销案是针对中国的。

事情的确在发生变化。美国和欧盟对中国出口产品已经启动了一轮接一轮的反倾销调查，更意味深长的是，之前总是习惯性"不了了之"的反倾销调查，现在却总是会被加上一个沉重的尾巴——惩罚性关税。尽管包括很多美国学者在内的经济学家们都认为这种调查是一个"双输"的游戏，但事实上，在主流经济学界，很多赞同贸易保护的观点已经开始逐渐走到聚光灯下。（摘自：FT 中文网）

综 合 实 训

查找资料，列表分析 20 世纪 90 年代以来，中国贸易结构的变化特点，并分析其原因。

参 考 文 献

[1]　(美)曼昆著.经济学原理(第5版):微观经济学分册.梁小民等译.北京:北京大学出版社,2009

[2]　(美)曼昆著.经济学原理(第5版):宏观经济学分册.梁小民等译.北京:北京大学出版社,2009

[3]　郑健壮,王培才.经济学基础(第2版).北京:清华大学出版社,2009

[4]　高鸿业.西方经济学(第4版).北京:中国人民大学出版社,2007

[5]　高鸿业.西方经济学学习与教学手册(第2版).北京:中国人民大学出版社,2007

[6]　刘建铭.经济学基础教程.北京:清华大学出版社,2002

[7]　(美)道格拉斯·C.诺思,张五常等著.制度变革的经验研究.罗仲伟译.北京:经济科学出版社,2003

[8]　(美)波金斯著.发展经济学(第5版).黄卫平等译.北京:中国人民大学出版社,2005

[9]　蔡昉.劳动经济学.北京:北京师范大学出版社,2009

[10]　沈伟基.货币金融学.北京:北京工业大学出版社,2001

[11]　尹伯成.现代西方经济学习题指南.上海:复旦大学出版社,2003

[12]　(美)罗伯特·S.平狄克,丹尼尔·L.鲁宾费尔德著.微观经济学.北京:中国人民大学出版社,2006

[13]　蔡继明.宏观经济学.北京:人民出版社,2003

[14]　黄达.金融学.北京:中国人民大学出版社,2003

[15]　李广伶.微观经济学课程辅导与训练.西安:西安交通大学出版社,2005

[16]　李坤望.国际经济学.北京:高等教育出版社,2005

[17]　郑健壮,王培才.经济学基础.北京:清华大学出版社,2004

[18]　黄达.货币银行学.北京:中国人民大学出版社,2000

[19]　陈共.财政学.北京:中国人民大学出版社,2000

[20]　(英)凯恩斯.货币论(上、下册).北京:商务印书馆,1986

[21]　李亚卿.经济学.上海:上海财经大学出版社,2009

[22]　欧亚.经济学基础.武汉:武汉理工大学出版社,2010

[23]　葛莉.经济学原理.北京:清华大学出版社,2010

[24]　黄典波.图解微观经济学.北京:机械工业出版社,2010

[25]　刘华.经济学基础.大连:大连理工大学出版社,2001

[26]　刘华.经济学案例教程.大连:大连理工大学出版社,2001